理解敘說探究
以故事的雕琢與分析作為研究

Understanding Narrative Inquiry:
The Crafting and Analysis
of Stories as Research

Jeong-Hee Kim——著

張曉佩、卓秀足——譯

Understanding Narrative Inquiry

The Crafting and Analysis of Stories as Research

Jeong-Hee Kim

本書獻給我的父母，他們讓我成為一位更好的教育者；我的女兒 Eunje，她讓我成為一個更好的人；以及之前的研究參與者，在當時都還是中學生的 Matto、Kevin 與 Michelle，他們讓我成為一位更好的研究者。

各方推薦

「這是一本詳細與全面的書，可以為教育、醫療、心理與法律領域的質性研究敘說形式提供精闢的介紹。但是，《理解敘說探究》這本書也可以幫助在這些領域中，對探究取向快速發展已經熟悉的研究者與實務工作者擴展他們的知識。這是一本非常優秀的研究與參考書籍，它巧妙地處理了敘說研究的複雜性理論與哲學基礎，包括同時運用敘事與故事分析的邏輯與合理性。這本書也探討了訪談、田野工作與書寫的各種有效策略，但同樣重要的是，它透過充滿個人軼事的開放與對話風格來將複雜的學術性加以奠基與人性化，同時用了許多研究實務的具體例子以進一步促進其效能。這是一項卓越的成就。」

——Tom Barone，亞利桑那州立大學榮譽教授

「這是一本傑出的敘說探究書籍，Kim 為敘說研究提供了歷史性與哲學性的脈絡、充分的方法學說明以及充實的範例，使其成為一本真正全面性的書籍。我特別印象深刻的是她對不同類型敘說的關注，包括以藝術為本與視覺為本。這是對敘說研究感興趣的每個人都必讀的一本書。」

——Patricia Leavy, PhD，獨立學者，
Method Meets Art: Arts-Based Research Practice 作者

「Jeong-Hee Kim 熟練地透過敘說探究幫助讀者進入人類生活的故事結構中，來自不同學科領域的讀者，會發現自己將定位與闡述故事的結構意義視為研究。很重要的是，實質上構成與融入文本中的哲學性／理論性

連結，幫助讀者獲得設計與執行敘說探究的脈絡、語言與能力。描述代表性類型的具體範例與納入詞彙表，讓這本全面性的書籍對所有有興趣進行敘說探究的人來說，是一部無價的資源。」

——Margaret Macintyre Latta，加拿大英屬哥倫比亞大學奧克那根校區教育學院教授兼正念中心主任

「這本書提供敘說探究的新手與實務型學者具啟發性的哲學與方法論上的領悟。本書的文字非常優美，借鑑藝術、音樂、宗教、哲學與文學的觀點來促進研究者的理解。」

——Mary Louise Gomez，威斯康辛大學麥迪遜分校

「當引導讀者瞭解複雜的理論性內容時，作者使用交談式的語氣——就好像是直接跟她的學生說話——這一點值得一提。同樣值得一提的是，每章最後精心設計的『反思』與『活動』這兩個部分。這本書會讓那些正在教授質性研究，尋找方法想吸引學生的教師感興趣。」

——Thalia M. Mulvihill，波爾州立大學

[目次]

CHAPTER 1

將敘說探究放置於跨學科脈絡中　*001*

理解敍說探究
以故事的雕琢與分析作為研究

敘說資料蒐集方法：發掘故事　*209*

敘說資料分析與詮釋：與資料「調情」　*247*

敘說尾聲：敘說意義的理論化　*303*

敘說探究的重要議題　*325*

CHAPTER 9 敘說探究實例：將理論付諸實務　*363*

CHAPTER 10 後記　*407*

作者簡介

▌Jeong-Hee Kim

　　堪薩斯州立大學（Kansas State University）課程與教學學系副教授。Kim 是一位經驗豐富的敘說探究者，研究聚焦在學校系統內的人們，對其故事進行現象學的理解，致力於為課程研究與教師培育此領域帶來新知。她曾經獲得兩個獎項——由美國教育研究學會（AERA）敘說研究組於 2007 年頒發的「傑出敘說研究文章獎」及 2009 年的「傑出敘說理論文章獎」。她也在 2011 年獲得堪薩斯州立大學教育學院頒發「教師研究／創意活動卓越獎」。她近期的著作發表在 *Journal of Curriculum Studies*、*International Journal of Qualitative Studies in Education* 與 *Educational Philosophy and Theory* 這些期刊中。她目前在研究所教授課程理論、敘說探究與教育行動研究等課程。

譯者簡介

▌張曉佩

現職：國立臺中教育大學諮商與應用心理學系副教授

　　　國立臺中教育大學諮商中心諮商專業督導

學歷：國立暨南國際大學輔導與諮商研究所博士

　　　國立暨南國際大學輔導與諮商研究所碩士

證照：諮商心理師

經歷：國立中興大學健康與諮商中心兼任諮商心理師、諮商專業督導

　　　財團法人台灣世界展望會中區辦事處特約諮商心理師

　　　財團法人台中市南區家扶中心特約諮商心理師

　　　財團法人南投家扶中心特約諮商心理師

研究領域：家庭暴力、自殺危機、學校霸凌議題、多元文化諮商、

　　　　　生態系統取向

研究榮譽：2011 年榮獲 Enrico E. Jones Memorial Award

▌卓秀足

現職：國立臺中教育大學諮商與應用心理學系副教授

學歷：雲林科技大學管理研究所博士

　　　國立政治大學心理研究所碩士

經歷：南開科技大學企業管理系副教授兼主任

　　　三軍總醫院精神醫學部臨床心理師

研究領域：職場心理健康、組織行為、組織中的情緒議題、社會企業個
案。研究論文曾經在《管理評論》、《組織與管理》、*Asia Pacific
Management Review*、《管理與系統》、《觀光研究學報》、
《創業管理研究》、《應用心理研究》、《中原企管評論》、
Psychology & Health 等期刊上發表。合著有《組織理論與管理：個
案、衡量與產業應用》、《我們的小幸福小經濟：9 個社會企業熱
血・追夢實戰故事》等書。

林序

敘說分析與探究：嚴謹中的美感與柔和

這幾年關於敘說分析與探究的研究主題，逐漸受到學術領域之重視，包括心理、教育、醫學、藝術、其他人文與社會學科等。而我多年來指導學生論文以及教授質性研究的經驗中，發現許多學生亦為敘說研究的人文與美感所吸引，紛紛轉向加入敘說探究的行列。

敘說分析與探究，看似是容易的研究方法或主題，實際上卻是相當複雜。可能有人以為這樣的研究方法或主題就是聽聽故事，再把故事寫出來就好，但是對於隱含其中的「複雜性」卻較少進一步去理解，或者想理解卻又無法理解。敘說分析與探究的「複雜性」在於其概念以及理論基礎是跨學科、多樣化、沒有唯一絕對的分析方式。也因為這樣的複雜性，要寫出一篇既好又嚴謹的敘說研究論文，其實並不容易。

多年來我一直在尋找如何引導學生（還有我自己）豐富敘說分析與探究「複雜性」的可能性，而這本由 Kim 所著的《理解敘說探究》剛好可以滿足我的需求。在這本書當中，作者對於敘說探究的理論基礎做了嚴謹的梳理，同時關注不同類型的敘說，內容相當豐富且具有啟發性。我尤其喜歡作者將敘說探究放在跨學科的脈絡下來闡述其概念內涵。理論性基礎一章更是我欣賞的，剛好可以彌補其他敘說研究的書籍當中較為缺乏的部分。Kim 將敘說研究者比擬為是一位「助產士」，這一點我也相當認同，在助產的過程中，Kim 用了「調情」（flirt）這個字來說明如何跟敘說的文本對話，我覺得相當有趣，彷彿研究資料是活的、可以互動的，以及具

有開啟未知可能性的魅力。

　　整體而言，閱讀完 Kim 的《理解敘說探究》，有一種嚴謹的美感，在嚴謹當中不失學術研究的柔和與可親性，而在美感當中又不失學術研究對於問題與探究的求知性。

　　最後，兩位譯者文筆流暢，這本譯作對於教授敘說分析與探究的老師、想從事敘說分析與探究的學者及研究生來說，都具有很高的參考性及可讀性。我非常的推薦。

國立東華大學諮商與臨床心理學系教授

林美珠

2018 年 2 月

胡序

還原社會科學之「社會生命體」的研究本質

質性（qualitative）研究是追求研究主體本質（quality）全貌的基本素養，是對「研究對象存在現象（本體論）—解釋的認知觀點（知識論）—應採取的方法過程（方法論）」的一貫化設計，是對自然生活狀態下人群行為的直接與完整觀察（即使行動研究有研究者介入，他也是被觀察與驗證的部分）；研究者最終基於特定研究目的，也許只摘取部分資料以建構或驗證某個理論內容，但是對研究主體的全貌認知，絕對是真實的解釋研究主體展現行為的必要準備。

自然科學與社會科學都會面對研究主體受環境影響的問題，但不同的是，自然現象可以控制環境條件，在實驗室中標準化複製研究環境，而得以精準、單純的觀察行為的因果關係；社會科學無法操控人群行為的進行，因此研究中必須同時記錄與體會，觀察行為所受到的時間、空間、社會關係等的影響。

所以，我們一向認為「研究對象」才是研究主體，理論存在被研究的行為中，是已經存在的使用中理論（theory-in-use），不是研究者事前推演的理論為劇本的演出；所以，質性研究者的態度是：我們猶如在看一場戲，如何從戲中的對白、肢體符號、用品，理解他們的理性意義，才是研究者的任務。

敘事研究就是這場戲的還原，誠實回到最基礎時空場境的研究起步，也就是質性研究「詮釋主義」（interpretivism）階段的任務。

本書的第三、四章，就是幫助研究者盡可能的全面進入研究主體。

當研究者有了一部完整的故事敘述或影片以後，任何時候研究者有不同的好奇，就可以從故事中選取與研究興趣有關的行為資料，從事不同理論觀點的理論建構或驗證。

就好像讀者觀賞《紅樓夢》，這本鉅著不只是一個顯赫家族的興衰史，也敘說不同階層人物在當時的生活細節，其中也有家族與官場或社會團體互動，甚至園藝花卉與飲食的技術描述、上層社會親友主僕互動關係，許多當代特定行為的研究題材，都在書中擁有相當篇幅的資料依據，只要有對特定行為的知識興趣（知識論階段），研究者便可摘取相關文句，從事文字資料編碼、觀念歸納與理論建構。

本書的後半部，便將「敘說故事」從還原事蹟的研究工作，帶入到知識解釋與資料處理分析的研究方法階段，此時，質性研究者的任務是從資料中萃取與演繹「觀念與邏輯」，是為學術社群提供可分享與連結的研究成果，也就是「建構主義」（constructivism）的學術目標。

質性研究是針對「本體論」（如現象學、玄祕、藝術）、「知識論」（如現代主義、後現代主義、多元主義、批判主義、女性主義、解放主義、行動科學），以及「方法論」（如紮根研究、個案研究、臨床研究、符號互動論）等，不同階段的求知所需，衍生出的許許多多研究策略設計與選擇，它不是一個「方法」，而是一種科學知識的哲學，與追求真理的完善和優美的研究修為。

敘說研究便是研究哲學的基本起步。

台灣社會企業創新創業學會理事長　胡哲生
輔仁大學企業管理學系教授

2018 年 1 月 3 日

蕭序

深層敘說：同理中的理性與感性

作為一個諮商師，總習慣運用同理心表達對個案的理解，可是個案真的理解、真的有所感受、真的看到自己的真實嗎？同理心雖是諮商師對個案的敘說，然而卻有種空洞的感覺。

多年來也閱讀了一些與敘事有關的論著與文獻，不能說沒有收穫，但總覺有些公式化，直到閱讀到這本《理解敘說探究：以故事的雕琢與分析作為研究》的書後，書中的一句話深深的吸引我：「它滲透個人的主觀真實，它允許主體為自己發聲」（頁181）。如果諮商師的同理敘說能滲透個案的主觀真實，能將個案的隱藏自我透過深層敘說為他發聲，那麼個案對自己的理解又會是一個怎樣的狀況呢？

在春節的片刻空閒裡，我逐章逐頁的看完了這本書，作者的觀念與對敘說的理解解答了我多年在諮商中的困惑。作者從敘說是有生命、有圖像、有聲音的觀點引進了敘說，諮商師以參與者的關係，扮演「間諜」的角色，但卻從「朋友」的結局為個案找到「社會正義」的出口。在諮商師為個案的敘說中，創造性的模糊與真實的理想交織出現，諮商師以一個田野工作者的角色出現，貪婪的挖掘個案的百寶箱，卻又以科學化、理性化的方式條列在個案的眼前，它有的是醜陋的，有的是美的，有的是靜態的，有的是生動活潑的，更有的個案似乎知道但又不知道自己。這樣的敘說像是寫小說，個案在真實與虛幻、真情與任性中來回的看著自己、感受自己，然後發現自己，這樣的一個敘說探究會有哪一個個案放得過自己？

　　本書的兩位譯者，秀足是我多年的老友，曉佩是我多年的學生，她們
二位的過往生命故事，十分精彩也十分誘人。秀足是管理學博士卻投身在
諮商教育中，曉佩從大學到博士一路鑽研心理諮商，如今兩人都落腳在臺
中教育大學。記得曉佩要我幫她們寫序的時候，說道這本書與我近年來研
究的「深層敍事同理」十分類似，但我閱讀完這本書後，我發現這本書的
境界遠遠超出我能想像的，我因此也在這本書中學到更多我沒想到的概
念。2018 年的春節能讀到這樣一本好書，今年真的是一個好的開始。感
謝本書的原作者，也感謝兩位譯者。

國立暨南國際大學諮商心理與

人力資源發展學系榮譽教授　　蕭　文

2018 年 2 月 18 日

譯者序一

2016 年年初，我與這本書初次相遇，它豐厚的內容，讓我驚豔不已；作者互動式的寫作風格，喚起我的共鳴，深得我心。

這本書幫助身為研究者的我對進行敘說探究的邏輯思維與具體操作方法，有更深刻的認識與理解，就像為自己建立起穩固的地基，這種扎實的感覺，前所未有，而且幫助我在研究旅程中的每一步，都走得更加穩定與篤定。

這本書讓身為教育者的我，感到欣喜雀躍，因為對敘說研究有興趣的莘莘學子，會發現這本書就像一個百寶箱，能夠解答他們對敘說研究的諸多疑惑，包括敘說研究是什麼？要如何進行敘說研究設計？資料蒐集與分析的方法和步驟又是什麼？

因為太想和對敘說研究感興趣的同好分享，所以我決定要將這本書翻譯成中文，而這需要莫大的決心！感謝卓秀足老師在我提出翻譯邀約時，正向回應我的邀請，陪伴我一起走這趟翻譯旅程，您睿智的見解，往往能激發我思考不同的觀點。

感謝我的學生謝文瑄與林恩莉，扮演稱職的讀者與校稿者，仔細地閱讀翻譯文稿，提供寶貴的回饋，讓我們能將本書的文字語句修改得更清晰易懂。

感謝臺中教育大學諮商與應用心理學系所有的同事，共同經營令人感到幸福愉悅的工作環境；感謝羅明華主任的開放與支持，讓敘說研究在系上得以萌芽與發展。

感謝蕭文教授，您是我研究生涯的重要啟蒙者與支持者；感謝林美珠教授，您對敘說研究的探討文章與在工作坊中的分享，都更加厚植我對敘說研究的興趣。

感謝心理出版社林敬堯總編輯與所有的同仁，你們是這本書能夠順利出版的重要推手，謝謝你們的信任與提供的所有協助。

現在，我誠摯地邀請你一起加入這趟閱讀旅程，享受它，進而發現它的美好與價值。

張曉佩

2017 年仲夏 於求真樓

譯者序二

　　對翻譯者而言，這是一本有挑戰性的書。敘說研究的深刻哲學底蘊以及各種形式敘說探究資料類型，對譯者是莫大的考驗。

　　對研究者而言，這是一本實用的書。敘說研究的理論、資料分析方法與研究實例兼具，同時兼容並蓄多元的研究觀點，能開啟研究視野。

　　對讀者而言，這是一本有意思的書。遊走於書中的敘說研究實例，娓娓道來卻又直指人心。

　　在翻譯這本書的過程裡，這些角色不斷地在我身上交互出現，時有停滯，時而豁然開朗。

　　回到起點，謝謝胡哲生老師在質性研究上的啟蒙以及楊仁壽老師在研究道路一路指引，他們兩位是給學生翅膀的最佳引領者。

　　翻譯期間，有曉佩一起走完這趟旅程，她是最好的夥伴，她的組織規劃能力、工作效率與翻譯文字的優美，都讓我學習到很多。

　　我們的學生，郭溥、文瑄與恩莉，因為有他們的協助，讓這本書的易讀性大大地提高，更讓我認識到他們在課堂之外的其他優秀能力。

　　亦要感謝臺中教育大學諮商與應用心理學系，謝謝羅明華主任支持敘事工作坊，讓敘說研究得以在系上扎根，還有系上的同仁，因為你們，這裡成為一個令人愉悅的工作環境。

秀足

於臺中 求真樓

2017 年 8 月 23 日

前 言

　　在暑假結束後，我去一位同事的研究室找她聊天，除了放在書櫃中令人感興趣的書之外，她的研究室通常都是相當昏暗與簡樸。但是今天，它感覺起來是不尋常的明亮與溫暖，我心想她一定新增了檯燈，事實的確如此，她買了一個新的、看起來時髦的檯燈。然而，在我們聊天的過程中，某些東西吸引了我的注意力。在我左手邊的牆上掛了一條百衲被，我不記得我之前有看過它。那是一件漂亮的藝術品，大約是 3.5 呎乘以 4 呎的規格，是紫色色調。我驚呼：「多麼漂亮的一條百衲被！」我的同事臉上映著大大的笑容，驕傲地說：「是的，它很漂亮，不是嗎？是我阿姨為我的生日親手做的禮物。」我沒有任何的手工藝技能，所以我對於我同事的阿姨能親手縫製出如此令人不可置信的物品感到相當驚奇。這麼多塊長方形、三角形和其他形狀與顏色的布謹慎地交織在一起，形成不同卻又和諧的作品。我問：「她如何做到的？」「嗯，這是她的嗜好，她蒐集她的孩子、孫子與其他家族成員穿過的衣服，將這些衣服剪裁成不同的形狀，再依據她的設計，將它們縫在一起。這是一件嘔心瀝血的工作，需要花很多時間。我知道，這真的很不可思議。」

　　「所以，每一塊布都有個人的記憶與意義？然後這整個百衲被有隱含的故事？」

　　「可以這麼說。我阿姨說這條百衲被甚至有我小時候穿過的衣服，以及我的堂兄弟姊妹、姪子、外甥穿過的衣服。所以這條百衲被對我來說相當珍貴。」我同事的右手放在心臟上方，似乎要強調這條百衲被對她的意義，我們無聲地看著對方的眼睛。

　　我從來沒有想過百衲被是故事的集合體，我從來沒有猜到這個傑出的百衲被的每一塊布都有一個故事可以說，而且它會喚起這些故事主人的深刻記憶。

　　我回到我的研究室，坐在筆記型電腦前，這個筆記型電腦已經成為我的好朋友一段時間了。我喝了幾口已經冷掉的咖啡，雖然星期一要寫完這篇前言，但是過去這幾天，我受困於「作家心理阻滯」的情況，根本寫不出東西來。

　　突然間，我的手指渴望在鍵盤上移動，當我打字時，受到我剛剛看到的漂亮百衲被所啟發，我明白這本書會成為一條隱喻性的百衲被。

　　我歡迎你來到我的百衲被世界，在這本書中的每一章、每一個片段、每一段落，甚至每一個句子，都有跟敘說探究有關的個人意義與記憶。我引用優秀的學者、哲學家與理論家的論點，他們的論點形塑了我的想法與他人的想法。我使用我之前的研究與教學的文章，並分享我的個人故事，不論好的還是壞的，希望這些可以梳理出你個人的故事。更重要的是，我整合我之前與現在學生們的故事，這些故事可能會引起你的共鳴。這本書的許多部分傳達了我自己、我與他人的關係，以及他們與我的關係，所有的一切都影響了我的成長之旅。我希望閱讀這本書也能夠成為你成長之旅的一部分。

　　打個比方，每個敘說探究都是由個人與社會故事組成的百衲被，可能是從任何一段人生之旅組成而來，這條百衲被反映了一部分我們所生活的世界。方法上來說，敘說探究是跨學科性質的，質性研究是藉由探索參與者的敘事或故事來作為求知的敘說方式，它包含了（但不限於）自傳、民族誌、傳記、生命歷史、口述歷史、生命故事、個人敘說、表達性敘說，以及藝術為本敘說（例如詩、長篇小說、虛構小說、短篇故事、創造性非虛構小說、攝影、視覺敘說等等）。它在人文與社會科學領域中已經是具影響力的研究方法，例如人類學、心理學、社會學、哲學、文學、教育學、醫學與法律學等等。現在要找到一位朋友或同事是在進行敘說研究比

以往更加容易。顯而易見的是敘說探究正在蓬勃發展，它無所不在（詳見 Connelly & Clandinin, 1990; Chase, 2005; Denzin, 2005）。伴隨著對敘說探究的新興興趣，已經出現大量敘說探究的書與期刊文章，敘說先驅者 Jerome Bruner（2002）注意到這個趨勢，反問道：「我們需要另一本敘說的書嗎？」（p. 1）

　　的確是。我們需要另一本敘說的書嗎？也許。

　　Susan Chase 表示敘說探究仍然是「一個在醞釀中的領域」（2005, p. 651），我同意她的說法，也認為敘說探究應該持續被醞釀、質疑與（重新）定義。有許多的研究者與研究生正在學習成為敘說研究者，他們發現敘說探究是豐厚但複雜的、是平易近人但又難以捉摸的、是定義明確但仍令人困惑的。敘說探究的課程相當地少，甚至有些研究所沒有開設任何敘說探究的課程，而且教授那些課程的老師，就像 Josselson 與 Lieblich（2003）所說的，他們本身並沒有關於敘說探究的完整訓練，而是邊教邊學。表面上，我們欣喜敘說探究受到歡迎，但實際上，我們當中很多人仍然覺得我們在自己的系所、學院與大學中是住在一個學術孤島上，就像 Mishler 在一場與 Clandinin 和 Murphy 的訪談中所說的：「人們（敘說探究者）仍然反應他們在自己的系所，心理系、社會學系或其他系所，覺得自己像個局外人。」（Clandinin & Murphy, 2007, p. 641）這是一個值得注意的學術文化落差，因此，我們需要另一本敘說探究的書——事實上，不僅需要一本，而是很多本，以讓敘說探究成為一個更嚴謹的研究方法。

　　書籍通常都是由那些宣稱自己在該主題上擁有權威性知識的專家所撰寫，但這本書並非如此。最近有一場 TED Talk，哥倫比亞大學生物學教授 Stuart Firestein 表示引領科學前進的是「不知情」（not knowing），也就是無知。Firestein 認為不知情或無知是困惑於困難的問題、懸而未決的問題，以及更進一步還有待做什麼的問題。因此，這就是無知引領科學進步的意涵了。

　　相同地，驅使我撰寫這本書的原因是我自身對不知情的追尋，亦即我

對這些年來身為敘說探究者在研究與教學工作的困惑與困境。人們問我敘說探究是什麼，諷刺的是我發現這個簡單的問題很難回答，因為：(1) 有太多不同學科的敘說研究者用不同的方式來採用敘說理論與方法；(2) 敘說領域不斷地在改變與發展；(3) 敘說探究試圖在方法上涵納多元性，避免只採用目前使用的眾多方法中的某一個。身為一位敘說探究者與敘說探究課程的授課老師，我的疑問比答案來得多。所以，我想要探討敘說探究何以、如何以及是什麼等這些混亂的議題，同時也說明敘說探究在不同學科領域的現況。如果你是因為對敘說探究瞭解不多以及有很多疑問，所以想閱讀這本書，那麼，你做對了！在受到我們的「無知」與不知情的激勵之下，我們可以一起追求探索與敘說探究有關的未知、困惑與疑問。

　　因此，這不是一本關於敘說探究是什麼的「樣板」或如何執行敘說探究的「快速指南」。它在本質上是相當全面的，意圖在讓你沉浸於整個敘說探究的歷程中，盡可能地擁抱敘說探究的廣度與深度，包括哲學、理論與藝術層面，乍看之下可能會覺得跟敘說探究無關，但它們策略性的扮演「減速丘」（Weis & Fine, 2000）的功能，幫助你慢下來、暫停以及花些時間用你的想像力和創造力進行思考與反思。此外，我有意讓這本書提供一個「區域」或一個主要的匯流處，不同的敘說「趨勢」交會、交換意見、互相學習、分享疑問與好奇的地方，這些都必然會引領敘說探究的成長。雖然本書會提供你實用與實際的策略來進行研究，但我希望它可超越這個功能。最終，我希望這本書可以成為你的靈感來源，可以催化你的想像力與創造力，可以帶你到達你從未想過你的研究可以抵達的地方。

　　隨著愈來愈多研究者對敘說研究感興趣，我們有必要讓敘說研究發展成更嚴謹的研究方法，擁有理論性、哲學性、社會性與實務性的堅固基礎，這本書試圖要滿足這個需求。本書會討論在敘說探究課程與基礎／進階質性研究方法課程會遇到的挑戰與問題，因此本書主要是以想要成為具資格的研究者，尤其是具資格的敘說研究者的學生與新手研究者為對象，此外，那些對敘說理論與探究方法論有智性好奇心的資深研究者也歡迎加

入我們。

現在，我要帶你概覽本書的內容，每一章都依照下列的教學特色以幫助你理解內容：從本章主題開始、思考的問題以及前言敘說，所有的這些都是要導引你聚焦在該章的主要觀點。每一章都以反思、活動以及你可以用來深厚知識的閱讀清單做總結。請記得你不需要從第一章開始依序閱讀本書，雖然每一章之間有邏輯性的連結，但每一章也都可以單獨存在，你可以依據你的研究進度，在任何時間點進入任何一章。如果你對本書有任何評論或疑問，請直接與我聯繫，我的電子信箱是 jhkim@ksu.edu。我相當樂意聽到你的回饋。

第一章　將敘說探究放置於跨學科脈絡中

在本章，我們首先定位質性研究是反對實證研究的悠久背景，進而帶入對敘說探究的討論，包括敘說與故事的概念。我們看到不同的學科如何在自己的領域建立敘說探究，歡迎跨學科的協同合作以及對敘說探究的批判進行回應。本章以一個故事作為總結，這個故事將會幫助我們思考成為一位敘說探究者的意義。

第二章　敘說探究的哲學性／理論性基礎

你會發現本章的篇幅比其他章都來得長，有很多重要的基礎理論，但我很難在有限的空間內「捕捉」到全部，所以，我選擇我已經用過的理論以及我相當感興趣的理論。本章的目標是要說明敘說探究的理論性／哲學性基礎，並且幫助你成為敘說探究的理論家與哲學家。因為我看過太多學生掙扎於自己的詮釋典範，因此我想要提供你一些基礎可以對最重要的哲學性／理論性典範有所瞭解。我希望你會對所選擇的理論有更深入的鑽研，超越這裡所提供的閱讀資源。在本章，我首先討論理論的角色，然後陳述被當作詮釋典範的鉅觀層級理論，以及被當作方法典範的中介層級理論。此外也討論了每個理論與敘說探究的關聯性。

第三章　敘說研究設計：投入美學遊戲

　　本章幫助你跟你的研究設計一起投入美學遊戲。你將會學習到當你在設計研究計畫時，與你的研究構想同時以充滿樂趣及嚴肅的方式來互動的價值。畢竟，設計任何事情都是一種美學經驗，研究設計也不例外。為了有設計研究的能力，你將會需要裝備自己關於研究設計的基礎知識，更重要的是，你需要以智性好奇心、彈性、開放以及與你的研究呼應的方式來滋養你的想像性觀點。本章是讓你在研究歷程中擁有美學經驗的幫手。我們會討論質性研究設計的基本元素，以及敘說探究設計的特殊元素。

第四章　敘說研究類型：讓故事應運而生

　　接續敘說研究設計，本章要幫助你探討不同的敘說研究類型或敘說形式，可以用在你想要述說的故事上。扮演想像式的「助產士」，讓故事應運而生，你必須考量你的研究要呈現一種或多種類型，不論是自傳式、傳記式或藝術為本的。本章的目標在提供可能的敘說研究類型，讓你在可供選擇的同時也尊崇敘事者的尊嚴與正直。

第五章　敘說資料蒐集方法：發掘故事

　　本章帶你進入資料蒐集方法的世界，你可以用這些方法來挖掘故事。它不僅提供你可能已經熟悉的蒐集質性研究資料的實際流程與技巧，也提供你創意的觀點，以揭露那些默默隱藏在人們生活中每個角落的故事。本章有助於你將研究工具箱變成個人珍奇櫃。

第六章　敘說資料分析與詮釋：與資料「調情」

　　在研究的世界，**調情**不是一個「不好」的詞彙，這個詞彙是從心理分析領域借來的。它邀請你撤銷對已知事物的承諾，在分析與詮釋過程和你的敘說資料調情，能夠讓你去討論什麼是令人困惑的，賦予你的研究發現

驚喜與意外收穫。本章介紹不同的敍說資料分析與詮釋方法，你將會發現為了進行分析與詮釋，將你的資料進行分類與轉換就像通過一個象徵性的成年禮儀式，進入研究者時期（researcher-hood）。

第七章　敍說尾聲：敍說意義的理論化

敍說尾聲是指在故事之後的部分，有助於實現敍說研究的探究面向。例如，我們可能很擅長述說故事，但不擅長將故事與更大的社會脈絡做連結，因此，本章要幫助你理論化故事的意義，瞭解一個故事如何將平凡性加以轉變。本章提供方法來（不）結束〔(un) finalize〕你的研究、回答「那又怎樣」的問題以及學習成為《天方夜譚》的雪赫拉莎德（Scheherazade），讓故事持續發展。

第八章　敍說探究的重要議題

在本章，我們會討論敍說探究中一些關鍵的議題，需要我們運用想像式的萬花筒，透過這個萬花筒，我們得以擁抱意想不到的模式與改變。萬花筒的隱喻意指擴大我們的思考與理解方式，如此一來，我們可以推動敍說探究的界限，並且成為我們能夠做到的最謹慎且符合倫理的研究者。

第九章　敍說探究實例：將理論付諸實務

本章提供許多敍說探究的範例，讓你有機會看到本書所討論的敍說探究理論如何運用在研究實務中。你可以運用這個機會去練習、提出疑問、改寫或創造一個最貼近你的研究目標的敍說探究形式。每個敍說類型我都提供一個節錄的範例，接著是關於這篇文章的一般性資訊。在節錄後面，我提出一些問題來幫助討論。

第十章　後記

本章是我寫給你的個人書信，目的是帶領你從我們的旅程一起回家。

致謝

　　這本書如果沒有家人、朋友、同事、藝術家與學生的支持，就不會實現。

　　首先，我要感謝編輯 Helen Salmon 給我持續不斷的支持與見解。Helen 是出版本書的關鍵人物，如果沒有她的遠見，這本書就不可能存在。我也要謝謝 Helen 的助理 Anna Villarruel，她總是行事迅速與精確。此外，也要感謝文字編輯 Kristin Bergstad 與製作編輯 David Felts，他們提供嚴謹的編輯協助。我相當感激本書的審稿者，包括科羅拉多州立大學的 Timothy G. Davies、威斯康辛大學麥迪遜分校的 Mary Louise Gomez、波爾州立大學的 Thalia M. Mulvihill，以及其他不具名的審稿者。他們具專業性與建設性的回饋在許多方面都讓本書更完善。我衷心感謝我親愛的朋友與導師 Marjorie Hancock 與 Linda Duke，他們仔細閱讀我的草稿，並給我詳盡的編輯回饋，他們所投注的時間與專業是無價的。我誠摯地感謝在我寫作過程中啟發我的那些藝術家，包括 Joan Backes、Jim Richardson、Richard Ross 與 Tom Parish，他們相當慷慨地允許我使用他們傑出的藝術作品。我也謝謝堪薩斯州立大學海灘藝術博物館，邀請並舉辦了如此令人讚賞的藝術家與展覽，是我的創意與想像力的來源。我深深地感激我的朋友 Linda Duke、Marrin Robinson、Rosemary Talab 與 Barbara Veltri，我們每週的健行、散步與談話讓我在充滿挑戰的時刻，得以保持頭腦清楚。我感激我的系所與學院對我的研究給予持續性的支持，尤其感謝院長 Debbie Mercer 的真摯關懷與支持、兩位系主任 Gail Shroyer 與 Todd Goodson，感謝他們的專業支持與鼓勵、感謝 Paul Burden 對寫書計畫提供他充滿價值的想法、感謝 Mary Hammel、Art DeGroat 與 Rusty Earl 提供技術上的協助，以及感謝我最棒的同事給我的同事情誼與道義上的支持。我深深感謝我所有的學生，他們都相當傑出優秀，特別要感謝的是 Jodie、Kevin、Art、Jess、Steve、Chance 與 Ron，他們的想法與寫作總是

具思考激發性，而且樂意允許我引用他們的課堂作業。我也想要感謝那些形塑我的研究與教學工作的人：我的博士論文指導教授、導師與敘說探究的教師 Tom Barone，他的文章與想法是我的研究基礎；我的非正式導師與朋友 Margaret Macintyre Latta，她的學術工作擴展了我的視域；以及我之前的研究參與者，尤其是 Kevin、Matto 與 Michelle，他們的生命經驗教會我如何成為一位研究者。

最後，我對家人給我的無盡的愛再怎麼表達謝意都不夠，他們的愛在這條漫長與寂寞的寫作旅程中支持著我。我已故的父親；我母親，相當感恩她從一場重病中痊癒；我的女兒 Eunje 讓我成為一位更好的母親；以及我的家人 Sookhee、Bonghee、Dale、Abby、Seungbyn、Kwibin 與 Kwanbin，他們總是相信我。我永遠感激在心。

CHAPTER *1*

將敘說探究放置於跨學科脈絡中

本章主題

思考的問題

- 為什麼用敘說探究？
- 敘說探究是什麼？
- 敘說探究跟其他質性研究方法不同的是什麼？
- 是什麼讓敘說探究者成為敘說探究者？

前言

我第一次聽到**敘說探究**（narrative inquiry）是在我的博士論文指導教授兼導師 Tom Barone 的課堂上，我立即受到它平易近人、藝術性與非學究式本質的吸引。在我看來，敘說探究是研究與藝術（特別是文學藝術）的完美結合，可以滿足我對研究寫作的喜愛。它是「極具魅力的」（Munro Hendry, 2007, p. 488），的確是！在那個學期結束時，我發現自己與敘說探究墜入愛河，並且決定用它來進行我的博士論文研究，雖然當時我還未決定博士論文的主題。

> 看起來作者在蒐集資料前，即盲目地與敘說探究墜入愛河，
> 並且嘗試合理化它的有用性。

當我用博士論文研究計畫向 Spencer 基金會申請研究補助時，匿名審查委員會的其中一個委員做出上述的評論，在讀到這個嚴格的評論時，我感到相當的困窘，我的臉漲紅了許久。這位委員是如何偵測到我對敘說探究的「盲目」愛戀？這位委員怎麼可以輕視我對敘說探究的愛？這位委員如何知道我在開始蒐集資料前即「試圖合理化它的有用性」？我跟敘說探究的羅曼史遭遇到前所未有的尷尬，但還不到讓我想逃走的程度。事實上，審查委員如此直接的評論就像是苦口的良藥，提供了一個機會讓

我看到「事實」：我對敘說探究這個伴侶的瞭解是不成熟的。我應該要知道 Amia Lieblich 所提的建言：要成為一個「好的」敘說學者，需要「成熟、經驗以及對自己與他人的敏感度，而這些需要用好幾年的時間來發展」（Clandinin & Murphy, 2007, p. 642）。我贊同此建言。成為一個好的敘說研究者所需具備的成熟與經驗，需要好幾年的時間才能裝備。我需要致力於此，而我至今仍持續致力於此。

我讓自己成為更好的敘說探究者的旅程還在進行中，雖然我自詡為浪漫主義者，但我首先質疑的就是我跟敘說探究的羅曼史。誠如 Munro Hendry（2007）覺得自己被特定的敘說困住，所以藉由質疑敘說的力量來探尋自己與敘說的關係（p. 488），現在輪到我深刻地探尋我與敘說的關係。因此，什麼是敘說探究？我夠瞭解我的「伴侶」了嗎？敘說探究如此吸引我的原因是什麼？我是否不自覺地認為它是個「簡單」的方法，所關心的只是「說故事」（Clandinin, Pushor, & Orr, 2007, p. 21）？帶著內疚的煎熬，我需要尋找方法來提升我的「年少愛戀」，使其變得更為成熟，以避免將來會面臨的嚴厲批評。

我猜想你們當中有些人，也對自己與敘說探究的愛戀關係（或缺乏愛戀）有所憂慮，我邀請你和我一起深入探索敘說探究。因此，本章的目標是要帶你進入一個敘說探究的世界，這個世界被認為是「嚴格與複雜的」，雖然「報酬可能是豐富的」（Andrews, Squire, & Tamboukou, 2011, p. 16）。我們會探索幾個基本的議題，以幫助我們對敘說探究有更多的瞭解。首先，我們要比較質性研究與實證主義，這可以幫助我們在敘說與故事的概念下討論敘說探究。接下來我們要仔細窺探不同的專業如何在其專業範疇中建立敘說探究，為專業間的互動開啟一扇門，並且能有效地回應批評。本章會以一個故事來做結論，此故事會幫助我們思考成為一個敘說探究者意味著什麼。

科學研究與質性研究相伴而生

在十九世紀中期前，科學運動、工業主義與技術發展在西方國家開始興起，實證主義的崛起帶來了科學與技術的興盛。孔德（Auguste Comte）率先提出實證主義三個主要論點：第一，實證科學是讓人類對世界獲得正確理解的唯一管道；第二，人類所追求的神祕主義、迷信與形而上學都是偽知識，並且阻礙了科學知識的發展；第三，科學知識與技術控制不再僅限於自然科學的領域，已經普及於政治與道德的範疇。到了十九世紀末，實證主義的哲學觀相當普及，科學與技術成就的應用已延伸到與人類福祉有關的範疇。自此之後，實證主義的知識論已經鑲嵌到學術領域中，科學與量化研究成為主要的研究典範（Schön, 1983）。

我們知道實證主義在學術領域中仍相當盛行，事實上，法國後現代哲學家李歐塔（Jean-François Lyotard, 1979/1984）具洞察力的質疑：實證主義知識與權力之間的長期關係，已經反映在許多美國政府政策上的聲明中。李歐塔指出在科學與實證主義的年代，科學知識的力量遠遠大於過去，顯示：「知識與力量是一體兩面：誰決定了知識？以及誰知道哪些內容需要被決定？」（p. 9）對李歐塔來說，知識與力量的問題其實就是政府的問題，因為政府採用了宏大敘說。舉例而言，我們仔細思考美國政府對教育的宏大敘說之一是 2001 年制訂的《沒有孩子落後》（No Child Left Behind, NCLB）法案，在此法案中出現了 111 次「科學為基礎的研究」（scientifically based research）這個句子，明確地呼籲要使用具備嚴格、可測量與量化資料等條件的科學研究。此外，國家研究委員會（National Research Council, 2002）出版了《教育科學研究》（*Scientific Research in Education*）報告，呼籲研究者採用以證據為基礎的教育研究，亦即使用「嚴謹、系統性與客觀的程序來獲得有效的知識」（Maxwell, 2004, p. 3）。在此種實證主義知識論中，研究對象被視為價值中立、穩定不變、可預測以及可被推論的，因此特定的解決方法可以廣泛應用到每個

人身上。此種對實證主義思維的奉行，顯示了「固執己見」或是「似曾相識」的思維（Lather, 2008, p. 362），讓我們感覺「敘說的藝術已沒有任何發展的可能性」（Benjamin, 1969, p. 83）。

然而，姑且不論此宏大敘說的盛行，研究者已經逐漸發現運用單一科學知識來理解充滿複雜性、不確定性、獨特性、流動性、模糊性與價值衝突的人類現象，有其瑕疵與限制。Schön（1983）使用道路的隱喻來指出實證主義的專家學者走在一條「高聳艱峻的路上」，在這條路上嚴謹與實用性等同於以科學為基礎的研究，目的在於尋找技術性的解決方法。依據 Schön 的說法，這些實證主義者不在乎不確定、獨特的與變動的現象，鄙視它們如雜亂與不重要的資料。另一方面，也有一些人選擇「沼澤低地」，仔細地關注雜亂但令人好奇的重要問題，聚焦在「經驗、嘗試與錯誤、直覺與逐步漸進」（p. 43）。他們拒絕將研究侷限於被狹隘定義的科學實驗，其可以找到快速的解決方法，因為他們知道處理人類所關注的議題就像走在「沼澤」中。這一個「行走在沼澤低地中」的隱喻，進一步被杜威所支持，杜威（Dewey, 1934/1980）主張人類擅長處理複雜性與細微的差異：

> 因為有更多的機會出現阻力與張力，有更多實驗與發明的草案，因此會有更新奇的行動，更廣大與更深入的覺察，以及增加感受的強烈度。當有機體的複雜度增加時，在其與環境的關係中所出現的困頓與圓滿也會有所不同並持續存在。（p. 23）

於是，科學知識的限制就顯得相當明顯，僅僅仰賴科學研究來理解人類生活的複雜性，就像要求 iPhone 上的 Siri 在我迷路時為我哭泣一樣。幸運的是，研究社群經歷了一次的典範轉移（Kuhn, 1962），給予質性研究更多的認可，研究者認同人類所關注的議題其複雜性不能藉由可檢驗的觀察、普遍性原則與標準化知識來加以理解。執行質性研究就像行走在沼

澤中,不是一條輕鬆的路,卻是一條可以探索複雜議題對人類意義的道路。

在 *Handbook of Qualitative Research* 第一版中,主編 Norman Denzin 與 Yvonna Lincoln(1994)將質性研究定義為:

> 多元的方法,對研究對象來說是一種詮釋性與自然的取向……質性研究者在自然的環境中進行研究,嘗試依據人們賦予的意義來理解或詮釋現象。(p. 2)

質性研究受到詮釋典範的影響,在分析資料時是使用文字而非數字,並且關心的是透過詮釋來理解人類的行為,而非預測與控制。質性研究並非將研究結果簡化成確定與可測量的客觀事實,相反的,它是一種詮釋性與自然的取向,理解人們賦予現象的意義(Denzin & Lincoln, 2011)。在 2011 年發行的 *Handbook of Qualitative Research* 第四版中,Denzin 與 Lincoln 進一步將質性研究置於八個歷史性的時期,這八個時期與當今的時期有所重疊或同時存在:

1. 傳統時期(1900～1950)
2. 現代主義或黃金時期(1950～1970)
3. 模糊類型(1970～1986)
4. 表徵危機(1986～1990)
5. 後現代,是實驗性與新民族誌時期(1990～1995)
6. 後實驗性探究(1995～2000)
7. 方法學的爭辯(2000～2010)
8. 未來(2010～)

對 Denzin 與 Lincoln(2011)來說,未來(亦即當今)關注的是對民主、全球化與正義等議題的道德性與批判性論述,對抗以科學研究實證為

基礎的宏大敘説。他們主張任何對質性研究的定義都**必須**服膺這八個複雜的歷史時期，因為在這些時期質性研究經歷了反思性與複雜的發展歷程。然而，敘説探究屬於哪些時期呢？Denzin 與 Lincoln 將其歸在第五時期（1990～1995）與第六時期（1995～2000），他們認為後現代與後實驗時期「部分是依據文學與修辭比喻來定義，而敘説風潮，一種對説故事的關注，是以新的方式來組織民族誌」（p. 3）。

敘説探究

然而，甚至是早於第五時期，敘説風潮就已經興起，主要是受到 *Critical Inquiry* 期刊在 1980 年與 1981 年出版的兩個專題的影響，這兩個專題後來集結成書，書名為 *On Narrative*（1981）。*Critical Inquiry* 期刊的主編 Thomas Mitchell 聲稱：「敘説研究這個從心理學與語言學借來的專有名詞，不再是專屬於文學家或民俗學家的領域，而是已經成為人類與自然科學所有分支學門獲得啟發的正向資源」。（p. ix）這本書集結了跨學科的論文，由文學理論、哲學、民俗學、心理學、神學與藝術歷史學領域的重要學者所撰寫，在他們的論文中清楚説明敘説如何成為社會研究、人類研究，甚至是自然科學的重點。

誠如你所見，從所建立的質性研究原理原則來看，包括架構、研究方法、取向與策略，敘説探究已經成為有其專屬獨特本質與重要性的領域（Bruner, 2002; Clandinin, 2007; Pinnegar & Daynes, 2007）。敘説被當成是理解社會、文化、人類活動與生活多元層次意義的現象，它試圖要獲得參與者的生命經驗，以及參與在説故事的歷程中（Leavy, 2009）。Polkinghorne（1988）相信與故事共事，對質性研究者來説，是重要的承諾，因為故事身為語言形式的一種，特別適合用來呈現人類的經驗。敘説探究使用的跨學科詮釋視框，包括理論性與哲學性的多元取向與方法，都環繞著研究參與者的敘説與故事。

　　既然敘說與故事是敘說探究的核心，就值得進一步深入地探討敘說與故事的概念。一般而言，「敘說」與「故事」兩個名詞可以交互使用，是同義詞（McQuillan, 2000）。然而，進行敘說研究之所以困難的原因在於學者們概念化「故事」（story）、「敘說」（narrative）、「敘說探究」（narrative inquiry）、「敘說式分析」（narrative analysis）等名詞的細微差異時，有不同的意見（Verhesschen, 2003）。例如，我們會用 "storytelling" 而非 "narrative telling"，會用 "narrative inquiry" 而非 "story inquiry"。再者，"narratology"（敘說學）是敘說研究的正式名詞，我很難在任何的文獻上找到 "storytology" 或是 "storyology"（故事研究）。那麼，敘說與故事是如何相同又是如何不同呢？[1]

▋什麼是敘說？

　　首先，從語言學上來說，"narrative" 這個字是從拉丁文 *narrat-* 而來，有報告（told）之意，"*narrare*" 是述說（to tell）或近代拉丁文 "*narrativus*" 是說故事（telling a story），這些都類似於拉丁文的 *gnārus*（knowing，瞭解），從古梵文 *gnâ*（to know，知曉）演變而來。因此，敘說（narrative）是一種知識的形式，同時具有述說與瞭解兩種涵義（McQuillan, 2000）。因此，敘說者指的是瞭解且述說的人。正如我們指出的，從第一位家喻戶曉的偉大敘說分析者亞里斯多德（Boyd, 2009），到當今的哲學家與理論家，敘說在人類生活中的重要性已經長期被認可。就像義大利理論家與哲學家 Benedetto Croce 說的：「沒有敘說，就沒有歷史。」（引自 Altman, 2008, p. 1）因此，敘說是少數被廣泛流傳的人類活動之一，成為人類生活的基本面貌與表達的必要策略。

　　從發展歷史來看，最廣為人知與古老的敘說是神話（myth；*mythos* 在希臘文中意指故事），這些神話在世代間不斷流傳。在多數的文化中都有神話，隱含著神聖的儀式功能，用來保存該文化的根源與英勇的祖先事蹟，包括希臘、聖經、美洲原住民、賽爾特、波斯、亞洲與印加文化，上

述這些僅是列舉幾個而已。依據 Kearney（2002）所言，神話式的敘說可以被區分為兩種類型：**歷史的**與**虛構的**。歷史的敘說描繪的是過去的事件或是過去真正發生了哪些事，衍生為當今的傳記。另一方面虛構的敘說，關注的是重述與「美、善、真」（beauty, goodness or nobility）有關的事件（p. 9），運用諸如隱喻、寓言或其他修辭的手法來美化這些事件，衍生為當今的文學敘說，我們將在第四章討論。

我們對敘說的瞭解已經隨著敘說研究或敘說學（這是由哲學家與語言學家 Tzvetan Todorov 創造的名詞，描述敘說理論）而推進，敘說學是非常複雜的領域，「其根源、範圍與探索的內容都是國際性與跨學科的，而且它的許多成果都是含蓄而嚴謹」（Herrnstein Smith, 1981, p. 209）。早期的敘說理論學家，例如 Todorov、Roland Barthes 與 Gérard Genette，他們所建立的敘說學主要是結構主義敘說學，追隨 Saussure 對 *la langue*（語言系統與原則）與 *la parole*（建立在語言系統上的個人式語言）的區分。相較於個人敘說（*la parole*），他們更重視語言系統或符號原則（*la langue*），他們關心的是檢核普遍性的結構單位，他們相信這些結構單位是獨立於個別差異而普遍存在，可以產生特定的敘說文本以用來建立理論模式。因此，他們聚焦在敘說結構分析的描述，認為敘說是「複雜的結構，它的句法、型態、音韻表徵可以被分析成許多階層」（Herman, 2005, p. 29）。

然而，隨著結構主義語言學開始因為語言學理論的缺點而被批評時，結構主義敘說學的限制也開始浮上檯面（詳見第二章對結構主義與後結構主義的論述）。例如，Fludernik（2005）指出早期結構主義敘說學的問題在於理論與實務之間所產生的隔閡，此隔閡帶出關鍵的疑問是：「所以呢？這些所有的次類別對於理解文本有什麼幫助？」（p. 39）此外，敘說研究受到後結構主義與文化研究興起的影響，開始發散成一系列次學科的敘說理論。逐漸遠離結構主義的主張，敘說理論開始整合至其他學科中，例如心理分析敘說取向、女性主義敘說學與文化研究取向敘說理論，進

而延伸至哲學、語言學、文化研究、教育，甚至是實證科學（Fludernik, 2005）。

哲學對提升敘說的重要性也有貢獻，李歐塔（Lyotard, 1979/1984）在他的重要著作《後現代狀態》（*The Postmodern Condition*）中為敘說作為一種求知方法的重要性提出了聲明。他宣稱敘說在傳統知識的制定上有其傑出之處，並以柏拉圖的地穴預言「人類何以與如何渴望著敘說，卻未能辨識知識」（p. 29）為例，他主張實證科學知識無法在沒有借助敘說知識的情況下被制定。依據李歐塔所言，傳統的、科學性的知識：

> 無法在沒有借助其他敘說類型知識的情況下被得知，沒有任何一種形式的知識可以。在缺乏此種資源的情況下，會出現預設有效性以及落入它所譴責的情況：遭致質疑，以及讓偏見持續存在。（p. 29）

因此，對李歐塔來說，敘說是「慣常性知識的最典型形式，從各方面來說都是」（Lyotard, 1979/1984, p. 19）。於是，我們就可以理解 Hendry（2010）主張所有的探究都是敘說，包括科學或非科學、量化或質性、實證或詮釋，因為探究是使用敘說進行意義建構的歷程。

敘說無所不在，就像「敘說出現在我們的夢與白日夢中，我們藉由敘說來記憶、預期、希望、悵惘、相信、懷疑、規劃、修正、批判、建構、耳語、學習、仇恨與愛」（Hardy；引自 MacIntyre, 2007, p. 211）。Barthes（1982）也對敘說在所有文化的普及性進行總結：

> 敘說出現在神話、傳奇、寓言、軼事、短篇故事、史詩、歷史、悲劇、戲劇、喜劇、默劇、繪畫……電影、新聞與對話中。甚且，在這些幾近無限廣大的類型中，敘說存在於每個年代、地方與社會；與人類歷史同步發展且無所不在。所有的階級、人類

群體，都有自己的敘說與樂趣，文化背景不同甚至對立的人們共
享著這些敘說與樂趣。敘說不關注文學優與劣的分野，敘說是國
際性、超越歷史、超越文化的：它就是單純在那裡，像生活本
身。（pp. 251-252）

我發現「敘說是國際性、超越歷史、超越文化的」這個陳述相當有力
量，就好像敘說是存在於一個時光機裡，可以轉移時間與空間。同樣地，
MacIntyre（2007）相信人類的行動是從敘說中加以制定，意即我們都是
在生活中活出敘說。我們每一個人都是生活中連續行動的核心，因此，敘
說「不是詩人、劇作家與小說家僅單純反思事件而沒有敘說結構，爾後再
由歌劇家或作家將這些結構強加其中的作品；敘說形式既不是偽裝，也
非裝飾」（p. 211）。MacIntyre 要強調的是我們每個人都是自己生活的作
者（Holquist, 2011），而這些生活與他人共享。MacIntyre 相當重視此種
社會面向（與他人共享），他表示：「我是『他人故事』的一部分，就像
他們也是我的故事的一部分。任何生命的敘說，都是一組環環相扣敘說中
的一部分。」（p. 218）因為我們是依據所活出與分享的敘說來瞭解自己
的生活，所以敘說適合用來理解他人的行動。因此，對 MacIntyre 來說，
「個人生活的總和，就是敘說探問的總和」（p. 219），是敘說探究所追
求的。

▋什麼是故事？

接下來，我們要如何從故事中區分出敘說？或從敘說中區分出故事？
雖然這兩個詞彙可以交替使用，但就像前面所說的，許多文學理論學家同
意敘說是對事件的重述，並以時間順序加以組織，而這種對事件的線性
組織進一步組成了故事（Abbott, 2002; Cohan & Shires, 1988）。因此故事
（story）是敘說事件依據時間而構成的細密組織，雖然所發生的事件並不
必然有時序性。這就是我們所說的，當我們在說故事時（不是敘說），

會有開始、中間與結尾，也就是 Ricoeur 所言「重述世界的模式」（引自 Bruner, 1986, p. 7）。基於此意義，故事的內涵是對生活經驗的「完整」描述，而敘說的內涵是對生活經驗的「部分」描述。因此，顯而易見地，故事類別是比敘說更高層次，敘說構成了故事，而且彼此深刻地交織纏繞。故事就像敘說一樣，都是主觀詮釋的，換句話說，當我們開始理解一個故事時，我們就已經在詮釋（Kermode, 1981）。敘說組成了故事，而故事仰賴敘說。

　　Robinson 與 Hawpe（1986）指出故事橫跨了由獨特性與普及性這兩端所構成的直線。每個事件都是在脈絡下被敘說，因此都有其獨特性；每個故事在不同程度上也都有相似性，因為故事是建立在一組通用的結構與關係上。表 1.1 說明了故事的主張。

表 1.1　故事的主張

- 故事無所不在。
- 不只是我們在說著故事，故事也在述說我們：如果故事無所不在，我們也在故事之中。
- 述說故事總是與權力、所有權與控制密不可分。
- 故事是多元的：總是有一個以上的故事。
- 故事總是會告訴我們一些跟故事本身有關的事：這些事情涉及自我反思與後設小說虛構性面向。

（Bennett & Royle；引自 McQuillan, 2000, p. 3）

　　我們從故事的主張中可以瞭解，述說故事是我們表達想法與自己的主要方法。我們說著跟特定他人與其獨特經驗有關的故事，以及這些故事帶給我們的想法。透過敘事，我們讓故事得以在人們之間流傳，讓故事的意義大於個人經驗或個人生命。敘事給予說者與聽者啟發、娛樂和新的參考架構（Shuman, 2005）；這在人類歷史中相當常見，例如古老神話、寓言和隱喻。我們人類是真正的「說故事的動物」（MacIntyre, 2007,

p. 216）。敘事是「主動的、組織的、回應的、互動的；它是此時此地的」（Jackson, 2007, p. 9），並改善我們的社會認知與對超越此時此地生活的概念（Boyd, 2009; Martin, 1986），反映權力關係與控制。Walter Benjamin（1969）為敘事提供一個精闢的觀點[2]：

> 敘事在生活中——郊區、沿海與都市——興盛了一段很長的時間，從古至今它就是一種溝通的藝術形式。它的目標不是要像一本文件報告中的資訊，來傳達事情的純粹本質。它將事物滲入說者的生活，以利於再次將事物從說者那帶出。因此說者的足跡緊貼著故事，就像製陶工人的手紋緊貼著陶製容器。（p. 91）

將敘事的概念比喻為「溝通的藝術形式」而非報告，是相當重要的，因為它清楚交代了敘事的功能。表 1.2 提出五個敘事的功能，這五個功

表 1.2　敘事的功能

1. **情節**：情節是一種將我們的生活變成生命故事的方法，它藉由將生活行動轉置為 (1) 一個述說；(2) 一個寓言或幻想；以及 (3) 一個製作結構，來賦予生活行動特定的語法。透過這三種轉置，情節變成一種創作的過程，有開始、中間與結束。
2. **再創造**：再創造是揭露固有的存在普遍性的路徑，存在普遍性構成了人類的真理。不僅是模仿，而是依據潛在的真理，和交織的過去、現在與未來，主動地重製真實世界。
3. **宣洩**：宣洩藉由將我們帶到其他可以用不同方式經驗事情的時空，而有改變我們的力量。透過敘事想像與倫理敏感性產生替代性的經驗而賦予同理力量，因而幫助我們可以理解他人的處境。
4. **智慧**：是一種實踐性智慧，從故事中學習與世界有關的知識。尊崇人類行為的特殊性，也尊崇其普遍性。
5. **倫理**：是敘事中的倫理角色，既然敘事的行為一定會有聽眾，說者在敘事時就會與他人分享全球共通的倫理。

（改編自 Kearney, 2002）

能是 Kearney（2002）從亞里斯多德的詩作中衍生而出，並廣泛討論。五個功能分別是：情節（Plot; *mythos*）、再創造（Re-creation; *mimesis*）、宣洩（Release; *catharsis*）、智慧（Wisdom; *phronesis*）與倫理（Ethics; *ethos*）。我發現他的討論相當見聞廣博且有見解，為身為敘說探究者的我們在工作上帶來許多啟發。

不同學科中的敘說探究

現在我們已經對敘說、故事與敘事有一些澄清，這三者是敘說探究的重心，我想邀請大家詳細探討敘說探究如何發展為嚴謹研究方法學的脈絡。我們將會看到它如何滿足研究社群嚴格的要求，以及它在不同學科中的建立過程。我們相當感謝 Jerome Bruner，他是讓敘說探究在社會科學研究領域中成為正統知識產出方式的主要貢獻者之一。Bruner（1986）假設人類運用兩種思考模式或求知方式來理解真理與真實：**典範模式**（paradigmatic mode）與**敘說模式**（narrative mode）。依據 Bruner 的論點，這兩種模式雖然可以互補，但本質不一樣。它們的驗證流程相當不同，典範模式藉由創造形式論證以建立實證的證據，敘說模式藉由創造生活般的故事來建立似真性。讓我們更詳細地說明。

典範式的思考模式或科學思考受到實證主義的影響，仰賴理論、科學分析、邏輯、實證證據與發現，在量化研究中被廣泛應用。它關注的是一般性類別與原則，努力地將特定與個別的細節放到更大的模式中，並且要極小化模糊性，追求的是能夠被實徵過程驗證的普遍性真理。它的基本目標是藉由找到一個精確的答案或客觀的真理、推論概化與化約成原則，並將此原則運用或複製到其他情境的過程，來提升確定性（Polkinghorne, 1995）。因此，典範模式追求的是「超越特定性，追求愈來愈高的抽象概念」（Bruner, 1986, p. 13）。此模式的產物是規則與原則的類推性、不重視脈絡與價值，通常是抽象、可再製與可被進一步地驗證。

　　另一方面，敍說思考模式相較於典範思考模式，在學術界比較不受重視。敍說思考模式使用故事來理解人類行為與經驗的意義、生活事件的變化與挑戰，以及人類活動的多元性與複雜性。它努力地把事件放入經驗故事中，以依據時間與地點來安置經驗。它涵納我們想要理解的感受、目標、知覺與個人價值，因此，會充滿模糊性與複雜性。透過此過程，它也為人類經驗提供解釋性的知識，允許我們在被編織的故事中刻劃豐富細緻的意義。這些模糊性與精細的部分，是堅持定義、事實與類推原則的典範式思考模式無法接受也不會呈現的（Polkinghorne, 1995）。

　　典範模式是嚴謹、消除模糊性與不確定性；敍說模式是有彈性與接受多元詮釋。典範模式透過降低獨特性，將個別放入更大的模式中來關注原因、類別與原則的類推；敍說模式關注獨特性、類比與隱喻，是超越事實及規則，對讀者不同的反應、感受與詮釋持開放的態度（Spence, 1986）。敍說模式的建立為故事在研究中的應用提供了一個合法與合理的地位，因此敍說探究成為一種研究方法。

　　van Manen（1990）提出在人類與社會科學研究中運用故事的重要性，更進一步認可敍說探究，詳細內容如表 1.3。

表 1.3　人類與社會科學研究中運用故事的重要性

> • 故事提供**可能的人類經驗**。
> • 故事可以讓我們經驗**通常不會經驗到的**生活情境、感覺、情緒與事件。
> • 故事允許我們藉由創造**可能的世界**來擴展視域。
> • 故事通常是用**個人化的方式**呈現在我們眼前並將我們融入其中。
> • 故事是一種藝術設備，可以讓我們回到**曾經生活過的過去**，無論是虛幻或真實。
> • 藉由詳細說明生活的特定面向與獨特性，可以讓故事栩栩如生，如同你我的故事。
> • 大故事會超越其情節的獨特性，進而可以讓其成為主題分析與批判的主體。

　（改編自 van Manen, 1990, p. 70，粗體字為引用文獻所強調）

接下來，我們將討論不同的學科如何在其領域運用敘說探究，從多個選擇中，我只選了四門學科來討論：心理學、法律、醫學與教育。我希望你在它們之中可以發現共同性與差異性。更重要的是我希望你可以留意每個學科如何回應研究的實證觀點，將敘說視為人類研究的核心價值，將所有學科加以整合，以實踐共同的承諾：透過敘說來改善人類的生活。

▌心理學學科中的敘說探究：「心理學即敘說」

Sarbin（1986）認為對實證主義典範來說，敘說心理學是一種可行的替代方法，因為相較於傳統心理學權威式的科學驗證與機械式的觀點，它可以帶領我們對人類經驗有更深刻的理解。事實上，Sarbin 更進一步聲稱「心理學即敘說」（p. 8）。此種轉變清楚地表示「創造故事、敘事與理解故事對復興的心理學來說，是基礎的概念」（p. vii），得以揭示人類行為的故事本質。因此，在 1980 年代早期興起一股風潮，強調敘說在心理學與心理分析領域中的重要性，促使 Schafer（1981）、Spence（1982, 1986）與 Sarbin（1986）等心理學家開始從敘說者的觀點來檢驗心理分析實務。舉例而言，Sarbin（1986）以樹根為隱喻，認為敘說是人類行為的組織原則，人類是以敘說結構來思考、知覺、想像與進行道德決策。Sarbin 說道：

> 敘說是一種組織情節、行動與行動內涵的方式；是將世俗的事實與想像的創作加以組合後的成果；時間與空間是被整合的。敘說的過程會納入行動者的理由與事件的原因。（p. 9）

心理分析中的敘說傳統部分可以追溯到佛洛伊德（詳見 Spence, 1982; Schafer, 1981; Steele, 1986）。Spence 主張是佛洛伊德「讓我們理解一個連貫性敘說的說服力」（Spence, 1982, p. 21）。Steele（1986）也認為「佛洛伊德是敘說的創立者，他使用敘說來理解人們的生活」（p.

257）。Gergen 與 Gergen（1986）主張在史金納的行為學習理論、皮亞傑的認知學習理論以及佛洛伊德的心理分析理論此心理學三大發展理論中，有所謂的進展式與遞退式敘說。他們特別闡述了佛洛伊德的心理分析理論在人格上如何提供進展式與遞退式這兩種相對抗的敘說，亦即我們所知道的正常人類的社會適應，所呈現的就是進展式敘說，同時揭露過去經驗的心理負擔（遞退式敘說）。

同樣地，借鑑於佛洛伊德的敘說傳統，Spence（1982）將敘說性真理與歷史性真理加以區分。敘說性真理是病人跟心理分析師所說的內容；歷史性真理是實際上發生的事情。有時候，敘說性真理與歷史性真理會被混淆。例如，Spence 說道：「對一個病人來說，在一個小時的治療中什麼是有效的（詮釋的敘說性真理），可能會被錯誤性地歸因於歷史上的事實。」（p. 27）Spence 的重點在於因為深刻地受到佛洛伊德成功運用敘說的影響，敘說性真理在治療過程中運作得相當好，心理分析師會傾向於仰賴敘說性真理而忽略了歷史性真理，而歷史性真理可能與敘說性真理截然不同。因此，心理分析師不能完全仰賴一個病人在特定時間與空間所說的內容來形成結論。這就是為什麼辨識敘說性真理與歷史性真理的差異是如此重要的原因。當我們能同時認可敘說性真理的優點與限制時，我們就可以站在一個更好的立場來為敘說心理學建立更恆久的理論。

總而言之，敘說心理學強調敘說在心理學領域中的重要性，影響心理學家傾聽病人故事的方式、病人說故事的方式、心理分析師進行研究的方式以及心理學家觀察病人的方式。例如，心理分析（如 Schafer, 1981, 1992）不再只仰賴病人所說的故事，也運用對話與敘說來達到臨床上的目標。依據 Fludernik（2005）所言，這種在治療實務與將治療歷程理論化的過程中使用敘說的做法，是促使敘說研究在跨學科、方法論與理論上之所以有效的原因。

法律學科中的敘說探究：促進對立性故事

敘說與法律之間的關係久遠，敘說在法律領域已長期扮演關鍵的角色（Winter, 1989）。如果你花點時間想像一個法庭的場景，你的畫面中會有證人與被告在敘說故事，檢察官、律師和法官則在建構合法性與正當性的敘說以說服陪審團。雖然敘說與法律間有如此久遠與緊密的關係，直到1980年代早期，法律學家才開始對敘說產生興趣，並帶動後續有關法律敘說的研討會與研究發表。法律學術社群在女性及有色人種加入後也才變得更多元（詳見 Scheppele, 1989）。

Cover（1983）指出在我們生活的規範性世界中，正義的規則與原則以及法律的正式組織是重要的，而且在這個世界中敘說具有舉足輕重的地位。Cover 闡述：

> 沒有任何一個法律機構或法令可以獨立於敘說而存在，因為敘說賦予其意義並且將其定位……一旦瞭解此脈絡，法律就不再只是一套被觀察的規則，而是一個生活的世界。（p. 4）

因此，對 Cover（1983）來說，敘說是一組代碼，這組代碼是一套規範系統，我們用它來建構真實以及看待世界的觀點。於是，法律故事會先於法律被述說，故事中包含了實際發生的事件，以及敘說的人依據前例認為應該或不應該發生的事件（就像 Spence 所說的歷史性與敘說性真理），這些都讓我們得以想像世界應該是什麼樣子。因此，適切的前例成為樣板，引導檢察官為正在進行的案例組織故事。

在我珍愛的 Bruner（2002）的一本書中，他說明了敘說傳統如何將法律、文學和生活三個領域加以連結。他討論文學如何找到方法進入法律領域，引領法律進入嶄新與受尊重的法律學術境界，亦即法律與文學。Bruner 認為文學與法律敘說有一種「奇怪的親屬關係」（p. 61），文學

探求的是可能性與表層真實之外的內涵，法律探求的是對過去事件的正確記載。然而，這兩者共享敘說的媒介，亦即「在歷史與想像這兩個動盪聯盟間長存的形式」（p. 62）。因此，他認為在順服熟悉的過去與引發可能性之間，存在著辯證上〔對立性故事（counter-stories; opposing stories）〕的問題，就像敘說變成「反映時代的精神」（p. 58）。因此，依據 Bruner 所言，敘說是「描繪，甚至諷刺人類處境的卓越媒介」（p. 60），而且敘事是「將法律回歸於人民的方法」（p. 60）。

　　Delgado 呼籲將對立性故事視為「將法律回歸於人民的方法」，在寫給期刊 *Michigan Law Review* 編輯群的信函中，Delgado 提出一個具說服力的案例來說明何以法律學術社群需要關注敘說（Delgado 隨後與 Derrick Bell 一起建立批判民族理論，此部分在第二章會詳細討論）。在這封信函中，Delgado 表示：「我們相信故事、比喻、編年史和敘說是分析思維方式與意識的有效機制，這些思維方式或意識是預設、已獲得的智慧與共享的理解，用來對抗法律論述興起的背景。」（Delgado, 1988；引自 Scheppele, 1989, p. 2075）Delgado 的信函促進 *Michigan Law Review* 在隔年出版以「法學敘事」（Legal Storytelling）為題的專刊。在此專刊中，Delgado（1989）檢視了在探討種族改革困境此議題上使用故事的情形，並且提倡反霸權的故事敘說來敏銳化人類的意識，以更深入思考受到主流群體意識形態形塑而普遍流傳的社會與法律故事。

　　Delgado（1989）相信對立性故事的功能是質疑主流想法與現況的自恃，換句話說，對立性故事是用來論證主流意識形態與支持這些意識形態的假設。代表個人或群體經驗具體細節的對立性故事，可以開啟通往真實的窗戶，幫助我們建構新的世界以及想像生命的可能性。Delgado 進一步認為，為了讓對立性故事是有效的，它們必須是或必須呈現為「非強制性的」，意指對立性故事應該：

邀請讀者暫停判斷，先傾聽這些故事的論點或訊息，然後再

判斷它們包含了什麼樣的真理。這些真理是內隱，而非昭然若揭的；從線性與強制性論述中提供一個彈性的空間。（p. 2415）

雖然很多法律領域的敘說探究採用對立性故事的形式，但我們應該要理解在法律領域中接受對立性故事並非易事。事實上，Brooks（2005）提醒我們法律與敘說彼此糾纏，並且產生不安與懷疑，進而導致敘說在法律領域被忽視。在法律系統中，法庭傾向使用控制性的觀點，然而，「有無可能一個隱蔽性與努力維持法律敘說性的行動，是沒有被看見的」（p. 415）。法庭可以否認在多元社會中無可避免一定會存在的差異與分歧，但對法律故事敘說者來說，第一步是理解呈現一個故事的不同與對立性觀點，對眼前法庭要解決的爭議來說就是重要的（Scheppele, 1989）。

綜上所述，姑且不論傳統法律對對立性敘說或對立性故事的挑戰，法律中的敘說探究已經對「法律學術性辯證造成不可否認的影響，雖然在法律實務工作中並非必要」（Brooks, 2005, p. 416）。就如我們已經看到的，法律領域對其故事敘說的功能已有更多的覺察，且其流程也更開放於挑戰傳統的流程。因此，「存在於法庭中的敘說學？是的，真的有其必要」（p. 426）。

醫學學科中的敘說探究：發展敘說能力

醫學一直都是故事性的產業（Peterkin, 2011），也始終充滿敘說性的關注（Charon, 2006）。例如，Hunter（1986, 1989）強調醫療軼事與案例故事在訓練醫生時的重要性，她說道：「醫學充滿故事，的確，在科學學科中，仰賴敘說是醫學的特色。」（1986, p. 620）Hunter 認為病人的故事有重要的智性功能，有助於醫學知識的建立，引導我們前往需要研究關注的領域。她主張醫學是一種決疑論（casuistry）的形式，在本質上是以案例為基礎的知識與實務工作，因此，「對疾病的敘說建構是求知的主要方法」（1989, p. 193）。

近幾年，愈來愈多醫療實務工作者認為有必要將醫學人性化，因此讓敘說在醫學領域受到重視（Bury, 2001; Charon, 2006; Charon & DasGupta, 2011）。舉例來說，在英國以敘說為基礎的醫學，亦即要求醫生書寫、閱讀與分享其臨床經驗的文本，已相當普及，這提供一個有意義的方法來瞭解與改善醫病關係（Peterkin, 2011）。在北美，更人性化哲學觀的敘說醫學也已經興起，成為新的選擇。此趨勢反映了與病人工作時具備敘說知識的重要性，已被醫療專業認可，同時也整合了社會與人類科學領域中的知識及實務經驗（Charon, 2006）。因此，敘說醫學是整合人文與醫學的成果，而且被當代的敘說學特別定義為「是擁有敘說能力的醫療實務，藉由疾病故事來認可、吸收、詮釋與改善」（Charon, 2006, p. vii）。

醫學與人文結合且普及化是受到哈佛醫學院的教授與醫生 Robert Coles 的影響，他喜歡用說故事的方法來促進醫病關係中的理解、同理與道德想像，他的自傳《故事的呼喚》（*The Call of Stories*, 1989）為此提供了很好的證明。在這本自傳中，他探討自己的教學經驗，他使用文學經典來連結醫學與人文，並鼓勵醫學院的學生要關注病人所敘說的故事，從中尋找意義。

敘說醫學的發展也受到 1980 年代中後期人類學家的影響，此時期的人類學家開始檢視醫學中的敘說，及其和生物醫療照護中的疾病與療癒的關係（Mattingly, 2007）。借鑑於從社會學、語言學、文學、哲學與心理學等多元學科中發展出來的敘說理論，敘說醫學聚焦於從疾病與療癒中創造意義，演繹為「疾病敘說」（Kleinman, 1988）。從 1980 年代早期開始，人類學家 Cheryl Mattingly（2007）以職能治療師和其他健康專業人員，例如語言治療師、復健助理人員、腫瘤科醫生、外科醫生、護理師等為對象進行民族誌研究。舉例來說，在以職能治療師為對象的研究中，Mattingly（1998a）檢視了敘說對治療的重要性，在於讓治療師得以處理人類的議題、複雜的社會關係、情緒、文化差異與其他挑戰主流醫學論述的議題。

同樣地，Drummond（2012）的敘說研究探討住院醫生面對年輕病人瀕死的經驗，討論敘說醫學如何要求實務工作者進行道德判斷。例如，透過敘說，住院醫生 Nick 和他的同儕認為因藥物成癮而瀕死的病人，是加害者，而非無辜的受害者。他們懷疑瀕死的病人可能是醫療系統中的潛在濫用者，試圖愚弄住院醫生，使他們進入提供藥物給病人的「交易者」角色（p. 139）。Drummond 在醫療案例討論中，使用嵌入性的敘說，來反映住院醫生扮演仲裁者的角色，決定了「誰值得醫療照護」，而非扮演「醫療照護提供者」的角色（p. 140）。Drummond 發現敘說不僅讓討論從醫療推論變成敘說推論，也進入道德推論的層次，論述誰值得或不值得獲得醫療照護。因此，Drummond 催促醫學研究者放棄醫學領域中重視客觀／中立的主流敘說，要透過敘說學習重視實務工作者的道德判斷。

敘說醫學現今正積極朝向在醫療實務中將病人視為全人的方向發展（Charon, 2006），依據 Charon 所言，現今醫學領域中還沒有做到的是承認敘說能力是醫學專業所需的基礎技能，這些能力包括「如何系統化地採納他人的意見；如何同時接受與尊重普同性與特殊性；如何辨識個人的語言、沉默及行為的意義」（p. 10）。Charon 進一步說道：

> 具備敘說能力的醫療實務工作者，將更能辨識病人與疾病，傳達知識與尊重，謙和地與同儕合作，陪伴病人與其家屬通過疾病的考驗。這些能力將使實務工作者更具人性、更具倫理以及可能更具醫療效果。（p. vii）

因此，Charon 主張醫生、護理師與社工這些健康專業人員，都需要裝備敘說能力。她認為敘說能力可以讓健康專業人員能謹慎地思考每位病人的需求，進而為生病的人提供更好的服務。她主張對健康專業人員來說，敘說能力是基本的技能，讓他們得以充分發揮責任。

為了讓醫學院學生可以具備敘說能力，有些學校與住院醫生訓練方案

已經規劃人文取向的課程，目標在於幫助學生發展對病人的同理心、信任能力、覺察與敏感度。甚至在捍衛技術性知識與技術的重要性時，他們也明確地認可醫學的藝術本質（Reilly, Ring, & Duke, 2005）。例如，紐約哥倫比亞大學醫學院的醫學與外科學系以及南加州大學醫學院的職能科學系，已經著手尋找方法訓練健康專業人員，讓他們有能力接近、引發、詮釋以及為個案的故事採取行動，並且應用故事以更瞭解人類經驗的多元面向，有別於傳統醫學看重數字與恆久不變的事實（Charon & DasGupta, 2011）。如同 Mattingly（1998b）主張，敘說醫學或臨床醫療故事已經成為「臨床實務超越其意識形態疆界」（p. 274）的一種方法。

這些醫學、健康與生物倫理學領域敘說學者的持續努力，促成了 *Narrative Inquiry in Bioethics* 這本期刊的誕生，由約翰霍普金斯大學出版發行。在它的創刊號（2011, Volume 1.1）中，編輯群闡述了敘說與個人故事有助於讓生物倫理學的論述更關注於健康照護、健康政策與健康研究。他們指出此領域的研究已經太執著於去人性化治療，而沒有提及病人的需求被忽視或受到不佳待遇的事實。因此，這本期刊的目標是「重新人性化倫理決策」（DuBois, Iltis, & Anderson, 2011, p. v），透過敘說探究來促進對人類的同理，以及公平與正義的治療。

當看到像醫學這種在傳統上相當仰賴典範式求知模式，而排除敘說模式作為研究方法的專業，也開始關注敘說與個人故事時，格外激勵人心且具啟發性。研究顯示，藉由敘說醫學的發展，使得醫學領域在很多方面都受益。簡而言之，敘說醫學作為重新人性化醫學專業的途徑，幫助醫學實務工作者發展敘說能力，讓他們得以在同理、信任與具敏感度的基礎上採取行動。

▍教育學科中的敘說探究：探索生活經驗

敘說探究在教育領域是一個具影響力的研究方法，其所主張的「理論／實務／反思的探究循環」（Smith, 2008, p. 65）日漸普及。在探討

教師與學生生活經驗的研究中（Casey, 1993; Clandinin & Connelly, 2000; Clandinin et al., 2007; Goodson, 1995），教育敘說研究致力於尊崇教學與學習，認為這兩者在本質上是複雜與具發展性，教育敘說研究者努力尋找這兩者的連結，且持續投入於反思與慎思明辨中（Kim & Macintyre Latta, 2010）。當師資培育課程愈來愈重視讓教師成為具反思性的實務工作者時（Schön, 1983），教師的個人與專業經驗故事以及學生的故事（如 Kohl, 1967; Kozol, 1991; Paley, 1986），即成為理解教室中複雜現象的關鍵機制。

Connelly 與 Clandinin（1990）在 *Educational Researcher* 中發表的文章，首次使用**敘說探究**這個名詞。帶著教育是教師與學習者的個人與社會故事之建構和再建構的思維，Connelly 與 Clandinin 主張敘說探究蘊含著教育經驗的理論性概念。主張在教育研究中使用敘說的理由，是認為敘說是組織人類經驗的方法，因為人類讓故事以個人及社會的形式存在。使用杜威的理論作為概念化與想像的背景，Connelly 與 Clandinin 主張敘說研究是「研究人類經驗世界的方式」（p. 2）。對敘說探究來說，經驗是起始點與關鍵詞。Connelly 與 Clandinin（2006）稍後為敘說探究提供更詳細的定義，認為故事是一扇大門，個人得以通過它進入世界，以及藉由它來經驗世界，並進行詮釋與形成個人化的意義。他們表示：

> 以此方式來看，敘說是探究中的現象研究。敘說探究，以故事來研究經驗，是第一個也是最重要的思考經驗的方法。作為一種方法論，敘說探究需要有現象場的觀點。要使用敘說探究方法論，就是要對經驗採用特定的敘說觀點作為研究現象。（p. 477）

將個人生命經驗的連續性與整體性當作研究問題，Clandinin 與 Connelly（2000）相信教育與教育研究是一種經驗形式，因為「教育是在

經驗中發展、藉由經驗而發展以及為了經驗而發展」（Dewey, 1938/1997, p. 28），這部分在第二章有更深入的討論。

有一系列的敘說演變（詳見 Pinnegar & Daynes, 2007）促使敘說研究成為合法化的求知方式，形塑我們對於世界的概念與理解，和 Bruner 在書中所描述的相呼應（Bruner, 1986, 1994）。這些在教育研究中的敘說演變，挑戰傳統典範式的知識論將知識視為客觀與絕對的觀點（Munro, 1998），並對單一的求知方法提出質疑（Polkinghorne, 1988）。在使用敘說時，教育研究者意圖去質疑主流課程故事的本質，這些故事中的典範式觀點形塑了人們對教育與學校的理解。藉由質疑，敘說教育研究者的目的是要將教師與學生的生活經驗帶到第一線，作為重新形塑教育觀點的方法（Casey, 1993; Connelly & Clandinin, 1990; Goodson, 1992; Kim, 2010b; Munro, 1998; Sparkes, 1994）。在真實的意義上，敘說故事是對生命的建構（Hatch & Wisniewski, 1995）。因此，故事被認為具有提升教育研究呈現學校生活經驗的潛能（Goodson, 1995, 2000; Goodson & Gill, 2011）。

教育學科中的敘說探究是以教育哲學為基礎，舉例來說，當代教育哲學家 Dunne（2005）借鑑於亞里斯多德多年前提出的概念，來強調故事在教育研究中的重要性。亞里斯多德認為因為故事對特定案例與角色的描繪可以呈現普世的主題，所以故事可以精確地指導我們的方向。從 Dunne 的觀點來看，因為故事透過頓悟的力量（宣洩），可以在特定的場景照亮其他場景，所以故事在教育研究中是重要的。因此，依據 Dunne（2003）的論點，既然「要瞭解一個教師的實務經驗（不管是從她的角度或觀察者的角度），就是要去尋找發光的故事，來告訴他人在她與學生的互動中，發生了哪些事」（p. 367），所以教學中的研究最好是以敘說形式來進行。因此，教育研究者瞭解他們必須成為好的敘事者與傾聽者，以瞭解學校中正發生的事情，並且參與發生在學生、家長、實務工作者、研究者與政策制定者之間的對話。如此一來，他們努力將敘說中片段的部分加以整合與具體化，以整體的方式來看待他人與自己的生命（MacIntyre &

Dunne, 2002）。

敘說探究在教育學科中的普及性已經超越研究方法的層次，敘說探究已經被當成師資培育領域中的課程與教學策略（Conle, 2003; Coulter, Michael, & Poynor, 2007）；被當成教師意圖性的反思歷程，以檢核自身的教學與學習歷程（Lyons & LaBoskey, 2002）；被當成教師職前與在職教育的專業發展媒介（Conle, 2000a）；以及被當成探究讀寫、教學與多元文化主義相互關係的方法（詳見 Clark & Medina, 2000; Grinberg, 2002; Phillion, He, & Connelly, 2005）。透過這幾年大量著作的發表，敘說探究已經對教育學科帶來變革性的影響，以及促進教育研究方法、方法論、課程、教學與師資培育的精進。

關於敘說探究的一些警示

藉由將敘說探究放在不同學科中（例如心理學、法律、醫學與教育）加以對照，我們可以看到每個學科在瞭解實證探究的限制後，其思考方式已經轉變成敘說與故事，以更能突顯其領域。因為我們只討論四個領域，但有相當多的其他領域也開始推行敘說探究，例如人類學、社會學、歷史學與哲學等等。敘說研究現今也被應用在經濟學（Rodrik, 2011; Romer & Romer, 2010）與企業中（Dennings, 2005）。敘說社會學被發展用來理解社會歷史與社會政治的真實（Gotham & Staples, 1996）。在 1990 年代初期，也建立了組織中的敘說探究（Boje, 1991; Czarniawska, 1997, 2007）。

這些學科雖然各自對敘說探究有其獨特的理解與取向，但都對敘說、故事與敘事的重要性有深刻的理解。我們在不同學科中看到的共同性與差異性，預示了「敘說研究成長茁壯，並拒絕一套緊密的方法性與定義性的做法，讓社群成員的論述加以連結，而這些社群成員具有一定程度的專業親和力」（Barone, 2010, p. 149）。

　　帶著這些好消息，你可能會感覺已經準備好加入我的敘說探究旅程。不，還沒有。在舒舒服服地坐在你的位子之前，我想要提出幾點敘說探究者已經深入討論的警示，如此一來，你才不會像我一樣「盲目地」與敘說探究墜入愛河。我想要帶你重返我的旅程，以成為更好的敘說探究者，就像我在本章一開始時所說的。

　　如同我所分享的，這趟旅程是從質疑我和敘說探究的親密關係開始的，但不是要拋棄它，而是想要更瞭解它。為了要做到這件事，我必須是實際的，既非理性也非浪漫；我必須思考現實的問題，例如畢業後找到一份工作。我開始問自己問題：我能夠用敘說方法論而非量化研究的背景找到一份工作嗎？我能夠將我的敘說研究結果加以發表嗎？我沉痛地瞭解我的伴侶（敘說探究）無法幫我獲得一份我想要的工作，它其實不是那麼的理想。當我愈挖愈深，我發現一些嚴重的擔憂，甚至是一些對新手敘說研究者的警告，這些疑惑就愈深。基本上，那些從不同學科而來的擔憂（儘管有些歷史悠久，但直到今日仍屹立不搖），指出一個事實，亦即當我們身處的年代是以實證觀點為主流論述時，新手研究者要從事敘說探究是一件有風險的事情，例如 Sarbin（1986）說道：

　　　　有些評論對於使用敘說作為思考與行動模式抱持懷疑的態度，他們認為說故事是不成熟與玩樂的，通常會跟虛構、想像與假裝聯想在一起。然而，我們生活的世界觀高度重視實證主義、技術與寫實主義，一點都不重視想像。（p. 12）

Casey（1995）也補充說道：

　　　　儘管我們會被敘說引人注目的本質加以說服，我們還是必須要超越現今盛行用說故事來解釋非凡自我意識迷戀的現象。（p. 212）

Munro（1998）的關注更具體，她指出在敘說探究中忽略探究的面向，將會讓敘說研究變成「傳奇化個人，因此強化了單一主體／英雄的概念」（p. 12），導致敘說探究的主觀性被批評為是一種「自戀或過分自省的形式」（p. 12）。Conle（2000b）呼應此關注，他指出一些敘說研究者是如何「投入於歷程，享受執行的過程，卻對於賦予研究探究性質不感興趣」（p. 190），如此即導致對敘說研究的質疑。Barone（2007）也提到「敘說過度負載」（narrative overload）（p. 463）這個現象，會讓個人的努力變得徒勞無功或毫無重點。此種對「敘說過度負載」的關注，反映了懷疑論（甚至是對抗論）對敘說探究的擔心：如何判斷每個故事的價值性？以及，如何進行說故事研究？

敘說探究也因為難以呈現複雜、分層與動態的真實（Elbaz-Luwisch, 2007）與缺乏能廣被接受的敘說研究方法（Webster & Mertova, 2007）而面臨了方法論上的挑戰。此外，依據敘說研究者的經驗（詳見 Conle, 2000b），要在具審查制度的期刊發表敘說研究的文章是不容易的。Amia Lieblich 是一位在心理學領域具影響力的敘說研究者，在接受 Clandinin 與 Murphy 的訪問時，分享了她對敘說探究政治性脈絡的關注：

> 當我建議人們進行敘說或質性研究時，我是非常謹慎的。我會將他可能面臨的所有豐富性與複雜性解釋得相當清楚，我也會讓他們知道，用這種研究方法會遭遇許許多多的危機與危險。
> （Clandinin & Murphy, 2007, p. 640）

Elliot Mishler 附和 Lieblich，他說道：「我知道這不容易，而且如果你是一位年輕學者，努力著要升等或獲得終身職，那麼你就被困住了。」（Clandinin & Murphy, 2007, p. 645）

敘說探究是跨學科的協同機制

　　上述這些警告都是真實的。然而，這些警告並非要嚇跑你，而是要幫助你瞭解敘說探究並非是一種研究方法而已，就像我之前所認為的。我希望這些提醒可以啟發你更用心地成為一位敘說研究者，有足夠的信心與能力可避免落入這些陷阱，並有效地回應上述這些評論。對我們來說瞭解敘說探究在其他學科的發展歷程是重要的，原因之一是這些資訊可以幫助我們向彼此分享、借用與採用新觀點。當提供新進的敘說研究者必要的支持時，這些分享可以讓敘說研究社群穩固地連結在一起。每個學科都有其獨特的敘說探究取向（差異性），但也都共享敘說探究的共同性。將這些差異與共同性整合到我們的研究工作中，將會豐富與提升我們的研究實務，進而發展跨學科在敘說探究的協同機制。

　　我們應該小心地使用「**跨學科**」（interdisciplinarity）這個名詞，因為我們不是嘗試要知道得太多，就是傾向於知道得不夠，所以有一個假設認為跨學科在本質上是表淺的（Friedman, 1998; Kincheloe & Berry, 2004）。每個學科都受到一組規則與類別的規範，引導著對知識的追求（Allen & Kitch, 1998）。它們通常沒有跟彼此對話的空間或能力，然而，人類的現象場，不總是由多個學科彼此重疊嗎？因此，要能夠透過敘說探究來理解人類的經驗，我們不能僅是仰賴單一學科的知識，因為「傳統學科精通的是提供整個宇宙中獨立片段的部分知識，當然，應用這種知識來解決不明確的社會、心理與教育問題，是極度不適切的」（Kincheloe & Berry, 2004, p. 71）。

　　因此，身為敘說探究者的我們，首先需要努力去深度理解我們自己的學科，並且藉由與其他學科接觸來尋找擴展自身領域的方法。跨學科要成功且具生產性，取決於研究者對自身學科領域的嚴謹瞭解（Friedman, 1998）。Lyon（1992）主張跨學科基本上隱含著「放棄疆土」以有利於不同領域的合流，我將其解釋為一種對避免成為疆域思維的呼籲，才能達

到真正的跨學科。Friedman（1998）也指出跨學科是拒絕學科規範的監管效應；跨學科不僅要促進來自於不同學科者的合作歷程，也鼓勵個別研究者要踏出自身的學科領域。對研究者來說，目標是要帶回新的知識，並且將新知識與自身學科加以綜合與整合，這種整合讓跨學科不同於多元學科，多元學科是來自於不同學科背景的學者彼此合作，但鮮少有整合的發生（Klein, 1990）。

在閱讀不同學科的敘說探究時，你可能會注意到敘說探究是不同領域的匯流處，創造了跨學科的協同性。有一個很棒的例子是 Robert Coles，他早期在醫學院訓練小兒科醫生，後來在醫學訓練課程中教授文學課程。來自於文學或病人的故事都是他的教材。

我們是來自於不同學科的敘說探究者，我們因敘說探究而匯流，也從敘說探究發散而出，我們瞭解敘說探究是人類思考、生活與行動的深厚根源，因為敘說是基本的意義創造歷程。敘說探究可以從一個相當平凡的故事或任何生活的路程開始，要求我們以跨學科的立場進行檢視。成功的敘說探究者是跨學科者，同時也是在自身領域追求嚴謹標準的人。

學習在跨學科脈絡中成為敘事者

當我們要從生命各個路程中學習當一位敘事者時，我認為用托爾斯泰的一個小故事來說明是很貼切的。他的文章〈人靠什麼活著〉（Why Do Men Stupefy Themselves?）在 1890 年於俄羅斯出版，托爾斯泰（Tolstoy, 1998）談論到關於生命如何從微小、不被關注的改變開始。他描述畫家 Brüllof 修改學生畫作的故事。這位學生相當驚訝地說：「你只改了一個小小的地方，但它變得完全不一樣了。」Brüllof 回應：「藝術是從鮮少開始的地方開展的。」關於此軼事，托爾斯泰做了結論：

這個觀察驚人地真實，不僅是對藝術而言，而是對任何生

命都是如此。也許可以說一個真實生命從「鮮少」（scarcely）開始之處開展，幾乎不被察覺，在極度微小的地方改變就發生了。真正的生命是由……幾乎沒有差異的變化創造而成的。（p. 150）

我們知道敘說研究從真實生命開始的地方開展，但是也許我們沒有注意到真實生命是從「鮮少」開始處開展，生命中微小的部分，因為它的單純性與熟悉性常被忽視，但卻最重要。我們可能會輕忽看似不重要的故事，但事實上這些故事可能提供重要的線索，以瞭解我們研究的主體。雖然敘說探究沒有否認大事件是重要的，但認為日常生活中司空見慣的故事常常被忽視。如此一來，敘說探究擴展了我們對人類現象場的理解，是一種「尊崇人類的神聖性」（Munro Hendry, 2007, p. 496）。而且尊崇人類的神聖性將從真實生命鮮少開始處開展。

因此，不僅要學習成為一個關注日常故事的敘說探究者，我們也要學習成為敘事者。依據 Benjamin（1969）所言，敘事者「擁有睿智的忠告」（p. 108），如「燭芯」般地運用他的生命（p. 108）。敘事者「會藉由溫和的故事火焰，讓他的生命完全地燃燒。這是敘事者要擁有無與倫比光環的基本條件」（pp. 108-109）。對此美妙的註解，我想要多加說明的是，我們故事的溫和火焰可以與他人故事加以合併成集體的火焰。此種集體火焰可以照亮生活中的黑暗角落，我認為這是敘說研究與說故事的力量。

結語：一顆掉落的蘋果

在本章，我們思考了理解敘說探究本質的過程，主題包括敘說是求知的一種方式、瞭解敘說與故事的概念、關於敘說探究的一些關注，在不同學科中的敘說探究，例如心理學、法律、醫學與教育，以及創造跨學科的

協同性。

在我們前往下一章之前，我要你仔細看一張雕塑的圖片（如圖 1.1）。

這個雕塑〈向牛頓致敬〉（*Homage to Newton*）是超現實主義的代表性人物達利在 1985 年創作的八件雕塑之一。你注意到什麼？是的，牛頓空心的頭與軀幹，以及一顆以細鍊繫著的掉落的蘋果。在十七世紀，身為物理學家、數學家、哲學家與天文學家的牛頓爵士（1643-1727；莫非他是一位跨學科學者？）在一顆蘋果掉到他的頭上時，發展了著名的萬有引力理論。何以達利要讓牛頓的頭與軀幹變成空心的？達利協會解釋牛頓空心的頭與軀幹，是達利用來象徵其開放的心態（空心的

圖 1.1　達利作品，〈向牛頓致敬〉

Salvador Dali, *Homage to Newton* (1985). Signed and numbered cast no. 5/8. 菲彩銅綠色的青銅雕像

頭）與直率（空心軀幹）的一種方式，這兩種特質是任何人類偉大發明與發現的必要條件（http://www.dali.com/gallery/detail/Sculptures/Singles/Homage+to+Newton+EA）。

除了牛頓開放的頭與軀幹之外，我也在思考掉落蘋果的象徵意涵。對我來說，這顆掉落的蘋果是生活中理所當然的面向，是最重要的，卻因為它的單純性與熟悉性而常被忽略，如同托爾斯泰所說：「真實生命從『鮮少』開始之處開展。」對牛頓來說，他的萬有引力理論也從一顆掉落的蘋果（鮮少開始之處）開展而成。對敍説探究者或敍事者而言，研究應該要從難以被注意之處開始，如同一顆掉落的蘋果或平凡的故事。身為敍説探究者的我們應該以開放的心靈與開放的心態來接近它，以能夠瞭解掉落蘋果的意義，如此一來，我們才會成為燭芯。

反思

- 你成為敍説探究者的故事是什麼？換句話説，是什麼原因讓你有興趣學習成為一位敍説探究者？
- 敍説與故事彼此之間有何不同？
- 故事與敍事的功能是什麼？
- 你認為敍説探究如何增進你所屬學科的研究？
- 你認為敍説探究如何被你的社群成員所理解？
- 你對跨學科的瞭解是什麼？

活動

1. 尋找一位並非你所屬學科的人，與他交換你的研究構想，看看你們能從彼此身上學到什麼。
2. 找一個你認為有趣的故事來班上跟同學分享，這個故事約 6 至 7 分鐘長。試著去體驗説故事與聽故事的經驗。

3. 彼此分享一位你崇拜的敘事者，以及說明是什麼原因讓他成為一位優秀的敘事者。

註釋

1. 嘗試區分敘說與故事的差異，並不是要將兩者截然劃分，而是要理解存在於兩者間的細微差異。對敘說與故事的討論有助於發展敘說探究的嚴謹性。

2. 敘事如同一種藝術的概念，引導敘事成為一種表演，此部分將在第八章討論。

理解敘說探究
以故事的雕琢與分析作為研究

CHAPTER *2*

敘說探究的哲學性／
理論性基礎

本章主題

思考的問題

- 理論的角色是什麼？
- 為什麼我需要用理論來理解故事？
- 我的詮釋典範適合用哪一個理論？

前 言

　　當我在撰寫敘說探究的哲學性／理論性基礎這一章時，我想到我的一些學生曾問道：「為什麼我需要修理論課程？」「理論／哲學如何幫助我有策略地撰寫論文，而不會讓讀者讀得太辛苦？」這些學生都已經裝備相當程度的特定學科或特定內容的理論（微觀理論），所以他們不認為需要再修讀其他理論。他們當中有些人單純地就是嘲笑「理論」這個名詞，因為他們相信理論是更複雜的研究領域才需要的，跟實務工作一點關係都沒有，因此，「理論」這個名詞對他們來說很嚇人。他們對於可以作為引導其世界、世界觀或是詮釋典範的高深理論知識不感興趣。這些學生對使用理論的質疑，認為在學術中太重視理論的想法是可被理解的（Thomas, 1997）。事實上，他們當中有些人覺得閱讀「大理論」（big Theories）就像「跟遠古時代的武士借了一套生鏽的盔甲，穿戴在身上後進入空手道比賽場」（Rajagopalan, 1998, p. 336），換句話說，理論看起來似乎深奧且過時，就像大多數偉大的理論是已逝者的知識。學生覺得他們需要的是故事，而非理論。

　　瞭解。

　　接著，我也想到我的學生中有些人，當他們對這些大理論有些瞭解後，他們有多元的頓悟。當他們對一個現象有突然性的瞭解時，會高興地手舞足蹈，之前沒有理論基礎時，他們無法清楚表達這種瞭解。對理論有一些理解後，他們覺得才有語言可以解釋事情發生的脈絡。一旦擁有那樣

的理解，就沒有事情可以阻擋他們，他們開始對不確定的事物進行探問。他們瞭解身為一位思考者，除了已知的自己，還有許多未知的部分。他們突然開始「進行」哲學，探問他們已經知道的真理，並且冒險離開已熟悉多年的領域。依據傅柯（Foucault, 1984）所言：

> 思考架構的置換與轉型、普世價值的改變，以及所有嘗試改變的作為，包括以不同的方式思考、嘗試不一樣的事情、改變個人的行事風格等等，這些都是哲學，是一種自我對話的過程。（p. 329）

因此，開始進行哲學探討的學生，也開始以研究者的方式進行自我對話，改變他們的思考架構，挑戰他們過去視為理所當然的想法。如此一來，他們的討論變得更深入、投入與複雜，這些學生經歷了轉折點，而我希望你能成為他們的其中一員。

本章的目的是要介紹一些敘說探究的理論／哲學基礎，幫助你成為敘說探究的理論家與哲學家。在本章，我會依序討論理論的角色、理論與敘說探究的關係，以及可以被應用於敘說探究的鉅觀與中介理論。

理論的角色

我們普遍認為理論與實務兩者是互不相關，亦即理論與實務是一條線的兩端或是將理論與實務加以二分，而且這條線會讓位於其中一端的人其位置高於另一端的人（例如有些人會視理論比實務更有價值，有些人則是相反），在理論與實務之間有一股離心力（如圖 2.1）。

這股離心力在實務工作者間引起反理論的觀點，Thomas（1997）呼籲反理論運動有其必要性，他認為理論已經成為「強化教育領域中既定方法與實務做法的工具」（p. 76），而不是提升實務工作的途徑。他進一步

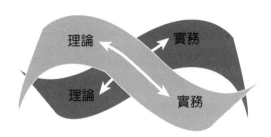

圖 2.1　理論─實務連續線中的離心力

批判雖然在後現代思維中，強大的反理論趨勢已經興起，研究者（指的是教育研究者）持續堅持遵循穩固現狀的理論，這些理論是「一組與世隔絕的規則、流程與方法」（p. 76）。在我們迅速地捨棄 Thomas 的反理論論點之前，讓我們將它想成是對過度依賴理論、傾向賦予理論絕對權威，而忽視新發現與新理解的一種警示。事實上，Rajagopalan（1998）[1] 指出，我們傾向純然相信一旦一個理論是以嚴謹的方式建立而成，我們就能不加思索地將理論應用到任何實務，應用的過程完全不會有問題，就像自動駕駛的電腦程式一樣。我們在無意中認為理論一旦應用於任何實務工作，就會發揮功效。

　　在與傅柯的訪談中（Foucault & Deleuze, 1977），德勒茲（Deleuze）對理論的角色有新的領悟，他認為理論總是具有在地性，並且局限於特定領域，因此當一個理論應用於另一個領域時，就會遭遇到阻礙，而需要將其重新導向或重新連結到另一個對話形式。因此，德勒茲為理論與實務的關係提出一個新的主張，他認為「實務是理論觀點轉換的中繼設備，而理論也是實務轉換的中繼設備。沒有任何一個理論在發展過程中可以毫無阻礙，而實務是用來穿透這些阻礙的必要工具」（p. 206）。德勒茲要強調的是理論可以驅動某些實務，而實務可以成為特定理論的實例。德勒茲進一步說道：

　　　理論就是一個工具箱，跟符號一點關係都沒有。理論必須有

用與有功能，如果從成為理論家的那一刻開始（此人後續也會停止成為理論家），就沒有人使用它，那麼，理論就沒有價值，或成為理論家的這個時刻是不適宜的。（p. 208）

文學理論家 Iser 贊同理論是「最重要的智性工具」（2006, p. 5），用來對所觀察的現象進行籌劃或拼湊，以辨識其中的意義。理論不是要預測律法或一般的原理原則（如同自然科學一樣），相反地，理論是幫助我們獲得理解、探索意義與功能、解決困惑問題的智性工具（Iser, 2006）。

因此，我們不能賜予理論權威或極權的力量，相反地，我們必須知道在理論與實務之間有一種緊密連結的關係，就像齒輪一樣相互扣合，而我們的個人經驗是潤滑劑（如圖 2.2）。此觀點召喚我們採取**理論化**（theorizing）的行動，在此，傅柯提供一個見解：「每一次我嘗試去做理論性的工作，這些工作都會以我的經驗中的元素為基礎，總是和發生在

圖 2.2 理論、實務與個人經驗的交錯關係

我周遭事件的歷程有關。」（引自 Rajchman, 1985, p. 35）傅柯要告訴我們的是，建立理論需要依據從實務工作而來的經驗，而我們的經驗需要透過理解的過程加以理論化。理論化是一個智性的活動，將生活經驗與學術和實務工作加以連結。依據 van Manen（1990）所言，理論化是「一種有意圖的行動，讓我們與世界產生關聯，成為世界中更完整的一部分，或更樂見的是成為世界」（p. 5）。因此，學習理論是不夠的，我們需要參與**理論化**的過程，知道如何使用理論來理解世界以及成為世界中更為完整的部分，以達到改善世界的目標。如此一來，理論才是有功能的。

哲學性／理論性／詮釋性的典範

Denzin 與 Lincoln（2011）宣稱「所有的質性研究者都是哲學家」（p. 12），我打從內心同意他們的看法。質性研究者，尤其是敘說探究者不能只是一位擁有知道如何做研究的知識與技術的技術員而已。身處在質性研究的領域中就像「行走在沼澤低地」，充滿著兩難、挑戰、複雜與困惑；因此，質性研究者不可避免地會涉獵哲學，因為他們必須去挑戰自己已經知道的真理。就像上文傅柯所說的，當我們研究哲學時，藉由與以往所認可的價值相當不同的思考架構，我們會有所轉變。藉由自我對話，我們會變得跟以往不一樣，因此，在某種意義上，我們總是在成為（becoming）的過程。梅洛龐蒂（Merleau-Ponty, 1962/2007）在他的聲明中肯定此觀點，他說：「哲學不是對既有真理的反思，而是像藝術，將真理帶入存在的行動。」（p. xxiii）哲學不是要保存既定真理，相反地，哲學是用一種藝術般的行動來創造真理。因此，當身為質性研究者的我們嘗試理論化自身的理解，就像一種智性活動，將生活經驗與學術和實務工作加以連結，我們也是在哲學化，讓我們的理解變成存在性真理，挑戰絕對真理的假定。以此觀點，理論化變成哲學化，讓所有的質性研究者都變成哲學家。

　　讓我們進一步思考 Denzin 和 Lincoln 認為所有的質性研究者都是哲學家的論點。質性研究者遵循的是高度抽象的原則，包含了研究者對本體論（關於存在與真實的問題）、知識論（關於知識的問題）與方法論（關於如何獲得知識的問題）的信念。Denzin 與 Lincoln（2011）將此信念命名為「典範」（paradigm）或是「詮釋架構」（interpretive framework）（p. 13），功能是形塑質性研究者如何瞭解研究現象與如何詮釋。因此，質性研究者是在一個或多個詮釋（或理論）典範（架構）中進行研究，此部分通常會放在研究流程的第二階段[2]。Denzin 與 Lincoln 認為：

　　　　所有的研究都是詮釋性的，由一組關於世界以及世界該如何被理解與研究的信念和感受加以引導……每一個詮釋典範對於研究者都有特定的要求，包括所問的研究問題以及對問題的解釋。（p. 13）

　　相同地，Creswell（2007）論述質性研究的研究設計過程通常起源於哲學性的假設，亦即研究者如何採用詮釋性與理論性的架構來進一步形塑其研究。他說：「好的研究在撰寫時需要清楚描述假設、典範與架構，以及至少要知道這些對進行探究會有所影響。」（p. 15）

　　我的觀點是當質性研究者採用哲學性、理論性的架構或典範來形塑其研究時，他們就是在**鉅觀層級**（macro level）使用理論，社會與人類科學在鉅觀層級的理論，也就是所謂的「大理論」，包括了批判理論、批判種族理論、女性主義理論、現象學、後結構主義、後現代主義等等。這些理論在許多學科中都會應用，而這也是本章主要的重點。

　　對你所選擇的研究方法的相關理論有所瞭解也是重要的，不管是敘說探究、個案研究、紮根理論或是民族誌。我將這些理論放在**中介層級**（meso level），此層級是方法論的層級，我認為閱讀本書是理解敘說探究方法論（中介層級）的一種管道。在本章，我會討論杜威的經驗理論與

巴赫汀（Bakhtin）的小說性理論，因為我發現它們對進行敘說探究有特定的幫助。此外，你也要瞭解跟你的領域有關的其他理論，例如我的學生在教育領域，他需要知道教學、學習或閱讀的理論，因為這些跟特定的研究主題都有關。我將這些理論放在**微觀層級**（micro level），它們是在特定學科中發揮功能（如圖 2.3）。

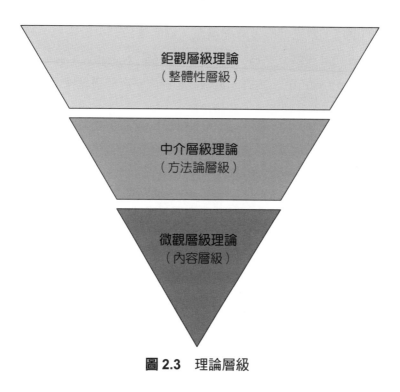

圖 2.3　理論層級

　　為了讓你的世界觀、研究方法與研究主題有正當性，我鼓勵你好好地精熟鉅觀、中介與微觀層級的理論，你對每個層級的理論愈精熟，你就能夠成為一個愈有效能的敘說探究者。

- 鉅觀層級理論（詮釋典範）：對所有的質性研究都適用的整體性層級。
- 中介層級理論（方法論典範）：方法論層級，指特定的質性研究方

法，例如敘說探究[3]。

- 微觀層級理論（學科典範）：適用於特定內容或主題。

理論與敘說探究

　　這三個層級的區別並非固定不變，而是在研究設計與歷程中我們要去思考的事情，對它們的理解愈清楚，愈能讓我們免於困惑。幾年前，我將我的研究計畫送到 AERA 敘說研究社群（Narrative Research Special Interest Group）進行匿名審查，這個敘說探究研究計畫是採用現象學作為理論性架構（**鉅觀層級理論：詮釋典範**）。有一位審查者給我很有趣的評論，他對我的理論性討論有相當程度的批評，他說作者（我）對於作為理論架構的現象學做了充分的探討，但是敘說探究的研究不需要現象學的知識，因為敘說探究在方法論中有它自己的理論架構。我同意這位審查者所說的敘說探究有其嚴謹的方法論（**中介層級理論：方法論典範**），但我對於這位審查者忽視鉅觀層級理論的觀點仍感到不解。

　　雖然我們當中的多數人都明白理論可以幫助我們瞭解、分析與評估故事（Bal, 1997），但是敘說探究如果缺乏理論，就變成「缺乏學術嚴謹性」，也就是實證主義者與敘說研究者所說的敘說探究的缺點（詳見 Behar-Horenstein & Morgan, 1995; Brinthaupt & Lipka, 1992; Clandinin & Connelly, 2000; Conle, 2000; Phillips, 1994）。在過去我努力強化我與敘說探究的「浪漫關係」時，我已經指出缺乏「敘說學」是敘說探究會招致批評的弱點（詳見 Kim, 2008）。例如，我指出：

- Clandinin 與 Connelly（2000）表示在學術上的考量是「敘說探究缺乏理論充分性」（p. 42）。
- Behar-Horenstein 與 Morgan（1995）認為姑且不論敘說探究是一股新興勢力，敘說探究中的故事無法提供政治性或理論性的基礎，以幫助我們創造新的理解。

- Brinthaupt 與 Lipka（1992）討論了將理論觀點整合到敘說研究中的困難。
- Hollingsworth 與 Dybdahl（2007）指出有許多敘說探究的研究工作都無法在結論中，讓讀者輕易瞭解其方法論與理論的架構。

在社會科學範疇中，對於理論在敘說探究中的角色有許多分歧的看法（Josselson & Lieblich, 2003）。傳統上，理論與權威是被畫上等號的，讓一些人感覺理論會使故事黯然失色，或是因為理論的權威性而貶低了故事的價值。我雖然強調三個層級的理論，但並非接受理論貶低故事價值的權威性，就如前面所說，理論是智性的工具，幫助我們更理解故事的意義。Rorty（1991）幫助我對於理論與敘說之間的議題有所頓悟：

> 不久之前，我說像海德格（Heidegger）一樣的理論家都將敘說視為第二選擇……像歐威爾（Orwell）與狄更斯（Dickens）一樣的文學家，為了達到將故事說得更好的這個目標，他們不斷地提醒將理論視為第二選擇。我猜現代西方國家的社會變遷，反映了敘說與理論的後期關係，已經轉變得更豐厚。（p. 80）

對 Rorty 來說，故事比理論更重要，理論是幫助將故事說得更好的媒介。這裡的重點是故事沒有要拋棄理論；故事中的意義可以透過理論而被闡釋。因此，理論需要成為德勒茲所說的「工具箱」，以幫助我們理解故事中的世界。

Josselson 與 Lieblich（2003）為理論性架構提供一個有價值的建議：

> 研究計畫中的理論基礎必須開啟探究，而非限縮探究。學生在研究計畫中藉由陳述理論／概念領域的範圍，可以呈現其理解的方式。它為研究中的關鍵名詞提供方向性（不是操作性）定

義。學生用哪些理論性語言、概念與視框來思考？學生傾向將哪個理論家的論點從現象式的描述變成更抽象的概念？或是，也許學生傾向透過質疑或擴大理論假設來挑戰或延伸某一個特定的理論論點，或是試圖藉由更仔細的分析來豐厚一個理論。（p. 263）

我喜歡 Josselson 與 Lieblich 提醒我們要用理論性的討論來開啟探究，而非限縮探究。尤其是他們的提問：「學生用哪些理論性語言來思考（微觀層級：學科）……用哪些概念（中介層級：方法論）……用哪些視框（鉅觀層級：詮釋典範）？」包含了理論的三個層級。我們應該有意識地使用三個層級的理論來建構故事的意義，但這並不是指理論比故事來得重要。就像 Rorty 所說的，故事幫助我們對人類的不斷變化有所領會。

在本章後續的篇幅，首先我將討論一些在上個世紀提出來的鉅觀層級理論（詮釋架構），這些理論形塑我們對社會與人類科學的智性理解，包括：批判理論、女性主義理論、現象學與後結構主義。接著，我將討論一些我認為與敘說探究有直接相關的中介層級理論，包括：杜威的經驗理論與巴赫汀的小說性理論。這些簡要的回顧也許無法滿足你想要學習更多的渴望，但是如果對這些理論的簡短討論可以引發你的好奇，並讓你獲得第一手資源，我將感到心滿意足。對這些關鍵理論有深刻的理解，可以幫助我們對世界或研究場域更有方向。

批判理論

Kincheloe 與 McLaren（2011）近來藉由整合二十世紀的「後論述」（post-discourses）將批判理論重新概念化，他們認為批判理論這個名詞，我們常常聽到，也經常誤解它。我同意他們的說法。我有一些博士班學生對擾亂與挑戰現況的批判理論相當不感興趣，他們害怕批判理論有可

能製造「不可否認的危險知識」（p. 286），他們錯誤地相信批判理論是一種馬克思思想，他們也錯誤地將馬克思思想等同於「共產主義」思想。在這些學生抗拒將批判理論視為一種智性資產的背後，似乎有一個良善的假設，亦即社會中不會有任何錯誤或是社會已經比之前更好了（畢竟我們已經有第一位黑人總統了）。所以，對這些學生而言，進行社會變革的想法實在是極端的「左派」思想。更糟的是，批判理論的教科書充滿專業術語與權威性的語言，相當難以理解，所以學生對批判理論就更敬而遠之了。我能夠體諒他們在理解這些教科書時所遇到的困難，我還記得我在讀博士班時，批判理論的專題研討要閱讀布赫迪厄（Bourdieu）與哈伯馬斯（Habermas）的書籍，當時我相當恐慌且亟需幫助。因為我無法理解這些批判理論學者在說些什麼，我向教授（Donald Blumenfeld-Jones）求救了許多次。至今，我仍相當感謝他的耐心，他幫助我好好理解批判理論，以至於我能夠使用批判理論作為我博士論文的理論架構。

▍批判理論的起源

批判理論（critical theory）起源於德國法蘭克福大學社會研究中心的法蘭克福學派，更精確地說，*Journal of the Institute for Social Research* 在 1937 年發表了霍克海默（Max Horkheimer）的著作，標題為 Traditional and Critical Theory，從那時候開始，批判理論就被認定為是一種思想學派（Ingram & Simon-Ingram, 1992）。霍克海默、阿多諾（Theodor Adorno）、哈伯馬斯（Jürgen Habermas）與馬爾庫塞（Herbert Marcuse）這些理論家藉由開啟關於德國哲學與社會思想傳統的對話，來建立批判理論，尤其是馬克思、康德、黑格爾與韋伯的思想。這些早期的批判理論學者，他們的觀點受到 1930 年代初期戰後德國經濟蕭條的影響，聚焦在分析統治與不正義的形式，同時也重新詮釋馬克思的正統觀念（Kincheloe & McLaren, 2011）。1960 年代，隨著早期批判理論家為了躲避納粹迫害與尋找學術發展而逃亡到美國，批判理論也隨之被引入美國的學術社群。

感謝這些學者的努力，批判理論於 1970 到 1980 年代，在美國廣被接受。

那麼，批判理論是什麼呢？它關注的是什麼？簡要地說，批判理論因為重視社會文化與政治理論，所以檢視造成社會中不平等現象的主流與次主流之間的關係，聚焦在分配、生產與再製等觀點。對批判理論學者來說，有能力檢視隱藏於社會中的矛盾現象，就是發展各種社會探究形式的開端，以進一步詢問「真實是什麼」與「應該是什麼」。因此，批判理論的背後邏輯是要支持如馬爾庫塞所說的，行動奠基於「惻隱之心、我們對他人苦難的感受」（引自 Giroux, 2001, p. 9）此一概念。學者將批判理論視為一種理解權力與支配的方法，然而，批判理論是以道德律為前提要件，同時強調個人賦能與社會變革。換句話說，批判理論強調的是有必要以批判意識來檢視人類行為與社會變遷（Weiler, 1988）。

當一年前我在教授課程理論時，課程主題之一是批判理論。在經過幾週「艱辛」的閱讀與熱烈的討論後，我要求學生提出他們對批判理論的定義。雖然我們在理解批判理論的內容時都很掙扎，但我們喜歡這些挑戰，而我對於他們能提出這些很棒的定義感到驕傲。下面是一些未經編輯的版本：

- 批判理論以討論、辯論與採取行動的方式來揭露社會中的矛盾與不正義，以實現社會進步。
- 批判理論是一種變革性的嘗試，挑戰壓迫、對抗不正義、質疑特權與不平等；批判理論致力於賦能個人。
- 批判理論試圖反對霸權以對抗社會與歷史中和權力有關的不正義。

我認為這些定義捕捉到批判理論的核心，對理論提出我們自己的定義是一個好的練習活動，我想我們所有人在那之後，對批判理論的畏懼就變得比較少了。

現在，讓我們檢視批判理論的兩個次類別：再製（reproduction）與抗拒（resistance）。雖然這裡討論的社會組織是以學校為主，你也可以用

其他社會組織來取代學校脈絡，例如政府、社區、教會、監獄、醫院等等，以透過批判理論的視框來瞭解相似的社會問題。

▊ 批判理論的再製

批判理論是一種智性工具，讓教育研究者可以分析與解釋學校如何維持既定社會秩序，因此，批判理論的重要觀點之一是再製或符應理論，在此觀點中，學校被視為較大社會中的次系統。關注學校如何仿效社會的期許，以努力與潛能作為決定成就的標準，進而以此標準來挑選學生（Spring, 1989）。美國社會學家 Talcott Parsons（1959）研究學校在滿足社會利益以及維持社會秩序與穩定的角色，他主張學校必須承認在學校層層結構中，不平等的意識形態是存在的，這些不平等會導致學生的教育成就出現不同的結果。

對成就的假設是在學校表現好的學生應該得到高度的酬賞，因此對於不同程度的成就，給予的酬賞應該要考量公平性。這樣的意識形態讓後續出現在職業或社會階級中的差異，也成為一種公平的現象，因此阻止在競爭中失敗的人出現怨言，就可以避免衝突（例如，如果你失敗了，就是你的錯）。再製理論解釋了學校在將成就公平化的歷程中所發揮的功能，同時也反覆灌輸學生普遍存在於美國文化中的社會價值（Parsons, 1959）。

以 Parsons 的主張為基礎，馬克思主義的經濟學家 Samuel Bowles 與 Herbert Gintis（1976）具影響性的著作 *Schooling in Capitalist America* 是檢視學校如何再製既存社會結構最有貢獻的論述之一。他們主張學校是一種由社會、經濟、文化與官僚主義再製而成的資本主義機構，他們關注學校生活中的不成文規定以及學校如何再製階級地位。他們使用「符應論點」來描述學校規範與資本主義結構中不平等現象的關聯性。更精確地說，教育系統的功能是引導青少年進入符合其社會階級認同的經濟系統。符應論點的歷程如下：

- 來自不同社會階級的學生，根據課程、老師對他們的期待、學校作業的類型與老師的對待方式等，會有不同的學校經驗。
- 隱藏的課程與追蹤系統分配特定的課堂作業給學生，而這些作業是視學生的社會階級而定，同時學生被制約進而接受社會的不平等。
- 當社會經濟地位高的學生被教導要追求成就與卓越時，勞工階級地位的學生不斷地演練服從、遵守規則、熟悉低技能與低自主性的工作等行為（Anyon, 1980; Bowles & Gintis, 1976; Lareau, 1989）。

讓我感到欣喜的是，我的一位研究生 Art 在學習了再製理論後對批判理論相當感興趣。他的研究是探討高等教育軍校生的生活經驗，當他理解批判理論可以用來詮釋他的研究主題時，相當興高采烈。在學習批判理論之前，他告訴我，他無法理解為什麼那麼多的軍校生無法適應大學課程，事實上，他坦承使用了責備受害者的意識形態（Valencia, 1997），因為他相信是軍校生本身缺乏意願與動機，而導致他們在具挑戰性的大學課程中無法成功。然而，據 Art 所言，批判理論幫助他瞭解多數軍校生是成長自低社會經濟地位的家庭，此背景讓他們在過去的求學經驗中沒有獲得協助，為進入大學做好準備。並不是因為他們不努力，而是學校系統將他們標籤化為「不是讀大學的料」（non-college-material），而疏於提供他們進入大學所需的知識與資訊。藉由批判理論的觀點，Art 才能看到許多學校再製社會階級的方式，讓來自低社會經濟地位背景的學生，永遠停留在社會的底層。Art 從此成為一位批判理論學者。

▌批判理論從再製到抗拒

然而，**再製理論**（reproduction theory）無法解釋何以在每個社會組織中都有反對者。長久以來，再製理論傾向將反對的行為視為「離經叛道」、「搗亂的」與「違抗的」，因此，它是化約主義與簡約主義（Giroux, 2001）。在 1980 年代早期，批判理論學者諸如 Paul Willis、

Paulo Freire、Michael Apple、Jean Anyon、Henry Giroux 與 Peter McLaren 等人，批評學校系統中再製功能的決定論觀點（例如人們無法做任何事來改變系統），並主張再製理論雖然有用但不完整，因此他們提出「抗拒」的論點來挑戰教育中的壓迫本質。

　　抗拒觀點的興起可以追溯到數十年前新馬克思主義對權力爭奪的檢視，用以解釋學校中學生行為的多樣性。這些多樣性的行為指出學校、學生與學生所隸屬的更大型社會彼此之間存在著緊張與衝突（Alpert, 1991; Lindquist, 1994）。批判理論學者致力於瞭解學生的抗拒行為與他們對抗權威統治之間的關聯性（Knight Abowitz, 2000）。

　　我在亞利桑那州一所另類中學所進行的民族誌敘說探究，是我首次探討另類學校如何以符應理論來再製既存的社會結構。表面上看來，學校是符應理論應用的完美例子，然而，從更深層的角度來看，我觀察到學生並非單單只是順從於規則的被動者，不管這些規則多麼地不合理。那些被稱為「難以管束」的學生總是會製造緊張的氛圍與衝突，但是對我而言，學生那些「難以管束」的行為太明顯而難以被忽略，因為他們想要表達的學校經驗，常常具有啟發性。我無法用再製理論來解釋這種現象，我必須轉向抗拒理論。**抗拒理論**（resistance theory）幫助我用不同的觀點來瞭解 15 歲就讀九年級的學生 Michelle 的行為。下列是當時我對 Michelle 的一些描述：

> 　　Michelle 看起來倔強、坦率與難以管束。她既聰明又能言善道，自我感非常強烈。她是 Borderlands 另類中學（假名）的典型學生，在被老師「趕出」教室後，會表現出抗拒的行為。在和她訪談的期間，她跟我說耐心是她從未學習過的美德，因此她對老師沒有耐心，尤其是那些無法理解她的老師。（Kim, 2010a, p. 261）

Michelle 還說道：

> 我很傻。我不在乎別人怎麼想我，但在學校，我卻因為這樣
> 而惹上麻煩。老師不喜歡我的人格特質，Hardy 老師有一天對我
> 說：「我不喜歡妳的個性，妳需要停止那些違規行為，妳需要改
> 變妳的個性，這樣，妳在學校的生活才會變得輕鬆。」我真的很
> 難過，為什麼我必須改變我的個性？我才不在乎她喜不喜歡我的
> 個性。我才不像其他學生，我有我自己的想法，但老師卻認為我
> 是故意搗亂、違規而且難以管教。因為我喜歡大聲說話，所以我
> 總是被趕出教室。（Kim, 2010a, p. 272）

如果沒有抗拒理論的概念，我會認為 Michelle 就只是單純愛搗亂的
學生，扮演一位在學校意識形態下的受害者。但是使用批判理論中的抗
拒觀點作為工具，我才能夠瞭解 Michelle 的抗拒是一種「認同（自我定
義）的掙扎」或「認同政治」（identity politics）（Miron & Lauria, 1995,
p. 30），是一種她用來肯定自我與自我賦能的溝通作為。這樣的詮釋讓我
對老師在教學中無法接受 Michelle 個人特質這件事興起了疑問。在研究
學生的抗拒行為時，讓我可以論述抗拒理論如何成為「老師與學生協商的
理論性與教學性媒介，以創造平等的學校環境，進而超越衝突與緊張，以
及零容忍政策的範疇」（Kim, 2010a, p. 274）。

因此，雖然學校再製了社會階級來維持現狀，但透過老師與學生在
教學架構中的共同努力，學校可以成為抗拒社會階級與民主的現場。例
如，Giroux 將學校視為希望之地，學校會教導學生許多知識、價值觀與
社會關係，以達到批判性的賦能，而非被征服屈從（Giroux, 1983a, 1983b,
2001）。在學校長期沒有聲音的學生，能夠被賦能，進而批判性地檢視社
會如何阻撓他們的抱負與目標。Giroux 再次確認教育中的政治本質，而
那些可以促進社會改變的教學法，則被稱為批判式教學法。在批判式教

學法中，教師將批判式的教導與學習，和學生帶到教室的經驗與故事加以連結。Giroux 主張透過批判式教學，學校教育可以成為辯論、抗拒、機會與希望的場所。作為批判理論「手足」（Peters, 2005, p. 36）的批判式教學法，同時是研究與實務工作的場域。它的目標在於將教育與教學法轉化為激進民主體制的一部分。Freire 的著作 *Pedagogy of the Oppressed*（1997），深刻地受到批判理論的影響，成為批判式教學法的基礎。Freire 的著作透過實踐批判式教學法，提升了根除壓迫與主流文化的意識。然而，隨著批判理論在二十一世紀受矚目的程度逐漸下滑，批判式教學法也成為「被馴化的、迷失方向的或教條化的」（Gur-Ze'ev, 2005, p. 7），或對有些人來說，批判式教學法「岌岌可危」（Tubbs, 2005, p. 240）。

▌重新概念化批判理論與敘說探究

受到二十世紀「後論述」的影響，批判理論不再受到矚目，例如後現代主義、後結構主義與批判女性主義對批判理論的批評與徹底檢視（Kincheloe & McLaren, 2011）。舉例來說，Peters（2005）對批判理論變成商品化、缺乏歷史深度與充滿誤解感到失望，並且認為批判理論的主要精神在權力分析中被忽略了。因此，他建議我們要重新思考批判性哲學的根源，以對批判理論有更佳的理解。

Peters（2005）認為 Thomas McCarthy 是一位對批判理論的現象提出許多重要反思的思想家，因此，我相當敬仰 McCarthy（2001）的論點，他說道：

- 批判理論已經完全聚焦在文化而非經濟。
  →我們需要回到馬克思的經濟不公平模式的論點。
- 批判理論對於其解放的觀點，例如自我意識、自我決定與自我實現太有信心。
  →我們需要承認它的限制。

- 批判理論與學術研究連結得太緊，而與人們遭受壓迫的生活經驗距離太遠。

→我們需要重新關注遭受階級與經濟壓迫的人們其生活經驗。

女性主義者 Elizabeth Ellsworth 的著作指出了批判理論主要是忽視性別壓迫的白人男性所提出的論點（詳見 Ellsworth, 1989），這一點我雖然很清楚，但現在我終於知道何以這幾年我沒有聽到太多關於批判理論的「聲響」。批判理論在研討會上不再盛行，反而是「後」理論取而代之。批判理論亟需重新概念化與重新被賦予生命，誠如 McCarthy（2001）所言：

> 女性主義理論、種族理論、同志研究、後殖民研究以及其他相關的研究，在這一波（漸進的社會運動）中變得比批判社會理論更好，雖然它們也有離人們遭受壓迫經驗太遠的這個問題。馬克思的傳統主要是與階級政治有關，而且在許多工業化國家，這樣的政治形式已經式微。在任何情況中，新的政治形式已經興起，而且有必要持續發展批判理論，以清楚地說明在新的社會運動中出現的議題。（p. 428）

Kincheloe 與 McLaren（2011）認真地回應發展批判理論能夠「清楚說明在新的社會運動中出現的議題」此呼籲，他們將批判理論重新概念化為整合二十一世紀的社會運動以及關注「與權力、正義、經濟運作方式、種族、階級、性別、意識形態、論述、教育、宗教與其他社會組織，以及建構社會系統的交互性文化動力有關的議題」（p. 299）。他們建議將此重新概念化的內容作為前往社會領域的地圖或指引，而非決定我們如何看世界的因素。因此，重新概念化後的批判理論已經成為批判性的社會探究，開始以反思性作為批判哲學觀（Peters, 2005），分散成多元的批判理

論形式，例如德勒茲的批判理論、傅柯的批判理論或是德希達（Derrida）的批判理論，以及批判女性主義理論（Marshall, 2005）。

所以，重新概念化後的批判理論與敘說探究有什麼關係呢？我想要重申 McCarthy 所說的：「離他們所理解的遭受壓迫的生活經驗太遠了。」我們需要努力將理論與現實的距離拉近，缺少生活經驗的理論，就像只會發出噪音的空罐子。因此，我們需要關於人們流離失所、失業、只獲得法定最低工資、缺乏健康照護，當然還包括飢餓的故事。我們聽過太多在富足年代因階級政治而出現「遭受壓迫的生活經驗」的故事。

批判種族理論

批判種族理論（critical race theory, CRT）愈來愈受到研究生的喜愛，當我所任教的學院在 2013 年邀請 Gloria Ladson-Billings 擔任傑出講座時，所有的師生都相當興奮。在講座之後，一位學生寫信給我，說道：「哇，我感覺今天就像親眼看到一位搖滾巨星！能夠如此接近一位這麼具影響力而且對教育和批判種族理論有重大貢獻的人，感覺真的很酷。」這幾乎表達出我們所有人的感受。但與典型的搖滾巨星不同的是，Ladson-Billings 博士是一位務實的、具關懷情懷與幽默感的智者，最重要的是她是一位具吸引力的敘事者。

批判種族理論興起於 1970 年代的美國，關注種族的議題。雖然批判種族理論是從批判理論延伸而來（Solórzano & Yosso, 2001），但它是一個理論性的構念，用來解釋批判理論無法適當處理的種族議題（Hylton, 2012）。例如將批判種族理論引進教育領域的 Gloria Ladson-Billings 與 William Tate（1995）主張，雖然女性主義與批判理論學者將性別與階級的理論性分析建立得很好，但是種族的議題直到批判種族理論出現後，才開始被重視。他們認為種族的重要性，不能用性別或階級的論點來加以解釋。因此，關注種族與種族主義的學者，應用批判種族理論作為理論性架

構。在批判種族理論中，種族是研究分析的核心，以尊重的態度瞭解少數團體，例如非裔美國人、美國印第安人、墨西哥裔美國人、亞裔美國人，以及其他少數族群，在白人的規範性標準中受到壓迫的經驗。

▌批判種族理論的歷史

　　批判種族理論的誕生極具重要性，因為直到它出現之前，儘管有像 DuBois（1906/1990）與 Woodson（1933/1990）等學者的創新性研究（Tate, 1997），種族仍僅僅被視為一種類別變項，而不是用來解釋社會狀態的理論性視框。傳統上來說，批判種族理論可以同時被視為美國批判法學運動（critical legal studies, CLS）的分支與實體。就像我們在第一章所觀察到的，批判法學運動在美國人權運動中逐步挑戰傳統的法律學術社群（此學術社群關注一個符合當時主流意識形態的精湛敘說）（Delgado, 1995; Ladson-Billings, 1998; Taylor, 2009）。雖然在 1960 與 1970 年代的人權運動與其他社會運動促進社會的進步，但是在學校教育、就業與居住領域的漸進式種族改革，卻遭遇強烈反對。因為對保守派的反彈感到挫折，對人權運動理論與方法無法帶來改變感到挫折，一群法學學者，包括 Derrick Bell、Richard Delgado、Charles Lawrence、Patricia Williams 與 Kimberlé Crenshaw 開始質疑法律的角色，並且為批判法學運動孕育一個新的取向。他們關注法律可以改革種族歧視以及為受到法律影響的有色人種的生活帶來具體改變的方法（Crenshaw, 1988）。最終，這些早期的批判法律學者於 1989 年在威斯康辛的麥迪遜舉辦了第一屆工作坊，在該次工作坊，他們同意使用「**批判種族理論**」這個名稱，並為未來的學術社群發展了一個方案（Taylor, 2009）。特別是 Derrick Bell 身為一位民權運動的律師與學者（哈佛大學的法律學院），其所做的努力位居批判種族理論學術的最重要位置（關於批判法學運動與批判種族理論運動彼此間詳細的關係，請見 Tate, 1997）。

　　為了更佳地理解批判種族理論，有必要瞭解種族的概念，因此我們

要特別提出社會學家 Howard Winant，他的研究以種族與種族主義為主。Winant（2000）將種族界定為「一種依據人類不同生理構造而出現的社會政治衝突與利益的象徵性概念」（p. 172）。換句話說，雖然種族的概念是指人類的生理與形態上的特徵，但是種族的分類是一種社會與歷史的歷程。Winant（2007）仔細清楚地表達種族這一個概念，如何在二十一世紀的研究與學術中成為關注的主題，例如社會與人類科學、社會學與教育學等等。舉例來說，不久之前美國社會學學會（American Sociological Association, ASA）重申對種族此主題進行社會科學研究，進而回應政治保守運動的重要性，以消除在學校、健康照護機構、監獄等地方的種族階級化現象（詳見 ASA, 2003）。事實上，在第二次世界大戰之後，不論對種族的意義或重要性的爭辯多麼激烈，種族已經成為全球性的議題（Ladson-Billings, 2012; Winant, 2000）。

在批判種族理論學術社群中，「白人」與「黑人」這兩個名詞並不是用來表示個人或是群體的認同，相反地，這兩個名詞是指「以歐洲白人優越主義與全球性殖民主義的意識形態為根基，所發展出來的特定政治性與法律性結構」（Taylor, 2009, p. 4），種族分類的概念充斥在我們的論述中。例如，「白人」的概念指的是高成就者、中產階級、高智力與漂亮；「黑人」指的是幫派、低成就者、懶惰、接受救濟者與底層階級。在這些分類的概念中，儘管有所流動與轉移，但白人成為所謂的正常者，而黑人則是被邊緣化與被剝奪權利的（Ladson-Billings, 1998），因此導致種族主義的出現。種族主義指的是「一種系統，此系統是用來忽視、剝削與壓迫非裔美國人、拉丁人、亞洲人、大洋洲人、美國印第安人與其他不同族群、文化、習性與膚色的人」（Marable, 1992, p. 5）。批判種族理論讓我們能夠對種族歧視、種族關係、內隱／外顯的理解、獨斷概念化的結果進行分析，因此，批判種族理論是「一種用來解構、重構與建構的重要智性與社會工具；解構壓迫性的制度與論述、重構人類的主體性以及建構平等與社會正義的權力關係」（Ladson-Billings, 1998, p. 9）。

■ 批判種族理論的特徵

批判種族理論的學術，基本上是以有色人種的獨特經驗為基礎，他們挑戰將白人的經驗理所當然視為正常這樣的觀念。因此，批判種族理論學者分享兩個主要的目標（詳見 Ladson-Billings, 1998; Villenas & Deyhle, 1999）：

- 瞭解在美國的白人優越主義與有色人種是從屬的概念，如何被建立與維持。
- 藉由消除種族壓迫與各種形式的壓迫來達到社會正義。

要達到這兩個目標，批判種族理論學者對白人特權、種族視盲現象以及**種族**與**種族主義**提出質疑，他們尤其對在主流論述中看起來沒有什麼問題的種族視盲現象提出疑問（Dixson & Rousseau, 2005）。種族視盲現象假設在所有的人類中有一個普遍性或標準的方式，而此方式通常都是以主流文化的價值觀與規範為基礎，在一個文化多元與充滿種族歧視的社會中，Thompson（1998）認為種族視盲現象「雖然立意良善，但刻意忽視種族，且堅持要將有色人種的經驗與白人的經驗加以同化」（p. 524）。因此，種族視盲的思維傾向假裝「膚色」這件事情不存在，並將此解釋為一種道德高尚的行為，反映公平與公正的立場。舉例來說，我聽到許多老師說「我沒有看到我的學生之間有膚色差異」，這種「沒有看到膚色差異」也許無意暗指任何事，而是想保持中立立場，但是實際上的現象是白人中產階級的男性與女性位於較高的政治立場，並從當今的種族、性別與社會經濟階層中獲得不少利益（Thompson, 1998）。

為了處理上述的問題與達到目標，批判種族理論學者為批判種族理論建立了一些基本的原則，如表 2.1 所列。

表 2.1　批判種族理論的原則

1. 批判種族理論認為種族主義普遍存在於美國社會中，在法律、文化、社會與心理層面，都根深蒂固。
2. 批判種族理論挑戰主流的意識形態，例如白人特權、種族中立性、客觀、種族視盲與菁英主義。
3. 批判種族理論關注 Derrick Bell 所說的**利益聚斂理論**（theory of interest convergence），意指只有在有色人種的利益被提升到與白人一樣時，才能達到種族平等。
4. 批判種族理論堅持對種族與種族歧視進行脈絡性／歷史性的分析，目的不是要緬懷過去，而是要昂首前進。
5. 批判種族理論欣賞有色人種的經驗性知識，認為這些知識在質疑種族與種族歧視時是合理的、有說服力的以及關鍵的。
6. 批判種族理論仰賴用有色人種的生命經驗故事與對立故事，作為和壓迫進行溝通對話的管道。
7. 批判種族理論是跨學科的（inter/trans/cross-disciplinary），借用其他學科與知識論，以對種族不平等的現象有更完整的分析。
8. 批判種族理論聚焦在對種族與種族歧視進行批判性的種族分析，同時也關注種族主義與其他順服隸屬現象的交互作用，例如性別與階級歧視。

（Delgado, 1995; Ladson-Billings, 1998; Matsuda, Lawrence, Delgado, & Crenshaw, 1993; Solórzano, 1997; Solórzano & Yosso, 2009; Tate, 1997; Taylor, 2009）

▌批判種族理論的分支

　　如果我沒有提及正在興起的批判種族理論分支，就是我的失職。就如同你所注意到的，早期的批判種族理論學者關注於揭露黑人被壓迫的經驗，然而，近期的批判學者已經將他們的興趣擴展到對所有有色人種經驗的瞭解，而非局限在黑人。他們運用對黑人、拉丁人、亞裔美國人進行研究與女性主義研究的批判社會科學與知識，建立了批判法學研究與批判種族理論等分支（詳見 Solórzano & Yosso, 2001）。這些新興理論將我們對種族與種族主義的討論從黑人／白人二分法的論述，擴展到包含其他種族

與族群。雖然這些理論使用批判種族理論的原則，但每個理論都有自己的「理論化空間」，就像 Anzaldúa（1990）具啟發性的說法：「我們擁有理論化空間是**極其重要**的，我們不允許讓白人男性與女性獨佔它，藉由將我們的取向與方法帶入其中，我們重組了理論化空間。」（p. xxv，楷體字為引用文獻所強調）然而，值得一提的是雖然批判種族理論的分支擁有自己的理論化空間，這些分支理論並非相互排斥，換句話說，他們並非要互相競爭以評量某個壓迫形式（Yosso, 2005）。更確切地說，這些分支理論的重要性在於他們相互補足了彼此的盲點。

我在本章的最後提供一些分支理論的參考資源，以供有興趣的讀者進一步閱讀。

■ 批判種族理論的未來

在我們進入如何在敍説探究中運用批判種族理論的討論之前，我想要提出在我們增進此理論時值得關注的兩個重要議題：其一是在美國之外的學者對批判種族理論的興趣漸增，讓批判種族理論國際化與全球化；其二是批判種族理論遵循 Delgado（2003）思考激發分析（thought-provoking analysis）的趨勢。

首先是批判種族理論變得國際化，雖然它是在美國誕生，但現在普及於全球（Hylton, 2012; Ladson-Billings, 2012）。例如，就在幾年前，英國批判種族理論學者 Namita Chakrabarty、Lorna Roberts 與 John Preston（2012）在英國編輯了一期批判種族理論的特刊（詳見 *Race Ethnicity and Education*, Vol. 15, January 2012），他們觀察到批判種族理論在英國仍然處於起步期，並且遭遇到馬克思主義學者的負面批評（如 M. Cole & Maisuria, 2007），認為在美國的種族壓迫現象跟英國的種族壓迫並不一樣，因此，美國的批判種族理論不能應用於英國脈絡，儘管在英國，批判種族理論已經是進行社會理論化的一個嚴謹的取向（Hylton, 2012），Gillborn（2011）稱它為 BritCrit。Hylton 主張透過種族政治的交錯來達到

種族正義，已經是全球性的挑戰（而非僅僅是美國的挑戰）。因此，批判種族理論變得國際化是預期中的事，將批判種族理論應用在英國或是其他國家，對我來說，就像是為不同國家的學者打開一道門，以創造特定區域性的批判種族理論，進而貼近他們的歷史與社會脈絡。

第二，當今有許多的批判種族理論學者感到相當沮喪，因為在學術論述中的批判種族理論分析只聚焦在「種族」的文本分析，而沒有更積極的作為來對抗種族主義（M. Cole & Maisuria, 2007）。舉例而言，Delgado（2003）痛惜地表示：「批判種族理論，在相當有希望的起步之後，變得僅討論少數團體的權力、歷史與其他相似的題材。」（p. 122）這聽起來很熟悉，跟批判理論興起時關注的焦點，亦即關注學術論述與真實生活壓迫經驗的差距是一樣的。Delgado 的擔心是批判種族理論早期是由種族現實主義者握有大部分的影響力，例如 Derrick Bell，而當代的批判種族理論學者比較採用理想主義的取向。換句話說，批判種族理論學者傾向以智性和學術性的方式（例如僅有論述）來處理種族的議題，而沒有太多實際的行動或政治作為來促進改變。因此，Delgado 建議當我們在思考種族的議題時，應該是要整合兩種方法，而非僅採用其中一種。更確切地說，「**種族**」（用於學術論述中以引號來標示）與**種族**（用於真實生活中，則不用引號）都應該一起被考量，僅關注其中一個是不完整的。

對我來說，這就是敘說探究之所以重要的原因了。

▎批判種族理論與敘說探究

人們是被故事而非法律理論感動。

——Derrick Bell

我的學生 Chance 在每個星期的作業，寫下以下這段內容，我稱這個作業為「頓悟學習」（Epiphany of Learning）。這個作業是學生閱讀了

Ladson-Billings（1998）的思考激發文章 Just What Is Critical Race Theory and What's It Doing in a Nice Field Like Education? 後所完成的。

> 關於批判種族理論，我還有最後一個困惑無法釐清，就是敘事。我瞭解敘事是這個理論的核心（Ladson-Billings, 1998, p. 8），但我還沒有徹底理解運用敘事的邏輯原理。我瞭解敘事是分享先前未被聽見的聲音，而不是歷史書或課程中呈現的那些用來滿足主流或特權團體的內容。但是我無法抓到的是將敘事作為這個理論關鍵因素的邏輯思維，這看起來很容易會形成有誤差的結論。此外，在這個歷程中，誰來說故事？是由研究者從「外團體的成員」那裡獲得並呈現精確的故事嗎？（1998, p. 15）或是透過研究者的視框來呈現故事，建構一個新的事實？（Chance 的頓悟學習作業，第二週）

　　不可否認地，Chance 問了誠實與審慎的問題，當你閱讀批判種族理論時，你也許也會問這些問題：敘事如何成為這個理論的關鍵因素？歷程中誰來說故事？下面是我對這些思考激發問題的初步回應：「很棒的問題！何不明年春天來選修我的敘說探究課程呢？」然而，這並非只是我的推託之詞。我認為 Chance 問了所有敘說探究者都應該要瞭解的問題，而且我也認為不會有一個絕對正確的答案存在。但是，有沒有任何一個敘說研究我可以提供給他當作範例參考？

　　有一個將批判種族理論用在敘說探究的極佳範例是哈佛法學教授 Derrick Bell 的著作 *And We Are Not Saved*（1987）。如同前面所提到的，Bell 是批判種族理論具影響力的創建者之一，他的書透過十個「想像式的隱喻故事或編年史」（p. 6）來探討人類種族的困境，這十個故事是由兩個虛構的說書人來敘說，其一是具有勇氣與潛力的黑人人權運動律師 Geneva Crenshaw，另一位是她的不具名男性同事與朋友，這位同事擔任

主要的敘說者。在這些編年史中，Bell 加入對立故事以「挑戰那些已被接受的觀點，關於黑人如何從民權法律或政策中獲益或可能獲益」（pp. xi-xii），展現了批判種族理論的原則。

在這本書中，Bell 沒有提供任何可能容易出現「誤差」的結論，就如我的學生 Chance 擔心的，相反地，Bell 讓讀者透過這些具說服力的故事來形成自己的結論。Bell 用兩個虛構的敘說者來撰寫虛構的故事，何以要用虛構的故事？ Bell 引用 Kimberlé Crenshaw 教授的話來為其選擇虛構敘說類型（詳見第四章）提出說明：

> 寓言提供一種對話的方法，讓我們能夠用具嘲諷意味的脈絡化方式來批判法律規範。透過寓言，我們可以用一種不會複製法律抽象概念的方法來討論法律教條。它提供了更豐富、投入與建設性的方法來理解真理。（p. 7）

確實是如此，每一個用寓言或隱喻方式寫成的編年史，都能夠幫助我們想像真實生活的情境，並且可以作為一種「對話的方法」，而這個方法對於理解真理與正義是豐富、投入與建設性的。依據 Bell 的說法：「使用虛構故事的編年史來探索情境是不夠真實的，但是其多元與矛盾的面向，挑戰了我們的理解。」（p. 7）因此，使用這些矛盾的面向，Bell 並非意有所指地說解決方法是從這些理解而來，相反地，他邀請我們去尋找問題，而這正是 Bruner（2002）所說的偉大的敘事者會做的事情。

女性主義理論

女性主義理論（ferminist theory）對我個人來說有特別的意義，我在 23 歲時完成大學學業，且在同一年取得教職並結婚，隔年我的女兒誕生，在兩個月的產假後，我重返教職。來自於我丈夫的性別壓迫，在那個

時期相當顯著，他不斷提醒我要辭去我熱愛的教學工作。他的信念是女性需要留在家裡養育小孩。如果我們兩個都有在工作，我也許會接受他的想法。我心中的女性，打從出生開始就受到性別歧視與父權主義思想的社會化，這些想法控制了我的意識，低喃著要我順從他。但是那段時期，他已經失業一年，在這種情況下，對我來說生存比性別議題來得重要。在他失業的情況下，強迫我辭掉工作照顧女兒一點道理都沒有，我認為我需要成為「養家糊口」的那一個人，而他應該成為照顧女兒的「家庭主夫」。但是，唉，他不願意接受這種違背他父權信念的非典型性別角色。他開始威脅如果我不辭職，他會訴請離婚。這種出現在我們家庭中的心理與情緒上的性別壓迫持續了一年多，直到有一天他對我說他無法愛不順從丈夫的女人，因此他已經向法院提出離婚訴訟。這就是我的婚姻結果。我在 1990 年代初期離婚，我的祖國南韓當時的社會風氣對離婚女性還是充滿敵意（雖然都是在背後指指點點），很長一段時間，我深受羞愧與罪惡感之苦。這些感覺在我來到美國生活後還是存在。直到我在研究所期間接觸了女性主義，閱讀了 bell hooks 的書籍《教學越界》（*Teaching to Transgress*, 1994），我才終於覺得當時對抗我應當順從的男性，這個行為是對的。這個理論賦能了我。現在，不論什麼時候我在討論女性主義與女性主義理論時，這個個人的故事都還是會喚起許多複雜的感受。它提醒我當今世界上許多女性仍然遭遇父權主義、性別不平等與性別歧視的壓迫。

在我教學的這些日子裡，我有一種感覺就是學生不太重視女性主義理論，因為它似乎過時了。性別歧視？在說什麼呀？我們是生活在二十一世紀，希拉蕊很可能成為美國歷史上首位女性總統呢（譯註：原文書出版年份，時值美國總統選舉）！這是一些學生的想法，但是不管承認與否，我們都知道阻礙她成為候選人的最關鍵因素是她的性別。「我不認為你活得夠久了」是希拉蕊對主張女性主義已經過時的回應（Clinton, 2014）。

當性別壓迫或性別歧視對全球女性來說仍是一個持續發生的議題，當父權主義仍然存在且以各種形式影響多個層面時，女性主義與女性主

義理論對我們生存的這個時代來說，就特別重要。透過父權主義，男性在政治與經濟議題上持續擁有控制權，而女性則持續處於不利的狀態與被剝削（Weiler, 2001）。雖然已經有大規模的女性投入職場、接受高等教育以及成為高薪的專業人士，還是有許多女性是家務的主要處理者，而男性則是持續在政治與經濟上位居具影響力的職位。此外，禁止墮胎合法化與對女性生育權的質疑，都是「對女性的戰爭」（B. Cole, 2009, p. 564）。這種父權思維、人們因為性別與性的因素而被不平等對待，以及我們或價值系統對性別角色所建構出來的意義，都是女性主義要批判與分析的主題。bell hooks（2000）將女性主義定義為「終結性別歧視、性剝削與壓迫的運動」（p. 1）。此運動發生在 1960 至 1970 年代之間，從婦女解放運動開始，致力於根除性別不正義，演變為後來的女性主義。依據 Mitchell（1971）所言，婦女解放運動是「史上最大規模的革命運動」（p. 13），然而很遺憾的是，許多人對女性主義有錯誤的觀點，認為它是一種對抗男性的運動，這種想法是由父權主義思維的媒體所提倡。依據 hooks（2000）的說法，許多人視女性主義為反抗男性，是一種對男性主權的「憤怒」反應，想要跟男性平起平坐。她主張我們每個人都是讓性別歧視持續存在的共謀者，除非我們拋棄性別歧視的想法與行為，並且以女性主義的想法與行為來加以取代，以終止父權思維。女性主義理論關注和質疑女性順服於男性的論點，包括這種現象如何出現？何以它會持續存在？可以如何改變它？因此，女性主義理論有兩個目標，作為「理解性別不平等的指引以及採取行動的指引」（Acker, 1987, p. 421）。就像批判理論一樣，女性主義理論也有次理論：自由女性主義理論與批判女性主義理論。

▍自由女性主義理論

我們將從自由女性主義理論開始討論，從成功爭取女性選舉權開始，當今許多女性享受著它的豐收。說到女性的選舉權，我非常以堪薩斯州

的曼哈頓市為榮，它是中西部的一個保守小鎮，有一所中學以 Susan B. Anthony 命名，她是全國婦女選舉權協會的創辦人。我不清楚 Anthony 的功績如何在學生之間被廣為流傳，但我想那將會是個有趣的研究主題。

　　自由女性主義的主要目標是為所有性別者尋求平等的機會，它聚焦在：(1) 平等的機會；(2) 性別認同與性刻板印象的社會化；(3) 性歧視（Acker, 1987）。平等機會是自由女性主義觀點的必要條件，平等指的是相同，但提供給女性的教育資源通常都是較差且有限的。即便是平等，類似的資源也會產生不平等的結果。雖然仍有改善的空間，但平等機會的論述已經是英語世界國家與準政府機制的語言，包括英國、美國與澳洲。依據 Acker 所言，社會化、性別角色與性別刻板印象，是自由女性主義所關注的第二個焦點。這個理論的提倡者質疑女性如何被家庭、學校與媒體社會化，以接受傳統的性別角色與性別刻板印象，導致她們的發展局限於傳統職業與家庭角色，不利於女性的發展。因此，他們檢視存在於課程教材、教室互動，與（或）學校的官方及非官方政策中的性別偏見與刻板印象。自由女性主義關注的第三個焦點是歧視觀點，檢視在學校中出現的性別歧視，以及處理性別階層化與不平等的現象。

　　自由女性主義理論在記載性別歧視以及分析特定的性別歧視文件與案例中尤為重要，藉由蒐集與傳播這些被記載的資訊與證據，自由女性主義者努力要改變社會化的內涵；教育老師、兒童與家長改變態度；提供老師對抗性別歧視的觀點。自由女性主義在美國最大的政治成就是 1972 年的教育修正案第九條，禁止補助聯邦基金給實施性別歧視的公立學校（Tyack & Hansot, 1990）。同樣地，在英國也成立了平等機會委員會（Equal Opportunities Commission, EOC）對學校與教育當局施壓（Acker, 1987）。

▌批判女性主義理論

　　有些女性主義者公開表示他們對自由女性主義的不滿意，原因在於自

由女性主義沒有幫助我們理解何以在資產社會中，男性和女性之間還是存在著不平等的社會關係。他們抱怨自由女性主義沒有解釋各種形式與隱微的男性權力與特權彼此之間的交互作用，導致很多女性在家庭、職場與社會中經驗到許多限制和苦難（Weiler, 1988, 2001; Pinar, Reynolds, Slattery, & Taubman, 2008）。因此，他們提出批判或激進女性主義理論。

更具體地說，批判女性主義理論是批判理論與女性主義理論的集合體，它關注父權體系下性別特權的出現與再製，這部分與批判理論關注階級結構的出現與再製相呼應。然而，批判女性主義理論者瞭解因為傳統的批判理論關注的是階級的議題，所以不適合用來揭露女性被壓迫的經驗本質。批判女性主義理論提出兩個取向：女性主義再製理論與女性主義抗拒理論，運用批判理論的再製與抗拒觀點，而以性別壓迫作為理論的核心。

女性主義再製理論關注學校如何透過性別歧視的文本與歧視性的教學工作，來再製性別分化與壓迫，這個取向的主要焦點是「在學校中的性別歧視與社會中的女性壓迫彼此之間的關聯性」（Weiler, 1988, p. 31）。自從這些理論學者開始關注學校於再製性別階層與不平等現象中的角色，他們分析的焦點便著重於學校如何灌輸女性接受性別角色，例如引導女學生修讀家政學課程，以及接受自己成為低薪或無薪的工作者。然而，這個理論忽略人類是有機體，能夠辨識學校直接或間接傳遞給他們的意識形態訊息。女性主義再製理論沒有檢視人類是能夠決定自身行動的有機體此一論點。

為了回應女性主義再製理論的限制，女性主義抗拒理論的實踐者從抗拒的觀點與文化生產理論的觀點來檢視女性在學校的生活經驗（Brown & Gilligan, 1992; Robinson & Kennington, 2002; Robinson & Ward, 1991）。對女性主義抗拒理論來說，是直接受到新馬克思批判理論的影響，抗拒是用來檢視女性在學校生活經驗的重要概念，因為它強調人類有機體的能力，得以在社會情境中形成意義與採取行動，同樣的也會受到社會情境的影響。

▌女性主義理論的多元交織性

我們到目前為止對自由女性主義與批判女性主義的討論，初步說明了女性主義與女性主義理論在學術領域的發展脈絡。當今在各個學科領域的女性主義學者與學生欣然採納女性主義的**多元交織性**（intersectionality），多元交織性讓女性主義理論成為更複雜與更細緻的研究領域。依據 Davis（2008）的說法，多元交織性是「被排除或順服的多元經驗與認同的交互作用」（p. 67），已經成為一個「流行用語」，在美國與歐洲為當今的女性主義學者創造一個成功的現象。事實上，McCall（2005）認為女性主義最大的貢獻在於提出多元交織性，幫助女性研究與相關領域瞭解女性的經驗。為了對抗那些批評女性主義是廣泛地為所有女性辯護的聲浪，女性主義研究者完全體認到只使用性別作為單一的分析類別是不可能的，他們必須要關注多元認同與主觀的從屬經驗，因此，多元交織性是個必然的概念。

多元交織性被定義為：「在個人生活、社會實踐、組織性制度與文化意識形態中性別、種族與其他不同屬性的交互作用，而交互作用的結果要視權力而定。」（Davis, 2008, p. 68）Davis 發現多元交織性此概念起源於 Kimberlé Crenshaw，因為批判種族理論，我們對她應該不陌生，她認為黑人女性的生活經驗與掙扎，受到女性主義與反種族歧視論述的限制而被忽略。由於知道不管是關注女性經驗的女性主義理論，或者是關注種族經驗的批判種族理論，兩者都無法各自充分地解釋黑人女性的經驗，Crenshaw（1989）鼓勵理論學者要同時考量性別與種族的因素，並且在分析中說明兩者如何交互作用而形塑了黑人女性經驗的多元面貌。

同樣地，批判種族理論與女性主義學者 Patricia Hill Collins（1986）提出了黑人女性主義思想來指出在社會學中黑人女性的圈內外人（outsider-within）處境。她的主要觀點是黑人女性主義學者在智性的論述中已經被邊緣化了，但是他們是那些被邊緣化的優秀知識分子之一，他

們的觀點豐富了當今的社會學論述（Collins, 1986）。Collins 提出三個黑人女性主義思想的關鍵主題。第一，黑人女性主義思想是由黑人女性所創造，聚焦在自我定義與自我評價的意義；第二，黑人女性主義關注種族、性別與階級壓迫彼此間緊密交錯的本質；第三，黑人女性主義思想致力於重新界定與詮釋黑人女性文化的重要性（Collins, 1986）。當我讀到此論點時，心想未來也許可以有亞洲女性主義思想、美國原住民女性主義思想、拉丁女性主義思想，以及其他更多的思想，不是嗎？

　　女性主義理論中的多元交織性並沒有因為納入種族與階級後就結束，它也整合了其他智性思想與學科，例如，美國哲學家與女性主義者 Judith Butler，受到女性主義與酷兒理論的影響，引用後現代主義／後結構主義以及法國哲學家與女性主義者 Julia Kristeva 的論點，在她的著作《性別麻煩：女性主義與身份的顛覆》（*Gender Trouble*）中更精進女性主義理論（Butler, 1990）。Butler 對女性主體性、顛覆認同以及將女性團體認同問題化為表現式女性主義等議題，提出質疑並進一步發展論點。Butler（1992）進一步採用後結構女性主義理論來分析人們以往認為理所當然的性別、性、物質性、暴力、強暴等概念。

　　就如同你所看到的，多元交織性讓女性主義理論更進一步地發展，並且成為各個學科的女性主義學者和學生們論戰的主題。多元交織性的核心是差異與多元性，它是相當適合用於後現代主義與後結構主義年代的概念，幫助我們理解種族、階級、性別與性對女性的認同、經驗與掙扎的影響，以及探索種族、階級與性別彼此如何相互影響。因此，當今詢問種族如何「性別化」或是性別如何「種族化」，以及兩者如何與社會階級一同形塑女性的苦難經驗這類的問題已經相當普遍（Davis, 2008）。舉例來說，Davis 主張我們無法想像性別研究僅關注性別，她進一步指出女性主義期刊將會拒絕收錄沒有充分關注種族、階級與其他差異性的文章。因此，任何忽略差異性的學者都有讓他的文章被視為「理論性的誤導、政治上的疏忽或純粹的荒誕不經」的風險（p. 68）。如此一來，顯而易見的是

多元交織性的概念不僅需要被運用於女性主義理論，也需要被用在當今其他智性思考的領域中。

在我們進入現象學的討論之前，我想要和你們分享一段 Jessica 的敘說，她是一位女性主義博士班學生，在成為全職博士生之前，她在大學部教物理學。這段敘說是她修讀我的課程理論時，每週繳交的頓悟學習作業中的其中一份：

當我閱讀網路新聞中，那些對女性在非傳統女性角色中所獲得的成就，做出極度負面與大男人主義的評論時，我真的被激怒了。例如，幾個月之前，有一則關於物理學家與美國第一位女性太空人 Sally Ride 的故事，那些對她的評論中，有相當多是可恥的公開評論，包括對她的性傾向以及為男性太空人準備三明治的能力。我是如此的震驚！如果這一則新聞是關於美國第一位男性太空人的故事，我相信我不會看到這麼多（甚至不會有任何）負面的評價。另外一件我注意到的事情是對羞辱性評論的從眾效應。人們不斷地跟著附和，用字遣詞也愈來愈具傷害性。這種群聚思考的現象相當危險，如果轉變為身體而非語言的行為，女性則會受到相當嚴重的身體傷害，例如幫派強暴。我們在青少年群體與學校霸凌中已經看到這種現象，我們需要採取更多的行動以適當與尊重的方式來對待女性，以及所有「非陽剛」的個人，例如身心障礙者、同志與跨性別者。（Jessica 的頓悟學習作業，第七週）

我在這邊分享她的敘說是因為透過她對網路媒體的觀察，她有能力看透當今女性主義理論要批判的所有議題，包括性別刻板印象、性別角色、女性身體、騷擾、暴力、強暴、性傾向、性別認同與跨性別。她將出現在可恥的公開評論中的「凝視」加以問題化，並且質疑「男性氣概的權威與

地位」（Butler, 1990, p vii），呼籲以適當與尊重的方式來對待所有「非陽剛」的個人。對我來說，Jessica 的敘說特別有啟發性，因為她指出了衍生自我們傳統上將人類以生物與賀爾蒙的差異區分為男性與女性的問題，以及對女性不斷增加的暴力現象。

運用女性主義作為理論架構所進行的敘說探究範例，請參見第六章「傳記式敘說探究的分析」段落。

現象學

博士班學生 Jodie 和我約了一天要討論她的博士論文的敘說資料分析。Jodie 的博士論文研究是在現象學的詮釋架構中以敘說探究研究體育教師的生活經驗。跟我討論的這一天，她才剛參加一場在密蘇里州聖路易市舉辦的北美現象學學者跨學科聯盟（Interdisciplinary Coalition of North American Phenomenologists, ICNAP）研討會。

我對於她願意在課程之外投入心力學習現象學知識的積極主動感到驕傲，當我問她參加研討會的經驗時，她的神情立即發光：

Jodie：（用她一貫愉悅的聲音）喔，我的天啊，它是**如此**的傑出（phenomenal），我的意思是，如此現象學的（phenomenological），我應該這麼說！有一些他們談論的事情是超出我能夠理解的範圍，妳知道嗎？我就像是，嗯……我的頭很痛，但是我也學到很多！我不斷地記筆記，以防我忘記！

我：（哈哈大笑）所以，妳學到了什麼？

Jodie：（看著她潦草的筆記並且說）喔，我的天啊，我希望我可以記住我寫了些什麼！

接著，她仔細看著她的筆記，並盡其所能地跟我分享她所學習到的內

容。她分享了不同學科的研究者如何運用現象學來理解生活世界、健康、幸福安適與敘說等等。聽著她說，我更加確信現象學與敘說探究兩者有緊密的關聯。

現象學（phenomenology）[4] 是在第一次世界大戰前從德國發跡的哲學運動，並且在二十一世紀的哲學領域佔有一席之地。現象學是由胡塞爾（Edmund Husserl）所建立，他的格言是「回到事物本身」，隨後由海德格（Heidegger）、梅洛龐蒂（Merleau-Ponty）、高達美（Gadamer）、沙特（Sartre）等人進一步發展。依據高達美（Gadamer, 1975/2006）所言，現象學期待的是「將現象加以表達」（p. 131），而且胡塞爾認為這是將哲學的地位提升為嚴謹科學的唯一方法（Gadamer, 1975/2006; Merleau-Ponty, 1962/2007）。因此，現象學對現代西方哲學的發展有顯著的影響（Peters, 2009b），而且它的影響力已經從哲學擴展到教育、心理學、社會學、人類學、政治學、語言學、建築、女性主義研究與環境研究。此外，就我從 Jodie 那兒所得知的，現象學的影響力也擴及到商品研究、社會媒體研究與動覺同理（kinesthetic empathy）等研究中，還有「應用現象學」（applied phenomenologies）。

現象學是一門「無法被界定範圍」的哲學（Merleau-Ponty, 1962/2007, p. viii），就像胡塞爾自己的哲學論點也有矛盾一樣。這是長期存在的「一個需要被解決與希望被瞭解的問題」（p. ix）。縱使如此，依據梅洛龐蒂 [5] 的說法，我們還是需要瞭解這個哲學的重要性。因此，梅洛龐蒂嘗試描述現象學的一般特徵，如表 2.2 所示。

▌探索現象學知識的方法

依據梅洛龐蒂所言，「只有透過現象學方法」才能理解現象學（p. viii），因此當我們投入現象學時，需要以「著名的現象學主題」（p. viii）來瞭解獲得現象學知識的方法。我們要討論的「著名的現象學主題」包括主體性、相互主體性、現象還原、懸置與意向性。

表 2.2　現象學的特徵

- 它是「本質的研究」（p. vii）：觀點的本質、意識的本質、生活世界的本質，或是日常生活經驗的本質。
- 它是將「本質回歸存在」（p. vii）的哲學，嘗試從任何起始點而非事實性來理解現象。
- 它是「先驗哲學，強調將結論先擱置」（p. vii），以求對現象有更多的瞭解，因為「在反思開始前，世界就『已經存在』」（p. vii）。
- 它嘗試「對我們的經驗提供直接的描述，不考慮經驗的心理根源以及科學家、歷史學家或社會學家可能會形成的因果解釋」（p. vii）。
- 它「可以被實踐與當作一種思考方式或風格」（p. viii）。

（改編自 Merleau-Ponty, 1962/2007）

主體性

　　在現象學中，知識起始於**主體性**（subjectivity），因此**主體性**是現象學知識的起始點（Levering, 2006）。任何一個凡夫俗子，都會被當成賦予世界（客體）意義的知識性主體看待，以宣稱他或她的主體性。因此，**主體性**意指對一個現象賦予個人意義，瞭解每一個人類個體都有他對真實的觀點，而此觀點是受到其經驗所形塑。現象學家相信主體「我」是客體（世界或經驗）的中心，因為「我」是理解世界與給予意義的人。因此，「我所有關於世界的知識，甚至是我的科學知識，都是取自於我的特定觀點」（Merleau-Ponty, 1962/2007, p. ix），而且「我無法想像自己只是世界的一小部分，僅僅是生物、心理或社會研究的客體」（p. ix）。此外，「我就是全部的根源，我的存在不是衍生於我的祖先、我的物理與社會環境」（p. ix）。這種主體性，第一人稱的知識，就是現象學的起源。所以，現象學又被定義為「對生活的意識經驗、第一人稱的觀點所進行的研究」（Smith & Thomasson, 2005, p. 1）。但是，這種主體性的意思是指現象學仰賴內省嗎？意即仰賴「以觀眾的立場檢視我們的內在心理狀態」（Thomasson, 2005, p. 116）嗎？依據 Thomasson（2005）的說法，現象學

知識常常被認為要依據對心理狀態的內省為基礎，但是胡塞爾反對這種對第一人稱知識進行內省的觀點，所以他發展**現象還原**作為理解「意識」或「主動賦予意義」的方法（Merleau-Ponty, 1962/2007, p. xii）。換句話說，對胡塞爾來說，第一人稱的知識是建基在對世界的覺察，「從外圍觀察世界，而不是對個人經驗進行直接內在的觀察」（Thomasson, 2005, p. 116）。

現象還原

因此，胡塞爾的**現象還原**（phenomenological reduction）被認為是他「最偉大的發現」（Moran, 2000, p. 12），指的是用對世界不做評價與外圍覺察的方式來獲得知識。例如，當我嘗試要理解一個生活經驗的現象，我必須保留我對此現象的真實存有與本質的說法、評論或以前的知識。當我們投入現象還原，我們會說這個現象看起來像是什麼，而不是宣稱這個現象是什麼。因此，為了要回到事物本身，我們不僅要努力保留個人的判斷或觀點，也要將科學的概念放置一旁，包括「科學家、歷史學家或社會學家也許可以提供的因果解釋」（Merleau-Ponty, 1962/2007, p. vii）。為了要投入現象還原，我們必須「將我們的判斷是正確的，我們的經驗是真實的這些假設加以懸置」（Thomasson, 2005, p. 124），而這種懸置是現象還原的最基本方法。

懸置（bracketing），[ ]，也稱為 *epoché*，希臘文的意思是「存而不論」（Moustakas, 1994, p. 33），是我們在進行現象還原歷程時必須採用的策略，以利於獲得關於生活經驗（一種現象）本質的現象學知識。藉由這個歷程，我們才能夠讓熟悉的事物變得奇怪、奇妙與陌生。胡塞爾的想法是透過懸置策略的現象還原，主體「我」才能得到現象的本質，而且每一個現象都有自己的意識（或是意向性，詳見下面的段落）。這就是現象還原要達到的「先驗觀念論」（Merleau-Ponty, 1962/2007, p. xii），將現象的本質視為一種「不可分割的價值體」（p. xii）。這種「不可分割的

「價值體」的現象本質，可以被我的主體性與他人的主體性共享，進而產生不同觀點混合的相互主體性。**相互主體性**（intersubjectivity）意指我的意識（我賦予意義的行動）與你的意識（你賦予意義的行動）彼此間的「溝通」（p. xii），而且在溝通現象本質的過程中，我們之間不會出現意見相左的問題，因為我們都瞭解既然我們都是透過現象還原歷程來獲得現象本質，那麼就會有相同的意義或真理（不可分割的價值體）——好吧，至少在理論上是如此。

然而，說的比做的容易。我們真的能夠在不受任何成見影響的情況下，獲得現象的本質，也就是所謂的不可分割的價值體？更具體地說，你和我真的可以透過各自的現象還原歷程，而賦予現象相同的意義或真理？胡塞爾瞭解這個難題，並且指出不可能達到完全的還原，而這也就是為什麼「胡塞爾會持續重新檢視還原的可能性」（p. xv）。既然我們對嘗試凝視的世界所進行的反思總是會影響我們，如此一來，還原或懸置就變成永無止盡的歷程，因此，現象學家是：

> 永遠的初學者，亦即他不會將人類學到的或相信自己知道的任何事視為理所當然。這也意指哲學本身不能將自身視為理所當然，在某種程度上，它必須說真話；它是一個在創造自身起始點不斷更新的實驗；它完全由對此起始點的描述組合而成。（p. xv）

因此，我們需要持續地檢核，就像一位「永遠的初學者」，不論我們對現象本質的理解是否受到自身成見的干擾。

意向性

然後，那又怎樣？我們應該要怎麼做以瞭解現象學的本質呢？梅洛龐蒂謹慎地提醒我們瞭解本質不是終點，而是一種瞭解我們參與世界的

方法，「我們有效地參與世界才是需要瞭解的部分」（p. xvi）。現象學理解的目標之一是：「理解所有的**意圖**，而不只是事情的表徵……而是礫石、玻璃或蠟的屬性、所有演變事物、所有哲學家想法的獨特存在模式。」（p. xx，楷體字為本書作者所強調）梅洛龐蒂說明**意向性**（intentionality）是現象學另一個主要發現，是一種現象學的理解，不同於傳統科學將知識視為真理、固定不變的。在現象學的理解中，瞭解本質才可以幫助我們理解世界（現象）屬性的意圖，有其存在的獨特模式，並且用不同的形式來表現。例如，如果我們要研究的現象是一個特定的事件，首先我們必須要瞭解這個事件的本質，接著需要瞭解它的意圖，是一種「對他人獨特行為方式的總結公式」（p. xx）。為了做到這件事，我們必須「同時從不同的角度與層面」（p. xxi）來進行瞭解，例如意識形態、政治、科學、宗教、經濟或心理學，因為每個現象都有其意義或**意向性**。

▋ 詮釋現象學

瞭解意向性不僅是瞭解現象是「什麼」（描述），也包括要瞭解「為何」要做此描述，意即詮釋（interpretation）。海德格（1889-1976）以胡塞爾的現象學為基礎，發展了詮釋現象學（hermeneutical phenomenology）。事實上，梅洛龐蒂主張雖然海德格的現象學是起源於胡塞爾，但兩人的現象學有所差異，差異的部分是什麼呢？

對胡塞爾來說，現象學是「一種描述的方式，而非解釋或分析的方式」（p. ix）（因此是一種描述現象學），但是對海德格來說，現象學不僅是描述性的，也是詮釋性的，因為在現象中有許多隱藏的面向，需要被發掘與詮釋（Heidegger, 1962/2008）。因此，依據海德格的論點，現象學採用詮釋探究的形式，成為詮釋現象學。詮釋現象學提供「頓悟（insight），而非僅是呈現在覺察中已經自證的部分，而是藉由延伸、引出、喚起與發掘那些被隱藏或埋藏在公諸於世的現象中或其周圍的部分」

（Carman, 2008, p. xviii）。這種挖掘、揭露與解釋的動作被稱為「詮釋的挖掘與闡明」（Carman, 2008, p. xviii）。

更進一步比較胡塞爾與海德格的論點，胡塞爾的現象學是知識論的，他的目標是顯示真理與知識，而這些真理與知識是超越我們以描述經驗本質所形成對人類經驗的假設；然而，海德格的詮釋現象學是本體論的，目標是要瞭解存在本身。在他具開創性的著作《存在與時間》（*Being and Time*）（Heidegger, 1962/2008）中，海德格藉由瞭解人類知識現象的方式來探問存在與時間的問題。依據海德格的說法：「現象學是我們瞭解本體主題的方法，也是我們給予精確闡明的方法。**只有依憑現象學，本體論才有存在的可能。**」（p. 60，楷體字為引用文獻所強調）因此，對海德格來說，本體論與現象學彼此無法分割。

因此，現象學可以同時是描述性的與解釋性的，知識論的與本體論的。現象學的世界是：

> 被揭露的意義是我的多元經驗交互影響的軌跡，同時也是我與他人像齒輪般交互影響的軌跡。因此主體與互為主體無法全然區分，不論是當我從現今的經驗中提取過去的經驗，或是從我的經驗中提取他人的經驗，都可以發現它們的一致性。（Merleau-Ponty, 1962/2007, p. xxii）

依據此觀點，就像藝術一樣，現象學者的主要任務是以關注、好奇、有意識與意圖的方式，揭開世界與人類經驗的神祕面紗，進而捕捉世界的意義，並讓意義對存在產生影響（Merleau-Ponty, 1962/2007）。因此，現象學的探問是一種充滿藝術性質的工作，一種創造性的嘗試，要以整體、喚起、有力、獨特與敏銳的方式來捕捉生活的現象（van Manen, 1990）。

▌現象學與敘說探究的復興

姑且不論哲學上的重要性，因為解構、後結構主義與後現代主義的引人注目，讓現象學有一段時間被忽略，並處在模糊不清的位置（Pinar & Reynolds, 1991）。我們經歷了後結構主義與解構的興起，其論點質疑現象學，主張我們不可能獲得經驗的本質，而且真實的意義是由論述與語言所創造，這些意義需要被解構。當代課程理論學者 David Jardine 生動地描述現象學的衰退：「當胡塞爾不再眷顧時，現象學就完全失控與失去生機。」（Jardine, 1992, p. 129）

然而，我們是幸運的。當今不管是在哲學或研究領域，現象學有一股復興風潮。現象學成為用來理解二十一世紀動態性、模糊性與複雜性現象的重要工具（Dall'Alba, 2009），Dall'Alba 認為現象學探索研究之下的現象就如同一種探究的方式，因此，它對於生活在複雜的社會中與身為一個人的意義，提供更深刻的領悟。例如，教育研究者於 2006 年在日內瓦舉辦的 European Conference in Educational Research 研討會有一場關於現象學的特別論壇，將現象學與其他研究取向加以結合，例如女性主義，而在研討會發表的論文後來被收錄發表於 *Educational Philosophy and Theory* 的特刊中（詳見 Dall'Alba, 2009）。這種在智性上綜合現象學與其他學術研究，是當今現象學的特色，亦即現象學「藉由結合其他研究取向而更豐厚，同時也對其他研究取向有所貢獻」（p. 7）。

就個人層面來說，現象學有恩於我；透過努力將它的主要概念整合至我的教學與研究中，讓我的工作更增進。舉例來說，在教學中，我試著從學生的觀點來理解他們生活經驗的本質；在我的一項研究中，我從現象學的觀點進行敘說探究，以理解一位學生的生活經驗（Kim, 2012）。在這個研究中，現象學讓我能夠暫時「懸置」我對該名學生參與幫派、涉及暴力行為的價值判斷。它也幫助我尊重學生 Matto 原來的樣子，突顯他的生活經驗意義（詳見第四章）。

後結構主義／後現代主義／解構

　　後結構主義（poststructuralism）顯然是一種法國運動，因為後結構主義的主要思想家都是法國的哲學家：傅柯、德勒茲、德希達、拉岡（Lacan）、伽塔利（Guattari）、克莉斯蒂娃（Kristeva）、李歐塔（Lyotard）與布希亞（Baudrillard），這些僅是列舉部分。然而，依據 Poster（1989）所言，後結構主義作為一種理論時（而不是真正的運動），是一種「美國式的做法」（p. 6），美國人採用傅柯、德希達與其他後結構主義理論的概念來進行實務，但時至今日，它已不僅是一種美國式的做法，過去二十年來，在許多國家，後結構主義已經深深地滲入學術論述中。逐漸地，學者與研究者，包括沒有經驗的博士班學生，都不再遵循實證主義的知識論，轉而採用後結構主義作為他們的主要世界觀，或是哲學性／理論性架構。它確實讓那些對真理、真實、意義與知識傳統主張存疑，對敘說與故事中出現的權力議題有所質疑，以及關心多元真理的敘說學者知道可以拒絕後設敘說或是普遍真理。

　　我在博士班開授的課程理論專題研討會，有一次要討論後結構主義／後現代主義／解構[6]，我與學生們一起哀號發牢騷，努力要理解後結構主義，畢竟連傅柯都說他不知道後結構主義是什麼。我們讀得愈多，就愈困惑。我們發現後結構主義的概念與定義相當艱深複雜，難以清楚地理解。雖然我們已經知道如果不考量多元性，是不可能瞭解後結構主義，我們還是想要為後結構主義辨識出一個具體、清晰明瞭與整體的定義或概念。後結構主義包含了多元的思考形式、多元的觀點來源、多元的思想家，以及對多元學科的影響力（Peters, 1998）。事實上，Peters 表達了一個重要的概念，就是後結構主義無法被簡單地化約成「一組共享的假設、方法或理論」（p. 2）。我突然發現自己變成一個啦啦隊員，幫助我的學生在這些複雜性中維持對後結構主義的興趣。然而，有趣的是，是這些複雜性幫助我們從害怕不知情（not knowing）的恐懼中解脫，變得更有動力，以開放

的心態去探索後結構主義。我希望你也能加入我的行列，用一種好奇的態度來探索後結構主義。

▋結構主義之後

Sturrock（1986）在撰寫結構主義的第一版書中，主張依據「接續於結構主義之後，且尋求以正確的方向來延伸結構主義」（p. 137），應該在「結構主義」（structuralism）這個詞之前加上「後」（post）這個字。Sturrock 將後結構主義視為對結構主義的批判，引發對結構主義的一些爭論彼此抗衡，也點出了方法上的一些不一致之處。因此，如果我們仔細檢視什麼是結構主義以及它如何受到後結構主義者的批判，會幫助我們更瞭解延續結構主義而來的後結構主義。依據 Peters（1998）所言，後結構主義發展出兩個分支：其一與 1950 年代的結構語言學息息相關，更精確地說，是 Saussure 開創性地將語言學轉變成語言的系統理論；其二跟尼采（Nietzsche）對法國哲學家的影響有關。讓我來加以解釋。

採用 Saussure 的語言學觀點，結構主義是用來分析特權結構、系統或是關係組型的方法（Pinar et al., 2008）。它的目標是要辨識出被認為是永不改變的結構，並且檢視這些內隱的結構如何形塑個人的經驗。對結構主義者來說，個人意義是來自於不變的結構、系統與關係組型，是結構或系統界定了真實，並賦予真實意義。因此，結構主義者不關心主體性（跟現象學不一樣），它嘗試要停止主體性對建構意義的影響力。依據這個觀點，結構主義和存在主義與現象學是截然不同的。在結構主義的觀點中，真實與意義可以從永恆的結構中被發現，而人類的主體性只是這些永恆結構的產物。

這裡有一個重要的概念，結構主義開始使用語言作為揭示結構本身的媒介，對結構主義者來說，語言成為研究的領域，因此採用 Saussure 的**語言**（*langue*）與**言說**（*parole*）語言學理論，認為語言是一套意符（signifier，說出來與寫下來的字）與意指（signified，字的意義）的系

統，而意符與意指的關係由文化來決定，因此具有獨斷性。語言中呈現了結構與系統，因此語言就被視為真實，如同 Eagleton（2008）所說，從結構主義的觀點來看，「不是藉由語言來反映真實，而是藉由語言來創造真實」（p. 108）。因此，在結構主義中，代碼、結構與系統取代了人類意識，同時將主體的獨立意識去中心化，不相信主體性是意義的起源。意義由語言形成，已經被周圍的結構加以制約、約束與設限。

▍尼采對後結構主義的影響

就如同前面所提到的，後結構主義是對結構主義的批判，知識分子開始攻擊結構主義，開啟了 1970 年代的一股運動。一般而言，後結構主義指的是一種拒絕結構主義與現代主義文化、政治與歷史的運動，結構主義與現代主義的思考模式都擁護依據推論而來的普遍真理與後設敘說（Peters, 1998）。Rabaté（2003）表示，François Dosse 在他所撰寫的法國結構主義編年史中載明結構主義終止於 1966 年，這一年是結構主義發展的頂點與轉折點。1966 年，傅柯的著作 *The Order of Things* 在法國出版，同一年在美國約翰霍普金斯大學舉辦的研討會，邀請了巴特（Barthes）、拉岡、德希達、托多洛夫（Todorov）與其他不同領域的傑出學者共同與會，闡述結構主義與其不足之處。這些事件是一個分水嶺，導致 1968 年出現「結構主義已死」（death of structuralism）的口號與海報。激進分子與學生批評結構主義是權威論述與知識的折衷妥協（Rabaté, 2003）。

到了 1970 年代早期，結構主義被新興的學者嚴厲批判，例如德希達、傅柯與德勒茲。**後結構主義**一詞在 1970 年代後期首次被使用，與後現代主義同時出現，取代在法國使用的新結構主義（neo-structuralism）一詞，這一個名詞在英文中從未普及過（Rabaté, 2003）。接替了結構主義的時代，後結構主義的時期於焉開展，後結構主義是「一種欣然採納德希達的解構式運作、法國歷史學家傅柯的論點、法國心理分析師拉

岡的著作，以及女性主義哲學家與批判家克莉斯蒂娃觀點的思考方式」（Eagleton, 2008, p. 116）。

　　後結構主義者要從哪裡尋找知識來源呢？他們有向誰求助嗎？Peters（1998）與Schrift（1995）都認為後結構主義者得到許多共享的資源，其中之一是尼采的論點，雖然其影響力隨著時間已逐漸消退。他們主張尼采的重要性遍及於後結構主義的思想中，包括傅柯、德勒茲與其他1960年代的思想家，用轉而關注尼采的論點作為表達對現象學主體性理論不滿的方法。因為沒有任何一個人的詮釋被視為是真正的尼采主義（Foucault, 1983），因此，每一個後結構主義者與尼采的關係，差異性都相當大（Peters, 1998）。然而，尼采對真理、權力與知識三者彼此間關係的批判，已經成為後結構主義的核心命題。

　　Schrift（1995）指出後結構主義並不是一個共享一組假設的理論，相反地，它是「一個聚集思想家的鬆散組織」（p. 6），這些思想家在後結構主義這把大傘底下，發展各自的哲學觀點。因此，瞭解後結構主義的共同特性是重要的（如表2.3），同時也必須區辨每個思想家獨特的哲學觀。

表 2.3　後結構主義的一般特性

- 它用一種強調脈絡，認為意義是創造出來，並且挑戰普遍真理的方式來關注語言、權力與需求的問題。
- 它挑戰二分法思考的假設。
- 它認同差異性、特定性與分裂，反對普遍性與整體性。
- 它質疑主體性假設自我意識是自主與透明化的人本主張。
- 它將主體放置在論述所表達的社會力量與實踐這兩者複雜的匯集處。
- 它使用論述分析與解構作為新的分析方法。

（改編自 Schrift, 1995）

　　接下來，我將簡短地討論三位主要的後結構主義者：德勒茲、傅柯與德希達。[7]但是這裡的討論範圍遠比介紹他們的重要貢獻少得多，我的想

法是希望對這些後結構主義者的初步介紹，可以鼓勵你自行閱讀更多關於他們的書籍來豐富你的研究。

▌德勒茲（1925-1995）：塊莖式思維

　　Peters（1998）主張德勒茲（Gilles Deleuze）是法國後結構主義的創始人，而且他對黑格爾的尼采式批判被視為是後結構主義的概念基礎。事實上，德勒茲借用尼采的論點來批判與拒絕使用黑格爾的負向辯證架構，並且建立了有別於黑格爾的理論性架構（Leach & Boler, 1998）。德勒茲（和他的合作者伽塔利）的終極目標之一，是要將其論點與傳統的主觀和客觀二分邏輯加以區分，德勒茲與伽塔利（Deleuze & Guattari, 1987）認為這種二分的思考深刻地影響心理分析、語言學、結構主義，甚至是資訊科學，對於理解大自然的多元性一點幫助也沒有。他們轉而關注大自然以廢除二分邏輯的思考，如同他們所評論的：「大自然並非用那種二分方式在運作：在大自然中，根莖都是擁有更多元、橫向與循環增生系統的直根，並不只是二分的。所以面對大自然時，要放慢腳步進行思考。」（p. 5）我特別喜歡最後這一句「面對大自然時，要放慢腳步進行思考」，這似乎是受到愛因斯坦（1879-1955）名言「深入大自然，然後你會更瞭解一切」的啟發。讓我們回到德勒茲與伽塔利。

　　德勒茲與伽塔利從大自然獲得智性思考的靈感，他們詳細解釋塊莖式思維（rhizomatic thinking），從傳統的二元邏輯轉變成多元性，強調循環、多元與橫向思考。他們將這種系統稱為塊莖（rhizome）。在他們具開創性的著作 *A Thousand Plateaus: Capitalism and Schizophrenia* 中，德勒茲與伽塔利（Deleuze & Guattari, 1987）將塊莖定義為：「一種地下的莖，與根和幼根截然不同。」（p. 6）他們進一步列舉了更多與莖相似的特點：

　　　球莖與塊莖都是莖，擁有根與幼根的植物從其他層面來看，

> 也許都是根莖類，但問題是植物的生命並非全然是塊莖式的。甚
> 至從整體形式來看，有些動物也是塊莖式的……莖的形式非常多
> 元，從分裂的表面延伸到各個方向，到凝結成球莖與塊莖都是。
> （pp. 6-7）

某一個晚上從我的課程理論課學習到塊莖的概念之後，一位博士班研究生 Ron 有所頓悟，回到家後他寫下：

> 我對我太太的金針以及她堅持將根分離、移栽與施肥有全
> 新的看法，她正在做教育理論學者已經在做且持續在做的事。
> （2013 年 10 月 6 日，Ron 的課堂作業）

我真的很欣賞 Ron 從他以前在日常生活中沒有注意到的事物中發現塊莖式思維的跡象。一個莖可以從任何一點連結到另外一點，它不是由多個小單位組成，而是由面向維度組成，或是更精確地說，是由行動的方向所組成。它不是開始或結束，而總是在成長與蔓延的過程中。它總是在中途、在事物之間，是互即互入（interbeing），是**間奏**（intermezzo）（Deleuze & Guattari, 1987, p. 25）。因此，塊莖的結構是一種結合，是「與……與……與……」（p. 25）。莖不是一種產物，而是以變動、擴展、征服、斷裂與分支的方式在運作（Deleuze & Guattari, 1987）。

基於塊莖的這些特點，德勒茲與伽塔利假設塊莖式思維的原則如表2.4。

▌塊莖式思維與敘說探究

Sermijn、Devlieger 與 Loots（2008）使用塊莖的概念作為自我敘說建構的隱喻。他們描述自我就像是一個有多元入口的塊莖式故事，他們認為沒有單一正確的入口可以引導研究者達到「參與者自我的『真理』」（p.

表 2.4 塊莖式思維的原則

- **連結與異質原則：**「塊莖的任何一點都可以、也必須與其他事物連結。一個塊莖不斷地在符號鏈、力量體以及與藝術、科學、社會鬥爭有關的環境中建立連結。」（p. 7）
- **多元性原則：**「塊莖有其多元性，塊莖不可能在沒有多元性變化的情況下增加。多元性是由外在來界定：依據本質上的改變以及與其他多元性的連結，由抽象的線、流動線[8] 或去領域化來加以界定。」（p. 9）
- **象徵破裂原則：**「塊莖可能是破裂的，雖在某一個點破裂，但它會從舊的線或新的線再次發展。不論分段的線何時分散成流動線，塊莖會出現破裂，且這些流動線是塊莖的一部分。這些線總是會再與其他線連結在一起，這也就是為什麼我們無法找出二元或兩端，甚至是在未充分發展的形式中。」（p. 9）
- **製圖與複印原則：**「塊莖創造了一個地圖，而不是一個軌跡。這個地圖是開放的，且所有面向都是可連結的；它是可拆解的、可翻轉的，且易受持續修正的影響。一個地圖擁有多元的入口，這跟軌跡總是回到原點很不一樣。」（p. 12）

（Deleuze & Guattari, 1987）

638），不像傳統的故事只有一個入口與出口（開始與結尾）。他們將何以自我就像是塊莖式故事的概念加以理論化，塊莖式故事有許多可能的入口，且每一個入口都會引導到一個暫時性的自我。他們認為沒有一個固定不變與前瞻性的自我。

最近，Loots、Coppens 與 Sermijn（2013）發表了一篇在北烏干達社區進行的生命敘說個案研究報告，說明了如何將塊莖式思維運用到敘說探究中。他們研究孩子被綁架的父母的生命故事。他們的敘說分析從塊莖式思維導向「將不同聲音的眾多複音視覺化」（p. 115），[9] 包含痛苦／受難的聲音、沒有控制感的聲音、反擊的聲音、再次成為基督徒的聲音以及評價的聲音。在研究中，他們說明塊莖式取向如何幫助他們用一個去中心化的方式前進，允許「多元聲音用一種區辨、連結與破裂的持續性歷程來表現與延伸，並發展成不同的線」（p. 121）。他們建議應該鼓勵研究者從

塊莖取向的方式來投入敘說研究，因為它可能「啟發嘗試用不同的方式來進行敘說探究」（p. 121）。

▌傅柯（1926-1984）：權力關係的分析

如果德勒茲被認為是後結構主義的創立者，我想傅柯（Michel Foucault）應該是最受歡迎的後結構主義者。傅柯也因為對與自我有關的真理進行批判，而與尼采有所連結（Mahon, 1992; Peters, 1998）。傅柯（Foucault, 1983）說明他的童年時期如何受到即將發生的戰爭與當時的政治情勢影響。在精神醫療機構與監獄完成瘋狂史的研究後，他取得博士學位。之後，他變得非常投入於支持囚犯為自身的權利發聲與為自身組織團體。傅柯相信這種人類權利的倡導是知識分子應該要承擔的角色（Marshall, 1998）。

傅柯並沒有宣稱自己是後結構主義者，當在一場訪談中被詢問他如何為自己在當代思潮中定位時，傅柯（Foucault, 1983）說道：「我們所說的後現代是什麼？我沒有跟上它的發展。」（p. 204）然後，他繼續說道：

> 廣泛來說，我很清楚地看到結構主義背後，存在一個特定的問題，也就是主體與再寫主體——我不知道對那些我們稱為後現代或後結構主義者來說，共同的問題是什麼。（p. 205）

既然如此，為什麼我們稱傅柯為後結構主義者呢？主要是因為他對結構主義與現象學的存疑。雖然傅柯認同結構主義在語言分析上的價值，他仍將它視為膚淺的哲學，太相似於實證主義，並且將自己與結構主義劃清界線，他說：「我不想在超出合理限制的範圍傳播結構主義者的雄心壯志，而且你必須承認在我的著作 *The Order of Things* 中我從未用過『結構』這個詞。」（1966/1970；引自 Rabaté, 2003, p. 3）傅柯的訴求是探求人類主體性以重新認識政治統治類型的歷史。

　　這麼說來傅柯的問題是什麼？傅柯（Foucault, 1983）表示他的主要問題一直以來都是「分析反思形式之間的關係，亦即自我與自我之間的關係，因此是分析反思形式與真理論述之間的關係、理性形式與知識效應之間的關係」[10]（p. 203）。如此一來，他質疑現象學認為主體的意識是自由與完全獨立的主張。他進一步詢問：「人類這個主體要如何將自己視為知識的客體？」或是「要付出多少代價，人類主體才能說出關於自身的真理？」（p. 202）透過這些詢問，傅柯忽視穩定的、自由的與完全獨立的主體（主體性是現象學的起點），相反地，他在尋找的是一個更模糊的主體，此主體是受限於組織性的力量，同時是自主與遵守規範、主動性地自我形成與被動性地自我建構。因此，傅柯的問題之一即是探索人類如何被順服，亦即**主體的物化**（objectification of the subject）。英文單字subject 在這裡有兩種意涵：第一，藉由控制與依賴臣服於某人；第二，是個人因意識或自我知識而形成的自我認同。這兩種意涵都主張征服的力量（Schrift, 1995）。

　　我認為討論主體的物化對認識傅柯的論點來說相當重要，我們可以尋求 Rabinow（1984）的協助。依據 Rabinow 所言，傅柯提出了三種主體的物化形式，這三種形式可以被視為傅柯理論的主題：

1. 第一種主體的物化形式是「區隔實踐」（dividing practice），是有權力的人控制被邊緣化者的技術。現代精神醫學的興起讓此模式成為一種典範，並在十九世紀和二十世紀被引入醫院與監獄體制中。透過區隔實踐，傅柯好奇一個主體如何在與他人分隔的過程中被物化，在他 1979 年的著作《規訓與懲罰》（*Discipline and Punish*）中解釋了此模式，人類主體被視為受害者，受困於物化與約束的過程中。

2. 第二種主體的物化形式與探究形式的科學性分類有關，此分類是試圖要符合科學的狀態，而這是 *The Order of Things*（1966/1970）這

本書的主題。傅柯詳細地解釋了生命、勞動與語言的論述如何被建構成規訓，目標在建立人類社會生活的普同性，在這本書中傅柯否定結構主義，並高度質疑普遍真理的存在。

3. 第三種主體的物化形式稱為「主體化」（subjectification），關心人類將自己變成主體的方式。透過主體化的觀點，傅柯分析人們如何透過多種「身體、靈魂、想法與行為的運作」（Rabinow, 1984, p. 11）來讓自己順服，通常會借力於一個外在的權威人物，例如用心理分析師或是整形外科醫生。傅柯指出有愈來愈多人順服於佛洛伊德的性與性慾的科學論述，將其當成是自我瞭解的關鍵。

這三種主體的物化形式跟權力與知識的議題息息相關，傅柯認為知識是權力的一種形式，讓個人能成為主體。然而，當傅柯談到權力時，他並非要建立一個權力理論，相反地，他對權力的疑問是關於「如何」的疑問，而非「什麼」的疑問，例如權力如何運作，而非權力是什麼（Foucault, 1983）。傅柯對權力的機制進行非常細緻地分析，不是聚焦在權力的主題，而是聚焦在權力的關係。換句話說，傅柯的分析是聚焦在不同形式的權力如何運作，以及這些權力形式如何在家庭關係、組織或是行政體系中發揮影響力。傅柯也認為權力包括了一定程度的知識，這些知識存在於論述與實務中。因此，權力與知識彼此交互影響，各種知識都是存在於政治勢力與權力爭奪中。法定化的知識就是真理，而這都與權力密不可分。因此，對傅柯來說，「求知的意志」（will to knowledge）會帶來危險，但也是對抗危險的工具（Rabinow, 1984）。因此，傅柯建議我們要關注權力運作的多元形式，至少它的重要性在於理解「權力**如何**運作也是在辨識**誰**在運作權力」（Schrift, 1995, p. 41；楷體字為引用文獻所強調）。如同我們所看到的，傅柯思想的焦點是知識、權力、論述、真理、主體／自我，以及傅柯嘗試說明它們彼此之間的關聯（如表2.5）。

表 2.5　傅柯對論述與權力的分析

論述是交談的語言，可以是用說的或書寫的，參與交談的人其社會、文化與政治的觀點會根植於其中。
權力是「支配與強加理性於整體社會」（Foucault, 1983, p. 207）。
對「論述」進行分析意指探索它在何種情境下運作、它與脈絡如何交互作用，以及一個特定的論述如何形成一個特定的真實。在不同的情境下，一個論述中會有多元的「權力」關係在運作，權力關係中會有決定性因素，對其他因素具有影響力，而這就是後結構主義者想要分析的部分了。

（改編自 Foucault, 1983）

▋傅柯取向與敘說探究

　　傅柯取向的敘說探究已經由 Maria Tamboukou（2013）進行探索，她瞭解敘說是根植於論述、權力與歷史之中，而這些都是傅柯的理論焦點。她使用傅柯的思想與女性主義理論作為研究工具，分析女性的自傳式或傳記式敘說以探討女性自我的形成過程（Tamboukou, 2003）。Tamboukou 將女性的自傳式敘說看作是權力／知識關係影響下的結果，並說明她如何追蹤女性教師的自我論述結構中，那些衝突情節與矛盾的族譜。她認為傅柯所提出的族譜概念是「檔案研究的藝術」（2013, p. 88），需要有耐心、細緻地閱讀舊的文件，以同時發現重要與「不重要」的細節、論述與慣例，這些是人們用來理解世界的方法。Tamboukou 指出：「在航行於傅柯取向分析的大海中，我標示了從傅柯取向敘說衍生而來的族譜性問題、研究策略與主題。」（p. 103）那些主題包括：權力如何變成建設性力量的敘說形式、權力功能如何透過敘說與對立性敘說而運作、敘說是權力與自我的技術，以及誰來說或寫這些敘說？使用傅柯取向，Tamboukou 將故事的意義加以問題化與多元化。

▌德希達（1930-2004）：對正義的解構

> 然而，我相信我很清楚我所說的一切都不具有破壞性的意義，不管在何處，我所使用的解構這個詞，並不是真的要拆解。換句話說，這只是一個對意義保持警覺、對我們所使用的語言進行歷史性沉澱的疑問（而且這是批判主義對瞭解文字傳統意義時的必要態度）——這不是一種拆解。（Derrida, 1972, p. 271）

　　上面所引用德希達（Jacques Derrida）的話反映了解構常常被認為是批判分析的一種形式，目標是將所有事物都拆解，所以是具有破壞性的，而非解構性的。因此，**解構**（deconstruction）被誤解是「倫理性虛空，政治無能，而且徹底危險」（Biesta, 2009, p. 15）。事實上，Peters（2009a）報導當德希達在 2004 年 10 月逝世時，美國與英國讀者對他的逝世出現兩種完全不同的反應：其中一群人深感惋惜；另一群人歡欣鼓舞，彷彿是解構主義的逝世一般。這種兩極的反應顯示了德希達的解構主義如何被大大地誤解，儘管他擁有十一個榮譽學位，並在一生中寫了七十本書（Peters, 2009a）。

　　然而，在文學理論的領域中，德希達可說是最積極對結構主義進行批判的學者，並且隨著他解構了 Saussure 的意義理論，也被認為是後結構主義的創始人（Eagleton, 1983; Sturrock, 2003）。德希達在 1960 年代後期成名，1966 年 10 月他在約翰霍普金斯大學發表了一篇具影響力的文章 Structure, Sign and Play in the Discourse of the Human Sciences。這是美國學者第一次在美國境內接觸到解構的觀念，這也讓德希達成為後結構主義的重要人物，雖然他比較喜歡被稱為「解構主義者」（Sturrock, 2003）。

　　德希達對 différance 這個概念的發明具有舉足輕重的地位（Peters, 2009b），différance 這個字同時包含了「區別」（differing）和「推延」

（deferring）的意思（因為法文 *différance* 與 *différence* 的發音是一樣的）。德希達表示 *différance* 不僅是指「由延遲、授權、暫緩、轉介、繞道、延期與保留所組成的風潮」，也是指對本體的差異「揭露差異」（引自 Peters, 2009b, p. 66）。換句話說，在任何被稱為真理、真實或存在的邏輯之間總是存在著本體的差異，另一方面，這些邏輯之間也總是有意義推延。德希達主張語言並不是創造意義，而是揭露意義，換句話說，意義在表達出來之前就已經存在。對德希達來說，意義總是隱含在語言中，因此我們無法在語言之外獲得意義：沒有外部文本（*Il n'y a pas de hors-texte*）（Derrida, 1967, p. 227；引自 Pinar et al., 2008, p. 465）。這是德希達對文本解構的開端。

我們不應該將**解構**理解成對所有事情都漠不關心、是道德虛無主義，這是它常常被誤解的（Kearney, 1993）。德希達堅持解構「不是一種封閉的虛無，而是開放的迎接他者……解構沒有要放棄倫理，而是重新安置與重新題寫自我與他者的關鍵概念」（引自 Kearney, 1993, p. 31）。因此，德希達認為解構是一種為自我與他者重建倫理議題的努力過程，是要肯定他者。因著這個理由，德希達宣稱解構是一種正義（Biesta, 2009），因為正義總是朝向他者，或與他者有關。為了更進一步解釋此概念，Biesta（2009）引述德希達對正義與法律的區分：

> 法律可以被解構，也必須被解構。這就是歷史、革命、道
> 德、倫理與進步的狀態。但正義與法律不同。正義讓我們有動
> 力、決心或行動來改善法律，意即解構法律。沒有正義的呼喚，
> 我們就沒有任何興趣來解構法律。（p. 32）

這就是德希達主張解構是正義的原因，是「一種對呼喚的回應」（引自 Biesta, 2009, p. 33）。解構最關心的就是為被排除者帶來正義，並且是藉由持續地動搖自己的主張來達到此目的（Biesta, 2009）。再重申一次：

解構的目標不是摧毀，而是為不可能、不被認為有可能性者，或是為存在於語言之前者帶來正義。也正因為如此，才帶動了解構的批判性思維（Biesta, 2009）。現在我們可以進一步瞭解後結構主義與敘說探究的相關性。

▌後結構主義與敘說探究

表 2.6 的內容是摘錄自傅柯與德勒茲在 1977 年的對話，其中他們談到 1968 年法國發生的內亂與罷工，也就是大家熟知的「五月革命」。傅柯與德勒茲兩人彼此欣賞，傅柯寫了許多關於德勒茲的文章，德勒茲雖然沒有常常寫關於傅柯的文章，但描述傅柯是當代最偉大的思想家。我想用這段對話說明如何在進行敘說探究時，使用後結構主義者對權力的論述、

表 2.6　德勒茲與傅柯的對談：對敘說探究的啟發

> **傅柯：**最近許多的動盪，知識分子發現群眾不再需要獲得知識：他們已經懂得非常多，沒有虛幻的假象；他們比他與他們實際上能夠表達的，懂得更多⋯⋯知識分子的角色已經不再是將自己安置在「稍微領先」的位置，進而表達集體的壓抑性真理；相反地，知識分子的角色是要對抗權力的形式，讓他可以進入到「知識」、「真理」、「意識」與「論述」的目的與手段中。*以此意義來看，理論不是用來表達、轉譯與應用實踐：它就是實踐。但是它是在地性與地域性的，如同你（德勒茲）所說，不是總和性的。*這是對權力的抗爭，目標在揭露與削弱最無形與隱密的權力。理論不是要「喚醒意識」（群眾已經覺察意識是知識的形式之一，而且意識作為主體性的基礎是一種資產階級的特權），而是要削弱與奪取權力；這是一種和想要爭取權力的人一起採取的行動，不是一種從安全距離照過來的光線。「理論」是這種抗爭中的區域性系統。
>
> **德勒茲：**理論並不是總和的，它是一種交乘的工具，它也與自身交乘。它存在於權力的本質中以進行總和，你（傅柯）主張理論自然地反對權力，而我完全同意這個主張⋯⋯我的想法是，不管是在你的著作或實務中，你是第一位教導我們如此基礎性的觀點：**為他人發聲的羞辱。**

（摘錄自 Foucault & Deleuze, 1977, pp. 207-208；楷體字為本書作者所強調）

表達與知識。我發現這段對話強而有力，它對身為（或有意成為）敘說研究者與知識分子的我們有許多的啟發。

　　傅柯認為知識分子的工作不只是喚起我們的意識，我們不應該從一個「安全的距離」來實踐理論，因為理論**就是**實踐。理論是在地性與地域性的，而非總和性的。德勒茲也談到了為他人發聲的**羞辱**。那是我們許多人會有罪惡感的一種實踐，我們不可避免地會「為他人發聲」，因為這是我們的研究面向之一。我們假設我們的研究參與者沒有他們自己的聲音，或是他們需要「被賦能」，因此，他們需要有人為他們發聲。當我們透過敘說探究來說別人的故事時，我們是嘗試替他說？還是和他一起說？我們對研究參與者的意向是什麼？我們在關係中如何協商權力？

杜威的經驗理論 [11]

　　就像我們在第一章討論的，敘說探究的焦點是敘說與故事中呈現的人類經驗。經驗是起始點，我們用敘說式思考模式（Bruner, 1986）致力於瞭解人類經驗的意義，包括生活事件的挑戰與人類行動的複雜性。我們透過人類經驗的故事，努力擴展對其意義的認識與理解。敘說是將人類經驗組織成時序性與意義性故事的主要形式（Polkinghorne, 1988）。Clandinin 與 Connelly（2000）也將敘說探究定義為一種理解人類經驗的方法，他們進一步闡釋：「敘說探究，將經驗視為故事的研究，是第一個也是最重要的思考經驗的方法。」（Connelly & Clandinin, 2006, p. 477）因此，一個經驗的理論對敘說探究來說是重要的基礎，並且扮演中介理論的角色（方法論層級）。

　　我們所說的「經驗」指的是什麼？我們引用美國哲學家杜威（1859-1952）的**經驗理論**（theory of experience）。在《經驗與教育》（*Experience and Education*）這本書中，杜威（Dewey, 1938/1997）認為經驗不是一種自我解釋的概念，相反地，經驗的意義是「被探索的問題

的一部分」（p. 25）。因此，要能夠更瞭解敘說探究，我們必須進一步鑽研經驗的意義。杜威的經驗理論對於敘說探究與個人經驗的連結具有啟發性，因為敘說研究中的經驗是一個永遠存在的歷程。杜威（Dewey, 1916/2011）主張經驗的本質只有在主動與被動的要素結合之下才能被理解。換句話說，當我們經驗到某件事時，我們也對那件事採取一些行動（例如一個小孩用他的手指去碰火，然後他的手指被燙傷了：主動性要素），接著我們要承受後續的結果（例如這個小孩要承受被燙傷的痛苦：被動性要素）。杜威說：「我們對一件事情採取行動，這件事情會加以回應，讓我們必須去承擔後果。」（p. 78）這種主動性與被動性要素的結合，也是行為與承受的結合，就是經驗的本質。因此，從經驗中學習意指：「在我們的行為與承受的結果之間來來回回地進行連結。」（p. 78）

杜威要我們關注兩個原則，他認為這兩個原則是經驗結構的基礎：**持續性與互動性原則**。這兩個原則在評估教育意義與經驗價值時密不可分。讓我們更進一步加以說明。

第一個原則是**經驗的持續性**，也被稱為「經驗連續性」（Dewey, 1938/1997, p. 28），意指每個經驗都是由之前的經驗建立而來，並且進行某些修正，以產生新的經驗特性。為了進一步說明此論點，杜威（Dewey, 1938/1997）引用 Tennyson 相當著名的詩作 *Ulysses*：

> 然而我所有的經驗只是一座拱門
> 未知的世界在門外閃耀著，每當我愈靠近
> 它的邊界也不斷地在消逝。（p. 35）

「然而我所有的經驗只是一座拱門」，多麼美麗的隱喻！經驗的連續性就像邊界消逝的拱門，隨著我們的生活移動，為下一個經驗開啟一扇門，幫助我們一探「未知世界」的究竟。因此，意義的範疇不是固定不變的，會隨著新經驗而被擴大。

　　第二個原則是**經驗的互動性**，是客體與內在狀態的交互作用，形成我們所說的**情境**（Dewey, 1938/1997, p. 42）。當我們說我們生活在一個世界中時，意思是說我們生活在一系列的情境中，在這些情境中，個人與客體或其他人之間的互動是持續進行的。因此，「所有人類經驗最終都是社會性的，包括了接觸與交流」（p. 38）。依據杜威的觀點，經驗是「個人與當下環境狀態交流」後的結果，而且環境或情境是「任何與個人需求、慾望、目標與能力互動後的狀態，進而創造經驗」（p. 44）。就像Polkinghorne（1988）所說，經驗是一種由我們的認知基模與環境對我們生活所造成的影響交互作用下產生的建構。

　　當敘說探究者瞭解經驗理論中的持續性與互動性原則，能夠幫助我們用過去、現在與未來持續性的觀點來理解參與者的經驗，並非線性，而是循環或是塊莖式的。我們認為參與者會與其情境或環境互動，也包括與研究者互動。這種經驗「反映世界是主動與敏捷地交流；以其高度，反映著自我與事物的完全相互滲透」（Dewey, 1934/1980, p. 19）。因此，經驗是「萌芽的藝術」（p. 19），即使是原始的形式，也表達一種美學的經驗，因為它充滿著生命的掙扎、兩難、成就與蛻變。

　　杜威（Dewey, 1934/1980）解釋美學經驗是指「欣賞的、感知的與享受的經驗，是消費者而非生產者的觀點」（p. 47），對消費者的想像是有吸引力的。依據杜威的觀點，想像是「唯一的通道」（p. 272），透過這個通道，意義可以找到進入經驗的方法。換句話說，既然在此時此地的直接互動與過去互動之間總是有落差，而我們想要捉取意義，便要運用自身的想像力來填補這個落差，當作是「進入未知的冒險」（p. 272）。美學經驗是想像式的，或具有某些程度的想像成分。因此，美學經驗成為一種知識的形式，跟非智性的成分加以合併，如此一來，知識「透過控制行動展現的方式，有助於豐富立即經驗」（p. 290）。因此，透過敘說探究，我們應該找到方法以讓「生命中糾結的場景在美學經驗中變得更清晰易懂」（p. 290）。的確，美學經驗是一種出類拔萃的經驗，它反映了一般

經驗的本質（Iser, 2006）。

　　從其他文獻引用杜威的觀點（Kim, 2008, 2010b），我認為我們要將敘說探究當作一種美學探究來實踐，因為敘說探究的目的是透過捕捉參與者故事中生活經驗的意義，進而產出美學經驗以作為知識的一種形式。反之，敘說探究作為一種美學探究，意圖要為讀者創造美學經驗。杜威（Dewey, 1934/1980）主張僵化地遵循慣例、被迫遵從實務、缺乏彈性與不一致，都是與美學經驗背道而馳。當我們讓想像自由出現，沒有預設目標，我們即允許「美學經驗來述說自己的故事」[12]（p. 275），讓美學得以整合到敘說研究中。透過具有「隱喻式樓閣（metaphoric loft），超越特定範圍」（Bruner, 2002, p. 25）的故事，我們為讀者提供一個美學經驗，以對世界有同理性與想像式的理解、知識與觀點。以此方式，我們擴大經驗本身的意義以連結其他相似但不完全相同的經驗。就像 Tennyson 的詩所說的，它是一道我們一窺未知世界的拱門。敘說探究運用經驗的隱喻性觀點，有助於建構意義，反過來，也可以照亮更大的整體。

　　近來，有些敘說研究者藉由區分以事件為中心的敘說與以經驗為中心的敘說兩者，強調敘說探究中經驗的重要性。例如 Patterson（2013）主張雖然以 Labov 結構分析[13]為基礎的事件為中心的個人敘說有其優勢，但是也傾向讓以經驗為中心的敘說不被重視，Patterson 說：「沒有理由要用典範式的模式來要求我們將經驗敘說中的複雜性與微妙視為有一定的條理，藉由將敘說化約成一種文本的形式來完成結構。」（p. 43）Squire（2013）[14]也投入敘說研究，其研究聚焦在以經驗為中心，以第一人稱述說的故事。Squire 認為這種故事「常常關注現象學的一個假設，意即認為透過故事，經驗可以成為意識的一部分」（p. 48）。依據 Squire 所言，以經驗為中心的敘說探究其目標在透過「以詮釋取向分析故事」（p. 48）來產生理解，這和 Labov 的結構分析不一樣。

巴赫汀的小說性理論

另一個我想介紹敘說探究常使用的中介層級理論是**巴赫汀的小說性**（Bakhtinian novelness）。Barone 是在敘說探究中運用巴赫汀理論的擁護者之一（詳見 Barone, 2001），持相同觀點的還有 Tanaka（1997）以及 Coulter 與 Smith（2009）。我也在我的敘說研究中使用巴赫汀的理論（Kim, 2006）。

巴赫汀（Mikhail M. Bakhtin, 1895-1975）與我有一段特殊的緣份，在我的博士班第一學期，我選修了文化研究這門課。第一天上課時，任課教授在黑板上寫下許多位理論家的名字，沒有一位是我認識的。我們（大約七位學生）被要求要選擇其中一位理論家進行研讀，並且在期末進行報告。因為不認識任何一位，所以我很猶豫，不知道該選誰。終於，輪到我選時，只剩下一位理論家的名字，就是巴赫汀。我不知道我是如何進行報告的，但我非常驚險地過關了。我就像盲人摸象摸到了大象的腳，並且認為那隻腳就是大象。誰能夠想得到我後來會在研究中使用他的理論呢？我們的第一次連結完全是一個意外收穫。

當敘說探究者嘗試要理解參與者的生活經驗，以及將此理解轉化成特定的社會意義時，很重要的是要讓我們的每一個說故事者，都能為自己發聲。巴赫汀的小說性理論也許可以幫助我們瞭解如何在達到此目標時，避免僅呈現一個單一的觀點。

巴赫汀，被認為是在二十世紀的後 25 年最有影響力的敘說理論家之一。他在俄國出生，是後史達林主義反思文學研究時代的指標性學者。受到他的一位兄弟與反革命組織有往來，並且流亡英國的牽連，他在史達林主義年代早期蘇聯對學者大規模襲擊的事件中被逮捕。這迫使他必須保持低調。然而，巴赫汀在 1960 年代開始復出，那時他的著作被巴黎的結構主義者引用，1970 年代早期時，他的著作大量地被翻譯。直到他過世時，他是蘇聯最受歡迎的人物，並且在 1980 年代，他的名聲從歐洲流傳

到美國（McHale, 2005; Morson & Emerson, 1990）。

巴赫汀（如 Bakhtin, 1981, 1984）這些年來為文學理論建立了許多全球性的觀點，這些觀點傳遞了下列訊息：

- 避免強加一個固定的情節，認為只有一種可能性。
- 關注每一天、平凡與日常的重要性。
- 重視從多元聲音中出現的對話性真理。
- 將未完成性視為是自由、開放性與創造力的必要條件。

巴赫汀的小說性理論，包含了許多重要的概念，例如複音（polyphony）、時空體（chronotope）與嘉年華（carnival），這些概念都是以其對話主義（相對於獨白主義）的主張為基礎，呈現上述這些訊息，且對敘說探究有深刻的影響。

小說性（novelness）這個詞對我們來說也許令人感到困惑，因為它是文學類型的一種。巴赫汀將小說與小說性加以區分，前者是實際的文學範本，後者是指所有故事都共享的文學特徵，不限於小說（Holquist, 1994, 2011）。因此，巴赫汀的小說性概念不只是一種小說文學類型的理論，而是所有故事共享的特定特徵，強調開放的重要性。就像巴赫汀所描述的，小說性讓觀點得以成長與改變，他以俄羅斯小說家杜斯妥也夫斯基的著作為範例進行說明。依據巴赫汀（Bakhtin, 1984）所言，杜斯妥也夫斯基的作品跨越了某些疆界，讓真正的連結開始於原始情節結束的地方。創造一個開放結局的故事，將參與者或讀者、故事與故事加以連結，這難道不就是我們在敘說探究中想要做的嗎？

▌史詩與小說

巴赫汀（Bakhtin, 1981）認為所有的故事都不一樣。依據一個故事的目的，它可以是一本史詩，也可以是一本小說。如果是史詩，故事是以一股向心力的方式被述說，從一個「正式的」觀點強加單一性。史詩

的向心力努力強加秩序與一致性[15]於異質與混亂的世界中。因此,史詩追求一致性,而此一致性是由「正式的」力量所承載,賦予單一權威的觀點特權,呈現井然有序與完整的唯一主流世界或唯一真實(D. Coulter, 1999)。

　　相反地,巴赫汀所說的小說,呈現多種語言,從不同的觀點爭辯真理。在史詩中,是向心力發揮作用;在小說中則是允許多元聲音浮現的離心力發揮作用。小說的世界是混亂、複雜與不完整的。在小說中,沒有正式的開始與結束,如同巴赫汀所說:「一個人可以從任何時候開啟與結束一個故事。」(Bakhtin, 1981, p. 31)這種從任何時間點開始與結束的慾望是小說的特性,只可能存在於無限制性的世界中。因此,對巴赫汀來說,小說提供的比情節更多(這與形式主義敘說學者的觀點不一樣,例如Chatman、Genette 與 Todorov),而且不能僅以一種敘說工具集合體的概念來理解它(Morson & Emerson, 1990)。伴隨離心力的小說,可以達到真正的對話,縱使最終只有單一作者。因此,小說的概念以下列的觀點被加以創新:

> 　　小說是對伽利略語言觀點的呈現,此觀點否定單一語言的絕對主義,亦即不認為有一種語言是意識形態世界中的單一語言與語意中心。(Bakhtin, 1981, p. 366)

　　我們應該留意巴赫汀並非堅持他的小說概念是「唯一」最好的類型,可以取代史詩。巴赫汀相當清楚地表示即使他對小說的創新性概念必須在伽利略概念式的世界中操作,這個世界也只是許多世界中的其中一個。他說:「一個新興的類型不會取代任何一個既存的類型,每一個新興的類型僅能夠補充舊的類型,僅能夠擴充既存的類型。」(p. 271)因此,我們應該將他的小說性當作是提升、補充與擴展敘說探究領域的方法之一。

什麼是小說呢？小說性的組成是什麼？為了闡述其小說性理論，巴赫汀主張小說性有三個主要特徵：**複音**、**時空體**與**嘉年華**。我將進一步解釋。

▊ 複音

首先，**複音**指的是「多個獨立的、未合併的聲音與意識」（p. 6），或是多元聲音，沒有任何一個聲音享有絕對特權。換句話說，在複音中，不同的聲音，包括不同的作者，其聲音不會凌駕於其他聲音之上。複音要求作者（或是比喻研究者）不能出現獨白式的控制，研究者的意識只是多個（參與者）意識聲音中的一個。相反地，作者要讓每一個聲音所傳達的不同意識能夠以平等的方式彼此交會，並且參與對話。這並不是意味著研究者不能有自己的觀點。複音常被批評是一個缺乏作者觀點的理論，但巴赫汀明確地表示複音式的作者並非缺乏，也不是無法表達自己的想法與價值觀：

> 複音式小說的作者意識，是持續與無所不在地出現在小說中，而且是最高的活躍程度。但是作者意識的功能與其活躍的形式，與史詩式的小說不一樣：作者的意識並不會轉移其他人的意識（其他角色的意識）進入到客體，也不會給予其他人的意識二手與最終的定義。（pp. 67-68）

巴赫汀讓我們明瞭複音並非不要呈現作者的聲音，而是強調作者在文本中的立場並非鞏固單一特定的觀點，要避免出現「過分自省」的現象。複音的概念提醒我們，敘說研究者的角色並非要追求一個最向心或最終的真理，而是要透過「多個獨立、未合併的聲音」以對真理有對話式的理解。因此，依據巴赫汀的觀點，對話式的真理與「**官方式獨白，也就是假裝有一個現成的真理**」（p. 110，楷體字為引用文獻所強調）是不一樣

的。對話式真理是「在**人們**集體追求真理**之間**，在人們對話式互動的過程中誕生」（p. 110，楷體字為引用文獻所強調）。對話式真理的觀點讓我們與研究參與者共同建構敘說探究時有一個基本原理。

▌時空體

巴赫汀主張要促進真誠的對話或對話式真理，也就是小說的目標，複音要被放置在**時空體**中，也就是「敘說的結被打結與解開」（p. 250）。因此，小說性的第二個特徵是**時空體**，chronotope 這個單字在希臘文中意指時間（*chrono-*）與空間（*-tope*）。更具體地說，巴赫汀將其定義為：「存在於時間與空間關係中的本質性連結，並且藝術性地呈現於文學中。」（p. 84）換句話說，小說中的角色其個人經驗的真實性，建基於其敘說中時間與空間面向的特定結合。因此，巴赫汀強調經驗中的個人歷史性與社會性是被放置於時間與空間之中，強調時空體是將我們的生活理解為個人性與社會性存在的重要概念。

既然時間總是歷史性與傳記性的，空間總是社會性的（Morson & Emerson, 1990），因此，時空體反映歷史性、傳記性與社會性的關係，這種關係為研究者想要研究的生活經驗與事件劃定了範圍。時空體的概念幫助我們瞭解事件與行動的本質是在時空體中「打結與解開」。Holquist（1994）推測經驗的故事必須是一個人**對**另一個人敘說**關於**另一個人**的**時空體，就像「時間，如其豐厚，賦予血肉，成為藝術性的顯目；同樣地，空間對時間、情節與歷史的運行充滿反應」（Bakhtin；引自 Morson & Emerson, 1990, p. 371）。時空體的重要性在於它讓研究參與者的生活經驗得以從歷史性、傳記性、空間性與社會性的觀點中被照亮，同時為讀者提供替代性的經驗。

▌嘉年華

最後一個「小說性」的對話性本質是**嘉年華**的概念。想想看在紐奧

良或其他國家的狂歡節（Mardi Gras），人們穿戴特殊的服裝、面具與其他裝備來掩飾自己的身分，享受嘉年華會。依據巴赫汀（Bakhtin, 1981）所言，嘉年華的概念是每個人都是主動的參與者，過程中抱持開放的態度，沒有階級的存在，也沒有規範。巴赫汀相信小說在文學中應該扮演同樣的角色，也就是在文化脈絡下的生活就像是一場嘉年華會（Morson & Emerson, 1990）。舉例來說，嘉年華式的小說透過「歡笑、嘲諷、幽默與自嘲」（Bakhtin, 1981, p. 7），提供了一個非官方的真理，在其中，權力與暴力的象徵被推翻，重視與鼓勵對立性敍說。所謂的生活或思考的唯一正確方式被拋棄了，取而代之的是藉由呈現多元語言與經驗來傳達對不同觀點與風格的重視。此外，在嘉年華式的小說中，鼓勵與尊重被邊緣化的聲音，被認為不可能的行為也可加以展現。

我認為巴赫汀小說性中的**複音**、**時空體**與**嘉年華**深深地影響敍說探究，巴赫汀說：「最終，還是要從民間傳說中尋找小說的根源。」（Bakhtin, 1981, p. 38）意思是小說性是那些長期沒有權力或特權的外行人所說的，這也是敍說探究要研究的目標。巴赫汀的小說性理論是中介層級的理論，對我們進行敍說探究有所幫助。

結語：沒有削足適履的理論

在本章，我們探索了鉅觀層級與中介層級的理論：批判理論、批判種族理論、女性主義理論、後結構主義、經驗理論與小說性理論。我已經就這些敍說研究者會採用的理論進行了簡短的概述，我將邀請你去探索在你的專業領域中重要的微觀層級理論。本章的重點在於敍說探究不能存在於真空，換句話說，在沒有一個理論或多個理論的協助之下，我們無法理解故事。

誠如你所見，這裡所討論的理論都不是彼此獨立，而是在彼此之間互相影響的同時，保有各自清楚的焦點，因此，我們發現非常多「理論

模糊性」（類型模糊性）的現象，例如女性主義後現代主義（feminist postmodernism）、後結構主義批判理論（poststructuralist critical theory）、批判女性主義種族理論（critical feminist race theory）等等。我們應該尋找方法在我們的實務工作中運用這些理論，避免出現 C. Wright Mills（1959）所說的「抽象理論性」（abstract theorizing），也就是「在概念上退回系統性的工作」（p. 48），缺乏實務上實際的基礎。這種沒有效用的抽象理論性可能會成為探究的疆界，阻礙進步的可能性（Anyon, 1994）。Peters（2005）也感慨有些社會科學與人類學的學生傾向關注當代「後」文化的理論家，例如傅柯與德希達，卻沒有探討批判性哲學的歷史性內涵與傳統。沒有對我們採用的理論進行深入的理解，會讓我們落入將理論僅僅視為「學術性商品」（Peters, 2005, p. 43）的風險中。

我希望本章能提供你對某個感興趣或和你的研究有關的理論，一些「引人深思的事」（food for thought）或是一個吸引你的「鉤子」，能夠啟發你變得更好奇且有創意，可以擴展並加深你研究的嚴謹性與活力。

在你休息之前，我要跟你說一個故事：普羅克拉斯蒂（Procrustes）神話。

> 普羅克拉斯蒂是一位會調整他的客人身高以符合床鋪長度的主人，他的名字的意思就是「進行拉伸的人」。他的旅店位於路邊，提供旅者住宿，並提供美味的晚餐與特製的鐵床。普羅克拉斯蒂描述他的鐵床是特製的，其長度與躺在上面的人的身長絕對吻合。當客人躺下時，身矮者的四肢會被他拉伸到符合床的長度，身材高大者伸出床外的腳則會被鋸斷。最終，賽修斯（Theseus）以其人之道還治其人之身，普羅克拉斯蒂被懲罰要躺在其訂製的床上，並加以處死。（http://www.mythweb.com/teachers/why/basics/procrustes.html）

　　我要跟你說這個故事是因為我不希望我們的理論像普羅克拉斯蒂一樣，聽著研究參與者的故事，我們可能會試圖將他們的故事套進我們的理論中，冒著遺失故事中「真實與重要」觀點的風險。換句話說，我們的理論不能像是普羅克拉斯蒂的床一樣。如果我們邀請研究參與者敘說他們的故事，而僅擷取其中一部分來套進我們的理論中，就會變成砍掉故事中的一部分。理論應該是要提醒或引導我們去瞭解一個故事，而不是減損我們傾聽的能力。理論是要被運用，而不是支配我們，或是形塑我們的故事。我們不應該像普羅克拉斯蒂一樣。

反思

- 理論的角色是什麼？
- 本章的每個理論，各自用何種方式對敘說研究造成影響？
- 你的理論／哲學架構是什麼？它如何與你的研究主題緊密配合？

活動

1. 選擇一個你想要深入探究的理論或理論家，成為那個理論（或理論家）的專家，向你的同學進行報告。
2. 試著寫下每個理論的主要特徵，並討論不同理論間可能的相互交織性。

建議閱讀書目

- 拉丁批判種族理論參考資源

Delgado Bernal, D. (2002). Critical race theory, LatCrit theory, and critical raced gendered epistemologies: Recognizing students of color as holders and creators of knowledge. *Qualitative Inquiry*, *8*(1), 105-126.

Hernandez-Truyol, B. (1997). Indivisible identities: Culture clashes, confused constructs and reality checks, symposium: LatCrit theory:

Naming and launching a new discourse of critical legal scholarship. *Harvard Latino Law Review, 2,* 199-230.

Iglesias, E. (1997). Foreword: International law, human rights, and LatCrit theory. *University of Miami Inter-American Law Review, 28,* 177-213.

Stefancic, J. (1998). Latino and Latina critical theory: An annotated bibliography. *La Raza Law Journal, 10,* 423-498.

Valdes, F. (1997). Poised at the cusp: LatCrit Theory, outsider jurisprudence and Latina/o self-empowerment. *Harvard Latino Law Review, 1,* 1-59.

• **部落批判種族理論參考資源**

Brayboy, B. M. K. J. (2005). Toward a tribal critical race theory in education. *The Urban Review, 37*(5), 425-446.

Writer, J. H. (2008). Unmasking, exposing, and confronting: Critical race theory, tribal critical race theory and multicultural education. *International Journal of Multicultural Education, 10*(2).

• **亞洲批判種族理論參考資源**

Chang, R. (1993). Toward an Asian American legal scholarship: Critical race theory, post-structuralism, and narrative space. *California Law Review, 81*(5), 1241. Available at http://scholarship.law.berkeley.edu/californialawreview/vol81/iss5/4

Wing, A. K. (2001). USA 2050: Identity, critical race theory, and the Asian century. *Michigan Law Review, 99*(6), 1390-1408.

• **女性主義批判種族理論參考資源**

Berry, T. R. (2010). *Engaged pedagogy and critical race feminism.* Retrieved from http://www.eric.ed.gov/PDFS/EJ902670.pdf

Wing, A. K. (Ed.). (1997). *Critical race feminism: A reader.* New York: New York University Press.

• **多元交織性參考資源**

Burman, E. (2003). From difference to intersectionality: Challenges and resources. *European Journal of Psychotherapy, Counseling and Health*, *6*(4), 293-308.

Ludwig, A. (2006). Differences between women? Intersecting voices in a female narrative. *European Journal of Women's Studies*, *13*(3), 245-258.

McCall, L. (2005). The complexity of intersectionality. *Signs, 30*(3), 1771-1800.

Phoenix, A. (2006). Editorial: Intersectionality. *European Journal of Women's Studies*, *13*(3), 187-192.

Prins, B. (2006). Narrative accounts of origins: A blind spot in the intersectional approach. *European Journal of Women's Studies*, *13*(3), 277-290.

• 黑人女性主義思想參考資源

Collins, P. H. (1990). *Black feminist thought: Knowledge, consciousness and the politics of empowerment*. New York, NY: Routledge.

hooks, b. (1994). *Teaching to transgress: Education as the practice of freedom*. New York, NY: Routledge.

• 其他國家性別議題參考資源

International Review of Education, Vol. 33, No. 4, 1987; Special issue: Women and education.

International Review of Education, Vol. 55, No. 5/6, 2009; Special issue: Undoing gender.

• 批判種族女性主義參考資源

James, J. (1999). *Shadowboxing: Representations of Black feminist politics*. New York, NY: St. Martin's Press.

Wing, A. K. (Ed.). (1997). *Critical race feminism: A reader*. New York: New York University Press.

Wing, A, K. (Ed.). (2000). *Global critical race feminism: An international reader*. New York, NY, and London, UK: New York University Press.

• **女性主義與敘說探究參考資源**

Munro, P. (1998). *Subject to fiction: Women teachers' life history narratives and the cultural politics of resistance*. Buckingham, UK: Open University Press.

註釋

1. 請參見 Rajagopalan（1998）對 Thomas（1997）論點有更詳細的辯證。

2. Denzin 與 Lincoln 提出研究歷程的五個階段：第一階段，研究者是一位多元文化的主體；第二階段，理論性典範與觀點；第三階段，研究策略；第四階段，蒐集與分析資料的方法；第五階段，詮釋與評估的藝術、實務與政治。

3. 有些鉅觀層級的理論也可以當作中介層級理論來使用，例如現象學可以當作哲學觀（詮釋典範）與分析的方法。

4. 請留意現象學同時是哲學觀與方法論，雖然我在此處將現象學視為詮釋典範。

5. 我主要是引用梅洛龐蒂的觀點來討論現象學，他在著作 *Phenomenology of Perception*（1962/2007）序言中詳細說明現象學的核心主題。

6. 在此段落，我使用後結構主義這個詞。後結構主義與後現代主義這兩者常交替使用，有時候也與解構交替使用（Butler, 1992）。Butler 說「我對『後現代』這個詞一無所知，但是，如果有一個論點，一個好的論點，那麼也許我對後結構主義有更多的瞭解」（p. 6），反映她比較喜歡後結構主義這個詞。但是有許多後結構主義者，包括李歐塔與布希亞已經持續地使用後現代主義這個詞，在此同時，其他學者，例如傅柯被認為是後結構主義者。

7. 選擇這些後結構哲學家是武斷的，我很遺憾沒有機會討論其他重要的後結構主義者，例如克莉斯蒂娃、李歐塔、布希亞等。

8. 逃避不僅是指逃亡或躲避的行為，也表示流動、滲漏與消逝。跟飛翔沒有關係（Deleuze & Guattari, 1987, p. xvi）。

9. 複音在本章稍後會討論。

10. 反思的形式在第八章會討論，包括傅柯將反思理解為苦行禁慾（自我關照）。

11. 我認為後續的兩個中介層級理論的討論（杜威的經驗理論與巴赫汀的小說性），與敘說探究方法論特別有關。

12. 在第三章會再次討論此主張。

13. Labov 模式將在第六章討論。

14. Squire 主要的爭辯是當採用經驗為中心的敘說時，要使用社會文化取向來進行敘說。

15. 巴赫汀並非否認一致完整性，相反地，他否認的是遵循一個潛在結構或是至高無上基模的觀點，因為這樣的一致性會壓迫真正的創造力。巴赫汀相信少了一些一致性，這個世界將無法被理解，他嘗試重新思考一致性的概念，以利於讓創造力有逐步發展的可能性（Morson & Emerson, 1990）。

CHAPTER *3*

敘說研究設計：
投入美學遊戲

本章主題

- 投入美學遊戲
- 人文取向研究的準則
- 學習敘說性思考
- 播種前先整地：回顧文獻
- 發展「好」的研究問題
- 想像研究者—參與者的關係：從「間諜」到「朋友」
- 敘說探究的倫理議題
  - 實務中的倫理或微觀倫理
  - 實務中的敘說倫理

- 透過反思發展實踐智慧（倫理判斷）
- 質性寫作或科學性寫作
- 將敘說寫作想像成美學遊戲
  - 創造虛擬真實／逼真性
  - 忠實呈現被述說的故事
  - 敘說探究者的聲音
  - 培養敘說想像
- 結語：你的心歸屬於何處

思考的問題

• 我們如何處理敘說研究設計？
• 我們如何能夠用一種互補的方式來組織我們的研究想法？
• 我們如何能夠在整個研究計畫中都進行敘說性思考？

前言

　　一位就讀諮商系所心思細密的博士班學生 Bryan，在不久之前聯絡我，表示他的論文口試委員會因為一位教授退休，所以需要一位新成員。他邀請我擔任委員以幫助他進行敘說探究。我詢問他，他的研究主題是什麼。他表示身為一位專業的諮商心理師，他在實務工作中發現許多嚴重的問題，尤其是他擔心他的個案大多數都是低社會經濟地位者，在他工作的機構並沒有獲得良好的服務。他相當同理他的個案。到目前為止，他的研究希望可以聽到個案的故事，以進一步探索個案接受服務的經驗。因為喜歡他的研究主題，所以我很樂意擔任他的口試委員。

我：　　所以，你要如何設計你的敘說探究？

Bryan：（驚訝）你說的「設計」是什麼意思？

我：　　嗯，一個研究計畫就像蓋一棟房子，你需要運用你的想像力，仔細地設計你想要建造的房子，對吧？

Bryan：對。

我：　　正是如此。

　　就像 Bryan 一樣，你們當中有些人也不會從設計的觀點來概念化你的研究，你不會把自己看成是一位研究設計者。本章的主題是敘說研究設計，可以幫助你全面性地想像你的研究計畫，因此，本章的目的是要提供

成為一位敘說研究設計者所需要的基礎知識給你。首先，我們會詳細探討美學遊戲的概念，一種藝術意義取向的敘說研究設計。接著我們會從質性研究與敘說探究這兩個範疇來討論研究設計的基本要素。我希望本章可以滋養你身為一位敘說探究設計者須具備的想像力與創造力。

投入美學遊戲

Joan Backes 是一位國際聞名的美國藝術家，在 2013 年 10 月來到堪薩斯州立大學為藝術海灘博物館（Beach Museum of Art）的 Stolzer 畫廊裝置她的藝術作品〈心之歸屬〉（*Where the Heart Belongs*）。Backes 透過這個特別的裝置藝術，傳達其對「房子」與「家」這兩個概念的質疑，以激發多元的詮釋與意義（http://beach.k-state.edu/explore/exhibition/backes.html）。Backes 邀請觀眾從過去與現在的角度來想像人類居所的多元性，以追求 "Where the Heart Belongs"。在一場私下的談話，她跟我說她是在一次造訪堪薩斯州曼哈頓市時，想到這個名稱，Backes 強調這個名稱對她的重要性，想要透過此裝置藝術所呈現的三層次家的結構來反映此意義（如圖 3.1）。

當我開始探問我視為理所當然的「家」的意義時，我發現 Backes 的作品非常深奧，這個裝置藝術喚起我對家的概念的覺察。她的作品相當強而有力，因為她用既熟悉又陌生的方式帶我們重新理解與「家」有關的生活經驗的本質（就像海德格所做的）。她邀請我們體現住所、歸屬與存在的意義。

當我看著 Backes 的裝置藝術時，我進一步去思索這位藝術家如何形成這些構想以探索她的疑問。當 Backes 在創作這個大膽、毫不掩飾的三層次家的結構時，她預想的是什麼？這個開放與鏤空的結構，儘管各自穩固地站立，似乎也需要大量的討論與想像，以全面性地檢視一個可預期的研究計畫。我開始想像一位研究者如何可以或應該像一位藝術家般地思

圖 3.1　Joan Backes 作品，〈心之歸屬〉

Joan Backes, *Where the Heart Belongs*, ©2013/14，
鋼，橡木，木材。大型鋼製屋 13 呎高

考，以設計其研究計畫。

　　當我的想像開始聚焦在設計時，我嘗試具體化**美學遊戲**（aesthetic play）的概念，此概念是我的非正式導師與朋友 Margaret Macintyre Latta（2013）所主張的。在她最近的著作 *Curricular Conversations: Play Is the (Missing) Thing*，Macintyre Latta 借用杜威的美學概念，將美學遊戲的概念加以理論化，目標是要「讓讀者置身在與玩樂的想法一起進行的遊戲，將協商意義視為自我（主體）與他者（世界）一種基本的交會」（p. xiii）。她主張美學遊戲是「喚醒我們每個人的藝術／意義精神的必要條件」（p. 110），當我與 Backes 的藝術世界交會時，我感覺美學遊戲的概念在向我招手。我願意「進入遊戲」（p. 14），我的藝術意義精神已經被喚醒。

　　現在，請允許我放縱自己進入我的美學遊戲，與 Backes 在美術館的

裝置藝術一起遊玩片刻。站在這個鏤空的家的結構前面，我開始玩起一個
遊戲，將家的結構想像成敘說探究，我開始想像敘說探究就是我心所屬的
研究之家。因為這個裝置藝術被放置在美術館的中立空間，我有絕對的自
主權用想像的方式放任何東西在這個鏤空的家的結構上。透過我的想像，
賦予我的敘說研究一個脈絡、一個環境、景色或圍繞物，以組成理論性觀
點、一個研究場域、一個研究領域、世界以及上述的總和。因此，我加入
了 Backes 另一個放置在樹林裡的家的結構體的裝置藝術（如圖 3.2）。

　　這個家（圖 3.2）是由北美黃杉建造而成，自在地坐落在森林之中，
看起來就像它本來就屬於那兒。我無法想像這個家坐落在紐約摩天大樓
中。這個家與樹木繁茂的森林彼此擁抱，因為彼此陪伴的關係而相互理
解。這種親近讓我在思考我的敘說研究設計時，能夠關注特定的脈絡與
關係，賦予更多想法生命。就像杜威（Dewey, 1934/1980）所宣稱的，

Photo courtesy of the artist.

圖 3.2　Joan Backes, *Berliner Häuser*, ©2011，北美黃杉，12 呎 6 吋 × 10 呎 × 8
　　　　呎，是每個房子的大約尺寸（Permanent Installation, Berlin, Germany）

我嘗試透過尋找周圍環境的連結來看到整體性，尋找我的研究與世界的
關聯。此外，這個家的開放結構告訴我仍然有「慎思的空間」、「直覺
的空間」、「預期的空間」、「衍生的空間」以及「擴大實現的空間」
（Macintyre Latta, 2013, pp. 66-70）。

　　最後，我透過 Backes 的另一個裝置藝術（如圖 3.3）[1]來想像我已經
完成的研究計畫。現在這個家的骨架被從周圍環境蒐集來的材料覆蓋，這
個家，身為一個飽滿的存在體，賦予周圍環境意義，同時，周圍環境也賦
予這個家意義。這個家被冰雪覆蓋的土地安靜地擁抱著，讓我擁有「優雅
或尊嚴」（Dewey, 1934/1980, p. 49）的美學經驗，允許其「述說自身的故
事」（p. 275）。這是我想要與我的研究共處的地方，我想讓我的研究計
畫用優雅或尊嚴的方式述說自身的故事，涵納和諧、平衡、一致與誠信。

　　但要達到那個境界，我需要在設計研究的過程中關注我的創造力歷

圖 **3.3**　Joan Backes, *Forest House*, ©2010。Odenwald 森林硬木，14 呎 6 吋 × 12
呎 × 9 呎（Permanent Installation, Darmstadt, Germany）

程，在其中是富有想像力的視野（Dewey, 1934/1980）。融入組成思考的歷程，在此歷程中融入研究方法，都是創造所需要的。在融入敘說探究的歷程中發現創造，需要研究者對「透過創造歷程保持對品質的知覺、選擇與回應」（Macintyre Latta, 2013, p. 84）持開放態度的堅持。研究者對研究情境的融入程度會反映在研究者運用資料的能力上。這種致力於研究情境與條件的「細心呵護」（Dewey, 1938/1997, p. 49）是產出研究所必需的，是真正有意義的。

　　當 Macintyre Latta（2013）鼓勵讀者在跑馬場式教學實務（curricular practice）中投入美學遊戲時，我想要敘說探究者在研究實務中投入美學遊戲。我希望我們認真地奉行這個遊戲，「借鑑美學的傳統與默契，包括實驗、多感官的注意力，以及非線性與線性的思考和行為方式」（p. 3）。有可能認真地遊戲嗎？我的意思是我們如何能夠同時用好玩與嚴肅的方式來看待敘說探究設計呢？Macintyre Latta 引用杜威的話來回答這個問題：

> 　　要同時好玩與嚴肅是可能的，而且這才是理想的心理狀態。沒有教條與偏見，有的是智性的好奇與彈性，而這是在大腦對一個主題自由發揮的狀態下體現出來的。讓大腦自由發揮並不是鼓勵對一個主題不認真思考，而是要對此主題未顯露的部分感興趣，將其從順服於先入為主的信念或慣常目標中加以區分。心理遊戲是持開放態度的，對思考的力量有信心，相信其能不受到外在支持與任意限制的影響，而維持其誠信。（p. xii）

　　多麼有說服力！兼具好玩與嚴肅才是理想的心理狀態，在此狀態中沒有教條，有的是智性的好奇與彈性，借用 Macintyre 在跑馬場式教學中的美學遊戲概念，我主張當我們進行敘說研究設計時，我們應該用下列方式來投入美學遊戲：

- 同時以好玩與嚴肅的方式和我們的研究想法互動，當我們與這些想法交會時，要協商創造意義的歷程，以帶來能反映相互、連結與一致性的親近。
- 我們在研究歷程中體現智性的好奇、彈性、開放態度與融入，允許有慎思、直覺與預期的空間（記得在第一章所呈現的達利的雕塑〈向牛頓致敬〉）。
- 我們用維持研究自身誠信與讓其述說自身故事的方式來展開我們的研究，不順服於先入為主的信念與獨斷的研究限制。

人文取向研究的準則

　　以兼具好玩與嚴肅的態度來進行敘說研究設計，首先我想要關注的是人文取向研究的準則，因為我們無法只以「好玩」而缺少嚴肅的態度來瞭解質性研究的準則。2009 年，美國教育研究學會（AERA）委員會公布了七項適用於所有人類研究的準則，包含「以藝術為本與敘說研究」（p. 482）。[2] 人文取向研究的一般性目標在探索與瞭解多元的人類現象，因此，人文取向的研究者，尤其是敘說研究者，努力從平凡人所說的故事中辨識有問題的情境。因為我們進行研究是要產出可以改善人類幸福安康的概念與理論，所以，我們對這些人文取向的研究準則有所瞭解是相當重要的。

　　表 3.1 條列了這七項準則，包括重要性、概念化、研究設計、實證性、一致性、溝通的品質，以及研究倫理。花點時間閱讀並想像你將如何處理每一個準則可能出現的問題。當你構思你的研究想法，在研究設計的歷程中投入美學遊戲時，你可以使用這些準則與問題作為一個整體性的指引（並非是你必須遵從的「黃金」準則）。

表 3.1　人文取向研究的七項準則

1. 研究的重要性
   - 你的研究主題是否符合時代趨勢與重要性，處理的議題是值得被關注的？能夠填補現今知識上的落差？對於該領域的精進是否有學術上的貢獻？
2. 概念化
   - 你是否以學術文獻為基礎，清楚地概念化你的研究？在你的研究觀點與目標之下，清楚地說明研究的範圍與限制？
3. 研究設計（方法論與方法）
   - 你的研究設計是否有被好好地規劃，並且以適當、可信與彈性的方法加以執行，以完成你的研究目標？
4. 實證性
   - 你是否以研究資料與其他相關的學術文獻為證據，來建立你所宣稱的知識、論點、描述與詮釋？
5. 一致性
   - 你的研究是否有達到內在與外在的一致性？換句話說，這些多元的研究設計因素，包括方法、資料、論點、邏輯原理與文獻回顧，從文化、社會與政治脈絡的角度來檢視，是否契合你的研究主題與目標？
6. 溝通的品質（清晰易懂）
   - 你的研究文本結構，包括研究題目、標題與次標題是否清楚地呈現你的意圖，能夠幫助讀者瞭解你的研究？
7. 倫理
   - 你是否重視學術誠信原則與研究倫理審查委員會（Institutional Review Board, IRB）的審查，遵守知後同意、保密原則以及資料保護流程？
   - 你是否有檢視和討論過自己可能出現哪些會影響分析的偏見、觀點或任何潛在的利益衝突（例如經費贊助）？
   - 你是否清楚交代研究參與者的觀點如何被尊重與尊崇？

（改編自 AERA, 2009）

學習敘說性思考

　　　身為敘說探究中美學遊戲一部分的我們，當在擁抱研究準則的大圖像

時，需要學習敘說性思考。Connelly 與 Clandinin（2006）主張成為一位敘說探究者，不僅是學習適當的蒐集資料技術或瞭解研究準則而已，他們認為雖然敘說探究與其他質性研究，例如現象學、個案研究或民族誌研究，共享一些相同的特性，但對敘說探究的研究設計相當關鍵的是學習敘說性思考。他們建議下列這些注意事項[3]有助於我們學習敘說性思考。

(1) **想像一個生活空間**：敘說探究的設計包含「一個想像的行動」（p. 481），我們必須想像我們的研究即將執行的生活空間、我們的研究參與者的生活空間，以及這些生活經驗存在的生活空間。因此，設計一個敘說探究是「準備成為對在這個生活空間中發生的任何事情保持自覺意識的人」（p. 481）（再次見圖 3.1）。

(2) **以生活與述說作為蒐集現場文本的起點**：敘說性思考包含以過去式的方式（述說）想像生活，以及在研究展開的情況下過生活（生活）。大多數的敘說探究都是從說故事開始，不論是傳記式或自傳式的故事。**述說**（telling）的資料透過訪談、個人日記、相片、人造品與對話等等加以蒐集；**生活**（living）的資料則是在研究場域中，透過觀察或（與）研究參與者的觀察而獲得。因此，敘說探究總共包括四個行動：**生活、述說、再述說與再生活**（Clandinin & Connelly, 2000; Connelly & Clandinin, 2006）（再次見圖 3.2）。

(3) **界定與平衡平凡事物（時序性、社會性與地點）**：當我們想像一個生活空間時，我們需要考量敘說探究中的平凡事物。

- **時序性**（temporality）：敘說探究認同一個事件或一個人處在時序轉移中，因此，一個事件或一個人是在與過去和現在的關係中被描述，如果有可能，會預測未來。

- **社會性**（sociality）：敘說探究關心研究參與者與（或）研究者個人的與社會的經驗。社會性可以避免敘說探究太聚焦在個人的想法與感受，或太聚焦在社會層面而去個人化。

- 地點（place）：敘說探究需要瞭解地點的各個面向與地點對研究的影響，例如學校、家庭、社區或環境。一位敘說探究者需要思考每一個地點的影響力（再次見圖3.3）。

(4) **在探究中自我投資**：當我們設計一個敘說探究時，我們需要將自己當成研究的一部分進行投資，在生活現場中蒐集資料。如此一來，我們或許會發現自己與研究參與者的生活緊密地交織，而這會進一步影響資料蒐集、研究關係與研究文本（Connelly & Clandinin, 2006）。

播種前先整地：回顧文獻

現在，我們正在進入你的焦點領域：回顧你的專業領域文獻。你們當中有些人可能會困惑何以文獻回顧是研究設計的一部分，我跟其他人一樣會說：一個好的研究設計開始於好的文獻回顧。為你的研究進行文獻回顧，就像農夫犁土整地為播種做準備。我給你另一個想像，這一次想像圖3.4中的農夫，為了在今年有好的收成，這位農夫相當勤奮地工作，在馬匹的協助下，整理每一畦地。這位經驗豐富的農夫，坐在馬車上小小的座位，看起來非常清楚自己在做什麼。他勤奮且謹慎地整地，透過整地的過程，他試圖要瞭解舊的土地，好為播種新種子做準備，在藍天背景下相當顯眼。在播種前沒有良好的整地，農夫不可能預期這一年有好的收成。良好的整地是豐收的預兆。同樣的邏輯可以用在研究中，好的文獻回顧是好的研究的預兆。因此，「一個嚴肅的、仔細的與細緻的文獻回顧是進行一個嚴肅的、仔細的與細緻的研究的先決條件」（Boote & Beile, 2005, p. 3）。

我將文獻回顧視為整地的工作，是任何研究設計過程中重要的一部分，就跟整地對農耕的重要性一樣。我們必須想像自己內在有一位謙虛的「農夫」，在我們展開研究時，做著重要的基礎工作。基礎工作指的是好

©Jim Richardson

圖 3.4　整地，威斯康辛

好地瞭解你的專業領域以播種你的研究概念。基礎工作可以幫助我們確認我們沒有重複做其他學者已經做過的事，鼎鼎有名的社會學家 Howard Becker（1986）指出社會與人文科學是「累積型的產業」（p. 140），而且我們沒有任何一個人可以從無到有創造一切。我們仰賴前輩們的經驗。事實上，依據 Becker 所言，這種相互依賴與累積就是 Thomas Kuhn（1970）所說的**常態科學**（normal science）。換句話說，「做好一件事情讓他人可以使用，如此一來即會增加知識與瞭解」（p. 140）是常態科學的目標。也就是說既然沒有一件事情是最原始的，一個用來證明你的新概念的好方法，是將它與相關文獻做適當的連結。身為研究者的我們必須能夠提出新的論點，同時將它與其他學者已經提出的論點加以連結（Becker, 1986）。例如，我們必須能夠依據所蒐集的新資料產出論點，如此我們才能夠對擴展自身專業領域的文獻有所貢獻，但如果對文獻不夠瞭解，這件事情將不可能被實現。我們不是單槍匹馬地進行學術革命，因此，這就是

我們需要瞭解文獻的原因：熟悉那些可獲得的文獻，讓我們可以建構我們的論點，而非浪費時間去做那些已經被做過的事。

因此，我們需要擅長進行文獻回顧，什麼是好的文獻回顧呢？很遺憾的，我讀過很多文章的文獻回顧沒有被好好地「整地」，有時候這些文獻回顧只是摘要所選擇的文章，沒有綜合剖析，有些只是「提及」學者的名字，而沒有對其研究做深入的討論，或是資料來源是不可信的。我想我們需要學習成為一個擅長整地的人。

擅長於進行文獻回顧意指我們在成為研究者之前需要先成為學者（Boote & Beile, 2005），意思是我們需要精通研究興趣領域的文獻。若對我們的研究領域一無所知，我們將無法展開一個重要的研究，藉由瞭解文獻，我們才能夠辨識出已經完成與需要進一步完成這兩者之間的落差。進行文獻回顧是弄清楚現今研究的優勢與限制，以及發現還需要完成什麼以提升此專業領域的發展。填補此落差變成我們的研究目的、研究問題與概念化架構的來源。因此，文獻回顧的目標是要形成一個精心規劃的研究——「為研究創造一個焦點、概念化架構、設計與邏輯性」（Maxwell, 2006, p. 28）。一個好的文獻回顧成為一個扎實研究設計的開端，如同 Boote 與 Beile（2005）所指出的，如果我們對所進行的文獻回顧不夠「嚴肅、仔細與細緻」，我們所形成的研究設計可能會阻礙而非增進我們專業領域的發展。

然而，我們不必讓自己站在「無所不知」或「專家」的位置上，相反地，我們可以用「一種求知的方法」（Lather, 1999, p. 4）或是一種形成理解的方式來寫文獻回顧。一個好的文獻回顧會指出這個領域當前最新的發展以及研究方法論。它顯示我們以既有的學術和研究為基礎，產出新的學術知識的能力，而這需要與特定的閱聽人進行溝通。因此，寫出一篇細緻文獻回顧的能力，是一種獨特的學術能力，需擁有廣泛的知識與技能。事實上，好的與最先進的文獻回顧是「被認可的與可發表的學術文件」

（LeCompte, Klingner, Campbell, & Menk, 2003, p. 124）。

　　我們也需要瞭解一個「仔細的」文獻回顧不代表我們需要將我們所閱讀的一切都包含在其中，如同 Maxwell（2006）所建議的，我們需要選擇去討論那些能夠讓我們的研究目的、設計與詮釋更明確的文獻，而非只是討論與研究主題有關的文獻。因此，我們需要持續地問自己：「何以我要納入這篇研究或參考文獻？」（Rudestam & Newton, 2001, p. 59）藉由辯證讓這些文獻合理化，我們才能讓研究邏輯趨於一致。

　　一般而言，一篇研究或論文包含五個部分：緒論、文獻回顧、方法論、結果與結論。然而，在敘說探究中，文獻回顧並非總是排在緒論之後，有些敘說研究者在論文一開始會先寫一個故事，並且把文獻回顧放在論文的最後面（詳見範例 Clough, 2002）。敘說研究者不必然要把文獻回顧單獨放在第二章，此外，這種傳統的格式會給人錯誤的印象，誤以為文獻回顧僅需涉及內容領域（content area），這說明了何以我會看到那麼多博士論文的內容領域文獻回顧做得非常扎實，但關於理論與方法論領域的文獻回顧卻非常薄弱。然而，我希望你要留意文獻回顧的主題要包括理論與方法論架構的文獻，也要包含內容領域的文獻，我們要能夠透過撰寫來反映我們在這些領域中的知識。因此，精通所有領域的文獻很重要，包括你特別感興趣的主題內容、理論、方法論與研究方法。很重要的是要記住文獻回顧就像播種前的整地，為了產出豐碩的研究結果所做的努力。

　　在進入下一個主題之前，讓我們看一下表 3.2，它摘要了文獻回顧的基本任務。

發展「好」的研究問題

　　當你進行文獻回顧時，你的研究興趣會變成更具有智性的好奇心，舉例來說，在發現已經探討過以及尚未探討的主題之間的落差之後，你會更清楚知道什麼是你想要或需要去探討的，這些將構成你的研究目的。一旦清楚你的研究目的之後，可以將研究目的（通常是一個陳述句）轉化成潛

表 3.2　文獻回顧的基本任務

---

1. 區辨在此領域中哪些已經被完成，哪些需要進一步探索。
2. 發現跟研究主題有關的重要變項。
3. 綜合分析後產生新的觀點。
4. 辨識概念與實務之間的關係。
5. 建立研究主題或問題的脈絡。
6. 將研究問題的重要性加以邏輯化。
7. 獲得與增進此主題的術語。
8. 瞭解與結構化此主題。
9. 將概念與理論和實務應用加以連結。
10. 辨識已經被使用的主要方法論與研究技術。
11. 將研究放置在歷史脈絡中以瞭解最新的發展趨勢。

（摘錄自 Hart, 1999, p. 27）

在的研究問題。當然，我並不是指只有在文獻探討之後才能形成你的研究問題，但文獻探討可以幫助你的研究問題變得更清楚。

　　發展研究問題相當重要，因為它們可以為你的研究提供架構與方向，研究問題扮演研究的嚮導，以探索你的研究議程。然而，我發現要想出「好」的研究問題，並沒有像聽起來那麼容易，需要許多的深思熟慮。我所說的「好」的研究問題之所以好，是因為它扣緊整體的研究設計，包含理論與方法的架構，幫助你完成你的研究目的。Agee（2009）認為雖然好的研究問題不能保證一定有好的研究，但是缺乏構思的研究問題，會衍生足以威脅研究嚴謹度的困擾。所以研究問題必須經過撰寫、檢視與再撰寫的過程，需要花費可觀的時間來發展好的研究問題（Daiute & Fine, 2003）。

　　我在本章一開始向你們介紹的學生 Bryan，在我的教授休假年以電子郵件聯繫我時，他正處於為博士論文計畫檢視研究問題的歷程。他開始瞭解要發展敘說探究的研究問題需要下很多功夫，我覺得 Bryan 的電子郵件呈現出一個很好的討論焦點：

　　金博士，希望您一切安好。謝謝您對我之前的研究問題所提出的評論，不曉得這是否是更合適的整體性研究問題：

　　來自低社會經濟地位的成年自願個案在一個社區心理衛生中心所經歷的諮商服務經驗為何？

　　此外，我認為還有三個子研究問題，對我來說是有意義的：

(1) 對那些爽約的個案或是諮商歷程中途結束諮商的個案，我們是否有尊嚴地對待他們？

(2) 就我們如何與這些個案接觸以及建立治療性同盟這件事情來說，存在著哪些問題？

(3) 有更好的方式來服務這些成年者、社區心理衛生中心的個案，尤其是處於低社會經濟地位者嗎？如果他們的經驗是不理想的，那麼理想的經驗應該是什麼樣子？

　　這看起來是否有更清楚些？請讓我知道您的想法，也非常感謝您的寶貴時間。

誠摯地

Bryan

　　如同我們所討論的，研究問題通常從文獻回顧發展而來，因為你可以從現今的文獻中找到落差。但是 Bryan 的例子，他的研究問題是源自於他超過二十年從事諮商實務工作的經驗，而我認為這相當有價值。事實上，許多像 Bryan 一樣想要追求更高學位的實務工作者，會從他們的實務經驗發展出研究問題。對我來說，Bryan 的研究問題反映出他是 Donald Schön（1983）所說的「反思性實務工作者」。

　　不論你的研究問題是從文獻或是個人與實務經驗發展而來，它都可以是簡明、切中要點，同時足夠開放樂於發現、探索、驚奇與更多的問題。事實上，質性研究問題是探索性的，隨著時間逐步浮現。Rogers（2003）認為研究問題通常都會在研究已經進行一段時間後才變得清晰，在資料分　　　127

析期間也許會變得更清楚。一般而言，質性研究問題是要發現相對少數的個人、一個團體或不同團體的觀點，對人們在脈絡中互動的在地經驗進行「豐厚描述」（Geertz, 1973）。因此，一個好的研究問題必須充分聚焦於能反映主要研究主題的**特定**情境，以及在此情境中的**特定**個人或團體。所以，要為你的敘說探究建構研究問題，你首先要思考：我想要研究的故事是關於**誰**在**哪個特定情境**發生了**什麼事**？

Maxwell（2005）提醒研究問題不能太廣泛，不應該缺少對特定脈絡的參考。但是，如果從太聚焦的問題開始，可能出現視野狹隘的情況，會限制研究者適當地瞭解與分析資料的能力。Agee（2009）因而主張一個單一整體性的研究問題應該能夠顯示研究的基本目標，以及能夠連同子研究問題為研究設計與資料蒐集方法提供方向。也不要把多個子問題組合成一個研究問題（Agee, 2009）。

用 Bryan 的研究問題當作範例，他發展了一個整體性的問題來引導他的探究歷程，再藉由三個子問題來縮小整體性問題的廣泛焦點。Bryan 能夠界定特定的研究脈絡（社區心理衛生中心）與研究參與者（來自低社會經濟地位的自願個案）。然而，我發現 Bryan 的研究問題需要修改，理由如下：

- 他的研究問題看起來太局限，可能導致狹隘視野的情況，僅聚焦在研究參與者接受諮商的經驗，沒有考量他們的整體生活經驗。
- 這些研究問題不利於生產故事，因此沒有反映敘說探究這個研究方法的精神。
- 應該要避免使用是一否的問題，因為這類問題對探索與發現沒有幫助。
- 一個問題中包含多個小問題。

Bryan 和我信件往返了多次，同意將他的研究問題修改成如表 3.3 右邊欄位的內容。

表 3.3　修改研究問題（Bryan 的例子）

原始的問題	修改後的問題
整體性問題 來自低社會經濟地位的成年自願個案在一個社區心理衛生中心所經歷的諮商服務經驗為何？	來自低社會經濟地位接受社區心理衛生中心諮商服務的成年自願個案，他們的生命故事為何？
子問題一 對那些爽約的個案或是諮商歷程中途結束諮商的個案，我們是否有尊嚴地對待他們？	什麼樣的生活經驗導致這些個案尋求社區心理衛生中心的服務？
子問題二 就我們如何與這些個案接觸以及建立治療性同盟這件事情來說，存在著哪些問題？	這些個案的故事顯示了社區心理衛生中心實務內涵的哪些現象？
子問題三 有更好的方式來服務這些成年者、社區心理衛生中心的個案，尤其是處於低社會經濟地位者嗎？如果他們的經驗是不理想的，那麼理想的經驗應該是什麼樣子？	社區心理衛生中心的諮商心理師可以從這些個案的故事中獲得哪些學習以改善實務工作？

修改後的研究問題讓 Bryan 擴大了研究的範疇，涵納了對研究參與者生活經驗的探索，以發現生活經驗帶來的影響。這些修改後的研究問題讓 Bryan 能夠用一種敘述性的方式（整體性問題）來探索個案的生命經驗；如此一來，他可以探討導致個案尋求心理衛生服務的主要生活事件（子問題一）；他可以探討個案關於接受心理衛生中心服務的經驗故事（子問題二）；以及他可以透過個案的故事找到改善實務工作的方法（子問題三）。但是我確定 Bryan 在研究歷程中會進一步修改研究問題。

　　Josselson 與 Lieblich（2003）表示敘說探究中的研究問題必須清楚地

陳述:「不是寫出一個可以被回答的問題,而是要寫出一個鼓勵探索的問題。」(p. 265)因此,研究問題通常使用「如何」或「什麼樣的」問句來促進探索或發現,而非簡單的答案。它們可以對反映在故事中的人類生活經驗進行描述(什麼),探索歷程(如何)以及發現意義與意圖(原因)。研究問題在研究歷程中並非固定或不可改變的,這在質性研究中更是如此,尤其是敘說探究已經讓研究者和參與者參與在探究歷程中(如Maxwell, 2005; Pinnegar & Daynes, 2007)。當我們目睹其他人的生活與觀點時,可能就會產生新的問題,這也就是為什麼好的研究問題,在研究旅程中的所有反思性與互動性階段不斷被修改時,一點都不令人感到驚訝了。透過反思與想像來努力修改研究問題,最終可以幫助我們成為更好的敘說探究者。因此,敘說研究問題不僅是被當成要抵達(或回答)的終點,同時也是探究歷程中的引導點,允許讓沒有預期但充滿意義的結果與結論得以浮現。既然敘說研究關心的是參與者的故事,這些故事會被讀者閱讀、感受、理解以及感動,進而產生事先沒有預期、跟原來的研究問題一點關係都沒有的研究結果。我所強調的重點是敘說探究的研究問題並非一個最終的目標。

簡單來說,發展研究問題也是敘說研究設計歷程中美學遊戲的一部分,我們同時以好玩與嚴肅的方式來處理研究概念,產出有意義的研究問題,帶領我們更接近研究現象。研究問題是智性好奇心、彈性、開放心態與呼應研究歷程的一部分,同時允許有慎思、直覺與期待的空間。因此,研究問題扮演一個引導者的角色,讓我們的研究以維持其正直與述說其故事的方式展開。

想像研究者—參與者的關係: 從「間諜」到「朋友」

想像跟我們的研究參與者之間可能存在的關係,這是敘說研究設計的

一部分（Connelly & Clandinin, 2006），當你在設計敘說探究時，你開始對生活、述說、再生活與再述說進行敘說性的思考。當你想像研究參與者的生活空間時，將你自己投入在敘說探究中，你知道你不可避免地會對研究參與者發展出同情與同理的感受，進而可能出現親近與親密的關係。

當談到研究者—參與者的關係時，我要跟你說一個有趣的故事。2003年8月為了博士論文，我進行了田野調查工作。我那時正在 Emm 老師的課堂進行觀察，其中一位學生面質我。這個故事是：

在進行課堂觀察的第二天，當時有兩位男學生、一位女學生與一位男性在教室裡，這個成年人看起來不像是學生。當 Emm 老師向學生說明課堂中要進行的書寫作業時，這位成年人持續看著雜誌，好像課堂中的事跟他一點關係都沒有。十五分鐘過後，他突然站起來，並且不發一語地離開教室。當他離開時，教室馬上變得鬧哄哄，Matt 問：「那個人是誰？」Steven 回答：「他是學校諮商心理師，他是新來的。」Matt 問老師：「他來這裡做什麼？」很明顯地，學校諮商心理師出現在教室這件事影響了學生。Emm 老師聳著肩膀說：「我不知道，看吧，我跟你說過，人們喜歡來到我的教室看一看，然後離開。我不知道原因，他們就是喜歡這麼做。」然後，在我進行第一天課堂觀察時缺席的學生 Chelsea，因為不知道我是誰，她看著我，並且真誠地問：「你也是間諜嗎？」教室裡面所有的人都望著我，等待我的回答。Chelsea 的問題讓我完全措手不及，我尷尬了一會兒，但用牽強的微笑來回答：「不，我是亞利桑那州立大學的學生，因為我的研究，我正在觀察你們的學校。」（Kim, 2005, pp. 51-52）

「你也是間諜嗎？」這個直接的問題來自我的研究參與者，是她身為

研究參與者的「知的權利」。我清楚地記得她的問題一整天都徘徊在我心裡，對他們的小小社群來說，我是一位入侵者，被當成一位會「告發」他們的間諜。事實上，她用「也」這個字，反映任何成年人（包括學校諮商心理師）都有可能被當成他們的「敵人」。這對我來說是一個警訊，我處在失去我那些具敏感度的年輕參與者的風險中，我必須做些事情來贏得他們的信任。

Pinnegar 與 Daynes（2007）闡明研究者進行敘說探究時往往會經驗到的四種轉變，包括研究者與研究參與者的關係、蒐集資料的類型、研究焦點以及研究者所擁有的知識種類（p. 6）。在這四種轉變中，他們觀察到對敘說探究者來說，研究關係的轉變是最重要的。換句話說，敘說研究者經驗到的最大體認是他們不能完全地與研究參與者保持距離，因為研究參與者並非被研究的「客體」。當研究者用更具關係性的觀點來看待研究參與者時，研究者即開始質疑所謂「權威性」研究者的角色，並且與研究參與者之間變得更具回應性及互動性。Pinnegar 與 Daynes（2007）說道：

> 在這個轉向敘說探究的時代，研究者不僅瞭解參與探究的人們之間有一種關係存在，而且也瞭解在互動中有一方是研究者，另一方是被研究者。以此觀點來看，被研究者與研究者存在於時間與特定脈絡下。他們帶來了歷史與世界觀，他們並非靜止不變，而是動態的，成長與學習是研究歷程的一部分。研究者與被研究者都將有所學習。（p. 14）

Pinnegar 與 Daynes 所說的這種關係是敘說探究的特點之一，稱為關係性敘說探究（relational narrative inquiry），敘事者（參與者）與聽故事者（研究者）是在一種動態的關係中，此關係會為兩者帶來成長與學習（Connelly & Clandinin, 1990）。Connelly 與 Clandinin 說明敘說探究如何

成為一種共享關係的工作：

我們發現僅是傾聽、記錄與促使參與者說故事，不只是不可能（我們每個人都持續在說著自己經驗的故事，不論是用說的或用寫的），也無法令人感到滿意。我們知道我們也需要說自己的故事，我們不是抄寫員，我們是故事述說者與故事生活者。而且在我們說故事時，參與者的故事與我們的故事加以合併，產生新的故事，我們稱為**合作式故事**（collaborative stories）。最後被記錄在紙上（或是有可能是影片、錄音帶或畫布）的內容，這個研究報告就是合作式的文件，由研究者與參與者兩人的生活相互建構而成的故事。（p. 12，粗體字為引用文獻所強調）

事實上，許多教育領域的敘說探究者投入關係性敘說探究，研究者與教師、師資培育者、行政人員、家長和學生一起工作，建立一種共同研究者的關係（Clandinin & Murphy, 2009）。帶著共同研究的概念，研究者要遵守傳統研究保持距離與客觀的主張，就變得更困難了。沒有限制、新興的與不斷發展的敘說探究，讓敘說探究者得以邀請參與者成為共同研究者、共同建構者、共同敘說者與共同敘事者。它讓研究者和參與者有機會對彼此的角色及互動產生關係性的瞭解，依據 Pinnegar 與 Daynes（2007）所言，這種關係性瞭解的關鍵是在我們的研究工作過程中，以正直的方式互動，並且展現可信賴性、精湛與嚴謹的特質。我們可以使用一般質性研究的策略，例如成員檢核、三角驗證與審核機制，這些都是普遍用來建立可信賴性的方法。

同樣地，Mahoney（2007）提出**合作式敘事方法論**（collaborative storytelling methodology），在此研究方法中研究參與者是「敘說者、敘事者與合作者」（p. 575）。他相信這種研究者和參與者之間的研究合作或故事共同建構，為兩人創造更多以民主方式建構知識的機會。然而，他也提醒，大多數的敘事合作者（參與者）對研究歷程或田野工作歷程是不熟悉的，隱藏在這些歷程中的複雜與繁瑣可能會導致「失敗的研究／合

作」（p. 578）。Mahoney 說道：「將朋友關係（私人親密關係）與研究合作（公領域關係）之間的界線加以模糊化，是一種平衡的行為。」（p. 589）因此，他認為研究合作必須要求研究者執行反思性與參與式的研究實務。Mahoney 提供一些小策略，幫助我們建立成功的研究合作關係：

- 撰寫自我反思性的田野工作日誌，以作為研究歷程中實質的與方法論上的紀錄。我們不僅需要清楚自己的假設，也需要知道這些假設如何構成我們敘說探究的本質。
- 讓研究者的聲音與合作者的故事同時存在並充滿活力。
- 與研究合作者分享關於研究方法的想法，例如以敘說為基礎的研究與深度訪談。

敘說探究者與參與者之間親近的關係是讓敘說探究成為一種「脆弱類型」（Behar, 1996, p. 13）的原因，脆弱並不是指「任個人恣意妄為」（p. 13），脆弱成為一種必要的方法論裝置，透過此裝置，我們才能和參與者一起以敘說人物來呈現自己，才能在研究之下更瞭解生活經驗（Tierney, 1998）。簡而言之，要想像一段與敘事者（或故事給與者）的關係，需要我們在研究設計歷程中，對研究參與者有道德、倫理、情緒與智性上的承諾。

所以，回到我與學生參與者的研究關係，這裡說明我如何從一位所謂的「間諜」研究者變成他們的「朋友」：

> 「你也是一位間諜嗎？」這個問題讓我很嚴肅地思考我身為研究者的角色，我必須確認研究者與提供消息者之間的差異，並盡可能地縮小這些差異，我也必須確認彼此有信任、友誼與尊重。我記得 Cusick（1973）曾說過：
>
> > 一位參與式觀察者的工作始於將自己安置在他想要研究的對象之中，並讓自己能夠被他們接受。雖然他不盡然一定

要穿戴他們的服裝或採用他們的習俗，但必須尊重他們的行為模式，以及視他們為行事合宜的人。然後，經過一段時間，讓自己熟悉他們的日常生活，大範圍地觀察與記錄他們的言談及行為模式。（p. 4）

因此，我身為參與式觀察者的角色就變得更重要了。我參與課堂活動，與學生們互動，幫助他們進行作業，以及跟他們一起吃午餐時，分享彼此的經驗。田野工作有一個主要的方法稱為「對話即研究」（Kvale, 1996）。我在休息時間、午餐時間以及課堂時與學生們和學校教職員所進行的日常生活對話，幫助我跟他們每個人建立非正式的關係，發展一定的舒適程度來分享學生們日常的對話，這可以提升「主體的舒適度」（Bogdan & Biklen, 1998, p. 73）。如此一來，我可以跟學生和教職員成為朋友。事實上，一位九年級學生 T-J 向她的老師介紹我是她的朋友，另外，有些學生邀請我加入他們的午餐，有時候我們會分享彼此的食物，並一起抱怨學校的餐點有多麼的「可怕」。（Kim, 2005, pp. 52-53）

敘說探究的倫理議題

如同你所看到的，從一位「間諜」研究者變成一位「朋友」研究者的發展過程，需要非常關注研究倫理的議題。Zaner（2004）表示：「關係是倫理的核心。」（p. 84）除非我們對研究倫理保持警覺，否則我們將無法在研究關係與個人關係之間執行「平衡的作為」，或是我們會佔研究參與者的便宜，利用他們的脆弱性而加以剝削。成為一位具備倫理的研究者是很重要的特質，這一點是再怎麼強調都不為過的。

與倫理有關的道德準則規範了人類的行為，它關注的是人類具道德行

為的意涵。在執行研究的過程中，我們會遭遇無法預期的倫理兩難與道德議題，而這些兩難困境在向研究倫理審查委員會（IRB）提出審查時無法說明。所有的研究者在研究設計的每個階段，都以符合倫理的方式進行研究工作是很重要的，然而，在處理倫理議題時，「沒有絕對性的規則或普遍性的原則，可以精確地告訴你在每個情境或關係中要怎麼做，只有模糊與一般性的原則就是：『不要造成傷害』」（Ellis, 2007, p. 5）。這是千真萬確的！

第一個為你提供研究倫理正式說明的可能是你就讀系所的 IRB，在美國大學中，IRB 的主要角色是審查所有與人體有關的研究活動，並且受到聯邦法律的規範。IRB 在提供倫理準則與規範給研究者知悉與遵守這件事情上扮演相當重要的角色，以我工作的單位堪薩斯州立大學為例，我們有六個訓練課程，所有的研究者以及要進行研究的學生必須在三年內完成這些訓練課程，以取得向 IRB 提出研究計畫審查的資格。這些課程提供機會讓我們學習基本倫理規範，例如保密與知後同意，以保護「人體受試者」。

雖然這六個課程提供一些倫理規範幫助我們瞭解一般基本的倫理議題，但無法幫助研究者進行個人的倫理反思或行動，尤其對我那些想要學習成為質性研究者的學生來說，特別是成為敘說探究者更是如此。這些課程主要是為生物醫學與行為研究而設計，包括研究者需要遵守的強制性規範與政策面，因此它們看起來就像是 Ellis（2007）所說的「模糊與一般性的『不要造成傷害』原則」，它們無法提供足夠的特定規範，來幫助進行人類研究的研究者，例如敘說探究者。

因此，為了幫助我的學生，我再次使用我們之前討論過的美國教育研究學會（AERA, 2009）的人文取向研究準則，作為他們進行研究的參考準則（詳見表 3.4）。

表 3.4　AERA 倫理準則

- **人類同意／取得訊息：**尊崇人類的同意協議權以及向研究單位取得資訊的權利，應該要明確說明研究者所要求的資訊都是經過 IRB 的審核同意。
- **觀點與表達：**必須清楚說明研究參與者的觀點如何被看重與尊崇。
- **偏見：**在人文取向的研究中，當涉及價值議題時，沒有任何研究（沒有任何研究者）是中立的，因此，在研究中要適當地說明任何可能影響資料分析的潛在利益衝突（例如經費贊助），以及研究者的相關觀點。
- **證據／論證：**清楚說明產生研究結論的推論脈絡。
- **經費贊助／補助：**如果有任何經費贊助或補助，要清楚說明。

（改編自 AERA, 2009 Standards for Humanities Research）

▌實務中的倫理或微觀倫理

稍等一下。我的學生和我很快地發現這些 AERA 的倫理準則雖然多了一些啟發性，但也只是一般性的規範，沒有碰到所有我們在執行研究時會遇到的「癢處」。我們學校的 IRB 準則與 AERA 準則，都像一般成藥，沒有辦法適用於所有案例。Guillemin 與 Gillam（2004）稱此為**程序性倫理**（procedural ethics），僅處理一般性的倫理議題，我們發現這些一般性的倫理準則對在地的倫理困境來說，是不足夠的。

說到曹操，曹操就到。當我寫到這邊時，我的學生 Jodie 寄來一封電子郵件，她正忙著在公立學校訪談體育教師以蒐集研究資料，她的電子郵件第一行寫道「**我有一個研究倫理的問題**」，信件後續如下：

> 昨天我去正在進行研究的學校，放學時，兩位老師請我坐下，說他們需要找我談談。我的研究參與者的協同教師說他們一直在談論，需要問我一些事。他的聲音聽起來相當嚴肅，甚至有些分岔，我心想：「慘了，他們要要求我離開。」我心想：「我到底說了或做了什麼讓他們想請我離開？」唉，結果是他們希望

我可以就他們的教學提供任何回饋與幫助。這讓我面臨倫理困
境。我被允許去做那些事嗎？他們藉由同意我在學校進行研究來
幫助我，但是我可以跨越身為一位研究者的界限嗎？如果我說我
沒有因為被詢問意見，而感到受寵若驚與被尊重，那麼我就是在
說謊。他們已經同意我為學生進行重新定向，幫助我提供個別指
導給學生等等。您給我的任何指引我都會相當感激。

Jodie 的信件反映了我們在進行研究時有多常會遭遇倫理困境的經
驗，而且那些議題在 IRB 的訓練課程或是 AERA 的規範中都沒有寫到。
Guillemin 與 Gillam（2004）指出在生物倫理（或鉅觀倫理，或普遍性一
般倫理）與在地研究實務的日常倫理之間是脫節的，他們是對的。前者無
法於在地層次為個人遭遇的倫理困境提供指引。依據 Guillemin 與 Gillam
的觀點，生物倫理或鉅觀倫理聚焦在醫學的倫理議題，例如安樂死、無性
繁殖與複製科技，並且是要為公共政策提供建議，但是它沒有處理日常
性的倫理議題，這些議題是出現在每一位醫生與病人的每一次互動中。
為了闡述他們的觀點，Guillemin 與 Gillam 借用 Komesaroff（1995）所提
出的微觀倫理（micro-ethics）這個專有名詞，作為思考發生於在地層次
日常實務倫理議題的方式。微觀倫理從醫學領域發展而來，Guillemin 與
Gillam（2004）將此概念應用到質性研究，他們將微觀倫理定義為實務倫
理（ethics in practice），或日常倫理，處理的是在執行質性研究時所產生
的在地倫理議題。他們認為實務倫理的面向包含了在研究歷程中重要的倫
理性時刻，因此，相信 IRB 的審查包含了研究實務中的所有倫理議題不
免太過天真。實務倫理才是我們需要練習倫理能力的層面。

▌實務中的敘說倫理

除了鉅觀倫理、生物倫理、IRB 的倫理要求、AERA 的倫理準則與
實務倫理之外，我們需要與敘說探究有關的倫理，我把它稱為實務中的

敘說倫理（narrative ethics in practice）。Richardson（1990）主張：「敘說，就像所有意圖性的行為……是一種道德責任。」（p. 131）Adams（2008）也說：「如果敘說是工具，如果創作與分享故事涉及道德，如此一來，關於倫理的討論就是敘說探究中重要的部分。」（p. 177）敘說探究是一種道德責任，從我們與參與者建立倫理的關係時就開始。這種存在於研究者和參與者之間倫理關係的敘說探究本質，就像我們之前討論過的，是關係性的（Clandinin & Connelly, 2000）。事實上，Clandinin 與 Murphy（2009）表示：「本體性的重視關係讓倫理關係成為敘說探究的核心，關係倫理讓敘說探究者的倫理立場更具特色。」（p. 600）

將關係倫理放在敘說探究的核心，研究者致力從「一種對參與者重要的與意義性的生活面貌，且具深刻性的人類、真誠、同理與尊重的關係」中獲得資料（Josselson, 2007, p. 539），我們需要讓我們的研究興趣與目標透明化，以和參與者建立同盟與信任的關係。依據 Josselson（2007）所言，好的敘說研究實務需要實務倫理，尊重參與者的尊嚴與福祉，並且憑藉參與者的經驗和我們感興趣的故事來與他們熱切地合作。換句話說，我們應該尊崇「我們參與者其人性的神聖不可侵犯性」（Munro Hendry, 2007, p. 496），如此一來，執行敘說探究的歷程成為一個神聖的空間，在此空間：

　　(1) 人們感到「安全」，對自己是誰以及將要成為什麼樣子的人進行探索；(2) 人們感到「連結的」——也許是對彼此，或社群，或大自然，或世界，在其中人們正在建構自己理解文字的方式；(3) 人們對自己正在做的事情充滿熱情，相信他們的行為會「帶來不一樣」；(4) 人們認可、尊崇與感激這個安全的交流。（Richardson；引自 Munro Hendry, 2007, p. 496）

這種神聖性的地方可以透過**實務中的敘說倫理**加以創造，在其中我們

關注從傾聽與分享參與者故事過程中衍生的倫理議題。我們透過和參與者建立信任的關係，尊重其尊嚴與尊崇其人性的神聖不可侵犯性，進而創造這個神聖的地方。因此敘說探究成為研究者與被研究者互相交流的場域，在其中他們以彼此探究與有意義的對話產生相互連結（Munro Hendry, 2007），以確保研究本身的誠信。

▌透過反思發展實踐智慧（倫理判斷）

到目前為止，已經討論了何以我們需要超越 IRB 的倫理要求與 AERA 的倫理準則，從**實務中的敘說倫理**發展批判意識，並以此種意識來思考從在地性敘說研究各個面向衍生的倫理議題，以尊崇我們的參與者其人性與尊嚴。接著，我們如何處理實務中的敘說倫理呢？當我們遭遇道德困境時，我們如何成為有智慧的決策者？我的確沒有關於「如何」落實實務中敘說倫理的規範性準則，主要的原因是倫理不是一組流程，而是「關於尊重、受益與關係的決策或判斷」（Rallis & Rossman, 2010, p. 496），第二個原因是倫理「並非僅能適用於特定案例的合乎邏輯的規則」（Zylinska, 2005, p. 36）。每一個案例都代表不同的倫理議題，需要不同的處理方法。這種倫理議題是「任何行動中的驚喜成分」，Zylinska 認為「不能──『或許』也不應該能──被精熟」（p. 48）。我們可以做的是透過實踐「長久性警覺」（p. 48）以及對「與特定、歷史性有關的事件」（p. 59）保持敏銳來投入於「要求**不斷重新判斷**」（p. 48）的倫理議題中。

實務中的敘說倫理，如同我們在 Jodie 的問題中所看到的，與在 Rallis 和 Rossman 以及 Zylinska 的研究中所看到的，都呼籲將**判斷**作為處理我們在敘說探究中所遭遇的特定倫理議題的方法。因此，也許敘說研究者應該要努力發展我們的倫理性判斷，或是亞里斯多德所說的**實踐智慧**（phronesis）。**實踐智慧**是我對那些已經是實習老師的學生們提倡的，現在，我要向敘說研究者提倡實踐智慧的發展。讓我仔細說明。首先，請看

看我對 Jodie 在她研究場域遭遇到的倫理議題的回應：

> 我的想法是為什麼不。如果他們請求你的協助，為什麼不幫助他們。那樣，你就不是只「利用」他們來進行你的研究，根據他們的要求，你所提供的協助將使他們獲益，如此一來，研究關係將變成相互性與關係性。此外，你並不是去那邊評價老師的，所以你的協助並不會「扭曲」你的研究結果。這是我的想法，但是，你必須使用你的實踐智慧來判斷你的行動。

所以，關於**實踐智慧**，在過去十年來，強調實踐智慧（希臘文的道德、倫理判斷）的「新亞里斯多德主義」在教育界已經復活，將教育實務與反思和實踐加以連結（詳見 Kemmis & Smith, 2008; Kristjansson, 2005）。在《尼各馬科倫理學》（Aristotle, 1985）中，亞里斯多德認為道德價值是每個人都有的美德之一，而實踐智慧是一種統整性的美德，是心靈的本質習性。他將實踐智慧定義為「掌握真理、涉及原因、關注對人類來說什麼是好或壞的行動的一種狀態」（p. 154 [1140b]）。對亞里斯多德來說，實踐智慧是一種道德與智性的美德，是根基於人類「在對的時間、對的地方，用對的方法，來做對的事情」（MacIntyre；引自 Carr, 2004, p. 62）的本能。實踐智慧是道德性與倫理性的判斷，謹慎與智慧地行動，而非只是擁有**知識體系**（*episteme*，知識的一般內容）或**技術**（*techne*，技巧）。它是將一般知識與技巧以符合某特定脈絡且具實用、適當與敏銳性的方式加以落實的能力（Dunne, 2005）。因此，實踐智慧需要我們聚焦於如何於特定情境中智慧地行動，並且以強化覺察為基礎尋找有用的行動方針，同時對特定時間與地點的特定性有所瞭解（Aristotle, 1985）。

實踐智慧與需要反思的慎思明辨有深刻的關係，慎思明辨是指「瞭解特定具體案例與情境的複雜或模糊性」（Kessels & Korthagen, 1996, p. 19）。因為敘說研究的情境是複雜的、模糊的與不可預測的，所以不只是

單純地運用研究知識與技術，實踐智慧要求研究者有所反思，關注情境的特定性，這種能力是敘說探究者必須透過反思、行動、練習與研究的實務經驗才能獲得的（Korthagen & Kessels, 1999）。我們需要發展實踐智慧以處理敘說探究中的模糊性、不確定性與不可預測性。當我們在設計敘說探究時，我們對實踐智慧的承諾是有信心地執行具倫理性之研究的必要條件。

我們要如何發展**實踐智慧**呢？具體改善我們的實踐智慧，以引發敘說探究者具倫理性研究實務的方法是什麼？我認為**反思性**（reflexivity）在發展實踐智慧時扮演重要的角色。我們瞭解實踐智慧強調反思，但應該超越反思。如果反思是後退一步，反思性就是從研究歷程中後退兩步（Carr, 2004; Jenkins, 1992）。後退的第一步是對研究主體進行客觀性觀察的反思；後退的第二步是對觀察反思的反思。因此，具反思性的研究者不僅是報告研究「事實」，也要瞭解在研究歷程中依據實踐智慧與其角色所採取的行動。研究者將其行動與其他資料放在相同的嚴格審查標準之下，回應「我如何知道我所知道的？」或「我如何做到具倫理性？」這些問題，而不是只報告研究發現（Hertz, 1997; Jenkins, 1992）。

反思性的概念逐漸被用來作為改善質性研究嚴謹性的方法，而非為了符合倫理目的（Guillemin & Gillam, 2004）。一般而言，反思性被理解為是研究者對研究歷程的批判性反思，包括哪些因素會影響研究計畫與結果、研究者在研究歷程中扮演何種角色。依此概念，反思性的目標是要提升研究的品質與效度，並且辨識所產出知識的限制，以產生更嚴謹的研究，讓質性研究「至少是準客觀性」（Foley, 2002, p. 473）。例如，Foley（2002）提出四種反思性類型，包括告解式、理論式、文本式與解構式，但是沒有包含倫理層面的。[4] 因此，Guillemin 與 Gillam（2004）主張對具倫理性的研究來說，反思性相當重要，他們表示：「反思性是一種有用的概念性工具，幫助我們瞭解質性研究中的倫理本質，以及可以如何達到研究中的倫理實務。」（p. 263）McGraw、Zvonkovic 與 Walker（2000）

也使用反思性作為倫理研究的一部分，他們表示反思性是一種「歷程，在此歷程中，研究者將自身與實務放置在審視之下，以確認持續存在於研究歷程中並且會衝擊知識產出的倫理困境」（p. 68）。此外，Rossman 與 Rallis（2010）認為「深具道德的研究者是倫理反思性的實務者」（p. 380）。然而，Rallis 與 Rossman 將嚴謹的倫理推論稱為「**關照反思性**」（caring reflexivity）（p. 496），意指單憑反思性是無法充分保證執行具倫理性的實務。存在於關係中的關照與尊崇研究參與者，成為反思性的核心，但是如果研究者沒有運用她的實踐智慧，關照反思性不必然會帶來更具信賴性的研究（Rallis & Rossman, 2010）。

很顯然，在倫理議題、實踐智慧、反思性與關照之間存在著相互連結。倫理議題可以透過倫理判斷（實踐智慧）來加以處理，而倫理判斷需要透過整個研究歷程中的關照反思來進一步發展。一個具關照反思的敘說探究者會尊重研究參與者的尊嚴與正直，當在維持身為研究者的正直時，會特別關注日常生活的敘說倫理。換句話說，我們愈具反思性，愈能夠在日常倫理情境中運用實踐智慧。敘說探究者必須是一位實踐的研究者，以關照反思性來導航敘說研究的世界。

質性寫作或科學性寫作

在本章，我想要討論的最後一個關於敘說研究設計的主題是寫作。如果我說寫作是學生研究者最少關注的部分，尤其是在研究設計的時候，你會不會覺得我太主觀判斷了？你有沒有曾經想過要閱讀一本關於學術寫作的書或是修讀一門寫作課以接受正式訓練？如果你曾經有過，我建議你去做。但是，事實是我們修讀了許多研究方法的課，也許因為它們是必修，但我們很少修讀寫作課。在許多博士班課程，學術性寫作課並非必修，而是選修，意味著寫作的事情，你要自己處理（成敗全憑自己）。

我必須坦承，身為一位博士班學生時，我只是認為我不需要，所以沒

有接受任何學術寫作的專業訓練或任何寫作課程，我從來沒有想過要修寫作課，雖然一些進階質性研究課程有提到寫作。我想到的是寫作課程是為了專業作家開設，而不是為了研究者。如果我有時間修其他課，我或許會修更多研究法課程。我相信既然我知道傳統博士論文的主要架構（緒論、文獻回顧、方法、結果與討論），我就擁有足夠的寫作技巧。我太羞愧了！

然而，有一本書讓我免於繼續丟臉，是 Becker 的著作 *Writing for Social Scientists*（Becker, 1986），我在一堂研究生導論課程中讀到這本書。你知道是 Becker 讓我知道文獻回顧的重要性，他的著作再次挑戰我對學術寫作的認知。我的意思是，我一直以來都相信我應該使用具優雅詞彙的學術性散文來進行學術寫作，以讓我看起來是「聰明」的，我要讓自己成為學術菁英，而這似乎是研究生的文化，就像是 Becker 舉例的研究生一樣，我就是那些「知道簡單的英文，卻不想用它來表達得來不易的知識」（p. 41）的學生之一，而他具說服力地反駁了我的誤解，他說：「如果我們用優雅詞彙來寫作，我們所表現出來的是我們比一般人聰明，有更好的理解力，瞭解他們無法瞭解的事情，所以他們應該要相信我們。」（p. 34）這正是敘說探究者要避免去做的事情！Becker 成為我的理性之聲，因為他更正了我對學術寫作的誤解。Becker 也提醒：「知道提示並不能解決問題，除非你將這些提示變成習慣性事務，否則它們不會發揮功效。」（p. 165）我們多數人，尤其是質性研究者與敘說研究者，並沒有將寫作變成「習慣性事務」。

在 Becker 的著作出版約十年後，社會學家與公認的質性研究者 Laurel Richardson（1994）揭露了她從沒跟任何人提過的對許多質性文章的不喜歡，她說道：「三十年來，我對許多堪稱佳作的質性研究感到意興闌珊，許多文章我是讀一半，瀏覽一半。」（p. 516）聽起來很熟悉嗎？她進一步指出「學生被訓練進行觀察、傾聽、詢問與參與」（p. 517），然而他們學習寫作的訓練就像「撰寫」研究，而非用一種發現的方法。她

感慨質性研究的訓練如何合理化這種機械模式的寫作，縱使這種模式讓研究者的創造力與敏銳度停止運作。

　　你認為這種趨勢已經改變了嗎？也許沒有。它看起來像是一隻固執的「水蛭」，一個無法擺脫、根深蒂固的習慣。以 Helen Sword 為例，她是一位學者、獲獎的老師與詩人，在紐西蘭的奧克蘭大學任教，於 2012 年出版了 *Stylish Academic Writing* 一書。為了寫這本書，她檢視了一個資料庫，裡面有一千篇來自科學、社會科學與人文的學術文章，她想知道在學術領域中採用了哪一種「優雅格調」的寫作。她發現教授們還是相信「一種枯燥乏味的寫作風格是一種學術生存的技巧」（p. 7），他們多數人還是認為這是科學寫作，更不用說這是學術期刊編輯想要看的。Sword 問：「所以，何以大學——學術性機構致力於追求創造力、研究創新、同儕交流、對傑出表現的高期待以及對多元學生人口群的教育——卻產生如此多無趣、千篇一律的文章？」（p. 6）關於學術寫作的文章並不少，Sword 發現在不同學科有超過五百篇，在 2000 年至 2010 年之間有一百篇關於寫作指引的文章發表，而且多數是以學生及研究者為對象。姑且不論有這麼多的寫作參考資源，多數的研究者仍然習慣寫出和發表令人感到無聊的文章。挑一本你的專業領域中有審查制度的期刊，開始閱讀，你會發現你就像 Richardson 一樣，開始對沒有人味的、生硬的、權威性的、充滿專有名詞以及抽離的文章感到意興闌珊，對吧？ Richardson（1994）表示：「我們的文章令人感到無趣的原因是透過專業社會化、酬賞與處罰的過程，我們被同質化了，我們的自我意識被減弱了。」（p. 517）我認為這種對同質性的堅持，傳統上認為是學術寫作的特色，賦予研究者無所不知的聲音，且凌駕於其他個別性的聲音之上，是何以這麼多質性研究者（更不用說量化研究者）仍然堅持「科學寫作」傳統觀點的原因之一。

　　近年來，我發現在我的教學法課程中有不少來自化學系或生物學系的博士班學生，而這門課跟他們的專業一點關係都沒有，所以我詢問他們想要修課的原因。他們表示希望未來獲得中學教職之後可以成為更好的老

師，還說在他們的學科，他們被訓練成為好的研究者，而非好的老師，所以他們就像教學助理一樣掙扎於教材教法。因此他們的指導教授開始要求他們來教育學院接受訓練以成為更好的老師。同樣地，我們想要跟英語學系借一些專業知識來幫助我們的研究寫作，Sword（2012）指出研究者都缺乏正式的寫作訓練，她表示有些學者在缺乏正式訓練的情況下，很幸運能成為優秀的寫作者，但是多數的研究者沒有辦法發展與改善寫作能力。或許對我們多數人來說，這是一個下學期到英語系修讀寫作課的好時機，如果那是一門具創造性的寫作課，將會更棒。誰有興趣？

我擔心我像是在宣教，但是希望你有抓到我的重點。我的重點是寫作是研究設計中重要的一部分，既然「學術寫作是一種智性選擇的歷程，而非遵循僵化的規則」（Sword, 2012, p. 30），依據你選擇的寫作類型而定，如果你及早開始寫作，它可以形塑你的研究設計。例如，Becker（1986）建議在研究初期就開始寫作，甚至在蒐集資料之前，因為你可以盡早滌淨你的想法。這個建議跟一般先做研究再「把它寫下來」的想法很不一樣。再次發現這個觀點與 Richardson 的建議相呼應：將寫作視為一種探究的形式或發現的形式。將寫作當作一種探究的形式，對敘說研究設計來說是關鍵的因素，值得我們關注。Bochner（2012）強烈地倡導敘說探究是自傳式民族誌與令人激發聯想的寫作（詳見第四章），假設敘說探究的目標不僅是呈現觀點，也要進行**溝通**，並且要求研究者不能將自己看成報導者，而是作家（就像 Becker 與 Richardson 所說的），他說：

> 如果我們的研究對讀者來說意義重大 —— 作為意義的行動——我們的寫作就必須吸引、喚醒與激發他們，邀請讀者與我們研究所描述的事件、感受、突發事件、矛盾、記憶與慾望進行對話。後續產生的問題是：我們應該如何書寫人類經驗呢？（p. 158）

的確如此，我們在敘說探究中應該如何書寫人類經驗呢？這是一個敘說探究者在進行研究設計時，都需要去問的。此外，我們如何將敘說寫作當作研究設計歷程中美學遊戲的一部分？我們如何將敘說探究的寫作與其他質性研究的寫作加以區分？敘說寫作有一定的特徵嗎？跟我來。

將敘說寫作想像成美學遊戲

> 我收到一份文本，這份文本讓我覺得很無趣。它根本是瞎扯⋯⋯你對我演說，以便我可以閱讀，但是除了這個演說，我對你一點意義也沒有⋯⋯畢竟你寫下的這個文本是遠離喜樂的，而且這個胡扯的文本是一個毫無溫度的文本，在慾望與神經官能症出現前，任何的需求都是毫無溫度的⋯⋯你所寫的文本必須向我證明**它渴望我**，這個證明是存在的：它就是寫作。寫作是一種各種語言喜樂的科學，它是愛經（Kama Sutra；這個科學只有一篇論述：寫作本身）。（Barthes, 1975, pp. 4-6；粗體字為引用文獻所強調）

當我在這裡引用巴特的觀點時，我覺得相當尷尬，好像巴特是直接對著我談論我的文章一樣，我將下列這段話謹記在心：「你所寫的文本必須向我證明**它渴望我**」。巴特將慾望與愛經的寫作加以連結，我查了一下線上字典，愛經是一本記載愛與技巧的古代梵語論文，我認為巴特將寫作看成一件渴望與讀者親密的事，透過個人的寫作向讀者展現愛的藝術。巴特呼籲透過我們的敘說寫作來呈現美學遊戲，邀請讀者享受這個遊戲。有許多敘說的形式，這是下一章（第四章）的主題，但我想要思考的是不管我們選擇何種敘說類型，**渴望**讀者而非只是對讀者**說話**的寫作要素是什麼。

▌創造虛擬真實／逼真性

　　我想要思考的第一個要素是**虛擬真實**或**逼真性**，是指可以讓讀者間接地經驗到文本的真實，產生共鳴。我要討論與模糊性和隱喻有關的虛擬真實。首先，虛擬真實或逼真性是「可以想像的經驗」（Bruner, 1986, p. 52），對讀者來說，在閱讀時這些經驗好像是真的，即使這些經驗事實上離讀者的真實很遠。透過虛擬真實，讀者可以理解文本，因此間接或虛擬地經驗了在文本中呈現的事件或故事。在這裡我們可以遵循文學理論家 Iser 的邏輯，Iser（1974）建議我們的寫作應該要有兩極：藝術的與美學的。「藝術的是指作者所創造的文本，美學的是指讀者所形成的理解」（p. 274）。所以，我們的文本（藝術的）會依據讀者美學的理解（不一定與文本的真實相同），而讓讀者產生不一樣的經驗。為了讓我們所寫的文本有自己的生命，文本必須被讀者所理解，然後，當讀者在執行閱讀任務時，發揮想像力，那麼讀者的理解就會出現。因此，敘說寫作提供文本虛擬世界給讀者，敘說寫作應該是一種美學遊戲，讀者在其中與作者一起參與「想像的遊戲」（p. 275）。當我們讓讀者和我們自己的想像力保持活躍時，我們可以產出具美學的文本，以製造讓讀者可以理解的虛擬真實或逼真性。因此，這種虛擬真實讓讀者有可能「書寫自己的虛擬文本」（Bruner, 1986, p. 26），在虛擬文本中，故事的多元意義可以被理解。如此一來，我們的故事可以同時具有巴特呼籲的「讀者性」（readerly）及「作者性」（writerly）。所以，Bruner 鼓勵我們書寫能夠吸引讀者想像力的文本，能夠鼓勵讀者「在文本引導下表現意義」（p. 26）的文本，Bruner 表示：「跟巴特一樣，我相信作者給讀者最大的禮物就是幫助他變成一位作者。」（p. 37）

　　有方法可以幫助我們達到這種同時具有「讀者性與作者性」的虛擬真實嗎？Iser 建議如果我們提供完整的故事給讀者，或是為讀者打理好一切，那麼就沒有留下任何空間給讀者，也就是讀者的想像力將無法進入文

本，將導致我們多數人（包含 Richardson）在閱讀質性研究文本時，常常感到無趣，這種無趣是起因於文本缺乏**模糊性**。

模糊性跟虛擬真實有密切關聯，它的重要性在於讓我們的敘說寫作為讀者留下想像的空間。事實上，我認為在我們的敘說寫作中沒有留下一定的模糊性是不可能的，當我們面對的是充滿謎題的生活經驗與不斷變化的人類行為和意圖時，我們如何能夠精確地書寫自我與他者的故事？敘說寫作會有一些模糊性，或是一些空白，需要由讀者的想像力來填補（Barone & Eisner, 1997），此時可以使用「敘說平順化」的策略（詳見第六章）。我們知道傳統的研究者認為模糊性的文本是有問題的，因為他們的目標是要降低不確定性，因此會消除所有可能的模糊性陳述。另一方面，追求確定性並非敘說研究者的目標，這是敘說人類學家 Bateson 的主張，她說：「模糊性是生命中的經線，而非需要被消除的東西。」（Bateson；引自 Clandinin & Connelly, 2000, p. 9）研究者可以藉由省略某些細節來產生模糊性，這是激發讀者想像力的有效方法，而不是為讀者布置每個細節，讓所有事情成為定局。另一個促進模糊性與虛擬真實的方法是運用**隱喻**。

我們可以使用**隱喻**來幫助讀者進行想像，而非把所有的細節都提供給讀者。隱喻是內隱性與暗示性的，幫助我們依據一件事情來理解另一件事情，我們使用隱喻作為理解與整合發展歷程的方法（Santostefano, 1985）。Richardson（1994）認為隱喻是質性研究寫作的脊椎，Lakoff 與 Johnson（1980）的研究是日常生活隱喻的範例彙編，他們認為所有的語言都深具隱喻性，體現我們的生活經驗。他們表示：

> 尋找個人的隱喻以讓我們的過去、現在的行為，以及我們的夢想、希望與目標可以被突顯且有條理。自我瞭解中很大的一部分是尋找適當的個人隱喻以理解我們的生活。（p. 232）

當我們在敘說研究文本中使用隱喻時，它會讓抽象的概念變得比較可

以理解也比較平易近人，並且允許讀者可以產生不同的觀點，進而對文本產生不同的詮釋。隱喻是象徵性的意象，透過隱喻可以隱微地將意義傳達給讀者，因此，隱喻幫助讀者依據自身的理解，共同創造與共同詮釋文本主角的生活經驗。在某種程度上，可以類比成鼓勵讀者運用自身的想像力，來理解從虛擬真實產生的生活經驗中的意義。依據 Barone（2000）所言，是這種類比性的理解，讓讀者可以從自身的有利位置，來參與創造意義的歷程。

▌忠實呈現被述說的故事

當敘說探究者使用文學修辭方法，例如**隱喻**與**模糊性**來創造**虛擬真實**時，我們需要謹記在心的一件事情是，我們的寫作要**忠實**呈現發生在參與者身上的事。**忠實**是區分研究故事與休閒故事的特徵之一，因為**忠實**這個詞意指某事值得信任。Blumenfeld-Jones（1995）認為**忠實**是評估敘說探究的一個指標，將敘說探究與社會科學和藝術加以連結。他從 Grumet 的陳述中引用忠實的概念：「這些故事的標準是忠實而非真相。」（引自 Blumenfeld-Jones, 1995, p. 26）Blumenfeld-Jones 指出真相是在一個情境中發生的事（事情的真相），忠實是它（事情）對說故事者的意義（忠於那個人發生了什麼事）。依據 Blumenfeld-Jones 所言，忠實指的是在述說者與傾聽者（研究者）之間的連結，藉由尊崇被述說的故事以及維護述說者的價值與尊嚴而產生。由於瞭解到最早的敘事者也是在重新建構自身的經驗，敘說探究者必須同時忠於個人的故事以及故事中個人無法描述的部分與其意義。Blumenfeld-Jones 表示：「敘說探究是一種存在於意圖與重新建構中的人為努力，這種人為的努力將忠實與敘說探究帶入藝術歷程的舞台。」（p. 28）

尊崇我們的參與者所述說的故事及保持忠實的方法之一，是使用脈絡化與在地的語言。相較於社會科學家所用的語言，通常都是線性、分析性與過於技術性，研究者使用在地的語言，亦即方言，有利於邀請更

大範圍的讀者。一個忠於研究資料的敘說文本，取決於研究者使用參與者在特定脈絡中所用的在地語言（Barone & Eisner, 1997），在地性的說話形式有助於讓文本對任何讀者來說，都是非常容易理解的，可近性（accessibility）成為敘說探究的一個特點（Barone, 2000）。

▌敘說探究者的聲音

另一個敘說寫作中很重要的要素是研究者的聲音，當你組合敘說探究的內容以書寫他人的故事，使用他們的在地語言時，你會遭遇到一個兩難困境：我的聲音呢？或者你會問：「我是否應該隱藏自己的聲音，以更佳地呈現參與者的聲音？」你將會掙扎於想知道如何平衡自己與參與者的聲音，同時試圖創造一個*渴望*讀者的研究文本。即使美國心理學會（APA）出版的手冊在 1974 年已經倡導使用人稱代名詞（Sword, 2012），你們多數人可能都還被訓練在研究寫作中要避免使用*我*和*我們*，以維持客觀的作者立場，就像一位「科學家」。我們被教導用高度主觀與第一人稱來書寫的研究者是「冒著讓同儕覺得不專業或自我放任的風險」（Sword, 2012, p. 43），因此，需要運用我們的實踐智慧來尋找此種平衡。

研究者的聲音是研究設計的一部分，因為代表著研究者的決策如何在研究文本中被呈現，所以很重要（Geertz, 1988），它是呈現「另外一種方式所表達的『*觀點*』之*獨特性*」的一種方法（Holquist, 1994, p. 164；楷體字為引用文獻所強調）。因此，我們必須去思考如何維持我們聲音的平衡：研究者的聲音太過強勢，會被指控濫用主觀性；研究者的聲音太微弱，會冒著沒有徹底思考的風險（Clandinin & Connelly, 2000）。Deborah Britzman 表示：

> *聲音是表達個人內在的意義，聲音讓個人可以參與社群……*
> *當一個人嘗試要與他人溝通意義時，就會努力發聲，這個過程包*
> *括尋找字詞、為自己說話，以及感受到被他人聽見……聲音意味*

著關係：個人與其經驗意義的關係、與語言的關係、與他人的
關係，因為理解是一種社會歷程。（引自 Connelly & Clandinin,
1990, p. 4）

　　依循 Britzman 對聲音的觀點，我們可以從我們與參與者間充滿意義
的關係中，用內隱或外顯的方式來建立我們的聲音。就像之前所討論的，
敘說探究是一種研究者與參與者相互述說故事的合作歷程，在其中兩人
的聲音都會被聽見。因此，我們需要思考參與者與研究者聲音的多元性
（詳見第二章對巴赫汀複音的討論），以及思考在研究文本中我們所有
人都是擁有多元情節線的角色（Clandinin & Connelly, 2000）。因此，我
們的聲音可以作為詮釋多元主體立場，以進行反思性重構的場域（Pinar,
1997），讓個人性的變成社會性的，如此可以鼓勵我們的敘說寫作促進讀
者的**敘說想像**（Nussbaum, 1998）。

▌培養敘說想像

　　最後，關於敘說寫作我想要討論的是**敘說想像**（narrative
imagination）的概念，這是美國哲學家 Martha Nussbaum 所提出的概念。
當我們探索敘說寫作所需的要素時，到目前為止我們已經討論了三個主
要的要素：**創造虛擬真實、忠實於被述說的故事**，以及**敘說探究者的聲
音**。我認為這三個要素都是培養讀者敘說想像的必要因素。

　　在其具開創性的著作《培育人文》（*Cultivating Humanity, 1998*）
中，Nussbaum 認為成為受過教育的公民，意味著學習更多事實與推理技
巧以外的知識，意指學習「如何成為一個有能力去愛與想像的人」（p.
14）。她相信高等教育的角色在於培養她所說的**敘說想像**。Nussbaum 認
為敘說想像是：

　　　　一種可以站在他人的立場來思考這件事情可能是什麼樣子；

成為聰慧的讀者閱讀他人的故事；以及瞭解他人可能會出現的情緒、願望與慾望的能力。（p. 11）

對 Nussbaum 來說，**敘說想像**是民主與文明世界公民一定要具備的特質，要能夠超越自身所在的區域或團體來瞭解他人的生活。可以將**敘說想像**理解為有意識與富有同情心地思考他人的觀點，它是一種包含解構與超越我們既定想法和偏見的歷程，最後會擴大我們的同理性理解（cmpathic understanding）。Nussbaum 主張透過教育我們可以培養學生的敘說想像，致力於教育他們成為民主的公民。Nussbaum 也主張文獻在發展敘說想像時扮演重要的角色，換句話說，藉由閱讀文獻，我們投入他人（或角色）的故事，而他人的故事幫助我們察覺「被忽視者的世界——至少這是社會正義的開端」（p. 94）。

這裡，我想要將我們的注意力放到 Nussbaum 所說的故事的角色。她主張我們透過文獻所閱讀他人的故事，可以幫助我們培養敘說想像，擴大我們的同理性理解。[5] 因此，對我來說，Nussbaum 認為敘說探究的潛在角色，是培養敘說想像的敘事方法論，如果敘說探究者所寫的故事可以促進讀者的敘說想像以及讀者的同理性理解，我認為我們就更接近敘說探究的目標了。

我們要如何寫出一個如 Nussbaum 所說的，可以促進讀者敘說想像的故事？我們的故事必須是具有**說服力**的。我們的敘說寫作應該有**道德說服性**，讓讀者投入想像的過程，以思考研究參與者的觀點，將新的與不同的事情視為可能與重要的，如此一來，讀者可以加入解決研究所提出的人類問題的行列。依據 Barone（2000）所言，一個具說服力的故事，具有促進批判性反思的能力，進而導致讀者重新建構其價值體系。Barone 認為一個好的故事可以說服讀者去重新思考，故事角色所呈現有助益的替代性意義。透過具說服力的故事，鼓勵讀者用敘說想像去思考他人的觀點，鼓勵讀者去檢視自身觀點與價值中不足之處。

在這個段落，我討論了如同**渴望**讀者的美學遊戲，一般的敘說寫作要具備的可能要素，包含了創造虛擬真實／逼真性、忠實於被述說的故事、敘說探究者的聲音與培養敘說想像。還有其他我沒有討論到的要素，例如觀點、作者距離、敘說者的可靠性等等（Barone & Eisner, 1997, 2012; Coulter & Smith, 2009）。但是我想你已經抓到我的重點。Ruth Behar 是一位廣受讚賞的敘說探究者與人類學家，她建議：「寫作必須用優雅、細緻、看見細節、聽見出乎意料的領悟、對語言極度尊重……以及對美有所熱愛的方式來完成。」（Behar, 1999, p. 477）我完全同意。作為一種美學遊戲的敘說寫作應該喚起讀者的敘說想像，而敘說寫作的工作應該在研究設計歷程中及早開始。

結語：你的心歸屬於何處

在本章，我們討論了敘說研究設計就像美學遊戲一樣，當我們以此理解來接近我們的探究設計，就沒有必須堅持的生硬計畫。我們的研究設計歡迎演變、開展與發現，在其中允許我們的敘說探究說自己的故事。以此理解，我希望你感受到敘說探究是**你的心歸屬的地方**。

反思

- 在設計你的敘說探究時，哪些議題需要被考量？
- 哪一個敘說探究設計的要素，是你認為你最需要改善的？
- 你如何想像在你研究領域中的生活，以及你和參與者的關係？

活動

1. 在閱讀人文取向研究的七項準則之後，看一下表 3.5，試著填寫表中的空白處，並寫下你的研究如何符合這些準則。

表 3.5　瞭解人文取向研究的七項準則（AERA, 2009）

	定義	要思考的要素	你的研究
1. 重要性			
2. 方法			
3. 概念化			
4. 實證性			
5. 一致性			
6. 溝通的品質			
7. 倫理			

2. 說明符合你的敘說研究設計的敘說探究目的，以及初步的研究問題。

3. 練習用**渴望**讀者的方式書寫一篇短篇故事（虛構的、傳記式的或自傳式的）。試著納入敘說寫作的要素。

註釋

1. 我無意暗示 Joan Backes 是逐步線性的創造這三個裝置藝術，事實上，圖 3.3 比圖 3.1 更早完成。我用每一個裝置藝術作為視覺象徵來介紹研究設計的歷程。我感謝她同意讓我與她的裝置藝術進行「遊戲」。

2. 這些準則是為了補充 2006 年公布的實證性社會科學研究準則（AERA, 2009）。

3. Connelly 與 Clandinin（2006）提出七個養成敘說性思考習慣的關鍵因素，然而，在這個段落，我沒有列出最後三個因素，包括研究者─參與者關係、研究持續時間以及倫理議題，因為就像他們所說的，這三個因素並非敘說探究獨有。我在本章後面的研究設計部分，單獨討論它們。

4. 在本章，我將反思性放在倫理面向來關注。在第八章會將反思性當作方法論的因素來討論。

5. 其他哲學家，例如 Mead 與 Arendt，對敘說想像與同理性理解的更多討論，請見 von Wright（2002）。

CHAPTER *4*

敘說研究類型：
讓故事應運而生

思考的問題

- 敘說探究中有哪些敘說研究類型？
- 你最感興趣的敘說類型是哪一種？原因是？
- 哪一種敘說類型最適合你的研究設計？

前 言

　　Bryan 某一天再次打電話給我，這一次，他有許多想法。他跟我說他想到一些前個案可以成為訪談的人選。

我：　　你想和他們做什麼？

Bryan：（得意地）我想訪談他們。

我：　　是的，我知道。但是我的意思是，你想從訪談中蒐集哪些故事？

Bryan：（遲疑地）嗯，我想蒐集他們的個人故事，關於……就像是什麼原因讓他們來諮商中心，以及他們在第一次或第二次諮商後，就不再來的原因。

我：　　然後呢？

Bryan：然後……我想知道我們可以做什麼讓他們願意繼續來中心。

我：　　聽起來不錯，但是一旦你蒐集了故事，你將如何在你的研究中重現這些故事？

Bryan：你的意思是？

我：　　我的意思是，一旦你蒐集了故事，你就必須選擇一種敘說類型，用這個類型來向讀者重新述說故事。我的意思是，你可以用傳記式的形式來重說故事，包含了口述歷史或生命歷史，或是你可以寫教化小說（Bildungsroman），或是你可以使用文學形式，包含了短篇小說、創造性非虛構小說、虛構小說、長篇小說、詩等等。

Bryan：什麼？虛構小說？教化小說？長篇小說？我的博士論文甚至可能
用虛構小說的形式來寫？

你們之中有些人會困惑要如何在研究中呈現參與者的故事，就像
Bryan 一樣，你可能沒有想過有不同的敘說研究類型，包括虛構小說、
創造性非虛構小說與攝影敘說。本章的主題是關於敘說研究類型（或形
式）。當你開始思考你的研究設計，包括研究主題、研究問題與文獻回
顧，你知道你想要說關於誰的以及什麼類型的故事。因此，本章的主題
是要幫助你決定呈現這些故事的方法，聚焦在敘說研究的不同形式（類
型）。

敘說探究者就像一位助產士

在第一章，我們知道敘說就是構成一個故事，而敘說探究是一種敘事
方法論，幫助我們研究經驗的故事與敘說。Schafer（1981）將此稱為「敘
說行動」（narrative actions）的述說（p. 31）。透過敘事的敘說行動，我
們試著瞭解人們的經驗，而這又幫助我們更瞭解這些經驗對人們的意義。
所以，我們要述說誰的故事？我們的敘說行動包含了述說我們自己的故事
（自傳式）或是他人的故事（傳記式）兩者之一，或是敘說行動可以結合
這兩者，歷時性且（或）同步性地以獨白、對話、交談、論述或溝通的形
式來呈現。如此一來，我會說敘說研究可以被廣泛地描述為自傳式或傳記
式，或兩者同時並存。因此，你也許想要先思考你的敘說探究要採用自傳
式或傳記式，或是兩者兼具，這是敘說研究設計歷程的一部分。接著，你
可能會進一步想要思考最後的研究文本要採用的形式。這會引導你對敘說
形式或敘說類型有更仔細的思考。

Abbott（2002）將**類型**（genre）定義為「一種經常性的文學形式」
（p. 49），一個文本可以同時結合兩個以上的類型。我認為敘說研究類型

是一種敘說探究文本的形式，可以包含自傳、自傳式民族誌、自傳研究、口述歷史、生命故事／生命歷史、教化小說（個人成長的故事）以及藝術為本的敘說研究，是研究者將藝術整合到敘說探究中，例如文學藝術（比方說短篇小說、虛構故事、創造性非虛構小說、詩、戲劇等等）與視覺藝術（比方說攝影、影像藝術、繪畫、圖畫等等），如果我們採用 Abbott 關於類型的概念，我們也可以在敘說研究中結合兩個以上的類型。

選擇一種敘說探究類型和決定如何重新述說（呈現）你所蒐集的故事有關，換句話說，我們身為「研究者─敘事者」（Barone, 2007, p. 468）必須以最能呈現研究資料的敘說形式來組合故事（研究資料）。依此概念，敘說探究中呈現的故事，就如同 Abbott（2002）所說的：「總是被調節──被聲音、寫作風格、攝影角度、行動者的詮釋加以調節──所以我們所稱的故事，真的是被我們建構而成的。」（p. 20）因此，敘說探究者的任務之一就是基於對本體論（第一章）、知識論（第二章）與方法論（第三章）的瞭解，來調節故事，讓故事應運而生，亦即一位敘說探究者扮演助產士的角色，讓故事應運而生。

在我自己的敘說探究中，我覺得我像是一位助產士，努力要為我的參與者所構想的故事接生。我需要艾莉西亞（Eileithyia）這位希臘神話故事中助產女神的協助，我需要有艾莉西亞的精神，努力將故事帶入我的研究文本中。在進行到資料分析與博士論文文本的交會處時，我寫道：

> 在建構故事時，身為研究者的我扮演「助產士」的角色，細心地為主角的故事接生，同時保持忠實性，忠實是主角與我之間的連結。用助產士來比喻敘說探究者，是試圖將研究者從傳統的位置移走，傳統的研究者是「站在訊息提供者的背後指出他們無法看到、做到或說出來的內容」（Britzman, 1995；引自 Lather, 1997, p. 252）。助產士的隱喻意味著研究者的角色是處理「子宮內的東西」，並且與訊息提供者合作以生產「健康、可信賴」的

故事。當然，我也用我的自由裁量權和想像力，就像一位助產
士會做的，來重新建構我所聽到與看到的主角的真實。（Kim,
2005, pp. 57-58）

我把自己定位為一位助產士，用個人故事的意義來調節研究的需求，
同時遠離傳統研究者的權威立場。Connelly 與 Clandinin（1990）也表
示：「敘說探究者從開始到結束都要承擔這個調節的工作，並且在書寫的
敘說中盡可能地體現這些面向。」（p. 8）就像「助產士」會調節敘說探
究不斷發展的面向，我也想尊崇參與者的聲音、感受與經驗。要做到如
此，我必須從一位研究者—故事聆聽者的角色後退一步，就像 Clandinin
與 Connelly（2000）認為敘說探究者：

> 必須完全投入，必須與參與者「陷入愛河」，然而他們也必
> 須後退一步看看研究中自己的故事、參與者的故事以及他們生活
> 中更廣闊的風景。（p. 81）

在離開研究現場，並且開始組合我的研究文本時，我必須尋找方法讓
我從關係中退後，好讓我在看到我的敘說探究所置身的更廣闊風景時，與
我的參與者維持親近的關係。要如何做到這部分是個挑戰。在分析敘說
資料、找尋對參與者來說什麼是重要的以及發現他們的敘說意義時，是
更加地複雜。我必須創造一個「暫時性的距離」（Gadamer, 1975/2006, p.
295），在熟人與陌生人之間的暫時性區分。這個歷程需要「特定形式的
覺醒」（Clandinin, Pushor, & Orr, 2007, p. 21）。

將我自己想像成一位助產士，幫助我帶著特定形式的覺醒進入我正
在調節的故事中，這需要我運用我的實踐智慧（智慧、倫理判斷），思
考敘說探究的三個面向：時序性、個人的與社會的，以及地點（詳見
第三章）。成為一位研究的助產士意味著我在「一種關係性的歷程」

（Clandinin & Murphy, 2009, p. 600），我透過在現場文本與研究文本之間不斷來回地節律性運動，來調節故事，讓故事應運而生。身為一位負責任的故事調節者，我必須思考要用或應該用哪一種形式的故事來完成如此有意義的任務。再次強調，需要透過執行我的**實踐智慧**來實現我的倫理與道德責任（詳見第三章）。

接下來的討論會幫助你熟悉敘說探究的不同形式，讓你可以為你的敘說探究做選擇。就像 Bryan 一樣，而你可能會感到很驚訝！

敘說研究類型

當你們思考要如何扮演調節故事到敘說探究中助產士這個隱喻性的角色時，首先，我要說明的是，你們當中有些人可能會疑惑，是否有必要為敘說探究找到一個敘說形式或類型。例如，你可能對研究自己的故事（自傳）、某人的認同發展故事（教化小說）、某人的整個生命故事或是口述歷史沒有興趣，甚至你會認為你不夠創新，無法寫短篇小說或虛構小說，更別說以視覺為本的敘說探究了。但是，你仍然對參與者生活經驗的故事感興趣，這些故事不必然屬於任何一種類型，如果是這樣，你有一個正當的立場。事實上，許多敘說探究者沒有將他們的研究，歸類到你在本章會學到的敘說類型，因此，我希望你能自在地說你的研究是敘說探究，雖然你的研究沒有屬於特定的敘說類型。

那麼何以我要費心思瞭解敘說研究的類型呢？Catherine Riessman（2013）發現絕大多數的敘說論文都忽略了形式（類型），因為敘說研究起源於戲劇，所以她很困惑何以關注形式的學者這麼少。我同意。我認為關注敘說形式，是研究設計歷程中的一個重要步驟，不只是因為它是區分敘說探究與傳統質性研究的方法，也因為它將會清楚地引導你，讓你知道需要蒐集哪些類型的敘說資料。辨識你的敘說研究類型，會讓你在資料蒐集與寫作時的方向更正確。

為了進行討論，我將**敘說探究類型**分為三種：自傳式、傳記式與以藝術為本的類型。自傳式敘說研究包括自傳與自傳式民族誌；傳記式敘說研究包括教化小說、生命故事／生命歷史與口述歷史；以藝術為本的敘說研究包括文學為本的敘說探究（創造性非虛構小說、虛構小說、長篇小說、詩等等），以及視覺為本的敘說探究（攝影敘說、影像發聲、檔案照片、數位敘事等）（如圖 4.1）。

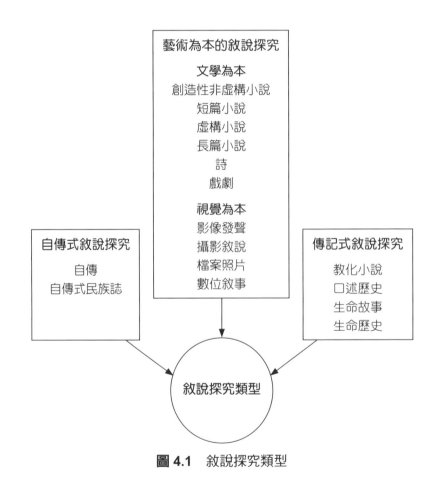

圖 4.1 敘說探究類型

自傳式敘說探究

　　傳奇詩人與作家 Maya Angelou 說道：「沒有比背負一個未述說的故事更令人痛苦的事了。」

　　自傳式敘說探究，包括自傳與自傳式民族誌，是將研究者當作研究主體，使用研究者自身的故事。你們當中有些人可能會認為將自己的故事拿來研究有點不正常，你會問：「我自己的個人故事怎麼可能變成研究？」此外，你認為「談論」別人比談論自己來得容易。這是真的。談論自己的故事，不論輝煌或悲傷，都不容易。事實上，這需要對自己有相當的智性判斷，以避免變成孤芳自賞、過分自省、自戀或追逐私利。例如，當你閱讀 Ronai（1995）關於兒童虐待生命經驗的自傳式民族誌研究，你不是因為覺得她可憐而哭泣，你哭泣是因為你知道這很可能發生在任何人身上，發生在你、你的堂兄弟姊妹或你最好的朋友身上。它不再只是 Ronai 的個人故事而已，你發現你因為 Ronai 以自己為代價，有勇氣為他人而非為自己發聲而尊敬她。透過研究者的個人故事，你必定會轉而關注更大的兒童虐待、性虐待等社會問題。

　　同樣地，你也許有引人注目的故事可以說，就像 Angelou 所說的，你想要分享一個在你內心未被述說的故事，因為自傳式敘說探究幫助我們探索的自我是能照亮更大的社會問題。接下來，我們要探討自傳式敘說探究的兩種形式：自傳與自傳式民族誌。

▌自傳

　　Maya Angelou 寫了七本自傳。有傳言說 Angelou 不想寫任何書，尤其是自傳，因為她認為自己是一位詩人。是傑出的藍燈書屋（Random House）編輯 Robert Loomis 說服她寫自傳。Loomis（嘲諷地）告訴她要把自傳寫得像文學幾乎是不可能，以這樣的說法來挑戰她，Angelou 接受這個挑戰，而結果是她的第一本自傳《我知道籠中鳥為何歌唱》（*I*

Know Why the Caged Bird Sings, 1969）幫她贏得了國際聲望（D. Smith, 2007）。我提及此事是因為身為敍說探究者的我們也會遭遇相似的挑戰。我們面對的挑戰是：要把自傳寫得像研究幾乎是不可能的事。真的嗎？我希望你們有些人願意接受這個挑戰。

雖然有些人傾向把**自傳**（autobiography）與**自傳式民族誌**（autoethnography）交替使用，但知道這兩者之間的差異是有幫助的。自傳式民族誌是自傳與民族誌的薈萃（Reed-Danahay, 1997），因此我們似乎可以說自傳式民族誌是一種包含自傳的類型。事實上，Ellis、Adams 與 Bochner（2011）表示「自傳式民族誌結合了自傳與民族誌的特點」（para. 5），因此先來看看自傳的特點會有幫助。

十八世紀的哲學家盧梭（Jean-Jacques Rousseau, 1712-1778）所寫的自傳《懺悔錄》（*Confessions,* 1782），是最著名的自傳之一。他提供一個很棒的自傳定義給我們，他說：

> 我可能省略或顛倒事實，或將日期弄錯；但是我不可能弄錯自己的感覺或我的感覺對我的行為所造成的影響；而這些是我的故事的主要主題。我告解的真正目的，是準確地揭露在生活所有的情況下，我內心的想法。它是我靈魂的歷史，我已經承諾要重新述說與忠實地書寫，我不需要其他回憶；如果我再次進入內在的自我，如同我至今所做的，就足夠了。（引自 Gutman, 1988, p. 102）

盧梭告訴我們他如何使用自傳作為與自己的自我、靈魂與記憶對話的媒介，他提醒我們，自傳並不是將個人一生發生的事，按時間順序與事實呈現的故事，如果是這樣，個人可能會「省略或顛倒事實，或將日期弄錯」；相反地，自傳是揭露在個人生活「所有情境」中的內在想法與感受。因此，依據盧梭的觀點，自傳是作者將要重述的靈魂歷史。

文學領域的**自傳**（autobiography）是一個總稱，泛指「涉及歷史性自我重現的各式各樣的敘說」（S. Smith & Watson, 2005, p. 357）。自傳尤其是一種認同的敘說建構，回顧性地討論生命如何成為現在的樣子，或是自我如何成為現在的樣子（Martin, 1986）。它為「我」（I）帶來了自我（self），不是假設性或虛構性的。自傳者並非總是嘗試描述他或她已經知道的自我，相反地，是傾向去發現仍等待被自我認識的部分，這些部分「會將所有的過去一起描繪到現今的『我』當中」（Martin, 1986, p. 76）。

Smith 與 Watson（2005）從敘說理論的觀點來理論化自傳，討論「我」如何的分散與臨時性，並且有多個既不穩定也不一致的參照物。他們警告自傳者需要覺察在呈現「我」給多元讀者時會出現的張力與矛盾。換句話說，有時候很難區辨哪一個是虛構小說，哪一個是自傳，就像 Jamaica Kincaid 所寫的書《我母親的自傳》（*The Autobiography of My Mother*, 1996）反映的。

我發現 Smith 與 Watson 的討論相當吸引人，他們點出了當今自傳式敘說在虛構與非虛構形式之間的界限議題。例如，他們處理的問題之一是：「如果一位作家在一場自傳騙局中冒充別人或挪用別人的經驗，會有什麼區別？」（p. 358）他們認為將自傳想成是一種實踐或作為，而非一個單一的類型會模糊了虛構小說與非虛構小說之間的分化界限，依此意義，自傳不再被視為獨白式的回溯性敘說，記載研究者（或作者）過去的生活。敘說研究者可以從中學到什麼嗎？也許。我看到一些可能性是敘說探究者用回溯性的方式與參與者進行對話，將參與者的「自傳」寫成非虛構與虛構式的小說。

▌自傳式民族誌

自傳式民族誌（autoethnography）[1] 是一種敘說研究的形式，目標是在較大的社會與文化脈絡中，系統性地分析研究者的個人經驗。**自我**

（*auto*; self）這個詞在學術領域中廣泛被使用，尤其當研究者對自己的個人經驗進行批判性反思與詮釋時。自傳式民族誌是個混合字，源自於人類學方法論（民族誌），在此種研究方法中，研究者主動參與自己與他人的生活，這種民族誌的經驗類型同時被稱為人類學中的「民族社會學」（ethno-sociology）與「自我民族誌」（auto-ethnography）（Tedlock, 1991）。作為敘說探究類型之一的自傳式民族誌，指的是一種研究形式，呈現批判式的自我研究或對自我經驗的分析（Hughes, Pennington, & Markris, 2012），是一種第一人稱敘說的學術研究類型（Bochner, 2012），建立在瞭解自我是「瞭解他人的前提條件與並存條件」這個基礎上（Pinar；引自 Casey, 1995, p. 217）。

撰寫自傳式民族誌是一種表達自我的行動，但目標並不是將「聚光燈」照在你的生命中，縱情抒發自己，而是要依據你的個人經驗來突顯社會與文化規範的問題。要達到這個目標，必須是在個人主體上體現歷史性、文化性與政治性，進而採取自我表達與自我敘說的行動。因此，如同 Holman Jones（2005）所說的，自傳式民族誌努力維持「自我與文化同在，雖然不是在平衡或穩定的狀態」（p. 764）。

就像人文科學的質性研究者在 1980 至 1990 年代倡導敘說探究，許多學科對自傳式民族誌的興趣也持續增加，例如溝通傳播領域就是個很棒的例子，如同反映在 Baxter（1992）的聲明中：「個人敘說可能成為社會取向研究個人關係的區辨性方法。」（p. 333）在 Baxter 之後，Carolyn Ellis 與 Arthur Bochner，他們兩人是自傳式民族誌的翹楚，他們發起了一個個人敘說與自傳式民族誌的研究案，成為自傳式民族誌研究激增的原動力（Bochner & Ellis, 1992; Ellis & Bochner, 2000）。Bochner 與 Ellis 強烈地相信研究文本與研究者個人生命之間要有緊密的連結，他們創造了一個空間，將社會科學文本視為由研究者所述說的故事。他們將自傳式民族誌稱為「另類的民族誌」，強調主觀性、自我反思與情感性，目標是透過敘事將社會科學與人性加以連結。他們鼓勵社會科學家用民族誌的眼睛

來看待自己與自己的生活經驗，以對更大的社會議題進行質疑（Bochner,
2012）。如此一來，他們想要用個人性的、情感性的與發自內心的敘說作
為生產具意義性、可理解的和具激勵性研究的方法，進而喚起讀者同理他
人的能力。因此，Ellis（2004）將**自傳式民族誌**定義為：

> 將自傳與個人和文化與社會這兩個面向加以連結的研究、寫
> 作與方法，這種形式通常以具體行動、情緒、體現、自我意識及
> 內省為特徵……（並且）聲稱是文學寫作的慣例。（p. xix）

雖然反思是自傳式民族誌敘事的核心（Bochner, 2012），但自傳式民
族誌的學者超越了反思，讓自身成為批判分析的主體。研究者知道個人經
驗會影響研究歷程的這個事實（Ellis, Adams, & Bochner, 2011），因此，
當研究主題與在關係中的自我有關，研究者要投入對此研究過程的批判性
檢視時，研究者必須在自身與研究主體我之間創造一個距離。在選擇了個
人經驗作為研究主題後，自傳式民族誌學者以內省的方式來撰寫這些經
驗，藉由分析個人經驗來詢問何以他（她）的故事是令人信服與合理的研
究主題。Mitch Allen 就這一點提出建議：

> （一位自傳式民族誌學者必須）分析式地檢視經驗，否則
> （你是在）述說（自己）的故事──這很好──但是人們每天在
> 歐普拉的節目都會做這樣的談話。何以你的故事比他人的更具說
> 服性？……你有一套理論與方法論的工具以及研究文獻可以使
> 用，如果你無法用這些工具和文獻來表達，而只是用「我的故
> 事」來呈現，那麼有什麼理由以及我該如何讓你的故事，優先於
> 我每天在電視節目上看到的其他 25 個人的故事呢？（引自 Ellis
> et al., 2011, para. 8）

因此，自傳式民族誌學者要藉由下列幾點來將自己的取向與單純的反思性敘事做區分：

- 將個人經驗與現有研究進行比較和對比。
- 依據理論與文獻分析個人經驗。
- 思考他人可能出現相似經驗的體驗。
- 說明體現於個人經驗中的文化經驗面向（Ellis et al., 2011）。

此外，Foley（2002）認為自傳式民族誌學者應該超越以強調情感、直覺與美學的觀點作為求知的基礎，應該找尋方法在研究者與讀者之間創造「對話、辯證與改變的空間」，以運用個人經驗來從歷史、社會與政治的觀點，批判地檢視階級、文化、種族與性別的議題（Holman Jones, 2005, p. 764）。

自傳式民族誌與自傳一樣，在使用隱喻、嘲諷、喜劇模仿及諷刺等文學語言時，重視日常與內涵式的語言，而非科學與指稱式的語言（Foley, 2002）。這讓研究者可以透過個人故事喚起日常生活的豐富性與複雜性。依據此觀點，自傳與自傳式民族誌兩者都將文學寫作整合到研究中，讓此種類型成為藝術為本的敘說研究的前身，這將在本章稍後討論。表 4.1 呈現自傳與自傳式民族誌的共同點。

傳記式敘說探究

跟自傳或自傳式民族誌不同，傳記式敘說探究是述說他人的故事，包括了教化小說[2]、生命故事／生命歷史或口述歷史，都以尊重與重視他人所說內容的方式來表達對個人故事的關注（Chamberlayne, Bornat, & Wengraf, 2000）。傳記式敘說研究探索人們日常生活的經驗與觀點，包括過去、現在與未來，聚焦在他們如何理解他們賦予故事的意義（Denzin, 1989）。傳記式敘說研究在不同學科的學術研究中已長期佔有一席之地，

表 4.1　自傳式民族誌與自傳的共同點

- 通常以第一人稱來書寫文本，讓研究者成為研究主體之一。
- 敘說文本強調一個案隨著時間推移的類推性，這與傳統聚焦在跨個案的類推性不同。
- 自傳式民族誌的故事形式，類似於長篇小說或虛構小說的寫作形式，模糊了社會科學與文學之間的界限。
- 故事通常會揭露那些在脆弱自我的私生活中隱而未顯的細節，強調情緒經驗，以挑戰文化的主流論述。
- 用事件的方式來描繪關係經驗，在時間的曲線上情節化生活的行動，因此，拒絕用標準化的寫作形式，如拍立得般地描繪關係。
- 會追求真相，但是是情感性的、對話的與合作性的真相，而非文字真相。
- 文本不是被動地被接受，而是主動地與讀者進行交會，與讀者進行交談，為讀者所讚賞。

（改編自 Bochner, 2012, pp. 158-161）

例如文學、歷史、社會學、人類學與教育，以上僅列舉部分（Merrill & West, 2009）。它愈來愈受到重視，我們可以看到不同學科創立研究中心並舉辦研討會，致力於研究人們的生活與故事。例如，Merrill 與 West 將經濟與社會研究委員會（Economic and Social Research Council）的教與學計畫（Teaching and Learning Programme）引進英國，讓傳記式取向研究法在教育、高等教育和終身學習的研究中廣被使用。

　　傳記式研究的前提為 C. Wright Mills 所說的：「如果有的話，人類是一種需要在與社會和歷史結構親近及交互作用下，被理解的社會性與歷史性的行動者」（1959, p. 158），並聚焦於個人敘說而進行研究。對我們來說，很重要的是要理解個人敘說絕對不是單純「個人性」的，它們是檢視個人生活經驗與歷史、社會和文化脈絡相關性的關鍵（Chase, 2005, 2011; Maynes, Pierce, & Laslett, 2008; Personal Narratives Group, 1989; Xu & Connelly, 2010）。傳記式敘說研究聚焦在個人的敘說，因此，努力將個

人與其人性放置在社會和人文研究的核心位置。與傳統的民族誌比較，傳記式研究的參與者被視為是對自己生活經驗的主動詮釋者，而非只是生命故事的報告者。傳記式研究的目標是瞭解參與者如何建構及詮釋其生命經驗，欣賞參與者真誠的敘說與詮釋，這是傳統質性研究取向相當缺少的。因著這個理由，Gubrium 與 Holstein（1995）將傳記式研究稱為「新民族誌」，在其中參與者是「依靠自己能力的民族誌學者」（p. 46）。傳記式敘說研究強調人們的生活如何在對產生經驗的社會環境進行詮釋時被建構。

然而，如我們在第一章簡短提到的，我們不想浪漫化個人敘說的角色，因為它對「群體或個人都會帶來困擾、干擾，甚至是傷害」（Juzwik, 2010, p. 376）。例如，對有些參與者來說，述說創傷性生命經驗的故事可能是「一種反覆重演痛苦的方式」（p. 376），因此，Juzwik 提醒研究者要小心「*述說故事時意想不到的結果*」（p. 377，楷體字為引用文獻所強調）。

接下來，我要分別討論傳記式敘說研究包含的教化小說、生命故事／生命歷史與口述歷史。

▌教化小說

教化小說（Bildungsroman）[3] 是德文的名詞，結合了**教化**（*Bildung*，形成或教育）與**小說**（*Roman*，一個故事），是一個關於個人教化的故事，聚焦在個人成長與認同發展。教化小說深得我心，因為它非常適合教育領域，許多學生不畏挑戰翻轉他們的生命，促進他們的個人成長。它是一種表達人類韌性、毅力與脆弱性的教學故事。因此教化小說適合用來說明參與者在成長過程中因為苦難而進一步成長的故事。「教化」這個概念深深吸引我，我也在其他研究中探索過它（Kim, 2011, 2013），因為之前擔任教師的經驗，我對於學生個人成長的故事相當感興趣。現在身為一位師資培育者，我有一個信念要為教師專業發展推動教化的概念。

「教化」是什麼？**教化**並不是一個有清楚定義的概念，雖然我們可以大致將它定義為「形成、培養與教育」（Davey, 2006, p. 37）。教化是一個深奧複雜的名詞，有深厚的哲學根源，因此哲學家賦予教化許多模糊的意義（詳見 Davey, 2006; Gadamer, 1975/2006; Hardin, 1991）。教化起源於十八世紀 Humboldt 與 Schiller 的唯心主義，認為教化是人性的主要目標。他們相信教化取決於人類透過積極參與世界來充分發揮潛能（Kontje, 1993）。對他們來說，被動的發展並不夠好，亦即教化並非是人類與生俱來；相反地，每一個人都可以透過教育與培養進行個人的發展（Wahlström, 2010）。因此，教化選定了人類發展或培養個人能力的方式（Gadamer, 1975/2006），是一種形塑認同的活動，賦予個人意義（Mortensen, 2002）。它同時也是個人創造被認為是有價值的「自我」的一種行動（Schneider, 2010）。簡言之，教化的概念是滋養或促進自我成為重要的人，不只是單純獲得知識與技能（Biesta, 2002）。[4]

因此，教化小說是關於個人教化的故事，聚焦在培養與形成個人智性和道德層面相關的心態。此外，教化小說是指關於自我的反思性故事，是「教化的問題、個人的成長都被呈現在敘說者的敘述性自我理解中」（Swales, 1978, p. 4）。Roberts（2008）也表示教化小說的部分角色是「提醒我們每個人都有故事可以說，雖然我們可以與生活丟給我們的事務進行搏鬥並質疑它們，但是我們不能停止經驗的流動」（p. 252）。

Wilhelm Dilthey（1833-1911）是對我們理解教化小說最具影響力的人（Swales, 1978），Dilthey 用下列這段話來描繪教化小說：

> 觀察到個人生命中規律性的發展，每一個階段都有其內在的價值，同時每一個階段都是更高一個階段的基礎。生命中的不和諧與衝突是必要的成長點，透過這些成長點，個人可以邁向成熟與和諧。（引自 Swales, 1978, p. 3）

因此，教化小說不僅處理內在的發展，也處理人類經驗的複雜性與衝突，當我們重視歷程甚於結果時，這些經驗必然會導致個人的成長與成熟。所以，教化小說是「為了旅程，而不是為了旅程所指向的快樂結局」而寫（Swales, 1978, p. 34）。

盧梭的著作《愛彌兒》（*Emile or On Education*, 1762/1979）是第一本教化小說，接著是歌德（Goethe）的《威廉‧邁斯特的學習時代》（*Wilhelm Meister*, 1795/1824）。比較近期以英文撰寫的應該是喬伊斯（James Joyce）的《青年藝術家的畫像》（*A Portrait of the Artist as a Young Man*, 1956）。然而，我最喜歡的作家之一，德國諾貝爾獎桂冠得主赫曼‧赫塞（Herman Hesse），是促使德國教化小說演進的關鍵人物之一（Roberts, 2008; Swales, 1978）。赫塞透過他的文學作品來研究人類成長與發展的歷程，例如《玻璃珠遊戲》（*The Glass Bead Game*, 1943）、《東方之旅》（*The Journey to the East*, 1932）以及《知識與愛情》（*Narcissus and Goldmund*, 1930）。Roberts（2008）認為《玻璃珠遊戲》與《東方之旅》是赫塞在德國教化小說發展上具傑出貢獻的證明。

教化小說不只是一種德國的類型，Dunlop（2002）讓我們知道教化小說在英國維多利亞時代也是受歡迎的文學類型，講述主角們的道德與社會發展。尤其是對男性主角們來說，道德的故事通常與如何調節社會期許和道德感受的衝突有關。然而，對女性主角們來說，主要關注的是尋找自主性與自我，以對抗社會對女性的束縛，例如在夏綠蒂‧勃朗特（Charlotte Brontë）的著作《簡愛》（*Jane Eyre*, 1847）或是艾蜜莉‧勃朗特（Emily Brontë）的著作《咆哮山莊》（*Wuthering Heights*, 1847）中所看到的。加拿大文學評論與理論家 Northrop Frye（1990）也表示，教化小說在過去兩個世紀一直都是加拿大虛構小說的主要類型，他特別探討描寫女性敘說的教化小說，以追溯女性主角們如何發展自我（教化小說的部分特點見表4.2）。

　　　我相信源自哲學與文學的教化小說對敘說研究者來說有許多啟發，而

表 4.2　教化小說的特點

- 個人成長的內在或精神旅程的概念。
- 理想與現實之間的張力。
- 強調主角個人旅程發生的脈絡。
- 扮演增進研究者與讀者教化的角色。
- 強調個人旅程中的發問、對話與懷疑。
- 奮鬥、不確定性、複雜性與轉變的要素。

（改編自 Roberts, 2008）

且值得在敘說研究類型中獲得一個獨特的地位。例如，教育領域的敘說研究者可以書寫學生個人成長與克服負面生活經驗的故事，或是可以書寫老師教學經驗充滿挑戰的個人與專業成長的故事。

　　接下來，我想要呈現一段摘錄自 Matto 的故事作為一位男學生教化小說的範例，這是我的聲明：當我在書寫的時候，我並不知道我正在寫一個教化小說，我只希望我當時對教化小說有所瞭解！Matto 是我的一位參與者，經歷了動盪的生活經驗：他在十一歲時參加了印第安蘇族（Sioux）傳統的成年儀式；他在十二歲到十四歲之間是幫派成員；他多次被中學勒令停學，一直到他發現自己想要成為一位美式足球員，而努力讓自己畢業。

Matto 的教化小說（摘錄）

　　Matto 第一次面對死亡的恐懼時只有十一歲。身為蘇族人，他被期待要通過蘇族文化中的成年儀式，就在他的十一歲生日過後，他的祖父告訴他現在就是舉辦成年儀式的時機了。他被帶到森林裡獨自求生一個星期。他無法忘記那一天，他的祖父和他一起徒步走到新墨西哥州阿布奎基市外那一座濃密森林的山頂。

　　「你會用刀子嗎？」祖父問。

　　「會。」

「你會需要這個。」祖父遞給他一把刀子。

「你會用火柴嗎？」祖父再問。

「會。」

「你也會需要這個。小心謹慎地使用火柴，這整個星期你會需要它們。」祖父遞給他一盒火柴與一條毯子。

祖父握了 Matto 的手，親吻他的前額，並且說道：「你是個大男孩，你準備好了，祝你好運，Matto。」然後，他立即轉身，慢慢地走下山回到村莊，完全沒有回頭看。Matto 看著祖父，直到他的背影變成一個點，最後消失在視線中。

被獨自留在荒郊野外，Matto 很想哭，很快地，他的內心充滿了原始的恐懼。環顧四周，他所看見的盡是直達天際的高大樹幹以及形狀像可怕動物的巨大岩石到處盤踞。森林中也有一股令人毛骨悚然的寂靜，除了鳥兒偶爾發出的驚懼叫聲。夕陽開始覆蓋森林，四周的樹木形成昏暗的影子，讓 Matto 在炎熱的夏天感到不尋常的寒意。

Matto 希望有人可以跟他說話。家中的長輩與好友們教導他求生存的能力，但是獨自身處不知名的荒郊野外，可能成為野生動物晚餐的恐懼相當巨大，且排山倒海地襲來。他覺得自己就像一隻小兔子，很快就會被狐狸獵殺。他之前以為成年禮是為了好玩去一間鬼屋，也都看不起他那些因為成年禮而嚇得半死的同伴，但是現在，他是個懦夫。

Matto 慢慢地開始找尋他的勇氣重新振作，首先，他必須在天黑前找到一處安全的地方過夜。努力尋找一會兒後，他發現一個凸出來巨大、平坦的岩石，岩石上面可以用來睡覺，岩石下面可以當作庇護所，以防下雨或野生動物的攻擊。他也在附近撿一些木頭生火，讓自己保持溫暖。做這些事讓他心思忙碌，他的恐懼慢慢消失了。坐在岩石邊緣，越過火堆凝視著黑暗，他有一種安全，甚至是舒服的感覺。「我可以做到。」他心裡想著。「沒錯，我可以克服恐懼與孤獨。」他重新找回平常的膽量。

他的思緒回到他的祖父，「Matto」這個名字是由祖父命名。

「Matto」在蘇族語的意思是「熊」，他的祖父希望他成為不被任何事情難倒的人。當 Matto 想起他的祖父有一天叫他大灰熊時，他笑了。祖父對於 Matto 擁有的大自然知識、超越其年紀該有的體能以及跑得像森林裡的鹿一樣快的能力，都感到驕傲。

Matto 蓋著毯子坐在火堆前，從火光中看著火焰閃爍的夜晚許久。他終於躺在岩石上，完全沉浸在夜晚的寂靜中，他開始觀察夜空。夜空裡星光閃爍，彷彿要傾洩在他身上。Matto 的視線開始搜尋北斗星、獅子座與其他從祖父那兒學到的星座。星星是 Matto 的好伴侶，它們好像在為他唱搖籃曲，當他還在想著明天的食物時，不知不覺地睡著了。

Matto 被清晨映照在臉上的陽光喚醒，他可以聽見鳥鳴聲，並且對新的一天感到興奮。他很高興對於死亡的恐懼已經消失，以及他獨自活過第一個晚上。他的勇氣回來了。突然間，他覺得非常飢餓，是需要開始狩獵找食物了。他拿起祖父給他的刀子，並且找尋一根好的棍子做成矛，這是很久以前他從祖父那兒學會的。他在不遠處發現一條小河，輕易地用他做的矛抓到魚。有趣的是用火來烤這些魚，他從來沒有吃過這麼美味的一餐。（資料來源：Kim, 2012, pp. 635-636）

▌生命故事／生命歷史 [5]

生命故事／生命歷史（life story/life history）敘說研究，也被稱為生命敘說，是一種以生活與個人歷史為焦點的敘說研究，是一種「將生活視為整體，並且對個人生活進行深入研究的方法」（Atkinson, 2012, p. 116）。它是敘說研究用來仔細瞭解單一個人生命，以及個人如何在社會中扮演多種角色的主要類型。Robert Atkinson 大力提倡生命故事，於 1988 年在南緬因大學成立了生命研究中心（Center for the Study of Lives）〔亦即現在的生命故事公共空間（Life Story Commons）。詳見 http://usm.

maine.edu/olli/national/lifestorycenter〕。Atkinson 將生命故事定義為：

> 是個人選擇述說關於他（她）生命的故事；盡可能地完整與
> 真實地述說；述說者記得什麼，以及想要別人知道什麼；通常都
> 是由另一個人訪談引導出來的結果。（Atkinson, 1998, p. 8）

以 Wilhelm Dilthey 的研究為基礎，Atkinson 相信每個人都有關於生命的重要故事要述說，需要被他人知道。Dilthey 關於教化小說的觀點，我們已經簡短討論過，他將個人的生命經驗視為對人類行為產生敘說性理解的基礎，不應該以追求科學知識為理由而加以丟棄。Dilthey 相信每一個人的生命經驗都是獨特的與特殊的，不會與任何人的經驗一樣；但同時，它也是普遍性的，因為它可能與其他人的經驗有相似的部分。依此意義，生命故事是一種將個人生命視為整體的方式，將個人全部的生命經驗放入故事形式中，從一個局內人的觀點來呈現對生命的理解（Atkinson, 2007; van Manen, 1990）。

現在，讓我們來看看生命故事的歷史演變。社會學家 Bertaux 與 Kohli（1984）為生命故事於 1980 年代在世界各國的普及性提供了完整的回顧，包括歐洲的德國、義大利、法國與英國，以及巴西、阿根廷、墨西哥與美國。尤其是在西歐，研究者對生命故事取向的興趣快速增加，被稱為「傳記運動」（biographical movement）（Bertaux & Kohli, 1984, p. 221）。語言學、歷史學、心理學與人類學都採用生命故事作為蒐集資料的方法，以瞭解人們的生活（Bertaux & Kohli, 1984）。例如，社會語言學家分析生命故事的敘說結構；歷史學家對生命故事的口述歷史形式感興趣（我在後文會詳細說明）；心理學家對生命故事感興趣的原因在於希望可以發現關於人類生命周期發展的理論。

生命故事取向借鑑多元的理論取向，包括符號互動論、現象學、詮釋學、結構主義與馬克思主義，這些理論提供豐厚的基礎幫助不同學科制定

本質性理論。生命故事取向特別吸引社會學學者，因為生命故事可以揭露結構主義所提出的結構關係的束縛效應。任何一個生命故事都不是隔絕於社會影響的個人性故事。依照 Mills（1959）所言，生命故事敘說在許多層次上同時發展：歷史的層次、社會的層次與個人的層次。所以，我們需要關注個人生命故事所揭露的多元層次，同時對故事所負載的歷史與社會層次保持敏感度。

Franco Ferrarotti 是一位來自義大利、在生命故事研究領域中的重要人物（Bertaux & Kohli, 1984），運用生命故事作為研究方法，以瞭解一個傳統小鎮在第二次世界大戰後快速工業化的過程中發生了什麼事。他提出幾個關於生命故事的重要觀點，我們應該謹記在心：(1) 社會是歷史性的；(2) 每一個人都同時兼具獨特性與普同性，換句話說，他或她是「獨一之普同」（singular universal）；(3) 在鉅觀社會歷程與個人生活之間有中介層，例如當地組織、家庭與同儕團體（Ferrarotti, 1981）。值得一提的是，Ferrarotti 是在覺察自己有忽略參與者對工業化負面結果經常性的抱怨傾向後，才能夠提出這些重要的觀點。Ferrarotti 是強烈的工業化信奉者，一開始沒有察覺他的觀點如何阻礙對於那些抱怨的關注，直到他覺察了自己的偏見。在自我批判性的反思之後，他對在研究中呈現的個人真理變得更具敏感度，並瞭解這些個人真理可能反映了社會真理。這種敏感度是敘說研究者需要滋養的許多特質之一。

然而，我們也要提醒自己不要出現假設所有的個人故事（個人真理）都會變成社會故事（社會真理）這樣的錯誤。另一個生命故事的重要人物是教育研究者 William Tierney（1998），主張生命故事或生命歷史有兩個取向。跟隨 Linde（1993），Tierney 提出*入口取向*（portal approach）與*歷程取向*（process approach）。生命故事的入口取向，使用個人的故事來鏡映更大的社會故事中的真實。換句話說，我們可以使用個人故事作為瞭解更大社會的入口，以此觀點，我們的目標是藉由研究某人的生命，以獲得對參與者個人生命與人們生活方式的洞察（沒有涉入研究者的主觀詮

釋）。在入口取向中，我們的重新述說包含了對研究發現的客觀描述，目標是從所蒐集的生命故事幫助讀者瞭解社會狀態。

另一方面，歷程取向重視個人的故事本身，跟入口取向不一樣的是，它沒有假設如果我們瞭解一個人的生命故事，就可以瞭解更大社會的價值觀與規範。歷程取向聚焦在敘說，並認為需要加以詮釋敘說的意義。因此，我們的重述是持續地在「深厚描述」後進行詮釋（Geertz, 1983），希望可以讓讀者看到與自身不同的敘說經驗。所以文本本身成為研究工作的核心成分，允許讀者用自己的方式來詮釋文本。

當我們在使用歷程取向時，有一個提醒。如果我們使用的是入口取向，因為只是記錄參與者所說的內容，對文本沒有太多的詮釋，所以我們有一個簡單的出路。但是，如果我們使用的是歷程取向，必須仔細思考我們是在用誰的詮釋（或是誰的聲音）來書寫文本。Tierney（1998）用 K. M. Brown 在 1991 出版的著作 *Mama Lola* 為範例，說明 Brown 如何掙扎於用涵納多元聲音的文本來書寫 Mama Lola 的生命故事：Mama Lola 的聲音、Brown 的學術性聲音、Brown 自己的聲音、他人的虛構聲音，以及巫毒靈魂 Gede 的聲音（Tierney, 1998）。因此在歷程取向中，當我們的角色從研究者轉變成書寫某人故事的作者時，必須警覺我們用什麼觀點來詮釋資料，因為不同的觀點會導致不同的詮釋。

Petra Munro 是一位我非常景仰的女性主義課程學者與敘說研究者（她現在的名字是 Petra Munro Hendry），她對女性教師的生命故事敘說進行研究，書名為 *Subject to Fiction*（1998），這影響了我的敘說研究。她運用敘說來質疑我們所說的，關於主流課程的故事本質，聚焦在教師（與學生）的故事如何形塑和重新形塑我們對學習與教學經驗的理解。她表示她被敘說探究與敘說類型所吸引，尤其是生命歷史，依據她的說法，生命歷史能夠「突顯權力、抗拒和機制的性別結構」（p. 7），以及它的主要目標是提供機會得以「不僅探索社會結構對人們的影響，也描繪人們創造文化的方式」（p. 9）。透過三位女性教師的個人聲音與其日常生活

的描述，她認真地看待女性教師的生活，用她們的故事作為認識自己的方式，以及使用這些女性的敘說作為「一個有生產能力的空間，以理解女性生活的複雜性和女性如何透過敘說建構性別自我」（p. 5）。Munro 列出生命歷史取向為她的研究帶來的優勢：

- 生命歷史的整體性本質有利於產生一個完整的傳記圖像。
- 生命歷史提供歷史性、脈絡性的面向。
- 研究生命歷史，讓自我與社會間的辯證關係得以被探索。（p. 9）

此外，Munro 認為生命歷史的最大優勢之一存在於「它滲透個人的主觀真實；它允許主體為自己發聲」（p. 9）。Munro 的研究在第六章會被當作生命歷史的範例而進一步討論。表 4.3 是書寫生命歷史的一些指引。

表 4.3　書寫生命歷史的指引

研究者需要：

1. 對案例故事所發生的文化脈絡進行描述，同時關注文化特徵賦予事件的特殊意義。
2. 關注主角的人身面向，包括對主角的個人目標與生活顧慮有所影響的人格與習性。
3. 關注主角與其他人物之間的關係，以及關係的重要性對其目標與行為的影響。
4. 專注於主角的選擇與行動，反映出主角內在的掙扎、情緒狀態、計畫、動機、目標與興趣。
5. 考量角色的歷史連續性。將主角視為是一個傳記性存體時，必須關注主角現在與過去曾經歷的社會事件。
6. 在時間與空間的脈絡中標註故事的開始與結束。
7. 讓故事情節是合理且可被理解的，因為故事是對一系列事件與行動的重新建構，會產生特定的結果。
8. 回答下列問題：「這個結果如何呢？什麼事件與行動促成了這個答案？」

（改編自 Dollard；引自 Polkinghorne, 1995, pp. 16-18）

▍口述歷史

你可能會疑惑生命故事／生命歷史與口述歷史之間的差異是什麼，Atkinson（2007）藉由引用 Titon 的話來幫助我們理解。Titon 在生命故事與口述歷史之間做出了重要的區分：

> 在口述歷史中，訊息提供者與歷史學家之間的權力平衡是由歷史學家來決定，由他來問問題、透過各種內容找出重要的訊息，並且用他的方式編輯成一個連貫的整體……但是在生命故事中，是用另一種方式來進行平衡，傾聽者對敘事者表達共鳴，且其反應是具鼓勵性與非指導性的。如果對話要被謄寫，理想上應該逐字謄出。（p. 233）

這個區分對我們來說確實重要，它決定了我們身為研究者與訪談者的角色。在生命故事中，敘事者生活經驗的主觀意義是最重要的。因此，在生命故事研究中，我們的焦點是處理：「我的敘事者要跟我說的故事是什麼，以及我的敘事者賦予故事什麼意義？」另一方面，在口述歷史中，是由研究者藉由讓受訪者說明研究者感興趣的特定歷史時刻來決定故事如何被述說。

口述歷史（oral history）在人類歷史中是主要的溝通方式，用口語的方式將集體記憶與歷史在代間傳遞。例如，回想一下美國原住民部落的歷史，大部分都是透過口語傳遞的。「口述歷史是圍繞著人類而建立起來的歷史」（p. 31），所以我們看到英國學者 Paul Thompson（2006）主導創立了英國口述歷史學會（Oral History Society）以及國際口述歷史風潮。Thompson 進一步指出口述歷史：

不僅讓領導者成為英雄，也讓大多數不知名的人成為英

雄……它將歷史帶入社群，也從社群中帶走歷史。它幫助沒有權
力的人，尤其是年長者，獲得尊嚴與自信。……同樣地，口述歷
史也對歷史中的迷思、歷史傳統中的專制提出挑戰。它為歷史社
會意義的激進轉變提供了方法。（p. 31）

口述歷史是探索人們歷史記憶的強大工具，包括 Thompson 所說的大
多數不知名的人。它可以呈現人們如何理解過往、如何將過去的個人與
集體生活經驗和社會脈絡連結、如何將過去與現在和未來連結，以及如
何運用過去的經驗來詮釋環繞在自身周圍的生活與世界。依據人類學家
Elizabeth Tonkin（1992）的說法，在口述歷史中，記憶成為研究的對象，
同時也是口述歷史的重要來源，在個人與社會之間不斷調節。依此意義，
口述歷史敘說成為社會行動，發生在特定時空，制度與人們之間的對話歷
程中。

Thomson（2007）對於口述歷史的發展提出一個實質性的討論，說明
了二次世界大戰後在國際受到普遍關注的口述歷史研究傳統的演變。在政
治與法律領域，個人證詞持續受到重視，在跨學科研究中愈來愈多研究使
用回憶與訪談，而且對歷史與記憶相關性持續感興趣，這些都影響了口述
歷史的轉變。在 1960 年代，英國與全世界政治觀點鮮明的社會歷史學者
催化早期的口述歷史研究聚焦在勞工階級者、女性或是有色人種，重視他
們那些沒有被記錄或記錄不完整的生活經驗。在 1970 年代後期，口述歷
史研究者開始建立個人記憶的合理性與主體性，進而回應批評個人歷史
包含了偏見與不客觀的聲音。在 1980 年代，口述歷史學者的角色轉變成
訪談者，身為訪談者，愈來愈能夠反思與受訪者之間的關係。他們更能覺
察自身如何受到訪談的影響，以及受訪者如何影響訪談關係，進而影響了
資料蒐集、詮釋歷程與結果。另一個口述歷史在 1980 年代的重要特點是
它的跨學科性（interdisciplinarity）（Yow, 1997）。其他學科，例如人類
學、社會學、心理學、文學研究、民俗學研究、語言學、溝通傳播與文化

研究，在敘說的理論和方法上的發展，豐富了口述歷史的實踐，口述歷史學家對質性敘說研究的發展也有實質上的貢獻（Yow, 1997）。

我們現在身處於口述歷史（以及敘說探究的其他領域）數位革命的過程中，這項革命從 1990 年代後期與 2000 年代初期開始。新的科技，例如電子郵件、網際網路、網路攝影、數位錄音與質性研究軟體，正在改變我們記錄、保留、詮釋、分享、儲存與呈現口述歷史的方式。例如，Frisch（2006）認為聲音與影像的數位化，正在挑戰文本逐字稿的信度，也反映記錄就是結果的概念如何被「記錄是歷程，亦即是一個持續進行、依脈絡而流動地建構意義，此一概念加以取代」（p. 113）。

這些發展上的改變，讓口述歷史持續成為得知與獲得歷史真相的方法之一。

藝術為本的敘說探究 [6]

你們當中有些人可能對於以書寫創造性非虛構小說、虛構小說或詩作為研究結果的一部分，會感到奇怪甚至是不自在，你會困惑「這真的可以是研究嗎」？你同時也會困惑你的指導教授是否會同意你的博士論文出現這種藝術為本的內容。此外，你的口試委員在「科學」研究中都有顯赫的學術生涯，你的直覺告訴你，他們不會同意的，因為他們相信藝術或藝術為本的研究，不屬於科學社群的範疇。如果發生了這樣的事，請再耐心等我一下，你會驚訝藝術為本的敘說探究如何改變質性研究的樣貌，尤其是敘說研究。

▌類型模糊的起源

關於非學術形式寫作的激烈辯論，亦即藝術作為研究或藝術為本的研究，現在看來已經是老生常談了。例如，將近二十年前，美國教育研究學會（AERA）也有過辯論（詳見 Eisner, 1995; Phillips, 1995; Saks,

1996），反對的意見認為敘說探究不能變成一個被認可的研究方法，因為它比較像是藝術而非研究，以及因為它是以才能、直覺或實務經驗為基礎（Lieblich, Tuval-Mashiach, & Zilber, 1998）。然而，將兩種類型加以整合，藝術與研究並存，或是將藝術整合到研究中，這件事可以回溯到人類學家—敘事者 Clifford Geertz 在 1970 年代協助讓「類型模糊化」（Geertz, 1980, p. 165）的現象被認可。還記得在第一章我們討論了 Denzin 與 Lincoln 提出的質性研究的八個歷史時期嗎？第三個時期是「模糊類型」（1970～1986），在此時期社會科學家開始理解他們不必仿效物理學家或其他實證科學家來創造社會理論；相反地，他們開始引用更多人文的觀點，「比較少探索連結行星與擺錘那一類的事，比較多探索連結菊花與劍那一類的事」（p. 165）。Geertz 將這種類型模糊化的文化轉移稱為「社會思潮的再成形」（p. 165），目標不是要操弄人類行為，而是借助文學類比與符號來瞭解人類及社會現象。這種類型模糊化已經引發一股作為，要消弭在社會研究發展中將藝術—科學二分的現象，亦即我們所知道質性研究的「模糊類型時期」（Denzin & Lincoln, 2000）。受到此時期的激勵，質性社會科學家愈來愈有興趣探索結合科學研究與藝術設計成分的可能性，變得更具激發性，使讀者可以透過故事，對人們的生活產生替代性的經驗。更常見的寫作形式是文學藝術、虛構小說或詩，交織了事實（已經發生的事件）、真實性（對這些事實如何發生與被經驗的描述）以及虛構性（事實與真實性之間的連結）（Denzin, 1989）。

這裡有一個轉移的例子。Pat Shipman 是考古人類學家，其工作是從化石證據來瞭解人類的起源與演化，她表示放棄考古人類學的田野及實驗室研究，主要是為了扮演「科學翻譯者」這個新角色（Shipman, 2001, p. 82）。對她來說，未經溝通的科學發現是一種具有蒙蔽或誤導大眾的潛在危險的垃圾。她相信我們亟需精通語言與科學實務的科學翻譯者，她扮演這個新角色以將她在田野的發現傳達給非科學背景的大眾。她表示身為「科學翻譯者」這個新角色，持續地提高她對科學發現中的複雜關聯性與

交互作用的敏銳度,而非削弱她對科學的喜愛。因此,她更有力地理解對「事實」進行直截了當的陳述是不適當的。Shipman 寫道:

> 相當簡單,科學不能以日期、發現、理論與實驗的時序表來
> 加以呈現,也不能將這些事件逐步建立成一個冰冷、客觀的知識
> 體。科學家是具有感情的、驕傲的、固執的與直觀的——事實
> 上,科學家可以具備任何特質,除了冷靜與客觀。學者為了研究
> 發現付出心血:他們奮鬥、冒險與犧牲。擺脫糟粕般的證據而鍛
> 造閃爍的真相是科學家充滿激情信念的熱源。(p. 82)

這段話描繪了科學家的另一面,有別於以往被認為枯燥乏味、冷淡以及為保持客觀性的距離感。Shipman 看似個人的觀點,已經被 Eisner 與 Powell 的研究加以證實。Eisner 與 Powell(2002)訪談了 20 位社會科學家關於他們的研究歷程及研究成果,以探討其研究工作的藝術與美學性質。和一般無法將科學家跟情緒與美學連結在一起的想法不一樣,他們發現社會科學家經常投入在藝術形式的思考與美學形式的經驗,在研究歷程中涉入了情緒的性質。他們摘要:「科學的工作為美學形式的經驗提供了一個舞台,美學經驗可以藉由使用職業技能、形塑個人的想法,以及探討個人的觀點而被保障。」(p. 150)

愈來愈多的社會科學家接受在其研究中採用詩與文學的表達形式,Ivan Brady(1991)將這些數量不斷增加的社會科學家稱為「藝術科學家」(artful scientists),因此,諸如人類學、新聞學、社會學與教育學為藝術為本的研究開闢了空間(詳見 Bochner & Ellis, 2003)。

▌Eisner 與 Barone 的藝術為本研究

已故的 Elliot Eisner 以及和他一起進行研究的 Tom Barone,是過去二十年來讓藝術為本的研究在學術界合法化的主要人物,尤其是在教育領

域。他們不僅強烈地倡導在社會科學研究中運用藝術，也提倡敘說探究是一種以藝術為本的研究形式，在敘說中尋找更多喚起的與美學的性質。他們開始指稱在研究與過程中呈現美學設計元素（見下文）的研究為**藝術為本的研究**。Barone 與 Eisner（2012）將藝術為本的研究定義為一種「使用表達性特質的形式來傳達意義的歷程」（p. xii）。

當敘說探究使用藝術，它就變成我所說的**藝術為本的敘說探究**（arts-based narrative inquiry），主要是文學與視覺藝術，例如短篇故事、虛構小說、長篇小說、詩、攝影與影像。在藝術為本的敘說探究中，藝術伴隨著敘說來傳達被述說與重新被述說的故事意義，因此，創造藝術的方法被納入敘說探究的整個執行歷程中，包含思考、蒐集、分析、詮釋與產生結果。使用藝術作為敘說探究的模式是朝向一個同時重視觀點與形式、同時重視觀眾的觀點與藝術家—研究者的意圖，以及同時重視藝術的語言和情感與美學性質的研究典範（Bochner & Ellis, 2003）。要瞭解人類生活的意義，同理是必要條件，而藝術喚起的且令人信服的本質，可以喚起人們的同理性理解。在藝術為本的敘說探究中，研究者以文學的形式撰寫故事作為研究結果，例如民族誌虛構式文章（Leavy, 2013; Richardson, 1994）、創造性非虛構小說（Barone, 2001）、短篇故事（Ceglowski, 1997）、詩（Ellis & Bochner, 1996; Faulkner, 2009; Sullivan, 2000）、視覺民族誌（Bach, 2007）、長篇小說（Dunlop, 1999）以及民族誌戲劇（Mattingly, 2007; Saldaña, 2005）。

Barone 與 Eisner（1997）討論了藝術為本的研究，亦即文學為本敘說探究的七項特徵，包括：(1) **創造視覺真實**；(2) **呈現模糊性**；(3) **使用表達性語言**；(4) **使用脈絡性與地方性語言**；(5) **促進同理**；(6) **研究者／作者的個人化署名**；(7) **呈現美學形式**（進一步討論詳見 Barone & Eisner, 1997, 2012；以及本書第三章）。在你的敘說研究中不一定要包含每一個特徵，因為你的研究不是要以全方位藝術為特色。但是，你的敘說研究具有愈多藝術性的特徵，它的特色會愈豐富且引人入勝。以此方式來創作，

你的敘說研究會「在情感上與政治上是具喚起性、令人著迷、具強大美感和動人的」（Leavy, 2009, p. 12），能吸引廣大的閱聽人。Eisner（2008）表示如果要問藝術與什麼有關，它們與情感有關，而情感與我們的感覺方式，尤其重要的是與我們的惻隱之心有關。我們表達惻隱之心的能力是一種「發現我們內在人性的方式」（p. 10）。

瞭解藝術為本敘說探究的功能，我們可以對社會與人文科學的同儕以及研究計畫委員會的成員說明使用藝術為本敘說探究的理由。你們當中有些人受到藝術為本敘說探究的吸引，但有些保留和疑惑：「我有能力執行藝術為本的敘說探究嗎？」你的顧慮是合理的，就像 Mello（2007）問道：「必須是藝術家，才能在敘說探究中創作藝術嗎？」（p. 220）同樣地，Barone 與 Eisner（2012）詢問：

> 任何有強烈動機的人都可以做藝術為本的研究嗎？藝術為本的研究只是那些受過藝術領域正式訓練者的一個領域而已？應該鼓勵任何人進行藝術為本的研究，不論其有無受過正式訓練嗎？（p. 56）

這些問題的答案在三個條件下都是肯定的：「投入、實踐與引導」（Barone & Eisner, 2012, p. 57）。而且，我會增加「堅持」這一個條件。

接下來，我會討論藝術為本敘說探究的兩個主要類型：文學為本的敘說探究（創造性非虛構小說、短篇小說、虛構小說和長篇小說），以及視覺為本的敘說探究，使用視覺（亦即攝影或圖畫）作為敘事的方法。對於那些有興趣將任何一種藝術形式整合到敘說探究的人，例如詩、戲劇、表演、舞蹈或音樂，我提供藝術為本研究的建議書目（如 Cole & Knowles, 2008）供你參考。

文學為本的敘說探究

在質性研究中採用文學寫作並不是近期才發生的事，在第三章我們討論了二十年前 Laurel Richardson（1994）呼籲寫作是探究與求知的方法，她倡導有效運用文學元素的實驗性類型，稱為「另類的表達形式」或「喚起式的表達」（p. 521）。她鼓勵質性研究者運用研究材料進行「實驗」，運用想像力來達到連貫性與似真性的文學標準。

▌創造性非虛構小說與短篇小說

說到文學為本的敘說探究（literary-based narrative inquiry），我認為我們可以從創造性非虛構小說談起，因為它是一種報導敘事資料的方法，具有漸進式想像性的特徵。我們可以使用創意性與想像性的技術，以更有趣與可理解的方式來呈現所蒐集的事實與資訊。舉例來說，在傳統新聞學中的典型新聞報導，你會用客觀的方式來報導事實性的資訊，你的個人感受不會出現在報導的字裡行間。然而，在創造性非虛構小說中，忠實呈現事實的同時，你可以使用虛構式作家會用的工具來呈現事實性的資訊，並開放性地溝通作者關於此主題的主觀或個人感受（Caulley, 2008）。創造性非虛構小說使用想像式的方法來進行報導，這需要具備敘事者的技能與事實發現之報導者的研究能力，才能夠用可以帶領讀者產生同理性理解的方式來書寫事實（Cheney, 2001; Gutkind, 2008）。女性主義社會學家與小說作家 Patricia Leavy（2013）表示創造性非虛構小說已經改變了學術性寫作的樣貌，並且將文學小說工具帶入研究者的使用範圍。

創造性非虛構小說源自於 1960 至 1970 年代盛行的「新新聞學」，習慣運用喚起的與隱喻性描述的報導者對它情有獨鍾，目標在於對實際事件進行印象重建，因此，反對長久以來將報導者視為獨立與客觀事件記錄者此一想法（Barone, 2008）。更具體地說，依據 Talese（1992）所言，新新聞學並非虛構小說，雖然它讀起來像是虛構小說。Talese 表示：

它是，或應該是像最可信的報導一樣的可信，雖然它透過累積似真的事實、運用直接引用以及採用嚴謹與傳統形式的風格來尋找更大的真相。新新聞學在要求事實時，允許用更具想像性的方式來報導，如果作者想要，也允許作者像其他作者一樣將自己融入敘說中，或是扮演獨立觀察者的角色，就像其他作者一樣，包括我自己在內。（引自 Cheney, 2001, p. 3）

使用這種創造性非虛構小說類型作為報導質性研究的模式，尤其是敘說探究，在 1990 年代早期的學術界快速增加，並且也受到大眾科學的歡迎（Caulley, 2008; Schneider, 1997）。質性研究者相信虛構小說的形式有時候比標準形式能更清楚地描繪研究現象（Tierney, 1998）。研究資料的虛構化，提供研究者一個機會處理原始資料，以和讀者內心的社會意識對話，同時維護研究參與者的匿名性（Clough, 2002）。Barone 與 Eisner（2012）也藉由質疑西方國家很習慣將幻想與事實絕對二分的做法，來說明使用虛構式寫作的理由。依據他們的說法，人類所有的認知活動與行為都包含虛構的成分，而且在任何藝術作品的創作中，事實和虛構的綜合確實是顯而易見的。他們的信念是社會科學可以是虛構的，而且伴隨著一股力量，瓦解常識並提出思考的新方式或新的可能性。在創造我們的敘說研究工作時，跨越事實與虛構這兩個要素確實是迷人的想法！

加上 Barone 與 Eisner（1997）所支持的藝術為本敘說探究的特徵，我認為有一些指引，對書寫創造性非虛構小說有幫助，這些寫作指引如表 4.4。

▌虛構小說與長篇小說

Rinehart（1998）所命名的**虛構式民族誌**（fictional ethnography）這個文學虛構寫作風潮受到民族誌學者的擁戴，民族誌敘說研究者相信虛構小說或虛構式元素，實際上可能比所謂的科學性語言，能更有效地向學者與

表 4.4　創造性非虛構小說寫作指引

1. 生動與有活力地開啟文本。
2. 抓取一個主題來吸引讀者。
3. 使用場景（短文、插曲等）作為創造似真性的方法。
4. 使用逼真的細節（已經書寫在田野筆記或研究日誌中）來喚起讀者的情緒與想像。
5. 展現，非述說（show, don't tell）。
6. 避免使用被動語態，多使用主動語態。
7. 用對話來強化行動與表徵。
8. 選擇合適的書寫風格，包括字詞、語法與聲調的選擇。
9. 使用隱喻和明喻來豐富文本。
10. 使用單詞列表（一長串）或短句（散文節奏）以創造或留下對人、地或事物的印象。

（改編自 Caulley, 2008）

大眾傳達生活經驗的面向（Rinehart, 1998）。他們開始理解，將一個人的生活經驗故事，放置在既有的傳統典範中是多麼地受限，常常模糊了可能的多元詮釋或多元理論的使用。因此，他們把虛構小說當作修通或重組觀點的方法，讓使用虛構小說變得更適宜、有效與吸引人（Frank, 2000; Diversi, 1998; Leavy, 2013; Rinehart, 1998）。

　　依據 Rinehart（1998）所言，虛構式民族誌結合了民族誌的學術目標與虛構小說的目標，使用多元的虛構方法，從觀點看法、內部獨白到預告未來事件都是它關注的範圍。使用蒐集來的原始資料，我們可以創造一個虛構小說作品作為最終的研究成果，這個過程仰賴我們的直覺、想像力與創造力，並且依循邏輯性思考的指引，來書寫一個吸引讀者的有效故事。我們嘗試透過這個方法獲得生活經驗認知的與情感的真相。因為生活經驗的複雜性不可能用理論性的解釋完全加以表達，所以我們需要對生活經驗有情感的感受，也就是所謂的似真性（Diversi, 1998）。因此，在虛構式民族誌中，精確地記錄述說者所說的字詞，沒有比精確記錄述說者意圖傳

達的內容來得重要。重要的是可信度，可信度與表達的議題有關，讓我們思考如何用可信的方式表達自我與他者的生活經驗。

我們如何讓虛構式敘說探究工作具有學術性？有一個我們可以看齊的虛構式敘說範例是 Katherine Frank 的人類學研究 The Management of Hunger（2000）（摘錄請見第九章）。在她的文章中，Frank 首先呈現「民族誌虛構小說」（p. 481），接著為這個故事提供傳統式分析，包括文獻回顧與討論。她的虛構小說是關於在脫衣舞俱樂部的經驗。Frank 說明在這個短篇虛構小說中的人物是以她自己與她在研究場域（美國南部某一城市的脫衣舞俱樂部）認識的人們為背景，以及她對這些人的想像創造組成而來。Frank 表示這個故事的確是以她在脫衣舞俱樂部的經驗為基礎，並且試圖以撰寫這個故事來思考舞者與顧客之間的複雜關係。此外，Frank 相信對經驗的描述，可以幫助對此場所或關係不熟悉的讀者產生替代性的經驗，這些經驗可以回過頭來幫助他們辨識故事中的多元意義。Frank 宣稱她這個源自民族誌研究的虛構式文本，呈現了經常出現在舞者與常客之間持續存在的情感上的關係。然而，Frank 並無意鼓吹民族誌領域應該使用虛構小說來讓其概念上與方法上的取向變成文學取向。相反地，她使用虛構性的技術來喚起事實中的情緒、對話與場域。她的信念是研究者有倫理責任明確地說明在學術文本中哪一個部分是虛構小說。Clough（2002）也呼應這個觀點，他說他並沒有「主張所有的研究都應該透過虛構性的敘說來呈現」（p. 9）。

在教育領域的碩士論文或博士論文中，書寫虛構小說或長篇小說也已經被認可（Kilbourn, 1999）。我在 2002 年由我的教授 Tom Barone 授課的研究所敘說探究課程中第一次讀到以長篇小說類型撰寫的博士論文，Barone 讓我們閱讀的是 Rishma Dunlop 的論文 Boundary Bay（1999），這是第一個在加拿大教育界被接受作為博士論文的長篇小說。對我和我的同學來說，這是一個大開眼界的經驗，寫一本長篇小說當作博士論文？對我們來講這是一種文化衝擊，幾乎像是哥白尼革命！Dunlop 說明她的長篇

小說／博士論文從一個敘說探究開始，目的是探索教師的第一年教學以及從師資培訓轉換到課堂的經驗。她用傳統質性資料蒐集方法的半結構訪談法來蒐集資料（由五位剛從師資培育系所畢業的教師組成的自願參與研究的團體）。因為理解這些用超過兩年半的時間蒐集而來的故事，能夠揭露一些對教師生活多個層面帶來影響的個人、情緒與認知內涵，Dunlop 想要用虛構小說的形式來述說這些故事，用一種強而有力、喚起的和開啟潛在新知識與方法的方式來呈現這些教師的故事。對她來說，虛構式的寫作變成探究的一種形式，使她可以透過敘說形式來執行理論上的召喚。當然，要獲得論文委員會的同意是不容易的，Dunlop 透過她創造的角色 Evelyn 的故事來描繪這個掙扎的過程：

> Evelyn 記得對於博士論文的掙扎，想要在文本中交錯使用詩與日記、想要讓創造性作品具有力量與說服力。與她的指導教授爭辯博士論文的要求和研究內涵，「你沒有辦法同時在學術性寫作與創意性寫作都保持優秀，你必須做選擇」，但 Evelyn 拒絕做選擇。她知道這種對劃界的拒絕，將類型模糊化，會讓她在學術界顯得突兀，但她不在乎。她想要她的作品充滿血肉。（Dunlop, 1999, p. 40）

Dunlop（2001, 2002）進一步表示長篇小說可以成為博士論文研究中調查人類生活的工具，因為它讓我們可以深入理解人類經驗，讓研究參與者、研究者及讀者進入情緒與心理的境界，幫助他們看到新近的事物。她表示長篇小說提供一個更寬廣可理解的形式，可以將研究發現延伸到一個更大的跨學科論述社群，讓多元的觀點與知識有機會出現。

視覺為本的敘說探究

蒐集照片就是蒐集世界。

——Susan Sontag（1977, p. 3）

　　在故事研究中使用視覺材料讓持續發展的敘說具有學術特色，我將它分類為**視覺為本的敘說探究**（visual-based narrative inquiry）。視覺為本的敘說探究是使用視覺方法的敘事研究，例如影像、照片、繪畫、拼貼畫、卡通、影片、錄影、歌曲、符號或其他視覺技術。視覺與敘說的結合也不是新近的事，人類學與社會學的早期先鋒者，例如 Bateson 與 Mead 已經長期採用視覺方法來蒐集社會科學資料（Riessman, 2008）。自從攝影問世開始，就被整合到這些學科中，但一直到 1960 年代以前，都沒有獲得社會科學的重視。新近的社會研究者開始與專業攝影師或影片製作者合作，共同參與社會科學研究，呼籲一種「視覺素養」，尤其是在階級、種族與性別議題上（Becker, 2004）。事實上，視覺人類學與視覺社會學是視覺研究發展中的引領次學科（Pink, 2004; Weber, 2008）。因此，在敘說探究中使用視覺資料是希望無窮的，因為它會擴大敘說探究的領域，涵蓋用視覺影像來分享參與者的生活經驗。

▌攝影敘說

　　我用「概念主義」或「概念藝術」來說明在社會與人文科學研究中視覺與敘說的結合。在概念藝術中，尤其是概念攝影，敘說在藝術作品的內容中是顯眼的一部分，與影像緊緊地連結。因此，兩者之間有自然的親和力。攝影敘說背後的概念相當有趣，值得在這邊做一些討論，以說明視覺為本的敘說探究，它在本質上是跨學科的。我相當感謝攝影家、藝術歷史學家與女性主義者 Lucy Soutter 精闢地討論從概念攝影延伸而來的**攝影敘**

說（photographic narrative）或敘說式攝影。

　　Soutter（2000）從女性主義的觀點寫了一篇文章批判近代攝影的特定現象，她稱為「內褲攝影」（panty photography）（p. 9），指的是對半裸的年輕女性進行準敘說藝術攝影，這在 1990 年代蔚為一股風潮，例如多影像（multi-image）系列敘說。依據她的觀點，敘說式攝影是概念攝影的核心，攝影作品是由敘說來驅動，並概念化影像。在概念攝影中，藝術家的觀點被認為比攝影本身來得重要，攝影只是用來傳達藝術家的觀點，就像概念藝術中的各種媒材一樣。換句話說，概念攝影家以新穎與預期外的方式來使用攝影，意圖讓觀點優先於攝影形式。因此，在概念攝影中，攝影只是一種媒介，用來呈現藝術家觀點或說明藝術家想述說的故事。所以，有描述性標題的藝術作品通常都隱含著可被述說的故事，這些故事包含了構成藝術作品觀點的活動，或是與創造此藝術作品有關的意圖或經驗（概念攝影的發展歷史詳見 Soutter, 1999）。Soutter 從文學中獲得靈感，尤其是借用羅蘭・巴特（Roland Barthes）的敘說術語，她說明一個靜止的圖像如何喚起敘說或故事，進而導致攝影敘說或敘說式攝影，而非僅是記錄鏡頭捕捉到的影像。然而，Soutter 主張沒有補充性的敘說，照片中的故事除了想像，不可能實現。因此，攝影敘說的角色是連結影像與文本，而敘說成為照片內容中顯眼的一部分，是除了照片所提供的視覺訊息之外的額外優點。

　　Storytellers: A Photographer's Guide to Developing Themes and Creating Stories with Pictures（Foster, 2012）這本書進一步說明了攝影敘說的重要性。雖然 Foster 在這本書中沒有提到 Soutter 的攝影敘說，他的視覺敘事概念與攝影敘說相當接近。以德州為主要攝影地點的專業攝影師 Jared Foster，談到視覺敘事的價值以及如何透過照片創造有力道的故事。他提醒讀者將認真嚴肅的攝影家與典型的旅遊攝影家加以區分的是，前者用說故事的方式蒐集影像，並且有能力為他或她在特定時空所見的影像提供更多的理解。他強調攝影家是視覺敘事者，記錄生活的流動、細微之處、

晦澀模糊與情感，這些全都呈現在影像中。為了寫書，Foster 訪談了那些啟發他成為視覺敘事者的專業攝影師，其中一位是 Jim Richardson，他是一位為國家地理協會（National Geographic Society）工作的攝影記者，住在堪薩斯州林茲堡市的一個郊區小鎮，離我住的地方不遠。在訪談中 Richardson 為攝影敘說做了具啟發性的註解：

> 全部的敘說，全部的故事就是驅動在我們世界中發生什麼事的巨大片段，相同地，你總是必須假設當人們看著照片時，他們會從中帶走故事——無論你有意或無意這麼做。（Foster, 2012, n.p.）

巧合的是我有機會參加一場 Richardson 主講的演講，這場演講是堪薩斯州立大學在 2013 年 12 月 14 日所舉辦的農業學研討會系列活動之一。這場演講是關於他執行國家地理協會的任務，拍攝世界的土壤，包括土壤侵蝕、復育與其他人類的介入行為，以及植物的根。他想要創造一個攝影敘說或是視覺故事，能夠讓從未感謝過土地的觀看者可以停下來並思考。在演講中他與聽眾分享的照片令人印象深刻且極具隱喻性，它們象徵著人類生存與繁榮不可或缺的環境。他展示給聽眾的攝影敘說，是以一種我以前從沒想過的方式加深了我對土地的感謝。他的視覺故事讓我深受感動，它們的確讓我暫停下來並重新思考。獲得 Richardson 的同意，我分享他對土壤與根的視覺敘事。

Richardson 的敘說與圖片為大自然中我們視為理所當然的熟悉事物，帶出新的觀點。Richardson 分享他作為一位視覺敘事者的策略，看起來跟他的研究策略是一樣的：先有一個想要探索的焦點主題。例如，在他的圖片中，他探索人類如何剝削土壤以及從生態的觀點來看土壤的重要性。在他進入到土壤如何被破壞的圖片之前，他聚焦在土壤的重要性，以及它與植物的有機關係，可以類比土壤與人類生命的關係。當我們觀察

Richardson 所拍攝的照片時，我們能理解他想要傳達的具說服力的故事。

　　我認為有很多事情是敘說探究者可以向視覺敘事者（例如 Soutter 與 Richardson）學習的。我們可以考慮蒐集視覺圖片來述說故事嗎？我們可以創造攝影敘說來傳達參與者生命經驗的意義嗎？我們可以藉由提供視覺圖像來提升我們所寫的文本意義嗎？這些問題的答案都是肯定的，我看到視覺為本的敘說探究有許多的可能性。

Jim Richardson 的視覺敘事

1. 土壤：生命的根

圖 4.2　堪薩斯草原土壤側寫

我在拍攝這個故事所遇到的挑戰，跟所有人類所遇到的挑戰是並存的：瞭解這個在我們腳下的謙卑之物，是它讓地球上的生命成為可能。土壤形塑生命基石的力量是奇蹟（沒有其他字詞可以充分形容）。多棒的禮物啊！

2. 根：草原倖存者

　　當為國家地理協會拍攝土壤的故事時，我們研發了一種技術得以拍攝
Jerry Glover 栽種於薩利納（Salina）的土地研究所內，那些令人難以
置信的草原之根。這邊你所看到的植物，從頂端到底部介於 9 到 16 呎
長，因為它們的根往下生長，得以獲得水分與養分，讓它們可以在乾燥
的草原上生存。它們是卓越的生物，美麗且值得我們的讚賞。

圖 4.3　根：草原倖存者

▌影像發聲

　　愈來愈多當代的敘說學者使用視覺為本的敘說探究，這是一種文字與
圖像的夥伴關係，描繪人們日常生活與空間的社會結構。參與者的生活經
驗被呈現與反映在視覺圖像中，為讀者提供替代性的經驗，這種多元模
式的敘事為敘說探究增加了另一層意義，稱為一種不同的「視野角度」
（Bach, 2007, p. 282）。當同時運用兩種方法（敘說與視覺）時，它們可

以傳達單一一種方法無法傳達的觀點，進而保持完整無缺的故事真實性
（Johnson, 2004）。就像語言敘說一樣，當在習以為常的事物上映照出特
殊性時，視覺敘說會捕捉到社會現象的特殊性，這讓我們能夠探索兩者之
間的關係（Knowles & Sweetman, 2004）。

　　在視覺為本的敘說探究中，我們將圖片當作「文本」進行詮釋，因
此，我們不應該只關注如何以及為何產出這些圖片，也應該關注不同的觀
眾會如何解讀它們。換句話說，我們必須瞭解視覺這個詞不僅是關於物品
的影像或物品本身，更是關於構成此影像的知覺與意義，這需要研究者與
觀看者的詮釋（Soutter, 2000）。此外，我們必須記得影像本身無法證明
某一個詮釋優於另一個，應該要說明的是雖然一張圖片值得千言萬語，
但也有人會說那些圖片「不言而喻」。Riessman（2008）堅持敘說研究者
要書寫關於圖像的事情，因為所寫的文本可以提供只看圖像無法獲得的訊
息。我同意。在視覺為本的敘說探究中，書寫的敘說要與視覺資料同在。

　　以另一個視覺為本的敘說探究為例，教育研究者 Bach（2007）使用
照片作為分享生活經驗的方法，將參與者的經驗意義視覺化。她的視覺敘
說探究是由拍攝自己的傳奇人生而開啟，描繪了自傳式敘說觀點的特殊
性。她單獨與參與者見面，說明攝影的倫理議題，在將攝影機和攝影任務
交給參與者之前，跟參與者討論組成照片、蒐集照片以及與照片對話／透
過照片說話／進行與照片有關的對話等等的可能性。她通常選擇那些活躍
於自身次文化中的人成為參與者，她邀請他們用拍照作為記錄生活和傳達
他們認為重要事物的方式。參與者用一週或兩週的時間拍攝生活的照片，
並且隨著時間推移述說跟這些照片有關的故事。這種方法稱為**影像發聲**
（photovoice），是「一種仰賴訊息提供者產出影像的策略」（Bell, 2013,
p. 145）。這些照片是**與**參與者一起創造，也是**由**參與者自己創造。參與
者拍攝的這些照片呈現「在人們、攝影機與影像之間可能的多元關係」
（Bach, 2007, p. 285）。在邀請參與者對所挑選的照片進行述說前，她研
究這些照片並且建構一個可能意義的「田野文本」（field text），這種一

起工作的過程重複了好幾次。Bach 建議在來來回回的過程中，研究者對
探究保持開放和彈性是重要的，要知道一定會有轉移與改變，她說：

> 我對我的意圖相當謹慎，知道它們會轉移，而且它們會在敘
> 說探究場域內進行協商，協商的結果取決於我在場景中的位置，
> 以及在與參與者、計畫和觀眾的關係中我是誰。（p. 285）

▌檔案照片

另一個進行視覺為本敘說探究的方式是研究檔案照片（Bell, 2002,
2006; Caswell, 2012）。一位前研究生 Heather Caswell，我是她的口試委
員之一，她的論文是研究國會圖書館的檔案照片。Caswell（2012）檢視
了二十世紀前五十年在美國的學校教室內所拍的照片，以探討這段時期關
於學校、教學方法與師生關係的觀點。她用符號學分析提供豐富的討論，
讓我們透過涵蓋社會與歷史脈絡的視覺影像進而對教育有所瞭解。

另外一個例子是社會學家 Susan Bell（2002）使用英國女性主義學者
Jo Spence（1934-1992）發人深省的自傳式照片，Spence 拍攝自己以記錄
從 1982 年確診到 1992 年過世這段期間罹患乳癌的經驗。在這個研究中，
Bell 示範了一個關於疾病敘說的研究，如何藉由整合視覺元素而超越口語
與文本論述，而這可以促進讀者對人們罹病經驗的理解。下面舉例一張
Spence 所拍攝的自傳式照片（圖 4.4）、Spence 對照片的描述，以及 Bell
對 Spence 的視覺與書寫文本的分析摘錄。

> 當你罹患乳癌，要接受正統醫學手術是會令人感到害怕的。
> 我決定要為自己記錄發生在我身上的事，不僅是成為他們醫療討
> 論的客體，也要成為我自己的研究中積極的主體。在這裡，我正
> 在進行乳房 X 光攝影，我說服放射科技師幫我拍照，她非常不

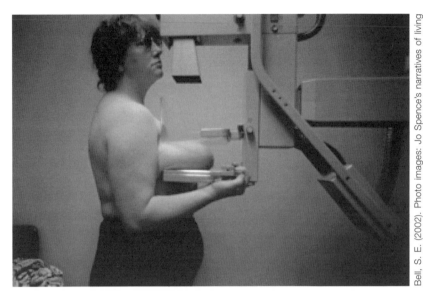

Bell, S. E. (2002). Photo images: Jo Spence's narratives of living with illness. Health: An Interdisciplinary Journal for the Social Study of Health, Illness and Medicine, 6(1), 5-30, p. 15.

圖 4.4　乳房 X 光檢查

開心要做這件事，但認為幫我拍照比起讓我自己拿著照相機自拍來得好。（Spence, 1988, p. 153；引自 Bell, 2002, p. 15）

而這是 Bell 對這個照片的詮釋：

這張照片中的文字與圖像見證了 Spence 干擾了一件例行性的醫療事件。對成年女性來說——尤其是年過四十歲或是身體出現神祕腫塊的人——它也喚起了一個可理解的故事：乳癌是一個常見的疾病。乳房 X 光檢查可以偵測惡性腫瘤，因此年過四十歲的女性應該例行性的接受乳房 X 光檢查。此外，對我來說，這張照片也反映一個持續進行的故事：Jo Spence 正在接受乳房 X 光檢查，結果會是什麼呢？（Bell, 2002, p. 17）

如同你可以看到的，在敘說探究中使用視覺影像的可能性相當大，雖

然在質性研究中使用圖片已早有所聞，但將視覺帶入敘說探究中的研究並不常見（Bach, 2007）。Johnson（2004）也主張對於如何運用敘說探究中的視覺文本，來產出多元意義的系統性分析還是相當少，為了進一步激勵你，我要提供你在研究中運用視覺圖像的價值清單（見表 4.5）。

表 4.5　在研究中使用視覺圖像的理由

> 1. 圖像可以用來捕捉不可言說、難以用語言表達的部分。
> 2. 圖像可以讓我們用新的方式來關注事物。
> 3. 圖像很可能是令人難忘的。
> 4. 圖像可以讓溝通更全面，整合多元的層次，喚起故事或疑問。
> 5. 圖像可以促進同理性的理解與類推性。
> 6. 透過隱喻與符號，藝術性的圖像可以優雅與意味深長地實踐理論。
> 7. 圖像鼓勵體現的知識。
> 8. 圖像比多數學術性論述更能被理解。
> 9. 圖像可以促進研究設計的彈性。
> 10. 圖像會喚起社會正義的行動。

（改編自 Weber, 2008, pp. 44-46）

▌數位敘事

　　隨著今日數位科技的進步，我認為敘說探究未來的發展是更寬廣與充滿希望的。如今，透過行動裝置，例如智慧型手機、iPad 或平板電腦，讓蒐集敘說資料變得更容易且方便。對我來說不盡然是「更容易」，因為我不像你們一樣精熟於高科技產品，但我確定對你們來說一定更容易。的確，當今的科技發展已經影響了我們執行敘說探究的內容與方法，因此，如果我沒有討論你可能已經聽過的數位敘事這個敘說研究的新興方法，那就是我的失職了。

　　數位敘事（digital storytelling）方法指的是三到五分鐘的視覺敘說，由照片圖像、藝術作品、影片、錄音檔、音樂檔以及文本組成，為生活

經驗創造一個令人信服的故事（A. Gubrium, 2009）。它是一個新興的敘說研究類型，使用多元的數位科技來記錄第一人稱的敘說。數位敘事常被用在社群為本的參與式研究中，以增加社群成員對當地健康議題研究的參與，因為長期以來他們的關注與利益都是被排除或排在機構利益之後（A. Gubrium, 2009; Lambert, 2006）。它也被用來保存或推動原住民的口說智慧，作為克服以訪談為主的敘說研究其限制的方法（Willox, Harper, & Edge, 2012）。Willox 等人（2012）表示：

> 我們相信數位敘事為執行與分享敘說研究，開啟了一些令人期待與創新的新領域，尤其是在原住民社群裡。作為一種方法，它不僅處理與敘說研究有關的概念性及實務性議題和限制，它也改變、修正和（或）瓦解經常隱含在研究歷程中「研究者」與「被研究者」角色之間的權力動力。故事被創造出來，其中的聲音與生活經驗是重要的、豐富的與強力的資料來源，還沒有被研究者撰寫、預先結構化或改變。（p. 141）

這裡的重點是被創造的故事並不是「被研究者改變」，因此，數位敘事的優點之一，在於它呈現了由參與者從自身的觀點開啟與創造的故事，沒有受到研究者的干擾。

這同時也意味著必須為那些不熟悉科技的研究參與者開設身臨其境的訓練及工作坊，而這對有些研究者來說會是一個挑戰，因為他們沒有提供這種工作坊的管道。依據 Gubrium（2009）所言，事實上數位敘事的歷程最初是由數位敘事中心（Center for Digital Storytelling，網址為 www.storycenter.org）編纂而成，該中心的數位敘事專家訓練參與者產出自身的數位故事，課程包含數位故事元素、製作故事的腳本、數位影像編輯軟體，例如 Adobe Photoshop Elements 與其他數位敘事的技術元素，例如創造分鏡腳本與錄製旁白。我無意藉由提出這挑戰來打擊你對數位敘事的興

趣，我有些學生在沒有經過太多的訓練、對數位敘事方法不是那麼熟悉的情況下，最終以短片來呈現他們的論文。我的重點是雖然數位敘事看起來是最新的方法，我們應該謹慎思考的是在使用這個方法之前，我們應該裝備哪些能力。

如你所見，今日的科技發展為擴展敘說探究的範圍提供了許多可能性，然而，我們也應該留意一些議題，尤其是與視覺為本敘說探究有關的倫理議題（保密）與版權問題。當法庭用過時的法律進行審查或倫理委員會對視覺方法的知識有限時，傳播視覺資料這件事會變得相當棘手。如同前文所提到的，視覺方法可以揭示重要的資訊，是文本或文字方法無法做到的，因此，Prosser（2011）建議透過研究以對參與者的倫理權利、文化、社會或社群有足夠的認識是重要的，以「做出謹慎敏感的道德決定」（p. 493）（更多關於倫理議題的討論請見第三章）。

結語：模糊類型

在本章，我們討論了敘說研究的類型或形式，包括自傳、自傳式民族誌、傳記式研究、教化小說、生命故事／生命歷史、口述歷史、文學為本的敘說探究與視覺為本的敘說探究（Chase, 2011）。[7] 這些敘說研究類型是敘說探究者讓故事應運而生的可行方法，因此，敘說探究者就像一位助產士。然而，這些敘說研究類型應該被視為方法，而非結果。你用這些方法來調節故事，以讓故事的意義可以被傳達，進而吸引讀者。

在閱讀本章之後，我希望你現在有感覺到哪一個敘說探究的類型吸引你，縱使只是隱約的。但是，這種受到特定敘說形式的吸引不應該單獨地被衡量，你必須考慮所有的因素，包括研究目的、研究問題、參與者、你想要蒐集的故事類型，以及資料蒐集方法與影響。你可能希望模糊敘說研究類型，讓你的敘說探究整合多元形式。如你所見，書寫故事，我的意思是書寫一個令人信服的故事，會讓讀者感動（如此你的研究才會帶來改

變），這件事情需要你的想像力、同理心、熱情與惻隱之心。當我們處理參與者的故事時，那些故事是參與者過去、現在與未來的生活，我們的敘說探究取向也應該盡可能是有機體的、活生生的、流動的且是有彈性的，因為故事不會有固定的程式讓我們可以統一應用。

反思

- 每一種敘說研究類型各自用何種方式來回應你的研究興趣？
- 你會為你的研究選擇哪一種敘說類型？原因何在？
- 你如何向你的論文計畫委員會成員說明你所選擇的敘說研究類型的價值並且說服他們？

活動

1. 仔細聆聽這三個不同的古典樂片段：帕格尼尼的《第 24 號隨想曲》、布拉姆斯的《帕格尼尼主題變奏曲》，以及拉赫曼尼諾夫的《帕格尼尼主題狂想曲》。試著去感受如何用不同的形式來呈現相同的主題。然後，試著去想像你的敘說探究可以如何用不同的形式來呈現。

2. 試著撰寫你個人的短篇自傳。

3. 創造兩個不同的想像團體：其中之一代表你的博士論文計畫委員會，他們是實證主義者；另外一個委員會是敘說探究多元形式的倡導者。為你的藝術為本敘說探究模擬一場論文計畫答辯。

建議閱讀書目

- **檔案照片**

  American Life History Collection (Library of Congress): http://www.loc.gov/collection/federal-writersproject/about-this-collection/#overview

• 戲劇

Norris, J. (2000). Drama as research: Realizing the potential of drama in education as a research methodology. *Youth Theatre Journal*, *14*, 40-51.

Saldaña, J. (Ed.). (2005). *Ethnodrama: An anthology of reality theatre*. Walnut Creek, CA: AltaMira Press.

• 詩

Faulkner, S. (2009). *Poetry as method: Reporting research through verse*. Walnut Creek, CA: Left Coast Press.

• 創造性非虛構小說

Miller, B. & Paola, S. (2004). *Tell it slant: Writing and shaping creative nonfiction*. Boston, MA: McGraw-Hill.

• 虛構小說

Leavy, P. (2013). *Fiction as research practice: Short stories, novellas, and novels*. Walnut Creek, CA: Left Coast Press.

• 藝術為本敘說論文

Jacobs, D. (2008). *The authentic dissertation: Alternative ways of knowing, research and representation*. London, UK, and New York, NY: Routledge.

Knowles, G., & Cole, A. (Eds.). (2008). *Handbook of the arts in qualitative research*. Thousand Oaks, CA: Sage.

• 視覺探究

Foster, J. (2012). *Storytellers: A photographer's guide to developing themes and creating stories with pictures*. Berkeley, CA: New Riders.

Luttrell, W. (2010). "A camera is a big responsibility": A lens for analyzing children's visual voices. *Visual Studies*, *25*, 224-237.

Margolis, E., & Pauwels, L. (Eds.). (2011). *The Sage handbook of visual research methods*. Thousand Oaks, CA: Sage.

註釋

1. 自傳式民族誌有自己的分支，例如喚起式自傳民族誌（Bochner, 2012; Ellis, 2004; Ronai, 1995）、分析式自傳民族誌（Anderson, 2006）、表演式自傳民族誌（Spry, 2001）、詮釋性自傳民族誌（Denzin, 2014），以及批判式自傳民族誌（Boylorn & Orbe, 2014）。關於不同類型自傳式民族誌的更多討論可參見 *Journal of Contemporary Ethnography* (2006), volume 35, issue, 4.

2. 如果研究者聚焦在自身的成長與發展，教化小說可以是自傳形式的。

3. 從技術層面來看，教化小說是一種文學類型，是長篇小說的一部分，是虛構小說的核心形式。然而，我把它當作是一種敘說研究類型，因為它深厚的哲學取向，跟我在這一章討論的其他敘說類型相當不一樣。

4. 關於**教化**更詳細的討論，請見 Kim（2013）。

5. Rosenthal（1993）將生命歷史定義為「活過的生命」，並將生命故事定義為「一種敘說的生命，是實際上當前時刻的談話或書寫內容」（p. 59）。然而，我觀察許多研究者跟我一樣，交替使用這兩個詞，沒有做特定的區分。

6. 我想要區分藝術為本的敘說探究與藝術為本研究這兩者。藝術為本研究是質性研究的另一個分支，使用藝術作為探究的歷程與成果，包含文學作品、詩、音樂、表演（戲劇）、舞蹈、視覺藝術、影片與其他藝術媒材（Leavy, 2009）。在本書，我聚焦在藝術為本的敘說探究，將藝術整合到敘說探究中，包括文學為本的敘說探究與視覺為本的敘說探究。

7. 更多關於敘說類型或形式的取向，請見 Chase（2011）。

CHAPTER *5*

敘說資料蒐集方法：
發掘故事

本章主題

- 敘說思維
- 訪談邏輯
  - 知後同意書
  - 保密
  - 抽樣與飽和
  - 信任與關係建立
- 質性訪談類型
- 敘說訪談
  - 生命故事訪談／傳記式訪談
  - 敘說訪談階段

- 敘說訪談問題
- 雙句型技巧
- 田野工作
  - 接觸研究現場
  - 觀察的藝術——也稱為專注
  - 觀察者的矛盾
- 人為飾物：珍奇櫃
- 視覺資料
- （數位）檔案資料
- 結語：發掘故事作為資料

思考的問題

- 蒐集敘說資料的方式有哪些？
- 敘說訪談的技巧有哪些？
- 我們要怎麼做才能接近研究場域？

Bryan 突然來辦公室找我，他看起來相當困擾，我有點疑惑地問：「你怎麼啦？」Bryan 沒有回答，只是對自己沒有先約時間就來表示抱歉，我讓他不必在意，並邀他聊一聊。Bryan 說他剛完成一個無趣的訪談，訪談時間很短，受訪者既不健談，對這個訪談的反應也不熱烈。Bryan 說最讓他耿耿於懷的是自己對訪談技巧沒有信心，他不知要問什麼問題，也不知道問題的順序要怎麼安排，才能從受訪者身上問到有趣的故事。訪談過程中出現很多次可怕的沉默，他的提問沒能引發比較長的回答，訪談的時間遠比他預期的還要短。他已經設法問問題，希望能從這次的訪談中得知一些故事，但卻以短暫、片斷的答案告終。當 Bryan 停下來長長嘆了口氣，我拿起外套並邀請 Bryan 和我一起出去走走：「我們去喝杯咖啡吧。」

我聽過很多還是學生的研究者類似這種嘗試錯誤的故事，蒐集敘說資料的田野工作沒有辦法總是照計畫進行，為了減少這種失望經驗發生的機會，我們需要磨練從事敘說探究田野工作所需要的技巧與技術。這一章介紹的敘說研究方法可以幫助我們蒐集各式各樣的敘說資料，作為重新建構（reconstruct）或重新述說（retell）故事的基礎。所以本章目的是為田野工作研究預做準備，讓你可以好好的發掘故事。

敘說思維

在第三章，我們討論到學習敘說式的思考是敘說研究設計的美學遊戲一部分。我們作為「研究者—敘事者」（Barone, 2007, p. 468）應該進行敘說式的思考，而想像一個生活空間，置身其中並進行述說，正是一個起點，包括蒐集田野文本、從平凡無奇中找到平衡（時序性、社會性與地點），以及投入自我於探究中（Connelly & Clandinin, 2006）。為了避免像前述案例中的 Bryan 一樣，無法在訪談中獲得足夠的資料，我們應該協助研究參與者（參與者—敘事者）同樣進行敘說式的思考，並鼓勵他們投入敘說思維。

然而，什麼是敘說思維？**敘說思維**（narrative thinking）是一種從經驗中編造故事（making a story）的方法，「一個需要技巧、判斷與經驗的啟發式（heuristic）過程」（Robinson & Hawpe, 1986, p. 111）。Robinson 和 Hawpe 認為述事含括了敘說思維，因為我們反思自身的經驗來建構故事。換句話說，敘說思維是嘗試使情境和故事基模（schema）產生配適（fit），故事基模指的是具有「是誰、有什麼、如何進行，以及為什麼」的經驗與事件。敘說思維旨在描述事件和行動，它幫助我們瞭解與分析過去事件和行動是怎麼導致這些歷史結果，並且想像採行哪些行動可以達到未來目的（Polkinghorne, 2010），因此，敘說思維是藉由組織我們的知覺、想法、記憶和想像等經驗來創造故事的一種方法。對敘說研究者而言，在學習敘說方法以發掘故事之前，先理解什麼是敘說思維似乎是更重要的事。

Robinson 與 Hawpe（1986）認為敘說思維的過程包含了三個元素：敘說基模、敘事者的先備知識與經驗，以及多樣化認知策略。**敘說基模**（narrative schema）是隱性的程序計畫，它組織了特定類型的必要資訊，並且用因果關係的手法加以連結。也就是說，敘事者運用敘說基模描繪出故事情境與結構，敘說基模裡面涵蓋一系列待解答的問題，諸如「發生了

什麼事」、「和誰有關」、「為什麼會發生」等等（p. 115）。這些問題需要敘事者仔細檢視該事件的各種有用資訊，並確認出相關事實，這些最終將成為敘說基模的一部分。顯而易見地，敘說基模是得力於敘說思維的第二個元素——**敘事者的先備知識與經驗**。最後，敘事者利用第三個元素——**認知策略**，像是選擇、比較、推論、安排與更新先備知識與經驗，認知策略在敘說思維中扮演吃重的角色，因為會引導敘事者判斷哪些細節和所創造的故事有關。

敘說思維的行動就是由這三元素產生——敘事者的敘說基模、先備知識與經驗、多樣化認知策略。敘說思維產生的故事會促發我們瞭解他人行動與自己和他人的關聯。如同 Robinson 與 Hawpe（1986）告訴我們的，敘說思維是一種啟發式裝備，容許開放性結局、建構與各式的不確定性，這是經由所創造的故事而達成，這些故事更是「人類特定經驗與普遍經驗之間理所當然的中介者（mediator）」（p. 124）。

我們可以進一步連結敘說思維和 Chase（2003）提到的兩種敘說原則，第一項原則是敘說是人們將經驗賦予意義、建構自我，以及創造和溝通意義的最主要方法。第二項原則是個人敘說無可避免的就是社會性的特性，不管這些敘說有多獨特或多個人化。

當敘說探究方法納入敘說思維和敘說原則時，因為有助於發掘故事，會提升我們的敘說研究。不管是訪談、田野工作中的觀察和參與者觀察、視覺和檔案資料，以及珍奇櫃中的各項手工藝品，只要我們蒐集敘說資料，我們就應該考慮將敘說思維作為資料蒐集方法的基礎，因為這正是敘說方法和其他質性方法最大的差異。

訪談邏輯

訪談提供了一個獨特的觀點來看待生活在社會中的個人之複雜生命。個別訪談是質性研究中最常使用的蒐集資料方法，特別在敘說探究中更是

最重要的方法，正如我們所瞭解的，受訪談者會以自己的敘說基模來講述故事，這些基模反映的是其認知策略衍生的個人知識與經驗。

　　如此重視使用訪談背後的前提是，認為個人是重要的知識來源（Gubrium, Holstein, Marvasti, & McKinney, 2012）。很多時候我們宣稱知道特定社會情境下的個人信念、價值觀和情感，其實都是來自於訪談時受訪者對我們問題的回應。Mishler（1986a）寫道：「任何別具意義的生命層面都脫離不了訪談者好奇的範圍。」（p. 233）這句話告訴我們擁有良好的訪談技巧是多麼重要，因為可以引導出有意義的反應，從中找出故事，得以解答我們的研究目的與研究問題。因此，對訪談方法有良好理解，才能順勢產出成功的敘說探究。

　　我們對訪談應該抱持的基本態度是，將自己視為知識追尋者以及將受訪者視為知識的所有者，所以敘說訪談的方法應該如下：

> 　　我想要從你的觀點來瞭解這個世界，我想要以你的方式來瞭解你所知道的，我想瞭解你的經驗的意義，我想以你的方式前行，用你的方式感受事物，用你的方式解讀事物，你願意成為吾師協助我瞭解嗎？（Spradley, 1979, p. 34）

　　此種謙卑且同理的取向認為能夠接觸到受訪者的生命、領悟與看法，是一份榮耀，因為我們從中產生的知識將灌注專業領域。訪談方法涵蓋的一些倫理與研究方法論的議題，像是知後同意書、保密、樣本、資料飽和，我們會在後面討論。

▌知後同意書

　　如同第三章所提到的，人類研究有許多項重要的倫理原則，像是對人的尊重、誠信、善意與正義（Heggen & Guillemin, 2012）。開始訪談前要準備的第一件事就是知後同意書（informed consent），內容要遵守研究倫

理審查委員會（IRB）的倫理守則，知後同意書所提供的資訊要讓可能的研究參與者，對我們的研究有更清楚的瞭解，如研究目的、時間與研究方法。同時也要列出參與研究可能會有的風險與好處，甚至應該載明研究參與者擁有隨時可以退出研究的權利，而不會有任何責罰，因為知後同意書的內涵是基於保密、個人匿名性與善意原則。

▌保密

保密（confidentiality）是為了保護研究參與者的隱私。它指的是研究者和研究參與者對訪談資料如何運用的共同協議，同時也保證除了研究者，沒有其他人會知道是誰參與了研究，以及沒有其他人可以接觸到研究資料（Kaiser, 2012）。有多種策略可以用來保護參與者，像是在研究報告中用假名取代真實姓名、刪除具明顯特徵的個人資料，這些也是知後同意書中要明列的內容。

無論如何，保密議題不是這樣想當然耳的簡單，我們為避免研究參與者被辨識而面臨不少困難，因為就像我們盡可能詳細地描述研究情境，我們也會仔細描繪研究參與者，此時就會出現違反保密的情形，因為在研究報告中就算使用假名，這些個人特質與經歷仍會暴露出真實身分，這種情況就是演繹式揭露（deductive disclosure）（Kaiser, 2012）。例如 Baez（2002）曾在一所白人為主的大學中訪問少數族群的教職員，瞭解他們的升遷與工作經驗〔像是被排擠的經驗、種族主義、出賣（betrayal）、性別主義等〕，大家所關心的是 Baez 如果出版研究內容，會不會讓這些研究參與者被學校同事認出來，而對他們的職涯造成負面影響。這樣的考量在「鄰里型研究」（backyard research）經常發生（Glesne & Peshkin, 1991），這個問題我們在第八章會進一步討論。因此，我們應該要意識到研究的各個階段，都有可能面臨破壞參與者保密的風險，而不只是在訪談初期簽知後同意書的當下而已。

那麼如果研究參與者在分享了個人隱私、敏感與重要的資料後，卻要

求不可以和其他人分享，我們應該怎麼做？此時正是展現「倫理的重要時刻」（Guillemin & Gillam, 2014）。這時要透過反思性運用實踐智慧（倫理判斷），如同第三章提到的。Kaiser（2012）提出在訪談最後增列兩個步驟來處理保密議題：第一，我們可以在取得受訪者同意後留下聯絡方式，方便日後討論和訪談資料有關的問題。第二，我們可以運用訪談結束文件（end-of-interview document），取得受訪者對資料運用及保密方式的想法。訪談後保密同意書的格式如圖 5.1。

▌抽樣與飽和

　　抽樣或是樣本數的首要議題，就是研究者如何決定訊息提供者（informants），以及挑選多少人或排除哪些人，此乃研究人員決定方案成功與否的核心關注點（Johnson & Rowlands, 2012）。我的學生經常會問：「進行敘說探究時，多少位受訪者是最恰當的數目？」「每位受訪者要進行幾次訪談？」這些都是你在進行研究的時候要面臨掙扎的重要問題。你會瞭解到要充分獲得有意義的資料需要訪談多少人，並不是一項容易的決定。除非能說清楚受訪者的數目（樣本數），否則你將會面臨論文口試委員或是研究倫理審查委員會人員對你樣本人數不足的質疑，這個問題也是質性研究經常面對的批判。

　　然而，質性理論學者對何謂最適樣本數（optimal sample size）尚未達成共識[1]，也因此有必要持續地檢視（Beitin, 2012）。Beitin 建議合理的樣本是 6 至 12 位，因為 6 位參與者之後常有主題重複的現象。Kvale（1996）基於時間和資源運用的考量，主張訪談研究的受訪者數目大約在 15±10 位。如果你著重在生命故事的蒐集，受訪者人數通常會比較少，但訪談過程會比較長。如果你的研究想要探詢跨個案間的共同主題，那麼樣本數就要多，但訪談時間可以短一點。

　　然而，如果你的目的是想依據某個人的特有經歷來瞭解世界，這就像書寫教化小說一樣，或許可以仰賴於單一的個人經驗。讓我們以心理學研

研究主題
研究編號 #
訪談後保密同意書

　　前述是我們運用您所分享的資料之目的，同時我們保證會負責任地運用上述資訊。現在您已經完成本次訪談，對於要如何運用您的資料，我們提供下列選項，您可以告訴我們您偏愛的方式。請在下列說明中勾選其中一種：

＿＿＿你可以使用我提供的各種資料，無須更改其中任何細節，在出版或發表時，也可以用我的真名。

＿＿＿你可以使用我提供的各種資料，可是請不要用我的真名。我瞭解儘管沒有提供真名，別人仍可能根據這些資料認出我來。

＿＿＿你可以使用我提供的各種資料，但是請不要用我的真名，而且請修改細節避免暴露我的真實身分。要特別提醒的是，以下的這段個人資料，除非已經潤飾到讓別人無法認出我來，否則我不願意和他人分享（資料說明如下）。

＿＿＿＿＿＿＿＿＿＿＿＿＿＿＿＿＿＿＿＿＿＿＿＿＿＿＿＿＿＿＿＿＿＿

＿＿＿＿＿＿＿＿＿＿＿＿＿＿＿＿＿＿＿＿＿＿＿＿＿＿＿＿＿＿＿＿＿＿

＿＿＿如果你對於使用我提供的各種資料仍有任何疑問，可以和我聯絡。我的聯絡方式是（提供電話號碼或電子信箱）：

＿＿＿＿＿＿＿＿＿＿＿＿＿＿＿＿＿＿＿＿＿＿＿＿＿＿＿＿＿＿＿＿＿＿

＿＿＿＿＿＿＿＿＿＿＿＿＿＿＿＿＿＿＿＿＿＿＿＿＿＿＿＿＿＿＿＿＿＿

受訪者簽名，日期

＿＿＿＿＿＿＿＿＿＿＿＿＿＿＿＿＿＿＿＿＿＿＿＿＿＿＿＿＿＿＿＿＿＿

研究人員簽名，日期

（改編自 Kaiser, 2012, p. 462）

圖 5.1　訪談後保密同意書

究為例。弔詭的是如果想取得普及性的知識，常要專注於少數幾個深度的個案研究。譬如佛洛伊德提出的心理分析理論是來自單一個案——Dora的案例；皮亞傑的兒童認知發展理論是得之於對自己小孩的研究。個案研究是來自長時間的個案觀察與訪談，因此，質性探究，特別是敘説探究，其樣本數目的決定應取決於訪談的品質而非數量（Kvale, 1996）。Kvale提到一個開放性或深度生命故事的訪談，最少要有三位左右的訪談者。O'Reilly 與 Parker（2012）認為樣本數恰當性不在於提供訊息者的多寡，而是取決於資料合適與否。也因此，我們的目的是藉由多種類型的資料，從中累積足夠深度的資訊，以充分描述研究現象，這也是我們為達到分析的豐富性與深度所必備的。綜言之，我們要保持彈性並注意實際面，不僅在決定抽樣與樣本大小時，在判斷抽樣合宜與否時也是，如此才能充分地闡明研究目的及研究問題。

那我們怎麼知道抽樣是否恰當？是否足夠？這問題取決於「飽和」（saturation），此乃質性研究的品質指標之一。Guest、Bunce 與 Johnson（2006）寫道：「事實上，飽和已經成為健全的科學研究在決定樣本數目時的黃金指標了。」（p. 60）當新的訪談資料無法再提供新知識，而只能確認現有資料或是導致資料重複；或者當受訪者已經敘述了所有的相關故事，此時即達到了飽和點（Suárez-Ortega, 2013）。當我們說資料已經飽和，就意謂資料的深度與廣度都同時達到飽和。不過也不是說我們就要無異議接受飽和的觀點，事實上有關人類的質性現象常是有機的且獨特的，而且和我們研究相關的主題永遠都會有新發現，因此我們面對的難題是：有時候資料無法真的完全飽和。

幸運的是，O'Reilly 與 Parker（2012）對此兩難情境提供一個有力的解釋。他們告訴我們需要明白認識論和方法論的觀點，因為此二者會引導我們的決策過程；我們也需要明白資料如何以及為什麼無法飽和，這和研究的限制有關。O'Reilly 與 Parker 也向我們保證，這樣的限制不必然會讓我們的研究發現變得無效。如果資料無法飽和，兩位學者說道：「這只是

意味著現象尚未完全發掘，而非研究發現無效。」（p. 194）

█ 信任與關係建立

　　訪談法最重要的是訪談人員和受訪者的信任與關係建立（rapport）。
Kvale（1996）假設訪談是連結訪談人員和受訪者觀點以產生知識的方
法。人們的互動是產生知識的方法，這正是受到受訪者的開放、信任及樂
於和訪談者分享之影響。因此你用訪談來蒐集故事的舉動，有賴於你和受
訪者間的信任以及關係建立程度。

　　我們要如何和研究參與者建立信任與關係？像是 Grinyer 與 Thomas
（2012）討論到多次訪談與縱貫研究的價值，在研究者和研究參與者
間建立和諧與可信賴關係上扮演關鍵的角色。他們以 Cornwell 的研究作
為例子，說明了訪談資料可區分為「公開」（public）說法與「私人」
（private）意見。Grinyer 與 Thomas 解釋 Cornwell 的研究指出，他們研
究東倫敦在健康與疾病方面的重複性訪談，發現第一次訪談的時候，受訪
者通常會用公開說法，因為當時訪談者和受訪者之間的信任關係是低的。
也就是說，受訪者此時傾向提供他認為訪談者想要或期待的說法。然而在
第二次或者是後續的訪談時，研究參與者較會提供自己私人（比較有趣和
有意義）的意見，因為此時研究者已經和他們建立信任且彼此熟悉。雖然
這並不表示首次訪談就無法像後續訪談一樣得到有意義的資料，此處要指
出的是要產生有意義的資料，關係與可信賴性是再重要不過了，研究者能
否獲得高品質的資料要視我們和受訪者的關係品質而定。

　　無論如何，我們也需要對關係過度建立有所警覺。如同 Goudy 與
Potter（1975）提到的，我們應該追求的是關係建立的合宜程度而非最大
化，當關係太好時（研究者與參與者關係過於密切），訪談容易產生偏
誤，反而會干擾研究目的。兩位學者主張訪談目的不只是建立關係，更要
將關係建立視為蒐集高品質資料的方法。Darlington 與 Scott（2002）對此
有深刻領悟：

關係建立在研究初期常被視為研究內容的一部分，當建立之後，研究者就可以高枕無憂了。然而關係的建立並不是可以讓研究者任意開關的物品，它是互相關聯的。……就如同所有的人際關係，研究者—參與者關係是需要持續協商與重新修正的。在研究的每一個階段，研究者的行為都會擴大參與者的信任。（p. 54）

關係似乎應該建立在令人愉快的適中程度的快樂，但我們不能視為理所當然，認為當我們開始啟動研究工作時，就會擁有良好的關係，也不應該自行假設和參與者長期互動便可以保證建立正向關係與信任（Grinyer & Thomas, 2012）。

要發展可信賴關係，你的受訪者要願意開放自己。身為研究者，你的角色不是治療者或審問者，也不是一位有距離的聽眾。然而，研究者應和受訪者分享到什麼程度，是一種質性研究常見的張力（tension）（Bondy, 2012）。雖然期待受訪者開放，Bondy 指出有時候研究者選擇不對受訪者自我揭露，諸如性傾向、婚姻狀態、政治立場等，是想要避免造成誤差，擔心受訪者會自行揣測研究者的想法，講述他們想要聽的。因此在整個研究過程中，很難決定關係建立與信任的最佳程度是什麼。關係建立與信任的中心意旨反而是真誠關懷、保持興趣，以及尊重受訪者的人性尊嚴與整全性，正如 Shea（2000）曾說的：

所有人都同意學術機構的最高責任就是確保他們所研究的人們——這些他們探詢、疑問、鼓勵與檢視的公民——被有尊嚴與尊重地對待。（p. 28）

質性訪談類型

現在我們已經瞭解訪談的倫理與邏輯，接著讓我們來檢視訪談方法。質性研究的訪談一般可以分成三大類：結構、半結構與非結構（開放式）。此三者最主要差別是研究者對訪談過程與內容的控制程度（Corbin & Morse, 2003; Fontana & Frey, 1998）。對敘說探究而言，最典型的訪談方式是半結構訪談與非結構的開放式訪談。

首先，在結構式訪談，你要準備一套事先擬好的問題，作為之後訪談的精確依據，題目沒有任何的調整彈性。這類訪談的反應通常都是簡短的，像是口述問卷。如果你的目的是蒐集各式各樣的受訪者對特定主題的具體看法，結構式訪談是個好方法。然而這個方法被認為是傳統的調查訪談，非常不建議用在敘說探究。尤其是 Elliot Mishler 曾強烈地批評它，我稍後會加以討論。

在半結構訪談，你會事先準備好想要問的一般性問題，但使用它們的目的只是為了引導訪談，幫助研究者持續聚焦，而不在於限制訪談方向。這類的訪談又稱為「引導式訪談」（guided interview）或是「引導式會談」（guided conversation），你只要準備六至十個問題作為訪談問話的約略順序，並指引訪談流程即可（Morse, 2012, p. 194）。這些問題要夠彈性以便可以擴充訪談的廣度，即它們可以讓你依受訪者的反應問出不同卻有關聯的問題。也就是說，當你傾聽受訪者時，你必須全神貫注，要對訪談的內容與性質隨時保持敏感度。你的訪談技巧，像是如何專注、如何保持敏感與如何反應，皆會對受訪者反應所產生有意義的資料具關鍵的影響。你的受訪者沒有提到重要的資訊，很可能只是因為你沒問到有關的問題，抑或是你的訪談技巧不夠好，造成他（她）的草率回答。

非結構、開放式訪談常被視為敘說探究的訪談。研究者通常不會設定任何議題，而只是傾聽受訪者想要告訴你的話，它可能是一個和你研究完全沒有關係的離題故事。你常常只須問一個類似「大範圍式」（grand tour）的問題（Spradley, 1979），這是針對研究參與者提出的一般性問題，受訪者可以用自己的方式述說個人的故事，而很少被研究者打斷。研究者一開始就是站在傾聽者的立場，因為你的目的就是想要瞭解當事者的觀點，而不是要「引導」他們（Morse, 2012）。是受訪者（而非你）在控制說話內容，包括：從哪裡開始敘說、哪些部分揭露哪些部分不說、訪談範圍、談話主題順序、訪談步調，以及細節多寡等。你的受訪者才是述說故事的中心人物，然而這並不是說你只是被動的傾聽者，你可以作為積極的傾聽者，透過積極傾聽技巧，以及在訪談過程中偶爾問一些相關問題，協助探詢與澄清，只要你夠警覺不要做出可能改變受訪者的干擾（Corbin & Morse, 2003; Fontana & Frey, 1998）。執行半結構或開放式訪談，亦要有充分彈性並事前做好準備，否則可能還沒觸及事前準備的問題，而只是交流故事，訪談就結束了。Narayan 與 George（2012）對此指出：

> 一項訪談如何進行，很大一部分要視研究參與者的參與而定。訪談者要保有彈性，隨時準備追隨受訪者在共同談話過程中所浮現的非預期路線。（p. 515）

因此，當我們遇到一些非預期的故事，我們對於所聽到的不應該太快下判斷或詮釋，但是要對談話內容保持批判性立場，就像 Riessman（2012）提醒的：

> 個人敘說可能會在研究訪談的非預期時刻浮現，就算是對固定反應式問題的反應也是如此。當下似乎是無關的反應，但經過分析後可能變得重要，它們可以告知我們很多訪談實務與研究參與者偏愛的話題。（p. 376）

　訪談者保有彈性和開放態度是很重要的，不僅可以讓非預期資料得以

浮現，而且有助於發展良好關係與信任。對於似乎和研究主題無關的話題，我們若能延遲對其進行判斷與詮釋，長遠下來反而可能是有益的。

敘說訪談

目前為止，我們已經熟悉質性訪談中普遍性的「怎麼做」與「做什麼」，包括各種晤談類型（例如：結構、半結構與開放式晤談）、訪談邏輯（例如：訪談抽樣、訪談關係建立、資料飽和）、訪談的倫理議題（例如：知後同意書、保護受訪者的保密條款等等）。但是這些知識是和質性研究所共有的。因此，在這個段落，我將更深入探討訪談的其他面向，特別是和敘說探究有關的部分。

訪談時我們採用敘說思維與敘說原則，但在進行調查式與問卷式訪談時，這樣的方式卻不夠有效率，因為他們的問題和答案常是「刺激與反應，而不是談話形式」（Mishler, 1986b, p. viii）。對敘說研究訪談而言，壓制受訪者會讓鑲嵌在社會脈絡下的個人故事產生偏差，因為這些故事會透露個人對他們所理解的自己、自身經驗以及所處世界，如何知覺、組織以及賦予意義。我們的受訪者也許會述說一些有趣的故事來回應首要的（overarching）問題，只要我們不要打斷他們。我們也許會急於將外在結構運用到訪談上，但是我們必須做的就只是點頭或者足夠彈性地追隨受訪者的引導，只要他們沒有失焦。在有經驗的敘事者面前，我們只需適時技巧性地重新引導故事回到我們感興趣的特定主題上。

Mishler（1986a）解釋：「在所有的訪談形式中，故事具有反應者描述中的反覆發生及深遠影響之特性。」（p. 235）因此，訪談應該被設計成一種方式——邀請受訪者用他們自己的方式來發聲、可以自由表達自己、可以決定何時開始他們的故事，以及談話主題的順序（創造自己的敘說基模）。既然訪談是一種「敘說的邀約」（invitation to narrate）（Narayan & George, 2012, p. 514），我們應該抓住這個難得的機會，掌 | 223

握故事的複雜性，這些可能是無法透過其他方式得知的。如同我們前面討論過的，敘說是流動的和非預期的，應該讓它們在訪談中自動浮現。

在敘說訪談中，重要的是界定出訪談者和受訪者的位置——訪談者是專注的傾聽者，而受訪者是具有敘說思維的敘說者。這樣的立場遠比特定問題的形式與內容還要重要，也就是說，如果我們容許受訪者以他們自己的方式持續進行，我們將會發現故事。敘說探究者的任務是全神貫注關懷（attentive care）的傾聽，以及問一些必要的問題以進一步啟發故事的述說。若是我們問新的問題而打斷敘事者，我們不可能發現故事，因為這代表我們沒有在聽他們的故事（Mishler, 1986a）。此處顯示一種概念的轉變，我們以前的想法是「受訪者對研究者的問題提出答案」，現在則是「受訪者是敘說者，用他們自己的聲音述說故事」（Chase, 2005, p. 660）。

> 往往，做一名好的故事訪談者，不僅僅是問一個好問題，而且要能夠同理地傾聽與回應問題，這樣被訪談對象就可以用自己的方式塑造故事。同樣地，成為一名優秀的訪談者也要能夠回應受訪者的問題，讓彼此進入互惠式的交流。（Narayan & George, 2012, p. 522）

在傳統、標準的訪談實務中，像是調查式訪談或結構式訪談，都有著極端不對稱的權力關係，權力偏向訪談者那一端。可是在敘說訪談中，我們的受訪者，也就是敘說者，才是主角，如同前面所言。在進行訪談之前，我們要先自問幾個重要的問題：在我們和受訪者的不對稱權力裡面，應該考量誰的利益？誰會從我所控制的詮釋、傳播與結果發現之運用中獲利？如果我們的目的是要讓故事被述說出來（本來就應該被述說出來），那麼放棄作為訪談者所擁有的權力而賦權給敘事者是很自然的事。在此，容我再一次提醒你，關於 Spradley（1979）給我們的忠告（在本章剛開始

的引言）。

雖然敘說訪談需要我們放棄控制，追隨受訪者的引導，這並不表示我們就應該腦袋空空的進行訪談，更不應該忽視訪談目的與理論觀點。維持研究品質同樣重要，諸如訪談前的準備、持續承諾研究實務倫理（或日常敘說倫理，在第三章所討論到的），更遑論先前所提到研究倫理審查委員會的倫理規章（Pederson, 2013）。然而，最重要的一點，達到最佳訪談的關鍵就是我們的彈性以及適應特定環境的能力。

▌生命故事訪談／傳記式訪談

敘說探究訪談的目的是要讓故事能夠被述說出來，特別是那些被主流邊緣化或者是異化者的故事，以及那些從未曝光的有價值觀點或反思的故事。雖然敘說訪談的方式會依你的整體研究設計而定，例如研究的目的與研究問題，但敘說探究者通常可以從我們稱之為**生命故事訪談**（life story interview）或者是傳記式訪談開始。這種最常使用的敘說訪談方式，其概念是建立在個人的生命故事是一種社會建構——結合了社會真實以及個人的、經驗的世界（Rosenthal, 1993）。這種非結構、開放式的訪談方式，已經是各學科領域進行敘說探究的核心要素，它是一種將個人生命視為整體而進行深度訪談研究的方法。我要指出的是，任何一位敘說研究者可以（或應該）使用生命故事訪談方法當作研究的基本工具，因為不僅可以讓生命故事更加完整，而且有些生命故事的片段更可以作為分析或詮釋的資料或是說明理論立場。在生命故事裡，可能會有一些生命片段可以告訴我們更多關於這個人的事，而且也會有一些特別的主題或議題和廣大的社會議題有關，諸如：性別、階級、種族及文化。因此生命故事訪談，就如同Atkinson（2012）所指，將個人敘說轉為嚴謹的研究。

生命故事涵蓋從出生到現在的時光，可讓我們更了解過去與現在，有時候也能讓未來露出曙光。包括受訪者選擇述說的生命時光中之重要事件、經驗和感受。我們從理論架構的鏡頭檢視這些產生的故事，以利隨後

的分析與詮釋，進而回答我們的研究問題。所以，我們通常是從一些這樣的句子，如：「受訪者想述說的是什麼樣的故事以及故事傳遞的意義是什麼？」開始了對生命故事的最初興趣。我們只需傾聽、理解與接受故事，而無須橫加評斷。因此生命故事訪談的目的不只是將資料分類（換句話說，不是 Bruner 所說的典範性，如同我們在第一章討論過的），而是要尋找個人生命的完整性。這是重新述說「個人生命的整體性，並由敘事者發聲，依其記憶所及並用他深切感受到的語言」（Atkinson, 2007, p. 237）。

然而，如果相信我們可以得知一個人完整的生命故事，那麼就過於天真了，因為這需要對受訪者整個生命時光進行持續的訪談。生命故事訪談或傳記式訪談並不意味著要回顧生命中發生的每一個事件，而是視為個人生命的選擇性描述「依可區分相關或不相關的程度」（Rosenthal, 1993, p. 61）。生命故事代表受訪者對自己過去、現在和未來的整體建構，受訪者從中決定哪些經驗是有關的，哪些經驗應該被涵蓋或是被排除（再一次，回顧一下敘說思維的三個元素）。

生命故事研究者 Goodson 與 Gill（2011）建議，和參與者分享我們的研究意圖以及研究方法至為重要。分享敘說探究方法論以及研究目的，可以幫助研究參與者理解和體會其發言的價值，以及分享個人經驗與故事的重要性。Goodson 與 Gill 同時也要求我們直接面對選定受訪者時的選擇性偏誤，例如研究者最常見的反應是選擇故事能吸引他的受訪者，以及研究者最能同理的受訪者。因此，「研究者能有效地述說他們的故事」（Goodson & Gill, 2011, p. 37）。為了避免招致上述批評，能夠說明我們是如何選定參與者著實重要，如同先前 O'Reilly 與 Parker（2012）所提到的。生命故事訪談的優點請參見表 5.1。

▋敘說訪談階段

從事敘說探究的訪談方法，建議應該分成兩個階段：**敘說階段**

表 5.1　生命故事訪談的優點

1. 對所獲得的個人經驗與情感有更清楚的視野，能產生更大的生命意義。
2. 自我知識愈豐富，愈有助於樹立自我形象與自尊。
3. 珍視的經驗與領悟能與他人共享。
4. 與他人分享故事時能帶來喜悅、滿足與內心祥和。
5. 分享自身故事是清除、放下某種重擔，以及檢驗個人經驗的一種方式。
6. 分享故事能幫助建立社群，而且顯示出我們和他人的共同點這比我們以為的還多。
7. 生命故事可以幫助他人更加清楚和以不同的角度看待他們的生命，這可能啟發他們改變生命。
8. 其他人可以透過這種以前不曾用過的方式，更加認識與瞭解我們。
9. 受益於能更清楚察覺到要如何寫下自己故事的結尾，或是要如何讓故事有個好結局。

（改編自 Atkinson, 2012, p. 120）

（narration phase）及**會談階段**（conversation phase）。**敘說階段**是讓受訪者（敘事者）廣泛地敘說，在整個過程中為了讓敘說持續進行，訪談者將干預減到最小，例如用開放式晤談。我們邀請受訪者完整敘說自己生命的經驗與事件，並鼓勵他們的敘說思維歷程。敘述不會被問題打斷，但是可透過非語言表現出興趣與專注而予以鼓勵。若能讓訪談自然的進行，且包括了受訪者想要涵蓋的生命是最好的，因此我們幾乎像遵守著「沉默的誓約」（vow of silence）（Goodson & Gill, 2011, p. 39），雖然這不表示這種類型的訪談是完全沒有結構，或是不必事先準備的。

在**敘說階段**，我們主要的角色就是傾聽者和觀察者，在此要推薦知名的心理分析學家 Spence 的「積極傾聽」觀點。Spence（1982）指出心理分析中「積極傾聽的必要」（p. 279），它讓我們可以從病患片段的、模糊的以及不連貫的喃喃自語中，瞭解到何謂敘說事實。雖然我們的訪談階段不應該跟諮商階段混淆，但是我們可以從中學到一課。就像心理分析（詳見第一章「心理學學科中的敘說探究」部分），研究者的

責任是從受訪者故事中用心傾聽出系列性、連貫性、連續性、意義性與轉換性。敘說探究者應該擁有我所說的「**敘說的傾聽能力**」（narrative competence of listening），借用自 Spence（1982）所說的「心理分析能力」（psychoanalytic competence）（p. 280）。積極傾聽或敘說的傾聽能力伴隨著細膩觀察受訪者的說話方式、肢體語言運用、情緒表達、情感、停頓等等。透過敘說的傾聽能力，我們試著感受、體會、看待、傾聽，甚至是替代性的經驗著受訪者在心靈、心智、認知與情感上投入述說的生命故事。

　　當敘說階段完成，就進入**會談階段**，但我不是指這些階段是按照直線的方式進行，也就是一個完成之後再接著一個。會談階段是半結構、深度提問或交換的階段，此時訪談者需要澄清敘說階段中出現的議題。此階段也會介紹和我們理論興趣有關的額外議題，從中獲知更多的細節，而非只限於敘說者的原始敘說（Spence, 1982）。我們的問題可以引發更多的敘說，也就是說，我們的問題可以引出更多受訪者的經驗故事。我們讓受訪者盡可能詳加描述先前所提到的經驗、事件或是其生命階段，這是在會談階段裡訪談者和受訪者之間發生的重要互動與共同合作。Goodson 與 Gill（2011）稱之為「紮根式會談」（grounded conversation）（p. 40），是訪談者和受訪者協同合作釋義（meaning-making）的過程。透過敘說問題，我們可以運用其他資料來源，像是文件檔案與歷史資料等，修正受訪者的述說以及再述說，使之更加詳細，我們的目的是為受訪者的故事創造一個協同合作的（再）建構〔collaborative (re) construction〕。Mishler（1986a）評論：「如果我們希望聽到反應者的故事，那麼我們應該邀請他們參與我們的工作，與之協同合作，並與他們分享控制權，如此一來才能共同理解他們的故事內容。」（p. 249）

　　會談階段是一個深度訪談的過程，是由問題跟回應組成的訪談。易言之，受訪者的反應和訪談者持續追問有關問題，即成為演化式會談（evolving conversation）。訪談不再是發掘資料的單方面引導方法，研

究者是主動的共同建構者，而非被動的資料蒐集者或記錄者（Gemignani, 2014）。雖然訪談者的目的是要鼓勵受訪者講話，但敘說提問的實務，或訪談者提問方式與問題類型，都會形塑演化式論述（evolving discourse）（Paget, 1983）。因此，會談階段的敘說式訪談被視為是論述（discourse）（Bertaux & Kohli, 1984; Merrill & West, 2009; Rosenthal, 1993）以及對話式交換（dialogic interchange）（Goodson & Gill, 2011）。敘說式訪談涵蓋意義的創造，是來自訪談者與受訪者的反應「對於持續互動的特質、情緒狀態和演變式對談的內容」（Paget, 1983, p. 69）。整個對談過程，訪談者和受訪者將會建立堅固聯盟，兩者共同瞭解受訪者生命的重要面向，最終能系統性地創造知識以闡明人類經驗。

▌敘說訪談問題

誠然在訪談時我們讓受訪者以主角的身分講話，可是並不表示我們就不需要任何的訪談技巧。反之，一個成功的敘說訪談，妥善準備是必要的。身為一名敘說研究者，我們必須用敘說思維，思考如何產生有助於達成研究目的和研究問題的訪談資料，而同時也保留訪談時可能出現非預期資料的空間。就一個成功的訪談而言，關鍵的事前準備包括：確認要訪談誰以及為什麼、如何、何地與何時蒐集受訪者的某些故事。伴隨著妥當的事前準備，才會知道如何問一個能夠得到有意義敘說資料的好問題。例如：問一個「大範圍式」的問題，諸如「告訴我你的生命故事」可能會帶來失望、簡短，甚至是生硬的結果。就像我的學生 Bryan 所經驗的。因此事先準備幾個問題是重要的（雖然你可能不會全部用到，只要保有彈性及適應性即可）。

所以在引導故事時，應該要問哪些類型的問題呢？正如同你或許已經知道的，最沒有幫助的問題是「是或否」的問句，除非你緊接著追問發生什麼、為什麼、怎麼發生的問句。比較有助益的問題是開放性、描述性、結構性以及對比性的問題。你可以從中觸及受訪者的情緒程度，因為這

些問句會讓他們想到更深思熟慮且對個人有意義的答案。口述歷史學者 Charles Morrissey（1987）曾說過一名好的訪談者是：

> 用開放式語言組成問句、避免專業術語、追問細節、要求舉例、待關係穩固之後才問敏感性的問題、讓受訪者決定訪談步調，以及用自願方式來解釋和說明曾發生的事情中哪些對他有深遠影響。（p. 44）

以下是幾個訪談例句（以高中經驗為例）：

- 你會怎麼描述你的高中生活經驗？（開放性）
- 高中生涯中最難忘的記憶是什麼？對此記憶你的感覺是什麼？（描述性）
- 你的高中經驗跟你國中時期有什麼不同？（對比性）

隨著受訪者的反應，你可能會問許多其他追蹤、探詢與澄清的問題。接著要介紹的是一項訪談技巧：雙句型技巧。

雙句型技巧

Morrissey（1987）主張雙句型格式（two-sentence format）是一種有效的訪談技巧。雙句型格式用於提問之前先解釋你的問題，包括一句陳述（statement）及一個問題（question）。譬如說：

> 我們知道發生什麼以及它如何發生，但更需要考慮到這樣的融合為什麼發生（**陳述**）。可以再說說看你支持這項合併的理由嗎（**問題**）？（p. 46）

注意第一個句子是一項**陳述**，用以預測下一個句子「**問題**」的出現。

第一個句子指出訪談者與受訪者都知道這項合併。之後可注意到第二個句子的字眼和第一個句子高度重複。再者，第二個句子中永遠只問一個問題，練習訪談的信條：「反應者最常一次只回應一個問題，這是無可避免的」（p. 46）。在此列出幾個雙句型格式的範例：

- 我們已經談到一些學校紀律，你會怎樣做來避免對學生的紀律處分？
- 你剛剛談到一名新進教師會面臨多項挑戰，那麼你可以告訴我你是怎麼克服上述挑戰嗎？

雙句型格式的特性請參見表 5.2。

表 5.2　雙句型訪談技巧的特點

- 雙句型讓訪談者有機會和受訪者在互動中共創文本。
- 它重申受訪者應專注並追求回憶的細節。
- 它讓受訪者作為生命故事或口述歷史的共創者，能促進訪談者與受訪者之間的關係。
- 它能活化兩項基本訪談特質：關係建立與協同合作。
- 它藉由解釋問題的原由（首句）和之後的提問（第二句），將受訪者的沉默轉化成敘說時機。

（改編自 Morrissey, 1987）

田野工作

　　有些敘說研究者可能認為對敘說探究的技巧性實務而言，瞭解訪談方法應該就足夠了。事實上曾有一位匿名審查委員對我的專書出版計畫提出的評論是，審查委員不在乎你是否用訪談法之外的其他蒐集資料方法。我尊重這位審查委員的意見，但是我是多麼強烈的不贊同。事實上我看到愈來愈多的博士生不想再從事田野現場觀察的研究，因為那是相當耗時的。

這是真的,更何況接觸研究現場並不是那麼容易。

　　進行田野工作或參與者觀察是敘說探究獲取資料的核心方法。雖然我並未堅持其必需性。教育背景出身的我知道,有相同背景的敘說探究同僚,經常將學校作為研究現場,在那裡他們探索教師和學生的故事。這是一種生活在敘說中的方式。例如我們在第三章所學到的,Connelly 與 Clandinin(2006)提出敘說式的思考應包含生活在研究現場中、從觀察或者是參與者觀察中取得資料。他們也提出敘說探究的三項特性:**時序性、社會性與地點**,作為敘說探究領域的構面。特別是第三個特性:地點,是指「探究與事件發生的地點或系列地點,其特有的具體、物理與拓樸(topological)的界線」(Connelly & Clandinin, 2006, p. 480)。因此,**地點**指的是你的研究場域或地點,是研究參與者經驗過去曾發生事件或是現在正在發生事件之處。地點或是系列地點界定了我們探究研究參與者經驗或故事的界線,因為「地點的指明性與特定性對敘說探究是關鍵的」(Connelly & Clandinin, 2006, p. 480),在這個生活空間,田野調查工作得以產生有價值的資料。我們和研究參與者在自然情境中互動,和他們發展有意義的關係。地點的互動意涵衝擊著研究參與者的生活經驗,讓我們可以從中發掘更多的故事。當我們進行田野工作時,應保有敏銳的注意力投入其中,並專注於研究參與者的生活空間。

　　以下我要呈現我的論文片段,描述我如何接觸田野現場。學校是我的研究場域(**地點**),是學生的暫時性生活空間(**時序性**),而學生是我的研究參與者以及我自己是研究人員,其中的社會互動(**社會性**)會持續的演變及被我們經驗。我將在此生命空間中可以觀察到的所有發生事件,都記錄在我的現場筆記作為研究資料的一部分。

▌接觸研究現場

　　2002 年春天,我正修習研究法課程作為博士研究的一部分,當時我

開始與 Borderlands 另類中學聯繫。當時學校的校長 Vee 先生是我的同學，他欣然允諾我以他們的學校作為我學期研究的場域。我有機會在 Dee 女士的班級觀察，一週兩次，每次三小時的拜訪，持續了整整兩個月的時間。這項課程作業的目的是為了理解教室裡正在進行什麼，所以我試著盡我所能精心地寫下所有我看到、聽到的事情。我也在 Dee 女士家中，利用晚餐後的時間訪談她，她提供了個人的生命故事和她對於學校——Borderlands，以及另類教育概況具有價值的洞察。這個課程作業成為我論文的基礎。

　　一年多後，我在 2003 年 5 月重返這所學校，尋找使用這所學校作為我研究現場的可能性，Vee 校長告訴我因為遭遇到一些學區方面的困難，他已經辭去該項職位了。把這個訊息放在心上的同時，我約了新任校長 Steadman 女士。我們的會面定在 2003 年 5 月 9 日早上九點，懷著期待與不安，我比預計早了約 10 分鐘抵達，一想到如果這位新任校長不想讓她的學校被研究的話，我的胃就一陣翻攪。行政助理邀我坐下，並告訴我 Steadman 校長此時正在與一位家長談話。我很高興在接見校長之前，有深呼吸和放鬆一下的時間。在等待的時候，我開始看著貼在牆上的橫額：

　　你是你自己生命故事的作者。

　　教育是你成功的關鍵。

　　一點尊重，行千里路。

　　學會尊重，爭取尊重。

　　教師們的目標很簡單：協助你達到你們自己的目標。

　　當我反思這些橫額的名言佳句背後的含義時，一個西班牙語系國家的女生突然走進辦公室，她穿著一件迷你裙、豹紋的鞋子和帽子，風格非常引人注目和時尚，她很不客氣地交給了行政助理一些東西，說道：「學校白癡死了！」隨後，她離開了辦公室。整間辦公室留下的人們，從行政助理、校長祕書、警衛和校護人員，彼此相視並聳了一下他們的肩膀。

　　對我而言，這樣的評論非常奇妙，為什麼學校「白癡死了」？這是她

個人的觀點或是所有人也這樣想？如果學校白癡，那麼教育如何成為成功的關鍵？當我思考著學校教育和學生對學校知覺間的關係時，我發現自己對於在 Borderlands 從事研究更有動力與興奮了。

Steadman 校長在預約時間之後 30 分鐘才有空，自我介紹後，我很快地簡介我的論文，她看起來滿有興趣的，尤其是當我告訴她，我想要觀察學校的其中一個層面是潛在課程（hidden curriculum）時，她說道：「喔！在這所學校，關於潛在課程，幾乎該做的都做了。」「噢，真的嗎？」我甚至不敢問她所謂的「潛在課程」是什麼意思，我想可以事後再瞭解，因為這也是我研究的一部分。

「你說的沒錯。」之後她繼續說道：「你的研究非常令人感興趣，我們很高興能夠讓你待在這裡。」「喔，非常感謝您，非常感謝您。」我高興得像個在糖果店的小孩般，我甚至還鞠了躬。Steadman 校長微笑對著我說道：「順帶一提，我可以拿一份你研究計畫的影本嗎？」「當然，我有帶一份給您，您覺得我也有需要接觸學區嗎？」「不，你不需要這麼做。」

我很驚訝，我進入學校的過程毫無阻礙。Steadman 校長非常有智慧，而且是全地球上最最最好心的……

我花費幾乎所有的觀察時間在六個受訪者的教室上：九年級的教室、十年級的社會科學研究教室、高年級英語教室和經濟學教室。那些學生跟老師的互動、他們在課堂中的教學與學習、他們對他人如何反應、課堂中發生的事、他們所說與所做的全都記錄在我的田野筆記之中。

經由校長的允許和倫理審查委員會的許可，我於 2003 年 8 月，開始我的田野工作，並持續了 13 週，直到 2003 年 12 月才結束，星期一到星期四，大約每天六個小時的時間，我在研究場域觀察的全部時間在 260 至 312 小時之間，我在 Emm 老師的班級開始我的觀察，那是高年級英語和經濟學課程。我優先選擇她的班級，原因是她私下跟我說，隨時歡迎我去她的教室。她是一個很好相處的人，看起來也並沒有因我的出現而受到打

擾……（Kim, 2005, pp. 48-51）

　　我很幸運地能夠找到我的研究場域而沒有遭遇困難。我被允許可以觀察和探索研究參與者（包括其中的工作人員）的日常生活，而不需要再行協調。然而我們應該瞭解到接觸田野場域充滿著挑戰與協調。大多數寫到接觸，除了進入田野工作的實務與倫理挑戰，都著重守門人（gatekeeper）議題（例如 Reeves, 2010）。

　　接觸研究場域是一連串協調的過程，包括選擇、進入、持續待在場域中，以及離開（Bondy, 2012）。雖然我已經算是接觸得相當「容易」了，但是一旦進入到田野現場，我仍必須持續在各種情境中介紹我的狀況，因為我對這群人而言是陌生人。如同我在第三章討論到，我曾被一名學生誤認為是「間諜」。另一次是我正在一間教室裡面撰寫現場筆記時，一群學生走過來看我的筆記，並且懷疑我是不是在寫他們的壞話。這件事讓我瞭解到在受訪者面前撰寫現場筆記是有「風險」的，它可能會危害彼此的關係與信任，而這卻是我一直嘗試建立的。Bondy 指出研究者作為陌生人的角色，意謂「研究者應該仔細察覺與協調自己在研究場域的位置」（p. 582），在我的整個研究過程中這句話全然適用。因此，如同 Bondy 聲明的，我們應該小心檢視「如何接觸研究現場和研究結果兩者間的關係。每一個部分都是研究拼圖中關鍵的一片，因為它有助於更完整的瞭解社會環境」（p. 587）。

▌觀察的藝術——也稱為專注

　　當置身於田野現場，我們期待觀察什麼呢？我們具備觀察技巧嗎？甚至我們是否有足夠的耐心進行長時間的觀察？我們不就正身處在一個不專心的時代，大家跟朋友在一起時，總是一邊打字、傳送簡訊或者推特，我們總是偏好在同一個時間進行多種任務。

　　說到不專心，我曾在一個星期天早晨無意間看到《華爾街日報》一篇標題為〈如何結束不專心時代〉的文章（Finn, 2012）。這篇文章是有關於耶魯醫學院提供創意課程要幫助未來的醫生們學習觀察的藝術。這個學程稱為「促進觀察技巧」，它是耶魯醫學院教師共同合開的課程，Irwin Braverman 博士與 Linda Friedlaender，後者是耶魯大學英國藝術中心的教育館長，創立這個學程的動力是因為他們關心並發現到，觀察的藝術在這個時代裡愈來愈短缺，特別是醫生過度依賴高科技圖像與檢測，導致過多的誤診。這項所謂的博物館介入計畫（museum intervention）是為了訓練醫學院學生的觀察技巧。每位學生必須針對他們分配到的一幅圖畫，仔細觀看 15 分鐘，記下所有看到的，接著針對他們的觀察進行團體討論。這個目的是幫助學生改善偵測重要細節的能力，協助他們做出更佳的診斷，避免初步假設以及對所見予以過快的詮釋。這個學程是成功的，因為它擴展到其他 20 所以上的醫學院，包括哈佛、哥倫比亞與康乃爾（詳見第一章的敘說醫學）。

　　這些學程的策略之一，就是發展觀察技巧中的「視覺式思考策略」（Visual Thinking Strategies, VTS），由哈佛出身的認知學者 Abigail Housen 與資深藝術教育者 Philip Yenawine 共同發展。VTS 採用了催化討論流程協助參與者檢視及討論所用心選擇的藝術圖像。這個過程幫助參與者發展觀察、語言與思考技巧，例如用證據推理。VTS 使用視覺藝術幫助學習表達透過仔細觀察藝術並用證據推理而得出的意見。這項技術被用在高等教育（如大學校園以及醫學教育），還有 K-12（譯註：從幼兒園到十二年級的基礎教育），通常是由藝術博物館和不同領域的人共同合作開課（Yenawine & Miller, 2014）。為了讓學生詮釋看法或表達意見，會要求他們回答一個很基本的釋義問題：「**在這張圖片中發生了什麼事？**」，以及第二個問題：「**你看到了什麼讓你這樣說？**」。每一個反應都是促發者（facilitator）重新給予的說法。長久下來學生逐漸發展出追問技巧，這正是良好觀察與專注所需要的能力：

- 仔細觀察複雜、引人入勝的藝術作品。
- 用心且廣泛的思考從中發現了什麼。
- 針對這些想法找出證據。
- 傾聽及思考其他人的觀點，同意、不同意或建構他們所聽到的內容。
- 盡可能提供多樣化的詮釋。（Yenawine & Miller, 2014, p. 3）

　　有關視覺式思考策略的更多訊息，你可以造訪 www.vtshome.org 網站。我相信不只是醫生需要更加留意他們的觀察技巧，身為敘說研究者的我們，同樣也需要磨練觀察技巧，才能更瞭解參與者的故事。為了讓重述的故事更加完整，並更貼近他們的真實世界，我們需要成為受訪者生命世界中的敏銳觀察者。而且，不只是在田野現場蒐集資料時，在資料分析之際，觀察技巧也同樣必要。尤其視覺敘說探究日益普遍的今日，它們更顯得重要，如同在第四章所討論到的。

▌觀察者的矛盾

　　如果考慮觀察在田野工作的角色與重要性，我們就應該意識到觀察者的出現對資料所產生的影響，這個就是 Labov 所稱的**觀察者的矛盾**（observer's paradox）。Labov（1972）說過，研究（特別是語言學研究）的目的是「發現未被系統性觀察的人們是如何講話」，然而我們所獲取的資料通常是在系統性觀察下產生的（p. 209），Labov 的觀察者矛盾強調在自然情境中蒐集資料的重要性，因為觀察者的出現，如果被認為是人為有意的安排，可能會影響參與者在研究情境中的行為與動作，這即是所謂的**霍桑效應**（Hawthorne effect）[2] 或**觀察者效應**。

　　這項矛盾對於在自然情境中蒐集資料是重要的，但系統性的記錄資料，例如觀察者在進行觀察的時候撰寫現場筆記，或者在訪談中錄音，都可能影響參與者的行動以及說話的內容。

　　我的學生 Jodie 到研究室來向我請教有關訪談資料的問題，「我今天和我的研究參與者有一個非常棒的訪談，研究參與者分享了很多關於他身為一個體育教師所經驗之挑戰的資料，但更有趣的是他很認真地談到自己個人的觀點，甚至是在我認為我們已經完成訪談之後。我是說當我關上我的 iPhone 錄音時，他開始說得更多。他告訴我：『呃，既然我們不錄音了，現在我可以更自在地談更多我真正的想法。』這是正常的嗎？」我跟 Jodie 保證這是正常的，受訪者在錄音設備關掉之後會願意講得更多，而且有時可能會比他錄音談到的內容更有趣。她有點困惑：「真的嗎？所以如果我不在訪談中錄音，我就可以獲得更有意義的資料？事實上，我有些參與者不喜歡我在訪談中錄音，他們會覺得有點緊張。」

　　Jodie 正面臨著觀察者的矛盾。我保證你也會遭遇和她相同的情境，或者你會在開始訪談或觀察的當下就經驗到了。Gordon（2012）指出觀察者矛盾是不可避免的，基於倫理的理由，我們必須告知研究參與者我們有錄音。儘管如此，根據 Speer（2008）的說法，研究人員應該盡量「消除外衍的、研究所引發的『污染源』（contaminants）」（p. 511），這裡指的出現的「觀察者」，可能是人、錄音設備，或兩者。

　　有幾種可以減輕觀察者矛盾的方法。第一點，我們可以在研究場域或者是自然情境中待比較長的時間，那麼我們就會被視為生活空間中自然的一部分，這件事是重要的。如果可能的話，我們可以「置身其中」（being there）一段時間，而且作為研究參與者的觀察員，這也有助於我們和研究參與者建立信賴關係。Xu 與 Connelly（2010）呼籲從事田野工作的敘說探究之研究者，投入心力讓自己成為情境中自然的一部分。第二點，在一開始錄音後，我們就應該「忘掉」錄音設備，和研究參與者投入當下的會談（Speer, 2008）。第三點，我們應該面對觀察者的矛盾而不是逃避（Gordon, 2012），也就是說，與其將研究者和錄音機視為「污染源」（Gordon, 2012, p. 300），我們反而應該更注意各種方法、文本與資料之間的交互關係，隨時留意這些方法所產生的資料，可能會因研究者／

觀察者／錄音機的出現而受到影響。

人為飾物：珍奇櫃

　　最近在我們學校的海灘藝術博物館有一個珍奇博物特展，是堪薩斯州立大學的慶祝活動（2013 年 2 月 12 日）。這個展覽是發想於傳統的珍奇櫃或百寶箱，從堪薩斯州立大學內各個科系蒐集了超過 100 項物品，兼容並蓄的物品以代表大學的過去、現在與未來。這個展覽所包含的展品包括小麥相關產品、機器、設備、書籍、地圖與素描、印刷品與繪畫、裝飾品、家具、衣服和布料、動物骨骼。每一項物品都有故事，分別傳達堪薩斯州立大學過去 150 年來，各科系領域的研究與知識（http://beach.kstate. edu/explore/exhibitions/museumofwonder.html）。

　　當我沉浸在仔細欣賞特展中的各個物品時，我開始想像每一項物品可能存在的故事。我猜想每項物品的擁有者或創造者，可能在告訴我們該物品的有趣故事以及可能擁有的意義，然而，我的猜測並未就此打住。我環視整個展覽場，開始想這些人為飾物（artifacts）的蒐集品如何用來作為一種研究方法。我開始深究珍奇櫃的潛在意義，若將收藏品作為敘事者的資料會如何呢？這些可以彌補敘事者沒有告訴我們的生命故事及生活經驗。創造一個珍奇櫃裡面都是敘事者願意跟我們分享的物品，你覺得如何呢？

　　傳統的**珍奇櫃**（cabinets of curiosities or cabinets of wonder）源自於巴洛克時期（十六和十七世紀），當時經濟寬裕的歐洲旅行家開始從他們遊歷的國家蒐集不同凡響的產品，像是自然生物、珍貴原料製品與科技工具。這些出色的物品或人為飾物被保存在特製櫃子或真實房間內，可提供觀賞的樂趣，並激發觀賞者對藝術、異國文化和自然世界的想像、好奇與猜測。這些組合和展示成為現代博物館的濫觴（MacLure, 2006）。

　　其中最有名的珍奇櫃之一是 Wormianum 博物館，由 Ole Worm 著手

建立，他是十七世紀的丹麥考古學家、胚胎學家、自然哲學家、物理學家與教師（Purcell, 2004）。Rosamond Purcell[3] 是一名攝影師、藝術家與科學家，最近他在哈佛大學的科學中心致力於再造 Wormianum 博物館。Purcell（2004）寫到關於 Ole Worm 如何從極地地區人們的日常生活中蒐集人為飾物，諸如籃子、矛與工具，更不用提那些天然物品與民族誌學和考古學的人為飾物，像是錢幣、珊瑚、骨骸、化石、放大鏡、鏡子、標本海鷗與北極熊等等。

　　現在你大概已經可以猜出我想要討論什麼了。我提議可以蒐集人為飾物作為發掘更多研究參與者故事的方法，就如同珍奇櫃的概念一樣。這些物品可以是個人的手札、日記、信件、書本、相片、圖片、個人所有物、正式與非正式文件、學生家庭作業，或者是其他敘事者願意跟我們分享的故事相關物品，我們可以創造自己的珍奇櫃或百寶箱作為研究資料的一部分，因為有它，讓我們可以述說更多故事。

　　好吧，我不是第一位採用珍奇櫃作為質性研究方法的人，MacLure（2006）已經發現巴洛克式方法（baroque method），像是視覺錯視藝術（*trompe l'oeil*）繪畫[4]，和巴洛克時期非常受到歡迎的珍奇櫃，皆可以運用在後現代的質性研究之中。MacLure 指出巴洛克式方法可以如變戲法般地變出空間以容納差異、驚奇與另類的浮現。Lambert（2004）重返巴洛克時期的論點影響了不少領域，包括藝術、文化理論、哲學和美學、超現實主義及文學理論，MacLure 指出巴洛克式方法可以用在質性研究以「阻擋那些清晰、支配和單一的觀點」，且「有必要糾葛於細節和裝飾之中，而非擺脫它們」（p. 731）〔詳見 MacLure（2006）有更多巴洛克式方法的細節〕。

　　在此，我的興趣是巴洛克式方法之一——珍奇櫃，可以用在敘說探究中協助引發更多敘事者的故事。珍奇櫃所重現的**驚奇**（wonder），正是顯著的巴洛克效應或情緒（Lambert, 2004），或「他者的沉思」（contemplation of otherness）（Mauriès, 2002, p. 249）。這些藏身在疊套

的抽屜、櫃子、壁龕和盒子中的珍奇櫃物品，將重現我們對於敘事者的過去、現在和未來之驚奇感，並喚起我們對他人的想像、同理和理解。事實上，珍奇櫃是驚奇的經驗，此驚奇是被「設計用以觸發連結」（MacLure, 2006, p. 738），能對那些經驗者開啟更多的故事，這些人可以是研究者、被研究者或讀者。

我指出在珍奇櫃的創立精神下蒐集人為飾物，是一種重要的敘說方法，敘說探究者應該投入其中。如同 Miller（2010）宣稱：「小玩意兒不只是反映我們是誰，在很多方面是它首先創造了我們。」（p. 40）珍奇櫃充滿著這類「小玩意兒」，正如你所見，從敘事者和我們分享的人為飾物中，你可以發現、探索和搜尋其意義。我們驚奇著、沉思著，而且可能和這些珍奇櫃蒐集的人為飾物展開另一趟旅程，並在敘說探究中用詮釋學的方式挖掘故事。

視覺資料

今日你看見的影像和視覺人為飾物相當普遍，而且它們是在日常生活中產生的（像是網站、圖像、廣告和符號）。對大多數人而言，這些日常生活的視覺形象是理所當然的，它們不會成為學術活動中系統性探究的主題。然而就我們瞭解，圖像能夠傳達多元的訊息，可協助解讀社會現象（Weber, 2008）。我們不只要辨識所見內容的重要之處，還要試著進行系統性分析，也就是「**集中注意力**，注視與記載我們從圖像所見到的內容，對藝術、學術和研究而言分外重要」（Weber, 2008, p. 42；楷體字為引用文獻所強調）。因此質性研究者應該善加利用社會中可供使用的大量視覺資料來源（Margolis & Pauwels, 2011），並關注這些視覺資料來源。試回想，我們曾經在第四章討論過的，近年來視覺為本的敘說探究日益普遍。

視覺資料涵蓋相當廣泛的視覺形式，包括影片、錄影帶、相片、繪畫、卡通、塗鴉、地圖、圖表、網路圖庫、符號、象徵（Weber, 2008）。

Margolis 與 Pauwels（2011）建議，進行視覺研究時重要的基礎選擇之一，是決定是否使用既有的視覺素材（已發現的視像）作為研究的主要資料，或者是研究者自行製造視覺資料。

　　事實上，如果你對視覺為本的敘說探究感興趣，應瞭解有三種視覺資料類型可供蒐集：(1) 已發現的素材；(2) 研究者產生的視覺資料；(3) 反應者產生的視覺資料（Margolis & Pauwels, 2011）。已發現的素材是現成的，或是其他研究者因類似或不同研究目的所產生的資料。研究者產生的視覺資料指的是研究者選擇特定的事件和現象，逕行製造的視覺資料。

　　最後，反應者產生的視覺資料，是社會與人類科學中愈來愈受歡迎的資料類型，是參與者被要求以視覺形式所產生的資料。例如參與者持續每隔一段時間，如一至兩週，就拍攝他們自己的生活照片，接著述說這些照片的故事，這種方法就稱為「影像發聲」（詳見第四章），「這是一種依賴訊息提供者產生圖像的策略」（Bell, 2013, p. 145）。相片**由**他們拍攝，同時相片也**代表**著他們自己。研究者要做的就是分析這些反應者產出的資料。「反應者所產出素材很重要，往往提供一個獨特的（內在）觀點，因此這些素材永遠不會是最終成品，只是研究過程的中間階段而已」（Margolis & Pauwels, 2011, p. 8）。

　　那麼，為什麼我們要使用視覺影像呢？根據 Knowles 與 Sweetman（2004）論及，社會人類科學研究有三種運用視覺影像的觀點。首先，從現實主義（realist）觀點來看，我們將影像視為真實的表徵以及現存現象與事件的文件證據。攝影報導或是進行田野工作就是這一類的例子。第二，從後結構主義的觀點來看，影像被視為**建構**真實的證據，譬如我們運用相片來對社會的重要議題提出質疑，例如：街友、移民或囚犯。這類的例子就像是 Richard Ross 作品中的 *Juvenile-in-Justice*，我們即將在第六章談到。最後，是符號分析或符號學（semiology）的觀點，他們將檔案中的影像視為文本內容，認為分析現有圖像可以揭開需要被解構的社會與文化之重要性（Pauwels, 2011）。

　　若你想對視覺方法有更深入的理解，我個人相當推薦視覺社會學和視覺人類學領域的資料（如 http://visualsociology.org 以及 http://www.societyforvisualanthropology.org），他們在以影像為本的方法學方面，已經從事很多開先鋒的工作。

（數位）檔案資料

　　和視覺資料相近的另一類科技驅動資料，是（數位）檔案資料，也是敘說探究者會使用的。當我們探究個人故事與歷史時，運用檔案資料可以補充我們所蒐集到的敘說故事，或支持我們正在重述的故事，且可以讓個人故事更加社會化。檔案資料容許「個人寫下自己的過去，並且將檔案中所呈現的故事和自己的故事相結合」（Morgan-Fleming, Riegle, & Fryer, 2007, p. 82）。

　　在過去，用傳統方式保存的檔案資料作為第一手資料來源，相當具有挑戰性。傳統檔案資料不易接觸，且需要透過人工處理，費時費力。然而時至今日，接觸數位檔案資料相對容易許多，透過網際網路，可以超越時間與空間的限制，而且許多數位檔案是公開的。這些線上檔案資料提供機會讓我們能夠接觸到大量的個人故事、民間神話、影音與聲音檔案等各種類型的資料。我們可以運用某個歷史時期的第一手資料以及關於該事件的個人經驗。

　　Morgan-Fleming、Riegle 與 Fryer（2007），在他們的附錄（p. 98）提供我們一個很棒的數位檔案資料來源。例如，在他們的機構——德州理工大學的圖書館館藏，已經擁有超過 2,800 位訪談者的 4,500 份錄音檔，涵蓋了多個領域包括農業、醫學、教育、宗教、政治等等。值得注意的是還有一個以開放取用（open access）所有知識為訴求的運動，例如 The Open Content Alliance（https://archive.org/details/opencontentalliance）致力於建立「供公開使用的全球數位檔案」，已經將超過一百萬本以上的書籍

數位化，並置於 OpenLibrary（https://openlibrary.org）。他們的關係機構 archive.org（https://archive. org）也擁有無數對我們有用的錄音、錄影及文本檔案。

　　數位資源的衝擊至今，已經引導敘說探究進入開放取用巨量資料的年代，同時也引領我們重新思考，我們對何謂資料以及要如何蒐集資料之理解。

結語：發掘故事作為資料

　　這一章，深究敘說的資料蒐集方法，它們可以引發敘說思維幫助我們發掘故事。這些方法包括訪談、田野工作、觀察（專注）、視覺資料、人為飾物、珍奇櫃與（數位）檔案資料。儘管如此，還是有一些其他方法可供使用。正如 Barthes（1975）指出，敘說存乎於各種年紀、各個地點和各個社會，它幾乎能以「任何型態」出現（p. 251），像是口語或書寫語言、固定或移動式影像、姿勢、寓言、歷史、戲劇、彩繪玻璃窗、新式物品、漫畫、電影等等。因此，我們應該使用想像力和創造力，盡可能發現有意義的資料，以達成我們從事敘說探究的研究目的。我要說的是，在蒐集資料的過程中最應該記住的是，成為一名積極的傾聽者、專注的觀察者與有同理心的整合者。

反思

- 為什麼需要放棄研究者的權威角色，成為一個謙虛的聆聽者，並尊重研究參與者的聲音？
- 你會實施何種類型的訪談？你會訪問幾位敘說者以符合你的研究設計？你會如何為你的抽樣和資料飽和方法進行辯證？
- 你能夠列出將要在敘說研究中使用的敘說探究方法嗎？它們會是什麼？

• 有沒有想到哪些新的、獨創性的資料蒐集方法？如果有的話，你會如何為之辯證並加以理論化？

活動

1. 讓我們寫一個訪談大綱。先從一個「大範圍式」的問題開始，簡單寫下所有你想在訪談中涵蓋的主題或領域；然後，寫下一系列關於這些主題和領域的問題；之後，組織上述問題並依主題排序。然後和你的同學分享這些問題，並為這些問題進行辯證，藉以幫助你闡明各個研究問題。

2. 想像你的訪談情境，並以你的研究問題為基礎，以雙句型格式產生你的訪談問題。

3. 運用你剛剛完成的訪談大綱和問題，找一位可以讓你訪談約 30 分鐘的人進行訪談，並將訪談轉錄成逐字稿。

4. 和同學一起參訪附近的博物館，選一幅畫觀察 15 分鐘，並記錄在這段時間中你所看到的細節。你可以説出從那幅畫你看到什麼？

5. 尋找更多的網路資源連結，並增加至下列清單中。

線上檔案資源

http://archive.org

http://www.opencontentalliance.org/

http://openlibrary.org/

http://daln.osu.edu/ (Digital Archive of Literacy Narratives)

http://www.saadigitalarchive.org/firstdays (South Asian American Digital Archive, sharing stories from South Asians about their first day in the U.S.)

http://911digitalarchive.org (collection of stories, images, documents, and videos of September 11, 2011)

http://www.indiana.edu/~libarchm/ (The Archives of Traditional Music; audiovisual archive that documents music and culture from all over the world)

http://www.vietnam.ttu.edu/oralhistory/ (The Oral History Project of the
Vietnam Archive)

http://www.digital.swco.ttu.edu/Oral_History/oralhistory.asp (audio, photo,
text collection of racial relations in the America Southwest)

http://aton.ttu.edu/ (Archive of Turkish Oral Narrative)

http://loc.gov/ (U.S. Library of Congress)

http://www.nationalarchives.gov.uk/webarchive/archiving-datasets.htm (UK
National Digital Archive of Datasets [NDAD])

Digital storytelling (The Center for Digital Storytelling in California)：https://
www.storycenter.org

註釋

1. 詳見 Mason（2010）對於博士研究的樣本數與飽和度議題的深度討論。

2. 「霍桑效應」這個名詞是指研究參與者的行為會受到觀察者出現的影響
   之現象。該詞是出自於哈佛商業院研究人員操作的霍桑實驗，該研究致
   力於瞭解工作者的生產力、工作滿意度，該工作場域位於西方電器公司
   （Western Electric Company）的霍桑工廠（Hawthorne Works）。
   Gillespie（1991）指出霍桑實驗的研究發現偏向對公司有利，因此知識
   是在特定社會的、機構的、意識形態的背景下被「製造」的，其意義是
   強加上去而非發現（p. 4）。

3. 攝影者和拼貼藝術家 Rosamond Purcell 受邀重現 Ole Worm 的博物
   館，負責於 2004 年 9 月 27 日開幕至 2005 年 1 月，在麻薩諸塞州劍橋
   的哈佛大學科學中心舉辦科學史儀器收藏展。

4. MacLure（2006）解釋錯視畫（*trompe l'oeil*）是一種巴洛克裝置，它
   會引發觀察者／閱覽者／讀者「無可避免的妥協和有問題的視覺特質」
   （p. 736），導致「無法說出重現與現實、原創與複製品的差別」（p.
   734）。

CHAPTER *6*

敘說資料分析與詮釋：
與資料「調情」

本章主題

- 調情
- 質性資料分析
- 理論化敘說資料分析和詮釋
  - 敘說意義
  - 敘說平順化
  - 忠實的詮釋與懷疑的詮釋
- 敘說資料分析的方法
  - Polkinghorne 的敘說分析與敘說式分析
  - Mishler 模式的敘說分析
  - Labov 模式與其他分析法

- 與 Polkinghorne、Mishler 和 Labov 調情
- 敘說探究類型的敘說分析
  - 視現象與方法為敘事的分析：廣化、深化與再故事化
  - 自傳式民族誌的分析
  - 教化小說的分析：個人成長的故事
  - 傳記式敘說探究的分析
  - 藝術為本之敘說探究的分析
- 結語：敘說分析與詮釋的多樣性

思考的問題

- 我們要如何將一團亂的資料轉變成有意義的故事？
- 敘說資料分析與詮釋的方法有哪些？
- 在各種敘說類型中的敘說分析看起來像什麼？

前言

　　Bryan 發洩完在訪談技巧上的挫折後，離開了我的辦公室，之後有好一陣子沒有聽到他的消息。我決定把沒有消息當作是好消息，這意謂他在田野現場蒐集資料時要更加的努力。我知道他早晚會再來找我，而我的看法的確沒錯。

　　所以，某個星期一早上在我的學生諮詢時間，Bryan 帶著一大疊的紙和一本厚厚的筆記本出現了。甚至在打招呼之前，他就開始說了起來。

Bryan：我快要垮掉了，Kim 博士，看看這些逐字稿，而我還有更多的訪談內容需要謄成逐字稿。對了，妳今天好嗎？

我：　　我很好，謝謝你的問候，你呢？

Bryan：如果我能夠完成這些東西，我會更好。

我：　　什麼東西？

Bryan：這些研究的東西。將錄音檔轉成逐字稿真的是很花時間，我目前已經完成了三份，我還有五份要處理，這真的很花時間，而且我快要被壓垮了。

我：　　歡迎加入我的世界，Bryan。自己將錄音檔打成逐字稿對你來說是一件好事，我要稱讚你，這很枯燥乏味，但它值得。相信我，每當我完成資料蒐集後，我也覺得快要被壓垮了。我有一本厚厚的筆記本寫滿了我在實地的觀察筆記，和 13 份 120 分鐘的錄

音資料需要撰寫成逐字稿，還有一大箱的人為飾物要看。是啊，謄寫訪談逐字稿好像永遠做不完，但我沒有雇用任何人來幫我謄逐字稿，不只是因為預算有限，也因為它重要，這是和訪談資料作最初學習的機會。之後，為了分析，我必須一讀、再讀、再三讀這些逐字稿與現場筆記，這些過程真的很讓人洩氣甚至是沮喪，我承認我並不樂在其中，但我感受到相當的責任感與當責感（accountability），理解我就是「那個」研究者，作為第一時間接觸這些值得認真對待的資料的人！而要我告訴你嗎？這段資料分析的時間裡我不明白，但當完成之後，我覺得我通過了進入「研究者時期」儀式的洗禮，而那讓人感到興奮。

Bryan：哇！研究者時期儀式的洗禮耶。

我：　　是的，Bryan，想想這個進入研究者時期的洗禮，你不是唯一的一個快被壓垮了，我有其他博士班的學生真的因此而在我的研究室裡哭，但是他們做到了！你也會走過這些。所以，去和你的資料調情（flirt）並玩得開心吧。

　　在最後終於進入研究場域後，你們會享受到田野工作的樂趣。然而，就如同 Bryan 一般，面對著隨時間累積的大量資料卻不知道要怎麼處理時，你也會有快要被壓垮的感覺。你將要進入資料分析和詮釋的迷宮，這正是本章節的核心。這個章節的目的是藉由發掘有意義的故事來（重新）述說，以協助你進行敘說分析和詮釋。我們將學習與各種敘說資料分析和詮釋的方法調情，藉此從所蒐集的資料中找到敘說意義。在經歷過資料分析和詮釋後，你將感受到猶如經歷了研究者時期的儀式洗禮。這是成為一名獨立的敘說研究者不可或缺的歷程。

調情

你已經輸入完現場筆記——它是來自研究的最終觀察，也將
之分類歸檔。你所面對的是用心蒐集的所有素材。當你問道：
「現在，我要做什麼？」一種茫然的感覺迎面襲來。（Bogdan
& Biklen, 2007, pp. 172-173）

　　面對著你的資料，是你用第五章介紹的方法蒐集而來的，你可能會
有「現在，我要做什麼？」的茫然感。這是研究者身上最常見的感受，
「可怕與快被壓垮」以及「對從何處開始和如何開始覺得無所適從」
（Kiesinger, 1998, p. 84）。所有的文字、視覺與影音的資料以及珍奇櫃裡
的人為飾物，就像是叢山峻嶺，其中布滿費勁、曲折和無人造訪的小徑。
然而，若你對蒐集的資料沒有類似的強烈感覺，極可能是需要你分析的資
料不夠多，這反而更令人擔心。所以跟你保證，能被大量資料淹沒是好
事，何況在這種最初感受之後，成就感遲早會隨之而來。

　　現在，我們既然承認自己被資料淹沒了，因此在資料分析和詮釋的過
程，也是時候找出方法將我們的現場文本轉為研究文本，此過程是每位研
究者都要經歷的。還記得我要大家將敘說研究設計想成「美學遊戲」（第
三章）？我們討論到美學遊戲鼓勵我們開放心胸、發自好奇心地嘗試各種
不同的及可能的想法，我們要相信研究設計與方法可以同時兼顧**趣味性**和
嚴謹性。若秉持前述精神，**調情**的概念就很適合用來討論資料的分析與詮
釋。

　　如果你認為我用一個「不好的」字眼來形容這樣的關係，請忍耐
一下。我們通常認為**調情**（flirtation）這個字有負面意涵，代表未承諾
（uncommitted）。然而在心理分析觀點，調情和佛洛伊德的概念——漂
浮性注意（free-floating attention）或自由聯想（free association）有關，此

乃一種脫離內在檢查員（internal censors）的精神動作（Phillips, 1994）。易言之，調情的概念是要我們解除對已知的承諾，並且懷疑其正當性，所以調情可視為「潛意識形式的懷疑主義」（Phillips, 1994, p. xii）。Phillips 強調，任何忠誠（allegiance）的轉換或變動，可能都包含調情的成分。當我們和想法調情時，我們用各種不同的方法認識它們，因為「調情就是讓事情像遊戲」（p. xii）。和想法調情，讓我們能夠去挖掘那些不能叫人信服、不確定與令人困惑的事，這會帶來驚喜與意外的發現，當然，也可能會帶來失望。

綜合 Phillips 對調情的想法，調情是：

- 充分開發想法的驚奇性與好奇性。
- 創造一個空間讓人可以致力於達到目標或最終目的。
- 對不甚熟悉的可能性予以留心。
- 是一種與新想法嬉戲的方法，但不要讓我們的期望影響這些新想法。

所以，我希望你和我同調，一起使用 Phillips 的調情觀點作為敘說資料分析與詮釋的方法。與資料調情是指進行敘說資料分析與詮釋，試圖開發想法的驚奇性與好奇性，因為要等到處理資料時，我們才知道最終會出現和浮現什麼；這也存在一些空間，讓我們運用資料以尋找達成、協調研究目的的方法；它鼓勵我們花時間接納一些比較不熟悉的可能性；以及它是一種培養我們發現另一個故事的方法，「一個我們不必然要為之協商的（故事）」（p. xxv）。用調情進行資料分析是一種「轉換的（transitional）表現」（p. xviii），從資料蒐集到資料分析與詮釋，它皆容許驚奇與好奇的空間，得以挖掘出「知曉（knowing）或被告知（be known）的方法，以維持我們的興趣和興奮」（p. xviii）。這種調情的轉換表現之所以重要，是因為如我們所知，我們經常以「吾人所欲見，而非其本貌」來詮釋事物（Wragg, 2012, p. 51）。請將此謹記在心，然後進入

本章節的主題——敘說資料的分析與詮釋。

質性資料分析

　　瞭解質性研究資料分析絕對是敘說資料分析的第一步。我總認為我們首要的身分是質性研究者，之後才是敘說研究者。因此，理解質性研究分析能夠協助你獲知即將進行敘說資料分析的細節。我假設你已經採用過一兩次質性研究作為研究專案的一部分。如你所知，質性研究的資料分析通常包括：檢視原始資料，透過編碼和重新編碼的過程將資料化約成主題，在最後的研究文本用圖形、表格、敘說來重現資料。這是質性研究者採用的典型普遍過程，儘管有時會有些許改變（Creswell, 2007）。所以首先你會歷經多次的編碼過程，嘗試從中找出字詞或短句作為屬性（attribute），而成為資料的一部分（詳見 Saldaña, 2009，編碼手冊）。緊接著，你從兩個類似的編碼中尋找彼此的關係，並將之組成一個類別。之後，你會看到從類別中逐漸浮現型態，進而建立主題（見圖6.1）。

　　質性資料分析看起來可能簡單，因為我將它複雜的分析過程簡化成四個基本元素：編碼（codes）、分類（categories）、型態（patterns）和主題（themes）。但是你知道這只是冰山的一角，各個階段都包含深思熟慮與來回推敲。Creswell 提出一個資料分析的螺旋圖，由四個元素所組成，是一個兼具描述、分類和詮釋的迴圈（詳見 Creswell, 2007, p. 151）。質性研究者要經歷多次前述的資料分析過程，詳細描述他們從這樣的分析裡面發現什麼、為讀者分類訊息（討論浮現的主題）與根據文獻及理論觀點來詮釋研究發現。

理論化敘說資料分析和詮釋

　　敘說研究者指出，我們已經關注敘說研究的多項議題，但是相對

圖 6.1 質性資料分析的基本元素

地，較少留意分析和詮釋過程所潛藏的理論關注（theoretical concern）（Josselson, 2004; Polkinghorne, 1995）。為了喚起此項關注，在進入分析方法之前，我想要討論一些有關資料分析和詮釋的理論議題。

首先，我要指出資料分析應包含詮釋，因其最終會影響到我們如何選擇故事的表徵，有些人可能認為分析和詮釋是兩種全然不同的概念，因為分析隱含著客觀性，而詮釋代表著主觀性。雖然兩者概念不同，卻如同協力車般相互關聯，因為分析敘說資料是透過敘事（storytelling），對研究參與者所述說的內容，發展出有具有意義的理解，不管是對他們自己、對所處環境、對他們的生命、對他們的生命經驗。藉由情節、主題結構、社

會與文化參照對象的分析，研究者嘗試解釋其意義。在轉換期，這些意義同時被分析與詮釋而成為研究文本。

Josselson（2006）強調敘說研究「每個階段都是詮釋性的」（p. 4），從研究的概念化、資料蒐集到撰寫研究報告。易言之，身為敘說探究者的我們，不必以中立、客觀立場置身其外，而就只是呈現或分析「說了什麼？」而已，如 Riessman（2008）的想法一樣。他界定敘說分析「是詮釋文本方法的家族成員」（p. 11）。Chase（2003）[1] 也談到她鼓勵學生在分析訪談資料的同時，撰寫詮釋性的評論。她建議：「一方面，要避免太多的描述，另一方面，則須避免過多的詮釋。要詮釋他們在述說什麼，同時在證據支持下建構自己詮釋的理由。」（pp. 92-93）

▌敘說意義

當我們瞭解到敘說資料分析和詮釋是協力工作，我追隨 Polkinghorne（1988），建議敘說分析與詮釋是一項發現**敘說意義**（narrative meaning）的舉動。回想之前曾提到，敘說探究是透過故事以理解人類的經驗，反過來，又可以幫助我們更加瞭解人類現象與人類存在。Polkinghorne 認為敘說探究等同於敘說意義的研究，因為敘說探究的目的是瞭解那些具有意義的人類經驗，以及人類行動所傳遞的意義性，而這些都投射在故事和敘說之中。Polkinghorne 將敘說意義界定為「將人類經驗組織成數個短暫的意義情節（episode）的認知過程」（p. 1）。敘說意義關注的是經驗的多元面向，包含人類的行動或會影響人類的事件。個人故事有其自身的敘說意義，而文化則隨著時間累積，將典型的敘說意義保存在神話、民間故事和歷史當中。根據 Polkinghorne，研究敘說意義的目的，是找出「引發這些意義的意涵，更加瞭解人類的存在」（p. 6）。基於上述觀點，我認為敘說資料分析和詮釋確實是一項發現意義（meaning-finding）的舉動，我們試著透過所引發的實務意涵，而對人類的存在有更佳的理解。

Polkinghorne 指出，進行意義的研究是「所有探究中最基本的」（p. 9），而且意義範疇（realm of meaning）是「從日常用語表達時的微妙質性差異中，最能被捕捉到」（p. 10）。然而，他也警告我們，意義的研究可能產生下列問題：

- 意義不是有形的、靜態的，因此不太容易掌握到。
- 我們沒有辦法直接接觸他人的意義範疇，我們依賴的是敘事者的回憶或回溯。
- 他人意義範疇的資訊可以透過敘事和故事來蒐集，這些敘事具有脈絡敏感度（context-sensitive），因此沒有辦法單獨處理。
- 敘說資料的分析採用詮釋學的（詮釋的）推理，因此其分析方法不會像量化工具那麼精確。
- 意義範疇會以不同呈現模式出現，諸如知覺、回憶和想像。這些影像和想法間錯綜複雜的連結，使得探討意義範疇更加困難。（pp. 7-8）

我覺得 Polkinghorne 的警告發人深省。他提醒我們敘述資料分析與詮釋雖是一項發現敘說意義的舉動，卻不是那麼直截了當的事情。相反地，它充斥著挑戰和潛在的兩難困境。然而，他的本意並不是讓我們從理解敘說意義中退縮，反而是幫助我們更加認識敘說意義後續特性的微妙差異。Polkinghorne 認為敘說意義：

1. 其功能是提供形式以瞭解生命目的，和參與日常行動與事件的各個情節單元。
2. 提供一個架構以瞭解一個人生命的過去事件，和規劃未來的行動。
3. 是一種主要基模，可以對人類存在提供意義的一種方式。（p. 11）

帶著對敘說意義的理解，包括其挑戰和作用，我們得以在資料分析與詮釋的過程中，和這些資料更好的進行調情。

敘說平順化

敘說資料分析與詮釋的一個主要方法是敘說平順化。去年 4 月，我參加 Curator Jorge J. E. Gracia 的演講，他在我們學校的海灘藝術博物館，規劃了一個非常有趣的展覽，名為「繪出波赫士：藝術詮釋文學」。Gracia 教授本身也是一位哲學家，任教於紐約州立大學水牛城分校。為了這次展覽，Curator Gracia 挑選了 24 幅當代阿根廷和古巴藝術家的繪畫作品，藝術家們根據知名阿根廷作家波赫士（Jorge Luis Borges）的故事，以認同與記憶、自由與命定，以及忠實與神喻為主題，重新創作他們的藝術作品。Gracia 稱這些藝術重現作品為「繪製的故事」（Gracia, 2012），我覺得這個稱呼很貼切，這些繪製的故事陳列出上述視覺藝術家對文學的詮釋。在他的演講裡，Gracia 並沒有使用複雜的哲學名詞如詮釋學[2]，而是用淺顯的字眼幫助觀眾（大部分是研究生和像我一樣的非哲學家）瞭解詮釋的概念。他說，詮釋有兩種類型：一種是**理解的行動**（act of understanding，發展出有助於理解的有效詮釋），另一種則是**工具性理解**（instrumental understanding，傳遞有效的理解）。詮釋通常包含五種策略：**專注**（focus）、**刪減**（omission）、**增列**（addition）、**挪用**（appropriation）和**轉置**（transposition）。

我認為 Gracia 教授所提出的詮釋類型也可以用在敘說研究的詮釋和分析工作。易言之，我們詮釋資料是為了：(1) 瞭解研究的現象（理解的行動）；(2) 促進讀者對研究現象的理解（工具性理解）。對這項詮釋的舉動，我們可以採用五種策略：**專注、刪減、增列、挪用和轉置**。

既然敘說資料分析深深地牽涉到詮釋，若加入專制式主觀性（arbitrary subjectivity），將會讓我們置身於「可笑」的情景。應用專制式詮釋（特別是當我們「挪用」資料來配合我們的哲學導向，或者是從這個情境「轉置」資料到另一個情境）常常會變成一種模式：只訴說我們想說的或想聽的，而不是真正傾聽或注視正在訴說的內容（Munro Hendry,

2007）。更何況，當我們分析或詮釋敘說資料時，可能發現自己陷入兩難困境，即瞭解到忠實的描述（忠實於研究參與者的描述）並不一定是我們想要呈現的「好」故事，或者一個「好」故事可能不是一個忠實的描述。Spence（1986）指出，研究者在主觀的詮釋後，傾向去寫一個「好」故事，而不是忠實的描述（p. 212），Spence 將此種主觀詮釋的涉入，稱之為敘說平順化（narrative smoothing），它常用來掩飾我們在解釋時的主觀詮釋，以至於所呈現的「好」故事不盡然是「忠實的」描述（詳見第三章「忠實呈現被述說的故事」一段）。

敘說平順化是有趣的概念。它是許多敘說研究者包括我自己，會用來讓研究參與者的故事變得對讀者而言具有連貫性、吸引力和有趣的必要方法。就像是刪除原始資料不連貫的邊邊角角之做法，可是也因而產生遺漏的問題，諸如：選擇性的報告某些資料，卻忽略其他資料；或者是忽略了社會情境，因為研究者認為自己知道的脈絡情境讀者也應該清楚。Spence（1986）主張：

> 沒有提供特定臨床事件的背景資料與情境脈絡，用這樣的方式將無法「釋疑」（unpack）事件，因為所有的意涵皆顯而易見，作者面臨的風險是所講的故事和原來的經驗可能截然不同。（p. 213）

Spence（1986）舉了一個例子，他提到佛洛伊德藉由填補說話的漏洞，以一種「無形的、一致的與沒有破綻的」說法（p. 212）呈現他的病人 Dora 的故事，卻導致他的結論不被證據所支持。Spence 質疑這種敘說平順化，固然可以讓我們提出一個好的「無形的、一致的與沒有破綻的」故事，但可能也是一個和研究參與者原來說法截然不同的故事（因此不是忠實的說法）。如果我們遵照嚴格標準的敘說原則「刪減—選擇—詮釋」（deletion-selection-interpretation）（Mishler, 1986a, p. 238），或是 Gracia

（2012）提到的五項策略：**專注、刪減、增列、挪用和轉置**，可卻未注意詮釋過程中的細微差異，將導致無法產出忠實的說法，上述狀況會衍生倫理議題。因此，必須仔細考慮詮釋的倫理（Squire, 2013）。Spence（1986）建議我們應該明列詮釋倫理：(1) 要更細心、更敏感；(2) 要確認一個事實，就是故事不是固定的，以及參照對象可能是模糊的；(3) 就算犧牲資料的豐富性，仍要保證做到保密；(4) 考量研究參與者和讀者。

若我們進一步仔細思考 Josselson（2006）的問題，也可以代替詮釋倫理，他的問題是：

> 在提取訪談中所呈現的意義時，詮釋者／研究者的發聲是否優於參與者？或者研究者是否嘗試閱讀「文本之下」，或者用 Ricoeur 的比喻「文本之前」（in front of the text），所隱藏的意義，不管他們被視而不見是因為潛意識或是鑲嵌在文化脈絡的緣故？（p. 4）

Josselson 在此提出的論點是，致力於發現敘說意義，我們究竟應該要抱持忠實或懷疑的態度來看待我們的資料？這也是本章接下來要討論的。

▌忠實的詮釋與懷疑的詮釋 [3]

沿用 Ricoeur（1970, 1991, 2007）的觀念，Josselson（2004）對敘說研究的詮釋提供了值得省思的說法，他將詮釋學區分成兩種形式：**忠實詮釋學**（hermeneutic of faith）和**懷疑詮釋學**（hermeneutic of suspicion）。根據 Ricoeur 的分類，Josselson 主張修復原貌（restoration）的（忠實）詮釋學和去困惑化（demystification）的（懷疑）詮釋學，可以應用在敘說研究的分析與詮釋實務中。我們在分析參與者故事的資料時，常遭遇此類的區別議題，所以需詳加闡述。

首先，我們可以從**忠實的詮釋**（interpretation of faith）觀點著手處理

研究參與者所講述的故事，也就是說，此觀點是建立在相信研究參與者所告訴我們的故事是真的，以及意識到的主觀經驗是有意義的。我們將故事視為表相，所以，此取向的目的是「展現、探索和瞭解研究參與者的主觀世界與自覺所處的社會和歷史世界」（Josselson, 2004, p. 5）。我們忠實的重新述說或描述研究參與者的故事，是個人發自內心與研究參與者相遇的結果。因此，該取向所呈現或重塑故事的敘說意義，可藉由研究者和參與者在同理的理解下，共同合作發現。大多數敘說探究者一開始會使用這種取向，也是因為它能夠充分滿足多數敘說探究的研究目的。

除了忠實的詮釋，另一個取向是**懷疑的詮釋**（interpretation of suspicion）。請注意，我將追隨 Josselson（2004）的腳步，避免採用二者任一（either-or）、二元思維來勾勒各個取向，而是希望以協力共用的方式使用這兩種取向。懷疑取向和忠實的詮釋一樣，可以協助我們分析並詮釋得更加深入，目的是發現可能隱身在資料中所潛藏的敘說意義。懷疑的詮釋讓我們再次思考忠實詮釋取向中被視為理所當然的內容。這是一種「較不為人喜愛」的模式（Josselson, 2004, p. 15），因為容易給人一個印象是要我們質疑或懷疑研究參與者所陳述的內容，此舉會降低我們和參與者的研究關係。然而，我們須知道此取向不是要去懷疑參與者所說的內容可能不是真的，反而是要針對第一種取向可能未注意到的內隱意義加以解碼或去困惑化。舉例而言，我們需要特別費心注意字詞、矛盾或修辭。研究參與者敘說時，可能使用敘說平順化技巧，雖然 Spence 並未提及敘說者角度的敘說平順化，諸如參與者因為某些原因，漏掉不願觸及的內容，或是假設研究者應該已經知道自己的訴說內容而沒有提供故事的脈絡資料。因為有了此取向，我們不再「任由表相（face value）遮蔽了底層真相；已述說的故事隱匿了未述說的故事」（Josselson, 2004, p. 13）。

第三章曾經討論，敘說探究者的角色就像助產士，需要我們同時注意兩種取向來發現敘說意義。我們可以用表相來傳達參與者的故事，然而也應該小心檢視各種紅色警訊，特別當研究主題是挑戰現狀或社會正義，或

是立基於批判理論、批判種族理論或後結構主義所建立的研究架構。如 Riessman（2008）所指，良好的敘說分析「幫助讀者的思考不再局限於文字表面，而是邁向更廣泛的評論」（p. 13）。

最後我們應該要記住，詮釋是流動的與暫時的（Gadamer, 1964）；也就是說，我們的詮釋將會隨著時間軸而改變，因此就算是只有單一研究者，也無法宣稱哪一類詮釋是唯一有效的。Wolcott（1994）同樣說道：「歡迎質性研究者提供意見，但聚焦探究畢竟不像街頭演講台，無法讓研究者任意發表宣言。」（p. 37）

彙整敘說分析與詮釋的理論性議題如下：

- 敘說分析與詮釋是同時協力合作的。
- 敘說分析與詮釋是發現敘說意義的行動。
- 敘說意義有其問題，亦有其功能。
- 詮釋的目的在於：
  ◇ 瞭解所研究的現象。
  ◇ 幫助讀者瞭解我們所研究的現象。
- 敘說平順化是一種詮釋的方法，包含五種策略：專注、刪減、增列、挪用和轉置。
- 詮釋敘說資料的兩種方法分別是：忠實的詮釋和懷疑的詮釋。

敘說資料分析的方法

所以，哪些敘說資料分析方法對我們有用呢？正如 Holstein 與 Gubrium（2012）指出，分析方法不是憑空出現的。也就是說，你要為探究找出適合的敘說資料分析方法，且應該視你的敘說研究設計（第三章）、你所考慮的敘說探究類型（第四章）與根據你有的敘說資料（第五章）而定。因此，分析和詮釋的進行應該是全面的、啟發的、全神貫注的，以及最重要的，是敘說式的。我並不想在此呈現所謂「最好的」方

法，也不會提供「怎麼做」的方法。如果我這樣做，極可能是以將每種方法分類歸檔（pigeonholing）告終，而你會想盡辦法使你的資料分析適配某個特定方法，像是我在第二章所提到的，削足適履的「普羅克拉斯蒂鐵床」。我鼓勵你盡可能地避免削足適履，而透過敘說資料的分析和詮釋找出各種敘說意義。這是為什麼我們在現場文本與研究文本的轉換表現階段，應該和資料「調情」的原因，以充分發揮想法的驚奇性與好奇性、創造可以追求目的的空間、容許較不熟悉的可能性存在，並且和新想法玩耍。

敘說資料分析方法可以讓我們調情，以下將呈現 Polkinghorne 的敘說分析和敘說式分析、Mishler 的敘說分析分類系統，涵蓋 Labov 敘說分析模式。接著將介紹如何針對不同敘說類型進行分析與詮釋。

▌Polkinghorne 的敘說分析與敘說式分析

和其他許多敘說研究者一樣，我發現 Polkinghorne 對敘說分析（analysis of narratives）和敘說式分析（narrative analysis）兩者的區分非常有用，我經常用它作為我研究工作的分析架構。這種區分對我們而言相當重要，他指出敘說研究的獨特性與區辨性特徵，讓我們得以橫跨在質性研究和以藝術為本研究的兩個世界中。

基於對 Bruner「典範模式」和「敘說模式」這兩個思考模式（參見第一章）的瞭解，Polkinghorne（1995）指出敘說探究有兩種分析類型：其一是敘說分析，有賴於典範式認知；其二是敘說式分析，有賴於敘說式認知。[4]

敘說分析（典範式分析模式）

敘說分析，或稱典範式分析模式（paradigmatic mode of analysis），有賴於典範式認知，此乃一種思維技巧，人類可用於將經驗組織成具有順序性與一致性的，此時關注的是普遍的特性和共同的分類與特徵。知

曉（knowing）的典範式模式試圖將上述普遍特性分門別類，讓個人細節適配於更大的類型。Polkinghorne（1995）認為典範式認知「所產生的概念認知網絡，藉由強調重複出現的共通元素，可以讓人們以熟悉性來建構經驗」（p. 10）。我們在敘說資料分析中運用的這種典範式思維，就是Polkinghorne 所稱的「**敘說分析**」（典範式分析模式）。

質性研究通常選用典範式分析類型，選出其中特定的資料形成普遍性概念和類別。此方法試圖從資料中找出共同主題或概念意涵。因此，當我們選用此種方法檢視質性資料時，著重在故事化的資料中發現共同的主題或突出的構念，並且用故事資料所產生的幾種類別加以組織。[5]

Polkinghorne 建議典範式敘說分析可能有兩種形式：(1) 從先前理論或邏輯的可行性中取得概念，將之運用到資料中；(2) 從資料歸納中取得概念〔如同 Graser 與 Strauss（1967）的紮根理論論點〕。在此，我要增加第三種典範式敘說分析的類型，即著重於研究的事前聚焦（predetermined foci）。舉例來說，當我們訪談資深教師的教學經驗，可以事前決定採用第一年教學經驗、因應策略、挑戰等類別。

所以，正如同其他質性研究的做法（Polkinghorne, 1995），敘說分析（典範式分析模式）研究結果的整理會圍繞著主題的描述，此主題則具有跨蒐集故事的共同性。Clandinin 與 Connelly（2000）也提到：「探究者創作的研究文本，是針對社會情境中個人內在經驗或跨個人經驗，尋找其形式、敘說主線、張力和主題。」（p. 132）藉由發掘共同的主題和形式，敘說分析致力於減少模糊性，以及強調「參照性，這是以意義性為代價的結果」（Bruner, 1986, p. 14）。

Polkinghorne 的敘說分析（典範式分析模式）可歸納如下列幾點：

- 描述特定主題的類別，並專注於類別間的關係。
- 從多元資料來源中找出共同性。
- 其目的在於從一堆故事資料所發現的一組證據，或是從具體資料中產生通則式知識，但是低調處理各個故事的獨特性。

敘說式分析（敘說式分析模式）

　　敘說式分析或敘說式分析模式（narrative mode of analysis），有賴於敘說式認知，關心的是發生在特定情境中人類行為的獨特性。Polkinghorne（1995）提及「敘說推理的運作是在關注人類行為的差異性和多樣性。它注重時間脈絡和能突顯情境之元素間的複雜互動」（p. 6）。因此，**敘說式分析（敘說式分析模式）**是「透過將資料整合成連貫性整體樣貌，來提升敘說模式的思維」（Polkinghorne, 1995, p. 15），同時維持著故事隱喻的豐富性。這是一種編寫（emplotting）資料的方法，藉此我們可以分析這些由動作、事件和偶發事件組成的敘說資料，並產出連貫性故事作為分析結果。我們所編造的故事（故事化和再故事化），是以時間次序來整合事件和偶發事件，使之成為有主軸的整體，此即稱為情節（plot）。此過程使用的是我們先前討論過的敘說平順化方法（Spence, 1986），藉以填補事件和行動間的落差。從此類故事，可以「捕捉到人類事件意義的豐富性和微妙差異」（Polkinghorne, 1995, p. 11），這是無法用「定義、事實宣告或抽象命題」來表達的（p. 6）。敘說式分析模式的目的在於幫助讀者瞭解事情為什麼及如何發生、參與者為什麼及如何採取這樣的行動。此方式可以幫助他們同理故事主角的生活經驗以瞭解人類現象，所以敘說式分析模式勾勒出來的最後故事，會對讀者有吸引力。Polkinghorne 的敘說式分析模式已經成為促進「嘗試以不同的文學類型來編寫資料」的推動力（Barone, 2007, p. 456）（亦參見第四章）。更詳細的敘說式分析模式過程詳見 Coulter 與 Smith（2009）。

　　Polkinghorne 的敘說式分析（敘說式分析模式）可歸納如下：

- 關注事件、行動、偶發事件與其他資料元素的匯聚。
- 使用從部分到整體或從整體到部分的來來回回、反覆動作。
- 運用敘說平順化過程，填補事件和動作之間的差距。
- 認為敘說分析不只是資料的轉錄，而是讓最後的故事顯示出生活經

驗重要性的一種方法。

- 使分散的資料元素變得具連貫性，以吸引讀者。

- 當引入的敘說意義在資料本身並不明顯時，設法讓最後的故事符合資料。

- 強調隱含意義並保有故事隱喻的豐富性。

▌Mishler 模式的敘說分析

Elliot Mishler（1995）提出了一個更加詳細與完整的敘說分析模式之分類系統（相較於 Polkinghorne 而言），涵蓋了敘說探究領域中絕大多數的敘說取向。他提到，他的分類系統中所回顧的敘說分析模式，顯示出「在許多學科領域中『敘說走向』的深度、強度和多元性」（p. 117）。Mishler 的分類系統試圖涵蓋敘說探究者故事化世界的方法，著重在賦予事件和經驗的意義，此乃透過研究者講述故事與再述故事而達成，以因應不同研究目的、不同情境、不同敘說類型。易言之，Mishler 根據 Halliday（1973）主張的語言功能之三位一體「參照（reference）、結構（structure）和功能（function）」（p. 89），提出一個全面性觀點來涵蓋各類敘說探究，包括不同理論目的和假設、資料類別、分析方法和策略、類型。Mishler 深信敘說探究是「問題導向的探究」（p. 89），因此，採用何種敘說分析模式皆要視研究問題而定。他的分類系統認為每種模式在敘說分析中都有其中心任務，他的系統讓我們得以比較不同模式的問題、目的、關注焦點和方法（見表 6.1）。

隨後將介紹 Mishler 分類系統的細節，但在此之前，我發現 Mishler 的分類系統深具啟發性，雖然 Mishler 本人謙虛地宣稱他所提出的分類系統其界線仍有模糊地帶，只是「初起步的、試驗性質的、未完工的」（Mishler, 1995, p. 89）。他固然提醒我們過度專注於窄小範圍取向的限制性，但令人鼓舞的是，這也意味著「追求另類、更具包容性的策略，而對敘說如何運作以及要做什麼，有更詳盡和深入的瞭解」是重要的（p.

表 6.1 Mishler 的原版分類系統

敘說分析模式：分類系統

參照與時間次序：將述故事和已述故事
　　於將述故事中重現已述故事。
　　從將述故事重新建構已述故事。
　　將已述故事強加在將述故事中。
　　從已述故事編造將述故事。

文本連貫性與結構：敘說策略
　　文本詩趣（poetics）：具象化（figuration）、轉喻（tropes）、風格。
　　論述語言學（discourse linguistics）：口述敘說。

敘說功能：脈絡與結果
　　經驗的敘說化：認知、記憶、自我。
　　敘說與文化：神話、儀式、行為表現。
　　在互動與體制脈絡中進行敘事。
　　敘說的政治性：權力、衝突、抗拒。

（Mishler, 1995, p. 90）

117）。我覺得他會允許我們和他的分類系統調情，作為追求「另類、更具包容性的」敘說分析方法的起點。

　　因此我小幅修改[6]他的原版分類系統，希望幫助自己和像你們一樣的視覺學習者有更好的理解（見圖 6.2）。這個修正版本一樣也是「初起步的、試驗性質的、未完工的」；因此，邀請你一起來調情，讓此分類系統可以適合你的分析架構。

Mishler 分類系統的概述

　　以下簡短的介紹 Mishler 的敘說分類系統。類別一的方法是**參照**（reference）**與時間次序**（temporal order）：**將述故事**（the telling）和**已述故事**（the told），著重在參照作為表徵的問題；具體而言，是尋找行動事件的時間序列和資料的呈現順序兩者之關聯性。類別二的方法為

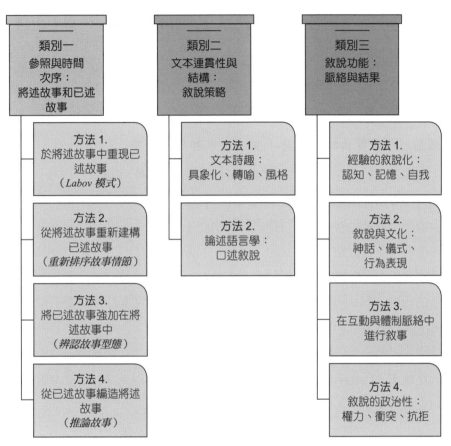

圖 6.2 Mishler 分類系統的修訂版

文本連貫性（textual coherence）**與結構：敘說策略**，此類別紮根於語言的結構主義理論，例如深層結構和表層結構。藉由連結語言學和敘說策略，以尋求方法來維持敘說的整體性和連貫性。此類別的方法偏好口語論述而非書寫文本，其感興趣的是說話和述說的方式，並使用溝通功能檢視這些談話。最後，類別三的方法為**敘說功能：脈絡**（contexts）**與結果**（consequences），該方法和「故事的文化、社會、心理脈絡與功能」有關（p. 90）。此項方法的分析重點是藉由理論架構來分析個人和團體的故事，進而瞭解更大層面的社會。

本章只討論類別一，因為類別二已經有 Riessman（2008）與 Gee（2011）的詳細說明，而且該方法也不在本書的範圍。至於類別三的方法，則在以理論架構為基礎（詳見第二章）和採用的敘說類型（詳見第四章）這兩處加以探討。

類別一、參照與時間次序：將述故事和已述故事

在敘說研究中，我們經常提及時間次序。根據 Mishler（1995），時間次序有兩種類型：**已述故事的次序**和**將述故事的次序**。前者指的是研究參與者已經講述的事件和行動之敘說次序；後者則是指將要呈現在研究文本中的事件和行動之敘說次序。因此，本分類的中心任務是建立兩種時間次序的平衡。**將述故事**意指研究者的敘說；而**已述故事**代表已被研究參與者述說的資料。從該觀點，研究者（再）講述的故事乃是研究者詮釋的「一系列的時間次序事件」（Mishler, 1995, p. 90）。本分類將事件順序和文本表徵列為分析的優先順位，包含四種分析方法：**於將述故事中重現已述故事（Labov 模式）、從將述故事重新建構已述故事、將已述故事強加在將述故事中、從已述故事編造將述故事。**

▌Labov 模式[7]與其他分析法

方法 1. 於將述故事中重現已述故事（Labov 模式）

這個分析方法是用來找出「已述」故事是什麼。在此方法裡，Mashler 使用社會語言學家 William Labov 的模式當作概念性架構，Labov 專精於分析和語言、意義和行動元素有關之個人經驗的敘說。Mishler（1986a, 1986b, 1995）深信 **Labov 模式**（Labov's Model）是敘說分析方法的重要資源，並將之視為起始點和參考點。雖然 Labov 模式曾遭受批評且有其限制（詳見 Patterson, 2013; Squire, 2013），但此模式依然具有相當的影響力，在經過些許修正和調整後，已用來作為敘說分析方法的重要架構（詳見 Mishler, 1986a, 1986b, 1995; MaCormack, 2004; Patterson,

2013; Riessman, 2008）。此模式強調重現個人經驗的行動和意義，如果我們以「調情」的姿態使用它來克服可能的批評，我認為 Labov 模式可以當作敍說模式的思維（Polkinghorne 的敍說式分析）。

Labov 界定敍說是「將發生在真實世界的事件，依照嚴格的時間次序排列，以此重現經驗」（引自 Mishler, 1986a, p. 236）。Mishler（1995）採取 Labov 與 Waletzky 的模式（1967；引自 Mishler, 1995），認為一個發展良好的個人敍說應包含以下六個成分（亦參見 Mishler, 1986a）：

1. **摘要**：故事的摘要和重點。
2. **導向**：提供時間、地點和角色等脈絡來引導讀者。
3. **複雜化行動**：情節主線，或會引發出「然後發生了什麼事？」之類問題的事件。
4. **評價**：對事件的評價性評論、辨證（justification）所說的故事、敍事者對此事件所賦予的意義。
5. **結果或解決**：故事或衝突的解決。
6. **尾聲**：帶領敍說者和聽眾回到當下。

個人敍說的六元素提供一個架構，讓我們分析那些已述說的故事。我們可以使用它們來重新建構或重述故事。其中第四個成分：評價，是最重要的元素，因為它「透露了敍說者對敍事的態度，敍說者所強調的某些敍說單位，和他人相比，有相對的重要性」（Labov & Waletzky, 1967；引自 Mishler, 1995, p. 94）。這對詮釋而言至為關鍵，因評價所提供的線索可以讓我們瞭解敍說者對自身經驗所賦予的意義。

Labov 模式對提供方法來分析口述故事深具影響力，它從情節或主題準則（六個成分）找出敍說的結構組織原則，最主要的優點是幫助我們回答「故事在說些什麼」的問題（De Fina & Georgakopoulou, 2012; Mishler, 1986a; Patterson, 2013）。例如 Mishler（1986a）指出，決定故事的重點（故事在說些什麼）是重要的探索性問題，由於敍說者不見得能說出故事的重點，因此要從資料中發現故事需要經過我們的推論和詮釋。在敍說分

析過程中，我們可以使用 Labov 模式的上述六元素來擷取核心故事。我們也可以找出研究參與者想要溝通的內容，作為他或她的敍說意義。Labov 模式的另一項優點就是提供一個跨文化的通用模式來瞭解敍說結構，搭建起文學和民間口述之間的橋梁（De Fina & Georgakopoulou, 2012）。他更提供了進行「多位研究參與者的敍事比較分析」的準則（Mishler, 1986a, p. 236）。例如我們可以比較評價類型，像是多位參與者對同一事件的不同評價，或是在同一次訪談中評價的改變（Patterson, 2013）。又或者，我們可以比較不同種族、性別、民族、社經地位的敍事者，對相同事件經驗的評價。

然而，優點之後總伴隨著缺點。如果你對於自己和研究參與者之間的對話式敍說、互動式論述或共同建構故事感興趣，那麼 Labov 模式就不適合。對此，你可以考慮使用類別二的方法。Labov 模式受的最大批評就是仰賴單一敍說式的訪談，像是口述歷史訪談或生命故事訪談（De Fina & Georgakopoulou, 2012），而非對話式訪談。

此刻，是不是有可能以和 Labov 模式調情的心態來面對上述批評呢？我是這麼想的，如果增加另一個成分會怎麼樣？例如第三成分的**複雜化行動**，指的是引發問題的事件，然而並不是只有事件才會引發問題，其他像是焦慮、期待、渴望、願望、失敗、未來發展等，這些 Labov 模式未曾想過的人類議題，都可能複雜化敍事者的生命。像是真諦的頓悟或轉折點，我們可以將它們納為敍說的一個成分嗎？為什麼不能呢？事實上 Mishler 對我們提出忠告，不要一成不變且絕對地追隨 Labov 模式，因為一成不變和絕對性正是該模式的缺點，反而應將它視為出發點，以 Labov 模式為基礎，依我們研究的關注焦點來創造自己的模式。對我而言，Labov 模式是可以拓展、修改、更加完善化的，所以我們可以跟它調情。Patterson（2013）似乎也同意我的說法，她說道：「藉著更具包容性的定義準則，讓敍說分析家可以找到很多方法，充分運用到 Labov 模式中深具價值的層面。」（p. 43）

方法 2. 從將述故事重新建構已述故事：重新排序故事情節

　　本項分析是將已述故事按照時間序排列，或重新安排故事情節的次序。分析資料時，你可能會發現已述故事（你的研究參與者所講述的故事），並未依照對我們或對讀者而言有意義的順序安排（例如編年史式的或概念式的），這是敘說研究者在分析資料時經常遭遇到的典型問題。研究參與者可能不會按特定的順序來說故事，因此故事會有些前後不一致，而且他們常常從故事主線離題，或給一個沒有重點的泛泛評論。研究參與者不是直線思考者；他們的故事也許會變來變去，全看他們當下相信什麼較重要而定，更何況，我們要擷取的意會（sense-making）故事常有著多樣化的資料來源。面對上述議題，我們必須將從訪談或其他資料來源所取得的已述故事，重新組合或重新安排成編年史式或主題式的連貫故事（視研究目的而定）。此種做法和 Polkinghorne 的敘說式分析模式（敘說式分析）類似，我們重排（重新建構）已述故事的故事情節，而這個重新建構的故事就成為「可供後續進一步分析的敘說」（Mishler, 1995, p. 95）。

方法 3. 將已述故事強加在將述故事中：辨認故事型態

　　這個方法通常是故事已有事先決定的主題，或是已經確認了故事型態。例如當你有一大群研究參與者的大量資料，你可能會想找出跨資料的共通性、通則和差異性（類似於 Polkinghorne 的敘說分析）。為了比較和對照不同的故事，你需要用標準格式來蒐集多位參與者對同一主題的敘說性描述，就像是和多位參與者進行結構式訪談，手中握有一份標準化的問題清單，題目都環繞著你關心的主題。根據 Mishler 的說法，當你有很多位研究參與者，並希望探索大量資料的共同性時，這個方法是有效的。我們會提供指導語給研究參與者，讓他們針對某個主題講故事，例如在 Veroff 和同事的新婚夫妻研究中，他們所選定的伴侶被要求：

用自己的話來講述兩人之間的故事，但要遵循故事情節指導
手冊所寫的：「你們是怎麼相遇的；怎麼對彼此感興趣的；如何
變成一對的；如何計畫結婚的；現在的已婚生活感覺像什麼；
以及認為未來自己的婚姻生活會像什麼。」（Veroff, Chadiha,
Leber, & Sutherland；引自 Mishler, 1995, p. 99）

因此，研究所找出的故事型態會是約會方式、伴侶相互感興趣的方
式、成為伴侶的方式等等。此方法對標準編碼程序而言是好事，因為故
事順序不變，對建構特定主題的「原型敘說表徵」（prototypical narrative
representation）是有助益的（Mishler, 1995, p. 99），例如，失去第一份工
作感覺像什麼。

無論如何，我要說的是，主題無法都事先決定好。事實上，主題常常
是分析資料之後才發現的（發現浮現的主題）。因此我將「強加已述故事
在將述故事中」的意義範圍擴大，從原先的事先既定型態再加入浮現的型
態。

方法 4. 從已述故事編造將述故事：推論故事

此方法的做法是從非語言資料中推論故事。當我們有多種類型的資料
時，這個方法特別有用，特別是非口述或非書寫形式的資料，像是視覺資
料或人為飾物。也就是說，如果你儲存的資料是視覺和檔案形式，或人為
飾物，就必須從已述故事中編造（推論）一個將述故事。編造將述故事意
味著，身為研究者的你所寫的故事，是從非文本形式的已述故事中推論而
來。例如歷史學者運用大量的檔案資料來敘說大規模的社會歷程和事件，
如果你擁有視覺資料、相片、繪畫或人為飾物，就能從已述故事中編造出
將述故事，用來補充或反駁其他類型的敘說。身為研究者的你，使用此方
法重新呈現有時間次序的事件和行動；正如 Mishler（1995）所說：「是
研究者在創作將述故事。」（p. 102）

▌與 Polkinghorne、Mishler 和 Labov 調情

你看到我欣然接納了 Polkinghorne、Mishler 與 Labov，為什麼？因為他們全都可以幫助我們從資料中發掘故事，而不是像我們經常在質性研究中所看到的，將內容分散成片段。這些學者要我們注意那些重現或重新建構故事所反映的敘說意義。我特別喜歡 Mishler，因為他不會要求我們偏愛某種方法，反而鼓勵我們向各種方法學習和重視不同方法的價值：

> 學習敘說類型和文本化策略，可以在理論或實證方面強化我們的研究，因為其關注到述說的外顯脈絡以及具有的個人和社會功能。平行觀點：詳細分析文本化的結構和形式，有助於分析敘說的心理和政治功能。（Mishler, 1995, p. 117）

Polkinghorne（1995）讚揚 Mishler 開放的胸襟，說道：

> 雖然敘說探究的兩種類型（敘說分析與敘說式分析）都關注故事，但兩者有明顯的差異。典範式類型以蒐集故事化描述作為資料；敘說式類型蒐集有關事件、偶發事件和行動的描述……從中產生故事化描述。……兩種敘說探究類型都為社會科學知識主體做出重要貢獻。（p. 21）

Polkinghorne、Mishler 和 Labov 透過敘說分析的方法，讓我們可以用各種不同的敘說類型來講述故事。這些方法也成為後續討論和實務意涵的基礎。

McCormack（2004）的研究是個絕佳例子，同時運用 Polkinghorne 和 Mishler 的方法 1：**於將述故事中重現已述故事（Labov 模式）**。她解釋如何以 Polkinghorne 對敘說分析和敘說式分析的區分，作為故事化故事

（story stories）的基礎，以及建議如何依六個故事成分的 Labov 模式，於資料中將故事定位。McCormack 採用有別於傳統取向的做法，要求我們每次訪談後皆創作一個詮釋性故事，這些詮釋性的故事之後會被「巢套」（nest）（p. 13）在個人經驗的敘說中，作為最後產出的成品。對 McCormack 而言，敘說分析成為「故事化故事的過程」（p. 13）。

圖 6.3 是我對與 Polkinghorne、Mishler 與 Labov 調情的摘要，是呼應他們的開闊胸襟與熱心真誠（如同我們在第一章看到的達利的雕塑），或許能因此產生某種的敘說類型。

敘說探究類型的敘說分析

回想第四章（敘說類型）討論到我們作為「研究者—敘事者」的任務（Barone, 2007, p. 468）是傳遞故事進入存有（being），因為故事「就是要被傳遞的」（Abbott, 2002, p. 20）。所以我們採用「傳遞是從開始到結束」（Connelly & Clandinin, 1990, p. 8）的觀點。因為故事的中介角色，我使用助產士的比喻將故事定位為中介者，介於研究要求個人故事既要適用於大範圍又要有個人意義性之間。助產士的比喻應用在實踐智慧（明智的、倫理的判斷）是對所傳遞的故事「特有的覺醒」（Clandinin, Pushor, & Orr, 2007, p. 21），即考慮敘說探究的三個面向：時序性、個人和社會、地點。身為研究者—敘事者的我們，不僅傳遞著故事，並在「調情」的精神下，藉由發掘不確定性和困惑（懷疑詮釋），挑戰自身的偏好與受限於所知，並質疑其正當性。

現在心存此念，讓我們一起檢視這些敘述分析方法如何運用在不同的敘說類型中。以下的例子將有助於我們瞭解。

▌視現象與方法為敘事的分析：廣化、深化與再故事化

當 Connelly 與 Clandinin（1990）確立了敘說探究在教育研究方法論

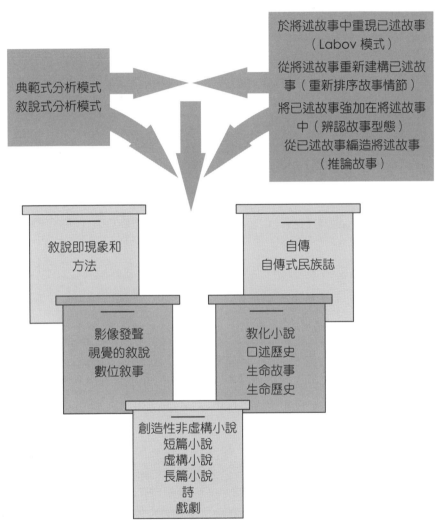

圖 6.3 與 Polkinghorne、Mishler 和 Labov 調情

的重要性，他們認為敘說探究是現象也是方法。首先，敘說探究即現象，在研究「是什麼」，也就是將所研究的經驗視為現象。因此我們需要思考如何回應下列問題：我的敘說探究是什麼？我正在研究什麼樣的經驗？有關研究現象「是什麼」的研究，不是像靜物畫，而是變動、移動和複雜的，所以我們不能假設研究現象可以如同研究計畫般清楚解釋（Clandinin

& Connelly, 2000）。強烈建議我們要能辨識出探究的現象，當它們出現在資料分析過程的資料中時。

再者，如同第三章所討論的，敘說探究即方法，指的是用敘說式的思維作為思考現象的方法。Clandinin 與 Connelly（2000）建議敘說式的思維應涵蓋整個分析階段，包括「協商關係、協商目的、協商可能有用的方法和協商轉變」（p. 129），同時應謹記在心，要有理論、方法論和詮釋性的考量。為了達到敘說分析的意義性行動，要在不犧牲詮釋倫理的情況下，同時兼顧忠實和懷疑兩種取向；我們需要對現場文本做**敘說式的編碼**，從中發現敘說的意義（Clandinin & Connelly, 2000）。例如我們要關注：

> 現場文本中所出現的角色姓名、行動和事件發生的地點、錯綜交織與互相關聯的故事情節、明顯的落差或沉默、浮現的張力、連續性和不連續性，全都是可能的編碼……無論如何，這是對問題的意義性和社會重要性的反應，最終會形塑現場文本變成研究文本。（Clandinin & Connelly, 2000, p. 131）

Connelly 與 Clandinin（1990）建議以三種敘說探究的分析工具進行敘說編碼：**廣化、深化、故事化與再故事化**。他們運用這些分析工具來分析和串連所蒐集的敘說素材。透過這些詮釋方式的幫助，可以將這些暫時的現場文本轉換成研究文本（Clandinin & Connelly, 2000）。

第一項工具：**廣化**（broadening），和尋找故事（更寬廣）的脈絡有關，包含研究參與者的描述，其隱含在所講述的故事之中。這是藉由檢視現場筆記和回顧文獻，而對研究參與者的性格或價值，或者對研究所在的社會、歷史或文化背景，所做的通則性描述。同樣地，Mishler（1986a）稱此概念為**範圍的擴展**。他建議敘說研究者可以不受限於文本，引進更多文化通則性的知識，而在更寬廣的文化架構下進行詮釋，作為敘說分析的

一部分。透過分析工具的廣化或擴展，我們得以在分析時加入「對於敘事者和他們所處的區域性和普遍性環境，我們還知道了哪些」（Mishler, 1986a, p. 244）。

第二項工具：**深化**（burrowing），在關注資料更多的具體細節時使用。我們可以對資料做全面性的探討，例如，我們關心研究參與者的感受、理解、兩難，或某個事件對研究參與者或環境的衝擊。我們也會問這些事件為什麼會發生，以及發生這些事件如何對研究參與者的生命經驗產生影響。深化和從研究參與者觀點所經歷的細節有關。

第三項分析工具是**故事化與再故事化**（storying and restorying），資料經過廣化和深化後，我們發現使用故事化和再故事化，可以使研究參與者重要的生活經驗脫穎而出。舉例而言，Craig（2012）使用這三種分析工具挖掘情境脈絡下的教師知識。她使用這三種方式將現場文本轉變為研究文本。透過廣化，她的研究將學校致力的重大改革放置於美國學校改革的歷史脈絡下；透過深化，她專注某個特定現象，像是個別教師所展現的教學形象；至於故事化與再故事化，Craig 藉由橫跨時間和地點重訪研究參與者的過去經驗，以理解他們的故事。

你們當中有些人可能猶豫是否要使用電腦軟體進行敘述分析，像是 Atlas.ti、 NVivo 或 HyperResearch，有愈來愈多的質性研究者開始使用，以減輕分析過程的複雜和繁複。然而，進行敘說研究應該小心使用這些電腦軟體，因為它們是以典範式分析來找出編碼、型態和主題。像是 Clandinin 與 Connelly（2000）就發現，這些軟體對敘說探究並沒有特別的幫助。你必須自行決定電腦軟體是否有助於故事化與再故事化，使之適合你的研究主題。

▌自傳式民族誌的分析

誠如我在第四章引用 Ellis、Adams 與 Bochner（2011）的宣稱：「自傳式民族誌是一種兼顧研究和寫作的方法，希望尋求描述性和系統性的

分析（書寫）個人經驗（自己的），以達到了解文化經驗（民族式）的目的。」（para. 1）他們指出自傳式民族誌不只是過程和成品，同時也是系統地分析研究者個人經驗的方法。然而，我們要如何有系統地分析自己的個人經驗，使其促成「我」（I）——自我？有這種可能性嗎？

自傳式民族誌是在書寫我們所回顧的過往經驗，所以會選擇有特別頓悟的過去經驗。頓悟（epiphany）是對那些曾經重重衝擊生命軌跡的事件，突然產生莫大的理解，它們是「往事、回憶、影像、感情——在經過那些彷彿已經過去的關鍵事件很久之後」（Ellis et al., 2011, para. 6），頓悟反映出文化或個人的文化認同，因此可用來加以分析。Ellis 等人（2011）堅持：

> 自傳式民族誌研究者不只要使用方法論的工具和研究文獻來分析經驗，而且必須考慮到其他人可能經驗到相同的頓悟；他們必須使用個人經驗來說明文化經驗的面向，而且藉此讓文化的特質更為圈內人和圈外人所熟悉。（para. 9）

如果你偏好分析性的自傳式民族誌，你也可以向他人蒐集資料，而不是只有作為研究者的你，可以涵蓋的其他資料來源，像是正式文件和媒體資料（詳見 Vryan, 2006），但是你可能需要留意 Anderson（2006）所說的五大關鍵特性：

- 研究者是研究團隊或情境的正式成員。
- 研究者會使用分析式反思性。
- 研究者在撰寫的文本中會呈現自己的敍說視野。
- 研究者和資料提供者進行對話，而非只有自己。
- 研究者承諾會對大範圍的社會現象發展出理論方面的見解。

我以 Ronai（1995）的夾層式描述（layered account）作為自傳式民族

誌分析的絕佳例子。他使用方法論的工具和研究文獻來分析研究者的個人經驗，它具有美感、引人聯想，也同樣地具分析性。它吸引讀者，而且維持自傳式民族誌的特性，如同第四章所討論的。

案例：自傳式民族誌分析（夾層式描述）

夾層式描述將作者的經驗和相關文獻以交織的方式並列。此種敘說是設計給讀者，用來呈現作者和作者自我間對其經驗的持續性對話，在同時描述、分析和詮釋文本的多層次反思性聲音中，這些自我逐漸浮現（Ellis et al., 2011）。此種夾層式經驗和分析的呈現方式，提供讀者空間用自己的詮釋來填補自傳式民族誌的故事。夾層式描述說明了故事和分析是如何同時進行，是體現「一石二鳥兼具意識的理論和報導的方法」（Ronai, 1995, p. 396）。

Carol Rambo Ronai（1995）是知名的社會學自傳式民族誌學者。她用夾層式描述撰寫了一本自傳式民族誌，訴說她身為一名幼童性侵害倖存者的故事。為了分析她自身經驗的參與者觀察資料，Ronai 使用系統性社會學內省法作為她的研究方法，正如她寫道：

> 當我書寫我的社會世界時，我將自己編碼在紙上。我創造了一個專屬（ad-hoc）的自我……，以反思的方式反省和轉換我的文字。我書寫自己、編輯自己、與自我互動，藉由客體化、評判、改寫自我的方式書寫與自我回應。每次書寫和反省時，我視自己為客體同時也是主動的主體。書寫的主體（writing subject）與被書寫的客體（written object）彼此互動，被書寫的自我被調整或改寫，以回應內在對話中自我的改變。被書寫的自我之對話浮現，當他以觀眾身分閱讀文本，並加以評判，最後反映出自我的特有樣貌。（p. 399）

　　她的方法中，這些夾層式描述是用小圓點來區分各層，用來比較和對照她的幼年性侵害個人經驗和現有研究，所顯現的重點是，一方面她的個人經驗是獨特的；然而另一方面，現有文獻卻呈現她不是唯一的（p. 402）。她使用自身的案例為資料，她和她的自我變成其自傳式民族誌的主體和客體。以下是片段摘要：

＊　＊　＊

　　這些記憶使我作嘔。它們同時影響到我身為受害者的正義，又讓我震驚地理解我是被侵害的。我的高潮讓我父親的所作所為變得「沒有那麼糟糕」。對我父親而言，這代表著我喜歡且我不應該抱怨。這個疑惑的小女孩，我認為她一定有哪裡不對勁，因為她並不總是喜歡這樣，她只是一個「大嬰兒」而已。

＊　＊　＊

　　兒童性虐待與被害者和社會有關，對兒童性虐待的執法有著嚴重的後果，例如逮捕一方親屬或是雙親後會使得家庭破碎（Bagely & King, 1990）。因此為了使社會互動更平順，人們不討論兒童性虐待，因為置之不理容易多了。（p. 417）

　　Ronai 所書寫的自傳式民族誌對她個人和人際經驗做了「有美學價值和引人深思的深度描繪」（Ellis et al., 2011, para. 14）。她以「讀者對文本的個人經驗的威信」（Ronai, 1995, p. 399）吸引讀者，而使得讀者投入其中，並讓讀者因她的文本產生內在對話。Ronai 撰寫了一本引人深思的自傳式民族誌，藉著使個人生活的私密細節和公共對話接觸，讓她自己成為連結「公眾和隱私生活鴻溝的橋樑」（p. 420）。如此一來，她讓個人的社會連結能觸及更廣大與更多元的聽眾，這也是傳統研究通常沒有辦法達到的。

▌教化小說的分析：個人成長的故事

第四章我們討論到教化小說是一個人透過智性和道德的努力，涵養並養成個人心智的故事，是有關發展自我和自我蛻變旅程的故事，是追求發現真實自我的故事。此過程包含生命的挑戰、衝突，其存在於「主角的需求和欲望，以及社會秩序強加的觀點和判斷兩者之間」（Dunlop, 2002, p. 218）。我們在第四章討論過教化小說的特質，分析教化小說著重於：

- 個人成長的內在或精神旅程的概念。
- 理想與現實之間的張力。
- 強調主角個人旅程發生的脈絡。
- 扮演增進研究者與讀者教化的角色。
- 強調個人旅程中的發問、對話與懷疑。
- 奮鬥、不確定性、複雜性與轉變的要素。

（改編自 Roberts, 2008）

案例：女性教化小說

Dunlop 的論文小說 *Boundary Bay*（Dunlop, 1999），是根據她對新進教師、大學教授和師資培育學程者的生活研究而書寫的。這是 Evelyn Greene 的故事，她是一位新進的大學教授，在教育系授課。Dunlop（2002）解說她透過敘說探究來完成一本女性教化小說的過程：

> *Boundary Bay* 開始於以半結構的質性研究訪談方式所蒐集的資料錄音。有五位志願的研究參與者，他們是剛從同一項教師教育計畫畢業的教師（專長是次生藝術和英文）。我們探索特定問題，有關處理第一年教學經驗的本質和從師資培育到教室的轉變。目的在於採用敘說探究瞭解第一年教職生活的經驗本質、在師資培育和課堂教學經驗的整合，以及在大學階段導師制和教育

經驗的協商。其中特別感興趣的是英語文學和藝術基礎課程的實施。

　　經過了兩年半的時間，我理解到我們共同參與的敘說探究，已經產生一些包含艱辛的故事，關於在多層面體制生活中，對教學生涯的個人、情緒和智性的衝擊。我也覺得我可以用小說的形式傳達這些故事，一本可以展現文學傳統的教化小說、一本教育或養成的小說、一本藝術家的成長小說 *Künstlerroman*。此外，也是向教化小說的男性英雄傳統挑戰，因為這部小說是女性的故事，主要由女性敘說者的觀點描述，聚焦在女性和教育。（p. 219）

Dunlop 的教化小說是她的研究產出，包含她以自己研究發現為基礎，進行大範圍思考所做的自我詮釋。她提到她的作品不是批判分析，而是藝術作品，因為她試圖詮釋這個世界，而且開放給讀者詮釋。她讓我們知道她的論文如何演變成為一本教化小說，這一步「遠遠超過她投入逐字稿敘說的初衷」（p. 219）。

▍傳記式敘說探究的分析

　　在第四章，我們瞭解到在 1980 年代傳記式風潮橫掃全世界。我們也得知傳記式敘說探究讓我們瞭解到知識是歷史的、社會的和個人的。傳記式敘說探究包括口述歷史、生命故事和生命歷史，皆著重人類生命就是一種知曉的方式。

　　當我們試圖分析其他人的故事，有必要瞭解對傳記式敘說取向的一些提醒。Munro（1998）提到，她雖然深受吸引，卻是帶著疑問從事生命歷史研究。首先，她瞭解到生命故事是一種方法，提供傳統被視為邊緣族群者一個「發聲機會」，然而，「給予發聲機會」的說法隱含著研究者和參與者之間不平等的權力結構。第二，立基於個人歷史會偏向將研究參與者

理想化，物化成唯一主體／英雄，而偏離個人生命的複雜性，進而深陷於種族主義、性別主義和其他壓榨形式之中。最後一點，Munro 關注的是生命歷史研究中殖民效果反覆出現的潛在性，因為它可能再製「實證主義論點的權力、知識和主體性，儘管正好相反」（p. 12）。Munro 的論點是敘說並不一定可以提供知曉真相的較佳方法。因而，Munro（1998）指出我們需要：

> 同時專注於沉默和所說的內容，如同我們需要專注於故事如何被述說以及哪些被述說或未被述說，並專注在緊張和矛盾之中，而非屈服於渴望「這個」故事的誘惑，而掩蓋它們。（p. 13）

案例：生命歷史

Petra Munro 的 *Subject to Fiction*（1998）是三位女性教師的生命歷史，被 Munro 稱為生命歷史學者的她們，分別是 Agnes、Cleo 和 Bonnie。Munro 宣稱：「這本書的核心是我所建構的三則敘說。」（p. 13）從後結構主義的女性主義觀點，Munro 以盤問的方式思考女性教師面臨能動性（agency）和抗拒的故事，以挑戰教學的性別化建構之論點（例如：中小學「女」教師）和對待女性教師為知識客體之方式。她用來引導研究的研究問題是：

- 女性教師如何抵抗別人對她們經驗的命名，其通常扭曲並邊緣化她們的真實？
- 她們如何建構自身作為主體，而不管那些對女性教師所建構的杜撰？（p. 3）

為了回答這些問題，Munro 專注在「述說的言行」（the manner of the telling），她認為這是「透過故事的自我創作」（p. 5），她將研究參與

者視為生命歷史學家或者是她們生命的作者，因為是她們自己為其生命賦予意義。為了建立一個更寬廣的脈絡來瞭解這些生命歷史，Munro 對她們的同事、行政人員與學生進行補充式訪談。其他的資料來源還有人為飾物，包括教材、相片、期刊、學校文件、喜歡的書籍和報紙文章、關於這個社群的歷史資料。面對著大範圍的資料庫，以下是 Munro 如何投入研究參與者的故事：

> 在田野現場的關係不只是提供我資料的主要來源，這些關係同時也成為我的認識論基礎，是我的詮釋和知識之起源。在建構 Agnes、Cleo 和 Bonnie 的故事時，我納入了我的故事，作為確認知識的互為主體性本質的方法。生命歷史的整個研究過程中，我編織了自己的故事，作為創造我們生命的「織錦」的方法，一段交織的關係不只是以女性倖存為中心主旨，也是一項現象學的行動。（p. 11）

　　這三名女性教師的故事是 Munro 如何使用 Mishler 的方法 2（從將述故事重新建構已述故事）的例子，在將述故事中專注於已述故事。每一個故事就是已述故事（敘說）的一塊織錦，而 Munro 的持續反思性描述，正是一種重新思考權力、能動性和主體性論點的方法。

案例：口述歷史

　　Leavy 與 Ross（2006）檢視 Claire 的口述歷史（她是一名患有飲食失調症的大學生），作為個人問題和社會問題的連結。他們的計畫開始於 Claire 想要分享自己和威脅她生命的飲食失調症奮戰的故事，她希望可以藉此幫助別人。Claire 的故事重心在她自己的問題：「我怎麼變成現在這樣子？」並透露出「她的飲食失調症開始於大學，但是她的故事卻開始於孩童時期」（p. 66）。Leavy 與 Ross 藉由一位飲食失調症女性的敘說，

引發讀者對個人傳記歷史和社會歷史的交會產生「社會學想像」（Mills, 1959），兩位學者想要闡明更大範圍的社會現象。他們用主軸分析來解析 Claire 的故事，關心的是「說了什麼」，或 Mishler 用語中的**已述故事**，其取自 Polkinghorne 所稱**敘說分析**的方法。他們寫道：

> 我們分析口述歷史的逐字稿，謄稿時加入了研究者筆記，此分析採三階段進行：(1) 逐行的；(2) 主題式的；(3) 整體性的。首先，透過一行一行的分析，重要的編碼類別開始浮現。接著將逐字稿中的文字片段置入主題編碼，此編碼是在分析過程中歸納得來的。這些編碼包括完美主義者、控制、依賴／自主性、失望、自我的投射。在討論「失望」時，我們將此編碼放在更大的分類「誘發因素」（triggers），這在飲食失調症是相當常見的術語。（2006, p. 68）

Leavy 與 Ross 將這些編碼發展成下列主題：「**力求完美**」、「**渴求控制**」、「**自主性為核心價值**」和「**壓力網絡：注意看我，我正在縮小**」。每一個主題都是從討論 Claire 的敘說分析中得來的，並與他們的詮釋彼此交織（關於本篇文章的討論詳見第九章）。當重新述說 Claire 的故事，遂對為什麼有些人更容易為飲食失調症所苦的原因露出一線曙光。儘管他們也瞭解這些主題是如何盤根錯節，但直到資料分析時，他們才能夠瞭解這些主題其實貫穿在 Claire 生命的不同時刻。

Leavy 與 Ross 下結論指出，訪談逐字稿的資料分析過程「同時是主題式和整體式的」（p. 81），他們能夠看到 Claire 獨特的個人故事如何連接到飲食失調症的社會學故事，這個問題在大學年紀的女生中相當普遍。他們顯示口述歷史敘說如何變成個人化的社會問題或社會化的個人問題的一項工具。他們宣稱：「透過詮釋的過程，我們能夠運用 Claire 的故事來突顯這些飲食失調症脆弱性通則之個人化。」（p. 81）

Leavy 與 Ross 在口述歷史研究案中採用的主題式分析，經常為敘說探究者使用，他們強調「已述故事」，即事件或敘說的內容，比較不關心故事是如何在訪談者和參與者的會談式交換過程中掀開面紗（Riessman, 2008）。在主題式敘說分析中，我們不一定對敘說的形式感興趣，反而著重在主題的意義與重點，此兩者是在將述故事中重現已述故事的過程逐漸浮現出來（Mishler, 1986a）。因此，關注重點是「敘說報導的舉動和故事的道德性」（Riessman, 2008, p. 62）。

案例：生命故事

Gubrium 與 Holstein（1995）分析他們在養護之家、家庭治療和社區心理健康中心所蒐集到民族誌敘說的傳記工作（生命故事）。他們邀請研究參與者述說他們在養護之家所接受的照護和生活品質的生命故事。焦點問題如下：「如果住民被要求成為自己在養護之家生命故事的民族誌工作者，他們會如何理解其生活品質？」（p. 48）他們用三個分析式專有名詞分析訪談資料，並用來引導研究參與者的詮釋實務，讓研究參與者可以瞭解、組織和再現其經驗。這三個分析術語是**敘說式連結、區域文化和組織鑲嵌**。

首先，**敘說式連結**（narrative linkages）指的是：「住民將經驗連結聚集，用以說明照護和養護之家的生活對他的主觀性意義。」（p. 48）研究參與者在敘說式連結的敘說式實務中，成為研究者的焦點，因為敘說式連結讓研究者得知，參與者是如何理解自己在養護之家生活的品質。敘說式連結所提供的「複雜式的傳記型態」（p. 48），可以讓研究者瞭解敘說是特定時空下精心建構的溝通。透過敘說式連結的分析，Gubrium 與 Holstein 發現從住民的語彙所產生的住民敘說，對養護之家品質評鑑提供了清楚的意涵，也突顯那些標準化的品質評鑑系統的不切題。

第二項分析式專有名詞是**區域文化**（local culture），「指的是區域所共享的意義和詮釋語彙」（p. 50）可以讓研究參與者用來建構他們的

經驗。Gubrium 與 Holstein 比較兩種帶有不同區域文化色彩的家庭治療方案，兩者對發揮功能與失功能家庭的意義詮釋就截然不同。因此，每種區域文化提供研究參與者獨特的詮釋性資源，使他們能對生命經驗賦予更多意義。這些區域文化有著多樣化和脈絡特定性，可以闡明公共大眾所共享的更為抽象和廣泛的文化。

第三項**組織鑲嵌**（organizational embeddedness）顯示了組織結構，包括使命、專業願景和授權委任，如何影響研究參與者的詮釋實務，因其投射出「體制的重要優先排序和關注議題」（p. 53）。Gubrium 與 Holstein 提供了一名 12 歲的個案 Charles 的案例，他被轉介到各種不同的服務計畫，從臨床的不良行為防治方案，到社會心理處遇方案和過動醫療照顧。此案例顯示各種跨領域的孩童保護單位和方案在詮釋 Charles 生活及問題上的差異。Gubrium 與 Holstein 觀察：「當個案遊走於這些組織和專業觀點之間，對他的詮釋管轄權（interpretive jurisdiction）也隨之改變了。整個過程裡，Charles 的生命是由各種有關的傳記式語言標注其特徵。」（p. 55）

Gubrium 與 Holstein 明確顯示出研究參與者的詮釋理解是如何隨這三種分析性術語而調整：**敘說式連結、區域文化和組織鑲嵌**，而藉著突顯研究參與者的生命故事，可以對社會議題和問題提供與眾不同和具意義性的理解。

▍藝術為本之敘說探究的分析

在第四章，我們已經學到藝術為本的敘說探究如何引發同理、熱情經驗和頓悟，進而擴大讀者的視野。有多位社會人類科學研究者使用藝術作為研究的方法和成果。事實上，目前仍相當缺乏藝術為本的研究。本文所討論的藝術為本的敘說探究之範圍，將限定在文學為本的敘說探究（創造性非虛構小說、短篇小說、虛構小說、長篇小說）和視覺為本的敘說探究（攝影敘說、影像發聲、檔案照片）。

案例：文學為本之敘說探究（文學式敘事）

我最喜歡的指導教授 Tom Barone，已經愉快退休回到家鄉路易斯安那州有好幾年的時間了，他在敘說探究和相關論壇寫下了無數深具影響力的著作和文章。如同先前所提到的，他的教學讓我開始了對敘說探究的熱愛。他的研究和教學對作為一名敘說探究教師和研究者的我，有著長遠的影響。他的知名著作 *Touching Eternity: The Enduring Outcomes of Teaching*（2001），用生命敘說來探索師生相遇的意義性。說得更詳細些，這是加州北部一所高中的教師 Don Forrister，尋求能對自己過往學生產生長遠影響的故事。Barone 解釋這本書的成形乃是受到轉向「敘說研究」和「人類研究的文學」之影響（p. 2）。Barone 說道：「這位教師和他之前九位學生的生命故事，具有想像文學的特性，包括表達、引人聯想的語言和美學形式。因此這本書可以被視為**藝術為本的研究**作品。」（p. 2，楷體字為引用文獻所強調）究竟，以藝術為本的敘說研究（以文字為本）會是什麼樣貌呢？

根據訪談和其他的補充研究素材，Barone 呈現了一個**文學為本的敘說探究**的例子。為了提供研究參與者的生命史作為「文學建構」（p. 35），他和這些原始資料調情〔或稱「實驗嘗試」（p. 35），用他自己的語言來講〕，並嘗試有著各種不同特徵的資料，像是文本格式、語言風格、敘說語調和採行策略。Barone 經常使用「時尚」、「雕琢」（craft）、「建構」、「創作」（compose）和「重組」（reconfigure）等字眼來指稱他所投入的藝術為本的敘說探究。Barone 使用 Polkinghorne 的敘說式分析（或者是 Barone 所說的敘說建構）作為主要敘說策略，同時納入 Mishler 的模式來呈現傳記和自傳式故事，且被由訊息提供者發現的主題所環繞。

Barone 強調使用故事標題或副標題來標示「生命重大轉折的主題」（p. 168），它既可作為結構化其訪談和其浮現故事的方法，也可作為各

個故事的「質性控制」方法，質性控制是指研究者在發展故事時，協助他
們決定要促發和納入哪些細節（忽略和排除哪些）。他使用**敘說平順化策**
略作為他詮釋資料的基礎，並小心地遠離那些「令人害怕且無法觸及」的
主題（p. 169），正如同他從來不曾試圖影響提供資料者對於教師在他生
命歷史之重要性的判斷。

　　該書的第二部分包括九位學生的故事，第三部分就是 Don Forrister 的
故事。每一個故事的開端，Barone 都會簡短地描述他對文本形式的實驗
和嘗試，下面提供一些範例，對於要如何和自己的文學為本的敘說探究調
情，它們提供了非常有價值的省思。

- 大學教師的故事 [8]

　從前的學生，現在是大學教師 Carolyn Wilson（假名）的生命故事
　代表的是協同努力。這個故事的打造主要是蒐集我和 Carolyn 的談
　話，以及她自己先前所寫的自傳。在 Carolyn 的生命故事中，我使
　用別出心裁的文學比喻，避免無意義的編年史故事形式。（p. 36）

- 服務生的故事

　下面這個生命故事是實驗性質地混合著傳記和自傳。本故事的打造
　是來自於 Barry Larson（假名）的回憶，以及他與生命中重要他人
　的對話結果，是數個一連串的相關訪談系列……訪談文本只著重
　Barry 主題的精神。這主要是一部非虛構小說的作品（用一般常見
　的用語）。然而，我採用某種的敘事自由（storytelling liberties），
　但是仍忠於 Barry 所感受到 Forrister 對其生命的重要衝擊。（pp.
　55-56）

- 教師 Don Forrister 的故事 [9]

　綜合 Forrister 和我長時間的討論，本段著重在 Don Forrister 這個人
　是誰，透露他藝術家天分的起源和他的教學法源頭，甚至是他的夢
　想內容……

　這個故事雖然因用第三人稱的方式撰寫，而被視為傳記，但它仍應

被視為自傳式的，因為是從 Forrister 的觀點忠實描述其生活經驗。（p. 105）

Barone 也注意到 Don Forrister 的人格面具（persona）被重新建構和重組，是透過多位之前學生的故事如稜鏡般的照射，當然還有他自己和研究者自己的故事。藉此一些熟悉的事件被重訪，有時候是重寫，或從不同的觀點看待，甚至是對抗式的偏頗觀點。從中皆可以看到記憶的脆弱性。

Barone 的書中教我們進行敘說分析時，如何將現場文本轉為研究文本（敘說式分析模式），並創造出文學為本的敘說探究，包括創造性非虛構小說、傳記或生命歷史。Barone 在謝詞中說到他的小說尚未達到承載隱喻的想像力文學層次，在研究的連續軸中，他將自己的作品放置在「敘說／文學的那一端」（p. 155），而非知曉的典範式模式。對這種敘說建構（和 Polkinghorne 的敘說式分析有相同的概念），Barone 解釋他是運用想像力「填補漏洞」以創作生動的故事，同時盡量保有對這些訪談主題的忠實性（敘說平順化方法）。也因此，Barone 成為「師生的傳記者，儘管述說的是他們自己和其他人的故事」（p. 167）。藉由這個方式，他試圖「同時玩兩個遊戲」（p. 171）。換言之，一方面他覺得需要用分析性的語調來談論他和研究參與者對話所觸及的重要思想；另一方面，在開始將之理論化前，他想要推崇這些參與者的生命故事。

案例：視覺為本之敘說探究（視覺式敘事）[10]

在第四章，我運用攝影敘說，其源自於概念藝術，來討論我們可以如何運用視覺資料來廣化、深化、強化敘說探究。**視覺式敘事**（visual storytelling）是一項強而有力的工具可以幫助我們更加瞭解人類經驗。敘說研究中視覺走向是社會科學研究和敘說研究交會的結果。例如使用攝影（和其他視覺影像）對重新導向、質疑和開啟凝視是有價值的，因為可以促進社會覺醒和正義（Luttrell, 2010）。Riessman（2013）指出：「攝影

師和其他視覺工作者以序列影像的方式邀請從事敘說探究。」（p. 258）
然而根據 Riessman，使用視覺素材來講述故事，仍是敘說研究中尚未開
發的領域之一。

影像發聲

　　影像發聲是一種受歡迎的蒐集影像資料方法，之前曾在第四章簡短討
論過。這種方法讓研究參與者創作影像，具體而言，他是「將攝影機交到
人們手裡，這些人曾經被遺忘在決策制定之外，或者被拒絕接觸參與和他
們日常生活有關的事物」（Luttrell, 2010, p. 226）。Luttrell 曾主持一項縱
貫性研究，是一所坐落在郊區的小學，不管在種族、民族、語言或經濟方
面皆相當多元化。她使用影像發聲的方法讓影像、聲音和敘說產生交織關
係，其中的敘說是建構自孩童參與者的觀點。這些參與的孩童主要是五、
六年級生，他們每個人都拿到一個可拍 27 張的拋棄式即可拍相機，要在
四天或者是一到兩週之內拍攝自己的學校、家庭和社區生活。除了給予
基本的照相機操作指導和拍攝相片的倫理議題之外，研究者並沒有給他們
其他的指導。拍照階段之後，參與者接受四次個別或團體訪談，討論他們
自己的相片。這個研究的目的是要「運用孩童的攝影作品、敘說和自我表
徵，作為促進教師和實習教師察覺孩童知識的工具」（p. 226）。Luttrell
採用相片內容分析和分析孩童對自己攝影作品的敘說。以下就是 Luttrell
進行相片內容分析的編碼系統之樣本列表：

- 情境（例如：家庭、社區、室內、戶外）
- 人物（例如：小孩／大人、男性／女性、年齡和性別混合）
- 事物（例如：科技或家用品、個人物品、玩具和遊戲）
- 類型（例如：快照、風景、人物）
- 社會關係
- 活動類型（例如：工作、玩樂、社交）
- 活動程度（例如：低度、中度、高度）

- 凝視（例如：注視相機、不看相機卻帶著微笑或沒有微笑）
- 孩童在其他人的攝影作品中注意到的事物（例如：品牌命稱項目、手勢和嬰孩）

由這個青少年的影像發聲專案，Luttrell（2010）提醒我們孩童的（影像）發聲與敘說隱含著：

> 在新自由社會政策的浪潮下，已經對年輕人在乎的世界產生負面影響——不管是移民政策、福利改革，或將成績無法達標的學生趕走的考試導向教育體制——這些年輕人的圖像和敘說讓我們得以窺見他們所見和所重視的價值，它們或許不到恐懼程度但仍是高危險的。也許，孩子的聲音和關切應該優先於社會理論家和立法者，後者忽略了關懷照護的中心性與親密性，而我們正應該聽取孩子的建議。（p. 234）

檔案照片：視覺資料[11]與文本資料的平行故事

我希望在 2000 年代初，就將視覺影像納入我的敘說探究論文。說得更具體，我希望在那個時候就已經認識 Richard Ross。最近我有個機會碰到 Ross，這是多麼棒的一件事。我的博物館經理友人 Linda，鼓勵我去聽 Ross 2014 年 2 月在海灘藝術博物館的演講。Ross 是攝影師、研究者，也是位於聖塔芭芭拉的哥倫比亞大學藝術系的教授。他談到最近的研究計畫 Juvenil-in-Justice，他在 31 個州 250 所監獄裡面拍下年輕人的相片，訪問了超過 1,000 名受刑的孩子。他的攝影作品見證了「身陷囹圄的美國青少年所接受的安置和處遇，是在治療、限制、處罰、支持，有時則是傷害他們」（www.richardross.net）。在他的演講裡，Ross 強調他如何使用藝術作為改變未來的利器，並進一步詳述身為一名藝術家和行動者，他的目的是要用視覺工具來聲援，以幫助降低大量的監禁，並改變如此無效且通

常會傷害我們下一代的做法。Ross 分享了一系列年輕受刑人令人不舒服卻具震撼力的圖片，搭配他們的敘說，我被他的圖片和我在另類學校的研究參與者的平行故事重重衝擊著，我深受這種視覺敘事力量的啟發，這是 Ross 在一個非常寒冷的 2 月下午呈現給觀眾的。

　　接下來，藉由同時呈現 Ross 的攝影作品和我對高關懷學生的一部分研究，分別用圖像和文本來呈現相似的故事。這些視覺影像被放進我的文本當中，試圖連結另類學校高關懷學生的生活和更大的社會結構，像是與青少年安置中心的關係。回溯我先前對另類學校和那些有學業失敗高風險學生的生活經驗之研究，因結合這些視覺影像而受益，因為視覺資料可以幫助將人類活動和社會組織中未被注意到的層面「為人所知，而且可以有助於理解社會生活的產生」（Bell, 2013, p. 144）。

　　如同少年觀護所的經驗，我之前的研究（Kim, 2011），描述另類學校三張圖片其中的一張，如圖 6.4，我寫道：

© Richard Ross

圖 6.4　德州休士頓市的少年觀護所

美國公立學校和另類學校愈來愈像監獄，特別是當投入更多的經費在學校安全設施，像是金屬探測器、警力巡邏、監視錄影器、鐵鏈圍牆、突襲檢查等等（Saltman, 2003）。甚至，對在公立另類學校的這些高危險的年輕人而言，關禁閉已經變成日常用語。這裡的學生受到愈來愈多的身體和心理監視、監禁和嚴格管制（Brown, 2003）……導致另類教育方案與服務的迅速成長，是因為可以讓非行少年進入監獄之前，先加入另類學校或方案中。（pp. 79-80）

　　接下來，請看圖 6.5（S. T.，15 歲）和圖 6.6（C. T.，15 歲）。閱讀他們的敘説，此來自 Ross 的訪談。

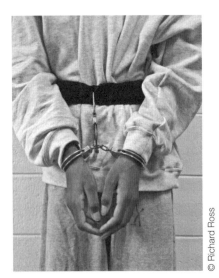

圖 6.5　S. T.，15 歲
威斯康辛州威爾斯鎮 Ethan
Allen 矯正學校（譯註：已
於 2012 年關閉）

圖 6.6　C. T.，15 歲
愛達荷州考德威爾市的少年
觀護所

　　S. T. 的故事：我 13 歲的時候跟著一群哥兒們，我們在湖邊附近搶了一個傢伙，拿到了大約 400 美金。因為我年紀最小，他們把槍交給我。我在 Juno Cottage 待了兩年。我和一個哥兒們從醫療單位回來，我們打破窗戶闖進一家食堂，把所有能找到的零食都吃光光。我的朋友覺得不舒服，但我們只有 5 分鐘的時間。結果被逮到了。我原本要被送到 Valis，但卻被工作人員耍了，所以送我到 Martin 這裡來。

　　C. T. 的故事：因為結黨和逃學，我被踢出學校。我使用了安非他命，他們帶我到這裡已經兩個禮拜了。我想他們會把我關在這裡，因為他們認為我有傷害自己的危險。他們想要進來就進來，從不敲門，這就是觀察室。這裡還有其他五個女孩，我腦海想到的事就是逃跑和違反禁令……猥褻和淫蕩的行為、販賣安非他命、搶劫、大麻之類的。（http://richardross.net/juvenile-in-justice）

　　S. T. 和 C. T. 都是另類學校的學生，他們的學校是我的研究場域，我曾寫過學生為什麼被趕出原來的常規學校而轉到另類學校的原因：

　　2001 年美國教育統計中心（NCES）進行第一次全國性調查，瞭解服務高關懷學生的公立另類學校與方案……有另類學校與方案的地區中，大約有一半提供了高關懷學生離開正規學校轉到另類學校的相關原因。這些原因包括：擁有、販售或使用酒精或藥物（52 %）；肢體攻擊或打架（52 %）；長期逃學（51 %）；持有或使用器械（50 %）；長期課業表現不佳（50 %）；口語干擾行為（45 %）；持有或使用槍枝（44 %）；青少年懷孕或未婚媽媽（28 %）；心理健康（22 %）。（Kim, 2005, p. 11）

現在，請看圖 6.7，圖中顯示被刮鬍刀割傷的手臂。這讓我回想起我研究中的 Kevin，他也有長期用刮鬍刀自殘的習慣。Kevin 敘說道：

> 我們家有自己的家庭戲碼。咆哮、嘶吼、咒罵……這就是我們家庭生活的一部分。從我媽宣布第三次結婚之後，我已經有好一段時間不理她了。現在她和第四任丈夫在一起。我不再信任她了，也不覺得和她有任何的關係。生活就這樣一團糟──和我媽媽的第四任丈夫及他的兩個小孩生活一起──充滿無望。每件事看起來都沒有意義：家庭、女孩、朋友、學校和生活……沒有人知道我，沒有人在乎我，沒有人理解我，我孤獨而且心情低落。
>
> 我又開始了，又開始割自己，手臂、腹部和大腿……用刮鬍刀……我在流血，流了很多。很痛，但是……流血讓我覺得好過

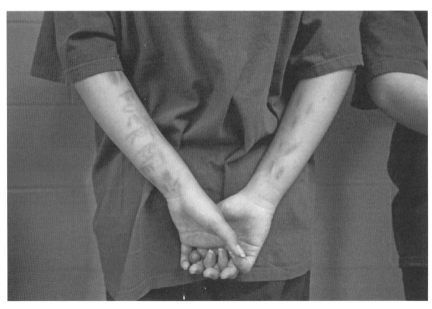

圖 6.7 刻有「Fuck Me」字眼傷疤的自殘青少女
於內華達州雷諾市的少年司法中心

© Richard Ross

一點。我對疼痛麻木了。如果我現在就消失，會有人在乎嗎？
（Kim, 2011, p. 87）

Ross 所蒐集少年觀護所的許多畫面和故事，跟我在另一個學校的研究參與者和我分享的故事，有著驚人的相似性。Ross 的故事保有我的學生分享的故事片段。視覺形式和文本形式的故事都呈現出各個青少年獨有的情境，雖然他們都有相同的背景：青少年的生命故事簡單的反映出周遭環境缺乏來自大人的關注、愛和關懷。這些大人是父母、教育者、政府官員、公共大眾和社會。從寫作文本和視覺文本的交叉驗證中，證實且肯定了研究發現。

根據 Riessman（2008）的說法，從事影像工作，可以深化和厚化詮釋，因為影像喚起情感和想像力的理解，這正是社會科學寫作經常缺乏的。敘說探究使用視覺資料，透過視覺聲音的辨識與提供，重現了人類經驗中許多未曾被注意到的面向（Luttrell, 2010）。

結語：敘說分析與詮釋的多樣性

本章節，我們討論了有關敘說資料分析與詮釋的相關議題，這裡所呈現的並未涵蓋全部的敘說分析方法，甚至遠遠不足。然而，在調情的概念下接近敘說資料分析和詮釋，藉由想像力與創造力，我們可以採用、修改和深化現有的分析方法，而適用到自己的敘說研究設計和研究目的中。我希望本章能夠引導你朝此方向前行。

進行敘說分析的多樣性，隱含著要從敘說的觀點看待人類行為和經驗，這方面我們還有相當多要學習的地方。正如 Mishler（1995）寫到，身為敘說探究者的我們，在社會和人類科學研究中應踩著堅定的步伐，我們的任務是在敘說工作的深度和重要性中持續增進。Mishler 寫道：

多樣性的敘說模式邀請研究者保有更多的反思立場，實際上也真的需要這樣做。顯然地，我們不是在**發現**（find）故事；我們在**編造**（make）故事。透過分析性的再描述（analytic redesrciptions），我們重新述說反應者的描述。我們自己也是敘事者，透過概念和方法——研究策略、資料樣本、轉錄過程、具體說明敘說單位和結構、詮釋性觀點——我們建構了故事與其意義。在此意涵下，故事永遠是共同作者的，不管過程是訪談者直接的引發說法，或是間接的，皆是如此。（p. 117）

因此，在分析和詮釋過程中和自己的資料調情之後，我們需要思考的是如何書寫吸引讀者的文本，也就是說，書寫文本並邀請讀者和我們的敘說作品一起玩耍，而這些作品可能會以第四章所提到的敘說類型中的其中一種出現。你們有些人可能會好奇分析的過程如何和創作過程攜手並進，然而不必擔心，Richardson 與 St. Pierre（2005）建議以創造性分析過程（creative analytical processes, CAP）的方式書寫，並強調在後現代主義批評傳統式質性寫作實務的覺醒下，「持有恐龍時代的信念，認為『創造性』和『分析性』是兩個互相矛盾而且不相容的模式」（p. 962）這樣的說法應該要被淘汰了。所以我們這些擁有後現代思維的人，在從事任何一種敘說研究類型時，皆要進行具創造性、分析性、敘說性和有想像力的寫作。

為了進一步學習敘說分析，鼓勵你閱讀本章的建議閱讀書目。

建議閱讀書目

・敘說分析部分

De Fina, A., & Georgakopoulou, A. (2012). *Analyzing narrative: Disclosure and sociolinguistic perspectives.* Cambridge, UK: Cambridge University Press.

Gee, P. (2011). *An introduction to disclosure analysis: Theory and method* (3rd ed.). New York, NY: Routledge.

Holstein, J. & Gubrium, J. (Eds.). (2012). *Varieties of narrative analysis*. Thousand Oaks, CA: Sage.

Riessman, C. K. (2008). *Narrative methods for the human sciences*. Thousand Oaks, CA: Sage.

• Labov 模式部分

McCormark, C. (2004). Storying stories: A narrative approach to in-depth interview conversations. *International Journal of Social Research Methodology, 7*(3), 219-236.

Patterson, W. (2013). Narratives of events: Labovian narrative analysis and its limitations. In M. Andrews, C. Squire, & M. Tamboukou (Eds.), *Doing narrative research* (pp. 27-46). Thousand Oaks, CA: Sage.

• 視覺式敘說分析部分

Bell, S. E. (2002). Photo images: Jo Spence's narrative of living with illness. *Health: An Interdisciplinary Journal for the Social Study of Health, Illness and Medicine, 6*(1), 5-30.

Pink, S. (2004). Visual methods. In C. Seale, G. Gobo, J. Gubrium, & D. Silverman (Eds.), [Special issue] *Qualitative Research Practice* (pp. 361-378). London: Sage.

See also *Visual Studies* (2010), Vol. 25, No. 3.

反思

• 你會使用何種類型的敘說分析方法？

• 你會如何在 Polkinghorne 和 Mishler 的方法之間調情，以回應你的研究目的？

• 你會用什麼樣的視覺式資料？

• 就你對資料分析和詮釋的瞭解，你是否可以創造出自己的敘說分析

方法？

活動

1. 使用你在第五章活動中的一篇訪談文字紀錄，試著以 Polkinghorne 或 Mishler 的模式進行分析。

2. 使用同一篇文字紀錄，根據 Labov 模式的六個成分（摘要、導向、複雜化行動、評價、結果和尾聲），書寫一篇故事或是重新排序故事情節。

3. 找一個適合你研究設計的分析模式，和該模式進行調情，之後提出自己的分析模型並為其辨證。

註釋

1. 請參閱 Chase（2003）針對敘說資料分析與詮釋課程所設計的精彩課堂活動。

2. 如果你對於更嚴謹的詮釋研究感興趣的話，我會推薦你 Paul Ricoeur 的《詮釋的衝突》（Ricoeur, 2007）。

3. Ricoeur 的名稱是**忠實詮釋學**和**懷疑詮釋學**，而 Josselson 修正為**回復詮釋學**與**解惑詮釋學**。然而，基於本章的目的，我將該詞彙修改為**忠實的詮釋**和**懷疑的詮釋**。

4. 讀者們可能會混淆 Polkinghorne **敘說分析**的專有名詞和 Mishler 使用的敘說分析。Polkinghorne 使用敘說分析這個名詞時，是指分析敘說資料的**類別**，而 Mishler 使用敘說分析這個名詞時，一般而言，是指敘說分析資料的**行動**。絕大部分的敘說研究者使用敘說分析這個名詞時，指的是後者，如同 Mishler 所做的一般。為了減少混淆，我使用**典範式分析模式**表示 Polkinghorne 的**敘說分析**，而以**敘說式分析模式**來表示 Polkinghorne 的**敘說式分析**。

5. Polkinghorne（1995）將敘說和故事互用，作為「故事化的敘說」（storied narrative）。

6. 以粗體字和斜體字標示修正。

7. 雖然 Labov 模式被當作 Mishler 方法學的構成要件之一，但因為 Labov 對於敘說的影響深遠，所以我將 Labov 模式單獨討論。

8. Barone 寫道，故事的標題是參照書寫主角當時的職業而定。

9. Barone 將 Don Forrister 的生活全部編排在書中第三部分，而九名學生的敘說則編排在第二部分。

10. 我對照片和繪畫圖像的關注，遠勝於影片的片段。

11. 所有的影像均來自於 Richard Ross 的個人網站：http://richardross.net/juvenile-in-justice，並取得他的同意。

CHAPTER *7*

敘說尾聲：
敘說意義的理論化

本章主題

思考的問題

- 我要如何撰寫敘說探究的最後一個章節？
- 我要如何回答「那又怎樣」的問題？
- 我要如何將故事所發現的敘說意義加以理論化？
- 我要如何（不）結束研究？

前言

2012 年，我所在機構的教育學院展開了一個紀錄片系列 *A Walk in My Shoes*，介紹一群人引人入勝的故事，這些人的生活經驗和故事應該為公眾所注意。就我的瞭解，這個持續進行的系列，其目的是要提升對於多元化議題的覺察，像是品質、平等和公正，並喚起對非主流社群成員的同理心。

在數個月前，我觀賞了系列二 *Military Life*，在這之前我對於軍眷家庭一無所知，而這個紀錄片開拓了我的視野。不同於過去我在報章雜誌中所聽聞的軍旅故事，對我而言，紀錄片系列的個人故事更加寫實與可信，特別是因為這些發聲的老師和學生是來自於我所服務的地方社區。如同我在第三章所討論的，這個系列對培養我的**敘說想像**（narrative imagination）真的很有幫助。回顧 Nussbaum（1998）所定義的敘說想像：

> 作一名有智慧的讀者，有思考他人故事的能力，可能就像穿著和自己完全不同的人的鞋子，並處在當事人可能的位置理解他的情緒、期待及渴望。（p. 11）

我認為紀錄片系列 *A Walk in My Shoes*，是一個讓來自學院、大學和

社區的觀眾提升敘說想像的絕佳方法。

　　當我被影片的故事所觸動，並欽佩我的同事和攝影師 Rusty 的成果，他與其他同仁和工作人員依照院長的願景，協同合作將這些影集集結在一起，此際我不禁自問：「要如何才能讓我的敘事研究跟這個紀錄片一樣引人入勝？」也更進一步思考：「敘說探究要如何有別於紀錄片和好故事？」換句話說：「這是一個好故事，但這真的是一個研究嗎？」（Ceglowski, 1997, p. 198）

　　因此，這些疑惑成為本章的開端：故事如何成為研究？更確切地說，我們要如何將一個好故事轉換為敘說探究？也就是，我們有一個好的故事，那麼然後呢？

　　本章的目的是協助你專注在敘事的研究層面，具體而言，就是回答「那又怎樣？」這個問題，並思考要如何著手處理研究的最後一個階段（尾聲）。

尾聲

　　如果你研究音樂，就會知道「尾聲」意味著什麼，尾聲（coda）這個字來自拉丁文 *cauda*，意思是尾巴（tail）。毫不意外，在樂理中尾聲和終曲（finale）有關，因為它顯示樂曲即將結束。終曲的尾聲是過渡曲節（passage），它的功能是要引領樂曲走向結束。這種音樂式的熱情澎湃（對我而言，有時是神奇的），讓觀眾在音樂結束許久後仍有蕩氣迴腸的感覺，情緒得以宣洩。作曲家藉此讓聆聽者從他（她）的音樂中逐漸脫離。對我而言，這就像是作曲家的署名，他在為所完成的樂曲標示記號（音樂上的和比喻上的）。例如，當我聆聽莫札特知名的最後交響曲《C大調第 41 號交響曲》朱彼特終曲，或是柴可夫斯基的《天鵝湖》終曲，都會有上述的感覺。或者你也珍藏著其他很棒的尾聲樂曲。

　　音樂尾聲的意義為文學理論家所採用。請你回想，我們在第六章所

討論的，Labov 便納入尾聲成為他敘說分析模式的一部分。在 Labov 模式中，尾聲通常出現在敘說的最後，作為將敘事者和傾聽者從敘事和傾聽的回溯模式中，拉回到敘說當下的方式。在敘述分析中的尾聲，就是「故事的過去世界和敘事的當下世界」兩者間的連結（Patterson, 2013, p. 32）。

接下來，我思考的是可以將**尾聲**的論調擴展到更寬廣的敘說探究脈絡。想像在資料分析和詮釋時，你使用某種敘說類型來（再）呈現引人入勝的故事。然後呢？接下來你要做什麼？你要揮手道別，卻沒有告訴他們這些故事或你的研究為何如此的原因？如果你這樣做，就是冒著風險離開你的讀者，讓他們在風中空揮手臂，聳著肩膀，然後狐疑地問：「那麼，所以呢？」「誰在乎呢？」因此，我們需要尾聲，讓故事在結束許久之後，仍迴盪在讀者的心中。所以，你想要讀者從你的研究中得到什麼？在你署名離開之前，你想要留給讀者什麼樣的「熱情澎湃」？

Bruner（2002）指出我們擅於講故事，但並不擅長「掌握如何將故事的老生常談改頭換面（transfigure）」（p. 4）。我曾經看過學生論文，有很好的文獻回顧、思維縝密的研究設計，以及有趣的故事與發現，但是結尾卻枯燥乏味，沒有將故事置於更大脈絡而使老生常談改觀。Bruner 進一步建議我們需要尾聲作為「回溯性評估，來瞭解可能有哪些意義，而將聽眾或讀者從敘說（the narrative）的彼地和彼時，回到述說（the telling）的此地和此時」（p. 20）。對我而言，尾聲是讓研究內涵更上一層樓的必備元素，因為研究者評估這些被研究的故事可能的意涵，同時也找出方法將故事的老生常談加以改觀，使能闡明更大的社會，以及帶領讀者和研究者共享經探究後的研究現象現貌。尾聲不是提供研究問題的解決方法，而是邀請讀者和我們共同對研究發現進行發自內心的對話。就我而言，我至為關心的是「前往小屋的困境、道路，而非小屋本身」（p. 20）。

因此，尾聲是「故事的最後部分」（Bruner, 2002, p. 20），或是「故事之*後*隨之而來的內容」（p. 20，楷體字為引用文獻所強調），它是出現在敘說研究最後階段的重要設計元素。藉由投入如何建構研究尾聲，我們

試著找到一些方法，讓讀者獲得某種形式的情感宣洩、盪氣迴腸與熱情澎湃，或是透過意涵而讓讀者對該領域有新的理解。尾聲，目的是匯集研究的所有片段，幫助我們的研究從只是一個「好故事」躍升到實現敘說研究的探究層面。所以，理解哪些可被視為尾聲，或如何撰寫研究尾聲，皆有其學術上的重要性。這是接下來所要討論的內容。

研究署名

敘說學者已經討論過尾聲的概念是研究者個人化署名（Barone & Eisner, 1997; Clandinin & Connelly, 2000）。在分析和詮釋研究參與者故事之後，現在輪到研究者根據現有理論、文獻和對審視現象的個人／專業知識，繼而提出自己的觀點。我們在第四章討論過，Barone 與 Eisner（1997）主張「研究者／作者的個人署名」（p. 77）是藝術為本之教育研究的七大特徵之一，並提出研究者應該要「塑造真實」（p. 77），但不要將研究者論文為本（based on the researcher's thesis）的版本視為唯一、正確的真實。因為，「畢竟這些人物是作者所創造（和讀者再創作）的虛擬世界其中一個元素而已」（p. 77）。根據這些學者的說法，研究者在論文上的個人化署名，是來自於研究者本身和他（她）所見識現象之間的交涉協商，進而具體展現成為研究者的獨有版本。

有著同樣風格的 Clandinin 與 Connelly（2000），則稱之為研究者對作品「戳下的印記」（p. 148），這是讓研究者「置身其中」並說出他（她）希望傳達內容的一種方式。Clandinin 與 Connelly 聲稱：「置身其中以特有的方式標示出作者，並以我們研究署名的形式。」（p. 148）以特有的方式置身其中？我們應當如何以特有方式置身於文本中，而成為自己的研究署名呢？這意味著什麼？Clandinin 與 Connelly 解釋這並不像聽起來那麼簡單，其中有兩難困境，他們指出：

這個困境是我們對研究署名應該要多生動的左右為難：署名太過於生動，其風險是可能掩蓋了田野現場和研究參與者；署名過於微弱，則研究文本就變成研究參與者的觀點，此時冒有欺騙的風險。（p. 148）

多麼精闢的論點！ Clandinin 與 Connelly 提醒我們，過於外顯的研究者署名可能會被批評濫用主觀性（或如同在我自己的例子中，被誤解成研究者在宣傳鼓吹，我稍後將會解釋），署名太不明顯則可能被批評為缺乏研究者意圖（研究目的）。因此文本中傳遞的研究署名需要採取平衡。

透過置身於文本的平衡措施，我們以敘說探究者的身分落款，這是一開始就設定而企圖達到的研究目的。這個平衡措施讓我們的署名（不至於太強烈，也不會太微弱）可以融入我們致力探索的未知可能性中。

回答「那又怎樣？」的問題

除了研究署名之外，我們希望確保研究尾聲能對此研究是如何重要和為什麼重要，進行實質的討論，並為自己研究的重要性進行辯證。Clandinin、Pushor 與 Orr（2007）提到自我辯證（justification）是敘說探究應考慮的主要設計元素。根據他們的說法，敘說探究者需要注意三種自我辯證類型：**個人性**（the personal）、**實務性**（the practical）和**社會性**（the social）。個人性自我辯證，在於釐清此研究為何重要和對研究者個人為何重要。你可以這麼做，寫下一段「敘說開場」（Clandinin et al., 2007, p. 25），將自己置身於研究情境中，討論你是怎麼對你的探究主題感興趣的。再者，實務性自我辯證，是討論此研究未來會如何對你自己和他人的實務有所啟示。至於社會性自我辯證，則是討論此研究如何因應更大的社會議題。在此，我要增加另一項自我辯證，即**學術性**（the scholarly）。學術性自我辯證會解釋你的研究在其領域為何重要的原因，

並討論你的研究發現如何對所在的學術領域有所貢獻。因此實務性、社會性、學術性都超越個人性，並容許研究者回答讀者／觀眾所提出的「那又怎樣？」和「誰在乎？」的問題。

那麼，我們如何提供這些自我辨證，使得研究能超越個人重要性呢？通常我們可以這樣做：

- 在我們各自領域的脈絡下，進行研究發現的討論和理論化。
- 根據理論架構和文獻為我們各自的領域提出研究意涵。
- 對我們生活的真實和發起者（研究參與者）曾經經歷故事之虛擬真實進行連結。
- 提出更多的問題思索。
- 對未來研究提出建言／建議。

「渴望」觀眾

自我辨證議題和觀眾有著高度的關聯，因為在閱讀研究發現之後，有警覺心的讀者都會問你像這樣的問題：「是啊，這是一個好故事，但是，那又怎樣？」「這個研究對我有什麼意義，又為什麼會對我有意義？」這是有自我意識的觀眾在要求我們的研究超越個人層面，而在實務、社會和學術層面有所貢獻。這就是尾聲存在的重要性，可以幫助我們用研究署名而接觸到更多的觀眾。

當年我帶著論文最後一章的初稿到研究室和 Tom Barone 討論，他的第一個問題是：「你的觀眾是誰？」「觀眾？」他的問題讓我措手不及。我結結巴巴地說：「嗯，嗯，嗯……我……我是寫給教育人員看的，我是寫給高關懷學生看的。是啊，我想，沒錯吧？」Barone 只是微笑地看著我，然後用他典型的溫和語氣說：「嗯，這樣不夠清楚。」

我知道我的答案不是實話。我知道我是寫給口試委員會看的，這樣他們才會通過我的論文，然後我就可以畢業！我在意的是口試委員，並沒有

真的將觀眾放在心上。必須承認，我是用便宜行事的短視觀點來撰寫論文，Barone 簡單的問題幫助我重新思考我的最後一章（尾聲），並鼓勵我不受限於當下觀眾，而是思及更大範圍的觀眾，儘管他們並不一定在學術界（Barone & Eisner, 2012）。這個經驗讓我詢問自己的學生相同的問題，很多時候我並不「清楚」他們論文中的觀眾是誰。

那麼，誰會是你的觀眾呢？Connelly 與 Clandinin（2006）寫道：

> 這裡有多元的觀眾——研究參與者、想像的讀者、探究者。強調研究文本中若是排除任何人，皆會喪失影響力。當探究者忘記了他們的研究參與者和讀者，只為自己而寫，將變得自戀；又探究者為他們想像的讀者而寫，卻忽略研究參與者，則是冒著不合乎倫理和無效度的風險；抑或探究者只為研究參與者或他們自己而寫，又會冒著無法回答「那又怎樣？」和「誰在乎？」這類問題的風險。（p. 485）

Connelly 與 Clandinin 要求我們思考多元的觀眾——研究參與者、想像的讀者、探究者。事實上，為研究者自己而寫可能是自我解放、自我轉化和自我賦能，卻有著自我沉溺、自我吸收、自戀和過度自省的風險（Barone & Eisner, 2012）。為研究參與者而寫，可以提供機會讓他們的聲音被聽到，但是可能提高潛在的關注問題——敘說研究的目的變成「將個人理想化，進而將之具象化成無所不能的主體或英雄」（Munro, 1998, p. 12）。只為讀者而寫，而忽略了研究參與者，則會有不合乎倫理的風險，因為我們最終是「使用」研究參與者作為研究客體。因此，同時考慮多元化觀眾至為重要（見圖 7.1）。

我們所觸及的觀眾範圍愈大，包括「客串的公眾，或更好的是，各式各樣的**大範圍公眾**（publics at large）」（Barone & Eisner, 2012, p. 65；楷體字為引用文獻所強調），我們的工作就愈重要。這是一種對學術文獻

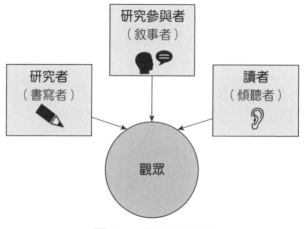

圖 7.1　多元的觀眾

和社會有所貢獻的方法。藉著將故事的平凡之處轉化成「隱喻式樓閣」（metaphoric loft），我們就能觸及更多元的觀眾（Bruner, 2002, p. 25）。

> 你所寫的文本必須向我證明它渴望我。（Barthes, 1975, p. 6）

還記得這個引述嗎？在第三章，我們討論到寫作應該如何「渴望」讀者或觀眾，就好像在寫作過程中，我們從頭到尾都和觀眾在美學遊戲中嬉戲。這一章我們強調撰寫尾聲時，伴隨著吸引多元觀眾是特別重要的。Clandinin 與 Connelly（2000）極具說服力地談到這件事：

> 在探究一開始，觀眾就活躍在研究者的想像中。在田野工作階段，他多數時候都被遺忘了，但現在要突顯他的存在。這個必要情況可透過敘說研究文本加以實現……寫作者肩膀上有觀眾在注視，這種感覺需要充斥於寫作和寫作文本中。錯估觀眾，而使撰寫的文本讀起來不具意義，尚可被諒解。然而，不可原諒的

是，寫作者缺乏觀眾感且未察覺到研究文本對觀眾的價值性。
（p. 149）

　　想像一下，當我們撰寫尾聲時，肩膀上有觀眾在注視的感覺。進行寫作時，我們不應該有任何的藉口遺漏這種觀眾感！在探究的開端或尾聲，讓觀眾活躍在我們的想像中，是尊重觀眾的方式，因為觀眾是有警惕性，以及有自己的自主性和主導性（Barone, 1995）。在到達撰寫尾聲的階段，我們必須贏得讀者[1]的信任和尊重。因此，是時候和讀者互惠交換對我們的信任。所以，在尾聲我們要創造一個空間，讓讀者可以一起參與敘說想像的遊戲，藉此培養對彼此的同理心。然而，如果我們提供的是完整的故事，並告知讀者他們該做什麼，這就不是一個好主意。因為我們這樣做，就沒有留下空間給讀者（去想像），如此一來，他（她）的想像將永遠無法進入我們研究文本的現場（Iser, 1974）。之後，讀者和寫作者之間就沒有任何的想像對話存在，這對我們的研究目的是有破壞性的。「只有藉著激發讀者的想像力」（Iser, 1974, p. 282），身為寫作者的我們得以期望透過想像的遊戲，讓讀者更瞭解其他人。

　　尾聲的目的是幫助讀者對研究參與者的生活經驗有同理性理解。為此，我們希望讀者去面對自己的偏見而不是隱藏／忽略它，因為這種「隱藏的偏見（hidden prejudice）會讓我們聽不到其他人對我們所說的話」（Gadamer, 1975/2006, p. 272）。所以，我們需要致力於幫助讀者揭露其偏見，讓他們不再對我們所（再）講述的故事聽而不聞。如果我們用這種方式「渴望」讀者——這也是 Barthes 希望我們在撰寫尾聲時要做的，就有可能讓讀者願意去面對他（她）的隱藏式偏見，或將之公諸於眾。根據 Gadamer 的說法，假性的偏見（false prejudice）是指我們所誤解的，而真正的偏見（true prejudice）則是指我們所理解的。我們在讀者所擁有的偏見和剛剛所閱讀的故事之間所提供的「時序距離」（temporal distance），可以幫助讀者過濾或重新整理這些不同的偏見。反過來，也

幫助讀者擴大視野，將自己置身於他人的情境中，培養敘說想像。

避免史詩般的結尾

　　與「渴望讀者」這個主題有密切關係的是，避免如史詩般的署名。大約十多年前，我投稿的第一份 AERA（American Educational Research Association）研究計畫，直接被拒絕了。然而，並不是被拒絕這件事情嚇到我，震撼我的是三位匿名審查委員其中一位的意見。我的研究計畫使用批判理論探討社會正義主題。身為新進博士生，我充滿了活力、熱情，和盲目信仰社會正義工作。我已經不記得研究計畫的確切題目，但依然清楚研究計畫的結尾。我以 George Counts 的社會再建構論者的語調，「熱情洋溢」的寫著：握有權力者如何濫用職權來複製現在的社會秩序，因此身為教育研究者的我們必須廢除社會和教育的不平等，致力於讓社會的邊緣族群發聲，並為之賦能。我完全相信自己的宣言，所以審查委員的意見嚇到了我。他寫道：「作者似乎企圖運用 AERA 平台來鼓吹他（她）的主張。」我倒吸了一口氣，這不正像是極端保守主義政客用來散播的宣言，以贏得民眾對他們霸權思想的認可？其實我並沒有任何的主張，只是想要用所從事的社會正義工作，表達我對這個世界充滿熱情。直到很久之後我在學校課程學到巴赫汀的史詩理論，我才知道我做錯了什麼。

　　還記得第二章提到的巴赫汀嗎？（如果你需要回去重讀巴赫汀的段落，我會在這裡等你。）當我們討論巴赫汀理論的小說性，學到的是並非所有的故事都是相同的。它是一部史詩或一本小說，端視故事目的的類型而定，而巴赫汀強烈的擁戴後者。由於巴赫汀生活在高度史達林主義的歷史和社會脈絡中，他對寫作的史詩風格抱持相當保留的態度，並不令人驚訝。

　　巴赫汀（Bakhtin, 1981）解釋史詩（epic）是一種文學類型，最典型的是運用在多元化和變革不被接受或是被積極鎮壓的社會中。因此，史詩

的問題並不在於它的內容，像是歷史事件或事實來源；而在於它仰賴權威的觀點或取向來看待內容和語言的傳統，並排除其他取向的可能性。他表示：

> 史詩般的世界講述的是已完成（finished）的事，所指的不只是遙遠過去的可靠事件，而且更是採用自己的語彙和標準；在這裡，任何事情都是不可能改變、重新思考和重新評估。它是圓滿、無所不包和不朽的，它就是事實、思想和價值。（p. 17）

這意味著，在史詩般的世界中，並沒有開放式結局、優柔寡斷和不圓滿的容身之處，因此，沒有美學遊戲！這是一個封閉式迴圈，所有事都已經結束。因此，在史詩中是以向心力的方式來述說故事，並將極權和秩序強加在異質性和多元化的世界之上，只能從單一觀點發言，真理已經「絕對和完整」（p. 16）的呈現。尤有甚者，單一的權威觀點被視為「官方觀點」代表支配的真實。杜威也指出了史詩般世界存在的問題，他陳述道：「一個已經完成、結束的世界，將不再提供任何解答的機會，在那裡每件事情都已經圓滿，那裡不存在著實現。」（Dewey, 1934/1980, p. 17）

所以，因為我史詩般的寫作——它封閉成一個圓圈，讓那位匿名審查委員覺得我正在鼓吹我的「主張」（propaganda），而且我所呈現的是缺乏開放結局的權威性、短視觀點，我用絕對真理作為我的研究署名。所以，我成了巴赫汀觀點中的史詩般寫作者。我用強烈的個人研究署名，將自己的正統性強加在讀者身上，而取代了「認識論的謙卑立場」（stance of epistemological humility）——研究者「不以堅持另一種新的正統性來挑戰正統的觀點」（Barone & Eisner, 2012, p. 128）。從匿名審查委員身上我學到了一課，史詩般寫作可能會讓讀者噤聲，導致作者和讀者之間形成一道鴻溝。Barone 與 Eisner（2012）說到，敘說研究者「在自己的工作中應該要拒絕呈現另一種主敘說（master narrative），他們不標榜所謂已

經發現了最後真理」（p. 129）。取而代之的，他們在研究文本中提供多元化的另類觀點。再回到我的研究計畫，我所提供的是個人式的主敘說，並視為最後真理，而且缺乏巴赫汀小說性的那種容許其他可能性成長和浮現的空間。我正在強加自己的普羅克拉斯蒂鐵床或主張在讀者身上。

敘說研究的目的之一是「刺激批判性思維」，藉由開啟批評的可能性，引發多元的詮釋，而不是引導讀者到單一的結論（Rosiek & Atkinson, 2007, p. 508）。具體來說，這是邀請讀者盡可能接觸正在發展中、不圓滿和演變的情境，讓他們重新思考和重新評估自己的觀點、偏見和經驗。

因此，對研究的尾聲而言，我們應該避免史詩般的結局（epic closure），並盡可能地納入巴赫汀的小說性作為我們的研究署名，容許多元詮釋觀點的浮現，接受沒有所謂的最後和完整的真理。如此一來，在對話式的真理逐步衍生的尾聲，所產生的是未完成性（unfinalizability）的真理，而開啟潛能、自由、創造和驚喜（參見第二章的小說性）。藉由後設敘說（meta-narrative）來對抗支配性，而後者卻是經常為科學為本的研究所擁護的，他們希望對人類問題提供一個明確無誤的解答。巴赫汀以下的說明清楚描繪了小說性的本質：

> 小說，終究沒有任何自己的教條。它的本質，就是非教條的。它自己深具可塑性。它是一種類型，透過質疑、檢視自己及主觀地以自身所建立的形式來進行檢視。（Bakhtin, 1981, p. 39）

研究發現的理論化

如果欣然接受巴赫汀在上述所提到的敘說探究的小說性，「透過質疑、檢視自己及主觀地以自身所建立的形式來進行檢視」，我們瞭解到敘

說探究包含了理論化。為了促進公認的領域，我們提出尾聲作為檢視的方式，它反映出我們對真理和知識的持續追尋。然而，這種敘說探究的探究面，經常為新進敘說探究者所遺忘（Conle, 2000b），因為他們偏好享受進行敘說探究的樂趣，但卻「對其抽象的敘說品質沒有多大興趣」（p. 190）。Conle 視這種視野中缺乏探究面的敘說研究，可能是引發敘說研究被批評只是講故事的罪魁禍首，因此，它是一種「只是在說故事」的「容易」研究，就像 Clandinin 等人（2007, p. 21）也曾警告過的。

事實上，敘說探究是透過個人生命的敘說來追尋知識。這種追尋不只是哲學上和本體論的，還是理論性的。這是對萌芽和根源的探索和發掘，這些「活躍的種子」（active seeds）（Dewey, 1934/1980, p. 12）隱身在故事和經驗當中，藉此我們可以從理論上理解所研究現象的為什麼或「成因情境」（p. 12）。以下是杜威（Dewey, 1934/1980）的比喻：

> 我們懂得欣賞花朵的五彩繽紛外型和細膩芳香，卻不瞭解任
> 何植物的理論，這是極有可能的。但是當有人說他瞭解植物的花
> 開，他即承認他發現了泥土、空氣、水和陽光間交互作用的關
> 係，是它們影響植物的成長。（Dewey, 1934/1980, p. 4）

杜威要我們投入探究面（理論面）才能夠「理解」那些我們享受其表面樂趣的現象。當然，我們享受於所呈現的故事。然而，如果想要真正的**理解**故事，我們應該訴諸於探索其他因素，像是歷史的、政治的、環境的、個人的，以及會影響到故事和出現在故事中人物角色的所有事物。就以我所在大學的紀錄片系列 *A Walk in My Shoes* 為例，觀眾享受或欣賞這部影片，但是當我們以**理解**影片中人物的生活經驗為出發點，就是承諾要去發現個人故事所在的社會、政治和歷史環境下，產生的所有原因、影響、因素和情境。這是敘說探究和只是說故事的差異所在，因為，正如杜威所指出，沒有一項工作可以幫助自己瞭解工作自身的本質；這項工作必

須被研究、分析、詮釋、理論化，而最重要的是——理解。

同樣地，我們已經知道，故事本身不是生來就具備解放（liberatory）特質（Bowman, 2006; Goodson, 1995）。故事當然不是無辜的；故事本身可能已經是專制的神話，而會促進「在地的專制統治」（tyranny of the local）（Harvey, 1989），因而無法處理多元化和複雜的社會生活，其中有著各種不同型態的對立，像是種族主義、性別主義和階級主義都持續存在。諷刺的是，當個人故事被放置在理論和社會脈絡之外就喪失了能力，無法再賦能那些敘說探究想服務的人們（Goodson, 1995）。正如 Goodson（1995）所談論，如果這些故事脫離對社會脈絡和社會過程的理解，「只說我們想要傾聽人們、捕捉他們的聲音、讓他們講述自己的故事，這仍是不夠充分的」（p. 95）。因此，在敘說尾聲中，我們需要將故事連結到更寬廣的社會脈絡，才能夠用杜威的方式**理解**。

為了更深入此議題，我借用法文 *narratologie*（敘說學，narratology）來定調「敘說的科學」（Herman, 2005），這個字是由 Tzvetan Todorov 所提出，和**生物學、社會學**等名詞有相同意涵。敘說學是有關敘說、敘說文本、影像、不尋常情況、事件、「有故事」的文化人為飾物之理論（Bal, 1997, p. 3）。根據敘說理論學者，敘說學本身就同時是應用科學和敘說文本的理論（Fludernik, 2005）。Fludernik 提到敘說學「強調了文本**如何**順利產生特定效果和解釋**為什麼**會發生，提供了對文本現存詮釋的論證」（p. 39）。

因此究其意，敘說探究就是一種敘說學——敘說的科學。在此我們運用故事作為理解、分析、評估和理論化人類及社會現象的開端。尾聲對實現這個角色是重要的，當我們提供研究發現的意涵，採用社會科學理論來連結更大的社會，才能交織結合形成一個故事所鑲嵌的歷史、社會、政治世界（Eisner, 1991）。尾聲是敘說探究作為敘說科學或敘說學的標誌，透過敘說證實了我們的知識主張，並為促進我們各自的領域而做出學術貢獻。

種下社會正義的種子

　　尾聲作為敘說學標誌，其角色不只是擴充既有的文獻。我想理論化的終極目的，是藉著種下社會正義種子讓社會有所不同。Clandinin（2007）編輯了影響深遠的 *Handbook of Narrative Inquiry*，她指出敘說探究領域的迫切性爭議之一是，敘說探究究竟是「描述性或處遇性」（p. xv）？她問道：「當自己和研究參與者一起投入敘說探究過程中，敘說探究是以改變世界為開端，或比較像是描述性的探究？」（p. xv）她的本意並不是要為我們回答這個問題，而是讓我們思索自己在此爭議中的立場。

　　如果你問我：「敘說探究是描述性或處遇性？」我的回答將會是：「是的，請！」

　　想像這樣的回答「是的，請！」——這是知名美國喜劇團體馬克斯兄弟（Marx Brothers）的笑話中，Groucho 對「咖啡或茶？」這個標準式問題的回答（Žižek, 2000）。斯洛維尼亞後現代哲學家 Slavoj Žižek，使用「是的，請！」這個答案，拒絕偽兩難問題（false alternative），因為它的答案應該是「兩者或更多」（p. 90）。雖然敘說探究可能存在描述性或處遇性，我要說的是它可能是兩者或者是包含更多選項。就我個人卑微的意見，不論個人研究的目的為何，研究的終極目的是讓世界成為一個更好的地方，或是改善人類的狀況到能呼吸到社會正義為止，就像我們在日常生活中呼吸空氣一般自然。

　　公平地說，最好深入調查我們所說的社會正義為何。我轉向美國政治哲學家 John Rawls，他傳承自洛克、盧梭和康德的哲學，撰寫了一本開創性的著作《正義論》（*A Theory of Justice*, 1999）。根據 Rawls 的觀點，正義是社會體制的首要德行（virtue），如同真理是思考系統的首要德行。Rawls 斷言：

　　正義拒絕讓某些人因故而喪失自由，使得權利被其他人所分

享。正義不容許因為其他更大一群人享有的利益更重要，而強迫
一些人犧牲。因此，在一個正義社會裡，平等公民權的解放是已
經解決的；正義所獲取的權利，不是來自於政治協商或者是社會
利益算計。讓我們勉為其難同意錯誤理論的唯一理由是缺乏一個
更好的；比喻來說，唯一容許不正義的情況，只能是為了避免更
大的不正義。作為人類活動的首要德行——真相和正義，是**不可
妥協的**。（pp. 3-4，粗體字為本書作者所強調）

　　根據 Rawls，正義不是贊同民主式大多數原則，為了增進多數人的利
益，讓少數人的權利受到忽略和壓迫。在正義的概念下，少數人的權利不
再為政治協商或社會利益算計所利用。正義，作為最基本的德行和人類幸
福的權利，是不可妥協的，正義觀念是人性的底線。

　　Rawls 進一步連結正義和公平，並非指正義和公平的概念是一樣的，
而是認為正義原則最初存在於公平情境中。他指出正義的兩項原則，平等
和公正。第一項原則，平等（equality），指「在平等的基本自由之全面
性基模下，每一個人都享有平等的權利，且此種基模與適用於他者的自由
基模是相容的」（p. 53），此項原則要求將平等列為基本人權和義務。第
二項原則，公正（equity），是指社會和經濟的不公正需要被重新安排，
使得可以：(1) 吻合每個人合理期待的利益；(2) 所有職位和公職應該開放
給所有人（p. 53）。這項原則突顯的想法是：「社會和經濟不平等，例
如財富和權勢的不平等，應該要有利益的補償，特別是對社會最少利益
（the least advantaged）成員而言。」（p. 13）此項公正原則應該應用到
其他不公平現象中，如性別、種族、性取向、失能、語言等不公平。

　　故事是個人所經驗到的人類困境（plight）。那些每天皆經驗到人類
困境者的故事往往被埋沒了。因此，敘說探究的角色是發掘那些故事，將
之應用作為社會正義的種子。Bruner（2002）談論道：「用 Burke 的話，
這是將個人麻煩轉化成公眾困境，由此形成的精雕細琢敘說是多麼具震撼

力、多麼寬慰人心、多麼危險、多麼具文化的本質。」（p. 35）在研究文本的尾聲中，我們讓個人的困境變成放大版的隱喻，而能為公眾困境現出曙光，這將引領敘說探究在研究的層次中更上一層樓。敘說研究能觸及公眾之心，並種植 Rawls 理論中的社會正義種子，使得最少利益者的權益能最大化，敘說探究最終將成為神聖的人類探索。

成為《一千零一夜》的雪赫拉莎德

我們知道所種下的社會正義種子，不會隨著我們研究中所呈現的一些故事而結束，我們必須讓故事持續進行。或許我們所知道最好的敘事者就是雪赫拉莎德（Scheherazade），她讓故事持續了一千零一夜！作為敘說探究者的我們可以從她那裡學到什麼呢？

雖然你小時候可能已經讀過《天方夜譚》，或看過好萊塢電影，像是《阿里巴巴和四十大盜》、《阿拉丁》和《辛巴達》系列，但是你可能還是不熟悉雪赫拉莎德。我記得我女兒和我一起看影片《阿拉丁》，當時她只有五歲大，但我們從來沒有討論過雪赫拉莎德。我對雪赫拉莎德所知的就是《天方夜譚交響組曲》，俄國作曲家林姆斯基－高沙可夫美妙的《第 35 號交響組曲》。透過女性主義理論學者 Suzanne Gauch 的著作 *Liberating Shahrazad: Feminism, Postcolonialism, and Islam*（2007），我才對雪赫拉莎德有更多的瞭解，以及瞭解西方媒體是如何將她扭曲成誘惑和色惑的形象。

雪赫拉莎德，或是阿拉伯母語者所習慣稱呼的雪拉莎德（Shahrazad），是傳奇的說故事者，她所講述的《一千零一夜》（或作《天方夜譚》）的神話，是波斯和阿拉伯的原創故事集。最早的譯本是 Antoine Galland 在 1704 年和 1712 年間所翻譯的法文版（Housman, 1981）。Gauch（2007）解釋雪赫拉莎德是名勇敢和充滿智慧的女性，她能夠消除國王沙赫里亞爾（Shahrayar）在目睹第一任妻子和奴役的不忠之後，一

直盤據在心中殺人不眨眼的暴怒。在雪赫拉莎德之前，國王每日黃昏迎娶一名處女，並在隔天清晨將她處死。然而，雪赫拉莎德胸有成竹，自願成為下一位犧牲者。她每天晚上都會說一個情節有趣、錯綜複雜的故事吸引國王的注意，並在天際破曉時留下未竟的結尾。第二天國王並沒有處死雪赫拉莎德，因為他想要繼續聽這個故事。故事持續講了一千零一個夜晚。傳說中國王最後愛上了雪赫拉莎德，也放棄了傷害新娘的想法，最終雪赫拉莎德成為他的皇后，從此快樂的生活在一起。

　　我深為這位傳奇的說故事者雪赫拉莎德所著迷，她如何能夠改變頑固的國王，讓他從執著於殘暴殺人到欣然接受故事？她如何透過故事轉化國王？如何將之變得可能？Gauch 解釋：

> 雪赫拉莎德不是政治的激進者；她的故事最終訴求不是暴力的改變，而是一點一滴的征服那些貌似難以逾越界線和限制的改變。它們以致力觀眾最私密經驗的轉化，作為起點。（p. xviii）

　　透過講述故事，既不是政治的，也不是激進的，更非暴力的，而是一點一滴的，雪赫拉莎德不只拯救了自己的性命，也拯救了其他無數女性的性命。正確地說，雪赫拉莎德正在**解放**（liberating）。我們的敘事者雪赫拉莎德，冒險引領劊子手國王沙赫里亞爾進入故事世界中，在那裡他可以瞧見自己的行為，並反思故事中的主角，這是由雪赫拉莎德帶進他的生命（Gauch, 2007）。雪赫拉莎德是使用「呈現出跨文化、轉換的影響力之集結」的故事而達成（p. 2）。

　　我想雪赫拉莎德為我們上了一堂有價值的講述故事課程。對我而言，雪赫拉莎德的故事有著 Bruner 所說的隱喻式樓閣。首先，國王的最終轉化可能要歸功於雪赫拉莎德的敘說技巧——讓故事可以持續進行（一千零一夜！）。第二，她講述故事的目的，不管看起來有多難克服，在始終如一和穩定的基礎下，最終一點一滴地達成。第三，雪赫拉莎德的每個故事

都有著開放式的結局（尚未解決的懸念），這讓國王保有好奇心，期待著下一個故事。最後，雪赫拉莎德提供可作為世界典範的故事，因此國王可以反思自己，進而產生轉化。

雪赫拉莎德是我們的說故事老師。根據 Gauch（2007），來自阿拉伯和伊斯蘭世界的新進寫作者和藝術家重訪雪赫拉莎德的象徵性角色，即「作為發言主體（speaking agent），其所講的故事從未結束，所持的信念持續增強」（p. xi）。這些寫作者堅持敘說式結尾，而且就像雪赫拉莎德一樣，「他們永無止盡地推遲最終的字眼，並承諾永遠會有下一個故事來取代前一個，用尚未被聽過的方式」（p. 12）。這不就是巴赫汀所說的永不結束性？

我們的研究永遠不會提供一個最終故事。我們的尾聲應該邀約下一個故事——比前一個更好的故事。透過持續性故事的累積，我們一點一點地，一起參與讓世界轉型變好的過程。此項改變可能以滴水穿石的速度發生，所產生的侵蝕要到多年之後才會為人所注意。

結語：故事持續中

我如何能下定論？
我們的故事未完，
我們的故事還在繼續。

反思

- 你想像你的研究署名會是什麼？
- 誰會是你的目標觀眾？
- 你如何理解社會正義的概念？
- 你會如何回答「那又怎樣」這個問題？
- 你會如何避免史詩般的結尾？

• 你會在你的研究尾聲中增加什麼？

活動

運用你在第六章所寫下的故事，試著撰寫尾聲，並回答下列的問題：

• 作為一名研究者，你的個人化署名是否恰當？怎麼說呢？

• 你會用什麼樣的方式回答「那又怎樣」這個問題？

• 有什麼證據可以說你的故事「渴望」了觀眾？

• 如何讓你的尾聲留有開放性？

• 你會如何將你的故事理論化？

• 如何讓你的故事成為社會正義的種子？

• 你會如何讓你的故事繼續延續下去？

註釋

1. 此處的讀者是指多元觀眾：研究參與者、讀者、聽眾和研究者。

CHAPTER *8*

敘說探究的重要議題

本章主題

思考的問題

• 有哪些重要的議題可能會挑戰敘説探究的現況？

• 有哪些方式可以挑戰敘説探究？

前言

在本章節，我們將討論幾個重要主題，這是對於敘説探究者，甚或質性研究者而言，皆普遍需要認真思考的。在敘説探究中，即使是在近乎常識且想當然耳的知識背後，可能也潛伏著「如果和但是」（ifs and buts），基於此，我們需要謹慎地思索。寫這篇文章時，我回想帶著問題來拜訪我的學生，他們問了「我應該做什麼」的問題，並期待我能夠給他們正確答案。我盡我所能地回答他們的問題，但常常沒有辦法給他們想要聽的滿意答案，似乎無法滿足他們的期待。有一個學生毫不遲疑地表達他的不滿意，他非常禮貌而耐心的說道：「Kim 博士，妳上次不是這樣說的。」然後，為了讓我自己脫離險境，我說：「嗯，是啊，因為我們討論的是類似的議題，但是在不同的脈絡中。」但這個回答常常無法讓學生完全信服。對我們之中有些人而言，很難想到有些研究議題並不是已成定局的；在我們不知情的情況下，它們隨著情境的變化而權變。相同的解決方法可能在昨天是奏效的，但在明天不一定成功。

在這個章節之中，我會闡明數個敘説探究的重要議題，這需要我們運用有想像力的萬花筒，藉此欣然接納未預期的型態和變化，其中的變化端視你如何注視它。正如你所知，萬花筒的隱喻意謂拓寬我們思維與理解的方法，讓我們可以挑戰敘説探究的界線，並盡己所能地將其轉變得富有思考力且合乎倫理。

注視萬花筒

圖 8.1　南韓佛寺——松廣寺的壁畫

　　去年夏天，我有機會和我的女兒造訪南韓的一間寺廟。這是一間小巧、美麗的佛寺，已經有大約一千年的歷史，就坐落在我家鄉附近的曹溪山。我們用傻瓜相機拍攝多張相片，圖 8.1 就是其中一張，這是在屋簷底下外牆的一張壁畫。我對這張壁畫特別感興趣，因為這是韓國知名佛教高僧元曉（Wonhyo, 617-686 AD）的傳說故事，他是我們在中學時候上韓國史所學過的人物。雖然我不是佛教徒，元曉的傳說故事依然在我腦海中栩栩如生。以下就是我從記憶中重新建構的傳說：

　　　　元曉是韓國史上新羅王朝時期（西元前 57 年到西元 935
　　年）的佛教僧侶，他曾和他的同修一起到中國學習佛教。有一夜
　　他們睡在洞穴中，元曉半夜因口渴醒來，他想要找水，但在黑暗
　　中看不清任何東西，他慢慢地四處爬動希望可以就近找到水。

經過一番動作之後，他碰觸到某樣東西裡頭似乎有水，他直接抓起來然後喝著水（請看圖片的右上角）。這水嚐起來是如此的甜美，他不記得曾在別處喝過像這樣的水。滿足之餘，他回頭繼續沉睡。次日早晨，他醒來四顧，卻發現自己睡在死人骨骸堆中。更讓人震驚的是每塊骨頭上面都有水！當他想到昨晚所喝的水，事實上是來自屍體時，猛地開始嘔吐！

然而他忽然頓悟了（請看，有著光圈的僧侶正注視著身前的骨骸），他所理解的是：如此可怕的東西，其味道怎麼可能嚐起來這麼的好？這裡究竟發生了什麼？對此，他有了深切的領悟——任何行動、思考、感覺都是由自己的心智和知覺所決定的。因此，產生了他的「一切唯心造」哲學（字面上的意思是指每件事都由你的心智決定）。有了這個領悟之後，他立即打道返回新羅，並成立一個韓國佛教的宗派，他的「一切唯心造」也成為元曉佛教的基本原理。

我有點愧疚將深奧的哲學變得如此簡化。但我希望，你已經知道我的想法了。我懷疑元曉的想法是否就是哲學家維根斯坦（Wittgenstein）的兔鴨錯覺（rabbit-duck illusion）之濫觴，這種觀看的多元方式，似乎成為梅洛龐蒂知覺優先論的支柱。當然，我沒有辦法宣稱真的就是這樣，但這可能是東方遇見西方的重要時刻之一。顯然，我在這裡離題了。

我引用了韓國的傳說，因為對本章即將要討論的內容富有意涵。在敘說探究中，一些批判性議題並未清楚而直接的呈現，而相同的議題在不同的取向下，常會產生不同的結果，全賴於你如何觀看或如何轉動你的萬花筒。經常，要依賴身為研究者的你（一切唯心造）仔細考量這些細微的議題，像是研究者自己的觀點、研究參與者的觀點、讀者的觀點或是研究文本的觀點。因此，我們必須對研究過程所浮現的這些議題，保有彈性和開放的胸襟，就跟我們注視萬花筒時一樣。當你轉動著萬花筒，你會看見五

彩繽紛、對稱的圖形浮現和變化。一旦瞭解到有多個角度可供我們選擇，希望我們已經準備好要嘗試使用這個充滿想像力的萬花筒，以面對研究過程中出現的複雜議題。

矛盾的故事：羅生門效應

　　說到萬花筒，就讓我們從羅生門效應（Rashomon effect）開始，這是一個在人類學、心理學和電影產業中廣為人知的概念。它指的是在一個情境中，對相同的事件每個人會提供不同版本的故事，因此我們沒有辦法確定哪一個故事才是真相。這個名詞來自於 1950 年的一部日本電影《羅生門》，故事是設定在十二世紀的日本。導演是黑澤明，被認為是二十世紀最有才華的導演之一。我很感謝生活在網路時代，讓我可以在線上觀看黑白電影。我發現這部電影描寫的是人性的脆弱，其哲學和象徵性反映在主要角色之一「和尚」的聲明中：「這次我終於失去了對人類靈魂的信心。」此部電影中的法庭上有四位敘事者，對丈夫之死，分別給了不同的說法。對於事件如何發生、這位丈夫是被誰殺死的和為什麼被殺，每一個人都提供一個看似可信的說法，同時駁斥別人所講述的故事。電影結束時，對此謀殺事件並沒有提供最終答案，我們不知道誰的故事才是真的，它留給了觀眾思考空間。

　　基於此部電影，人類學家開始使用「**羅生門效應**」來指稱質性研究工作中出現的影響、偏見或個人的自我辨證（Heider, 1988）。這尤其對身為敘說研究者的我們有重要的意涵，當我們在處理研究參與者述說的故事時，可能會聽到超乎理解、互相矛盾的故事，特別是當我們所取得關於相同事件的故事是來自多元的研究參與者，例如不同權力地位者。如果他們所提供的故事是自利的，基於他們個人的利益、偏差和其他元素，那會是什麼樣的故事？我們應該相信誰的說法？我們如何根據這樣的故事做出有效的主張？

羅生門效應提醒我們留意研究設計和研究方法的選擇，以及基於故事的詮釋和宣稱的知識。海德（Heider, 1988）引用羅生門效應，對於為什麼研究者會對相同的現象做出不同的發現和詮釋，列出以下可能的原因：

- 我們必須瞭解到我們可能正在瞎子摸象（在古老的寓言故事中有一群盲人，每個人碰觸到大象的不同部位）。
- 我們必須瞭解到發生在不同的時間點，我們的研究發現就可能會有不同的結果。
- 研究者的人格特質、價值體系、文化、特質（例如研究者的性別、年齡、種族和性取向等等）、理論取向和世界觀都可能影響研究發現。
- 正如海德指出的，在田野現場研究時間的長短，以及研究者和研究參與者的互信關係程度，都可能影響研究發現。

羅生門效應幫助我們瞭解到研究的一些限制。付出努力從不同的角度來思索這些限制是有價值的，特別是當我們擁有的是矛盾故事。雖然我們知道要列出所有可能的限制是不可能的，但在研究過程中仍應該要將這些議題納入考慮，才能做出更有意義和深思熟慮的知識宣告。

鄰里型研究的誘惑

羅生門效應更可能受到「鄰里型研究」的影響，因為主位觀點（emic view，圈內人觀點）是訊息的重要來源。「**鄰里型研究**」（backyard research）是指在「自家後院」進行研究（Glesne & Peshkin, 1991, p. 21），後院是你的日常生活一部分。在自己的學校、教堂、部門或街坊，納入同事、家人和朋友進行研究，被視為鄰里型研究。此項方法吸引人之處在於方便和有效率，例如相較之下容易接觸（研究參與者）；和潛在研究參與者也已經建立一定的關係（你研究的不是全然的陌生人），因此不

需要走得很遠就可以進行田野現場工作，更重要的是，只要小心執行，研究發現就能有助於實踐。基於種種不同原因，愈來愈多的研究者採行鄰里型研究。在當今的後現代時期，產生新知識的首要工作是理解多元聲音、多元主觀性和所居住當地社區的特殊性，因而**鄰里型研究**有其正當性和有效性。

無論如何，當選擇在自己的鄰里執行研究，我們必須謹慎。事實上 Glesne 與 Peshkin（1991）提出許多理由來反對鄰里型研究。第一，同時作為研究者和非研究者（像是朋友、同事或主管），可能會有角色衝突。你會發現兩種角色的矛盾和角色的來回轉換，可能會造成你和研究參與者的困惑。第二，鄰里型研究可能也會產生倫理和政治的兩難困境，因為可能涉及有政治風險的「危險的知識」（dangerous knowledge）（p. 23）。

最近我剛收到一份電子郵件的邀請函，要求我參與一項研究。這封電子郵件來自於我們大學的教師同仁及其研究生，他們正在招募有色人種的工作人員以檢視研究參與者作為教職人員的生活經驗。我們大學有色人種的教師屈指可數，所以研究者很難維持研究參與者的匿名性。我的另一位同事，也是有色人種，她也收到了這封邀請的電子郵件，她來找我並問我是不是要參與這個研究。我們瞭解該研究的意圖且肯定其高度的價值性，但是最終還是決定不參加這項鄰里型研究。因為我們不太確定在不會危及有關大學的工作職涯下，我們會多坦誠自己的故事，除非只是傳承我們的經驗而已。對此，我們曾經有過有趣的討論（詳見第五章的保密議題）。

Glesne 與 Peshkin（1991）聲稱行動研究是一項適合鄰里型研究的研究，但我認為也要視情況而定。我有一位博士生 Steve，他是一位有先進思想的校長。他在新學校獲得校長的職位，這所學校也屬於教育改革的區域。Steve 想要檢視教師和行政人員是如何看待改革結果。一開始他想要透過鄰里型研究以更清楚地理解現況。他訪談了教師和區域層級的行政人員，包括區域課程主任與最高主管。在行動研究的中期，他打電話給我：

　　Kim 博士，我陷入兩難的困境了。在獲得這個職位時，我不知道我陷入了怎樣的泥淖。行政人員責怪教師沒有能力，而教師則責怪行政人員沒有適當的溝通就強加議題給他們。在這裡，沒有人是快樂的，這個地方一團混亂。我應該怎麼報告我的研究發現呢？我比較同理教師，但是我也不想招惹行政人員。我應該怎麼辦？

　　Steve 是行動研究者，他的立意良善，想要知道他的學校是如何經驗此項改革。然而，因為校長的身分讓他身陷「危險的知識」的泥淖當中，同時身為校長和研究者，他頂著政治和倫理上的高風險。由於此兩種不同角色有利益的衝突，預示他沒有辦法做好此項行動研究。他必須對他的研究範圍有所妥協，以避免危及其行政職位。

　　有愈來愈多的博士生在進行論文研究時，有全職工作或兼職工作，甚至是教師也常苦於研究時間不足。因此，忙碌的我們會偏向採用鄰里型研究，是因為其優點──可以省下很多時間，「鄰里型研究」需要查明的是我們自己的「後院」正在進行什麼。雖然不是所有的鄰里型研究都可能包含著「危險的知識」（有些可能產生「有幫助」的知識），但必須謹記在心的是，在鄰里型研究的情境，我們的多重角色（研究者和局內人的角色）可能會互相競爭對抗。除非我們把握機會透過萬花筒予以關注，讓自己從不同的觀點來觀察同一個事件，否則我們的研究就不是在創造嶄新的、有意義的知識，而是以自利而終。

反思性

　　我建議使用研究者的反思性（reflexivity）作為想像的萬花筒。在後現代主義和後結構主義的影響之下，對於研究者反思性的注意日益增加，而質性研究者也習慣以反思性當作方法論的工具，以重現及自我辨證其

工作（Pillow, 2003）。在質性研究的複雜歷史領域裡，Denzin 與 Lincoln（2011）認為隨著模糊類型時期（1970-1986）出現的表徵危機（1986-1990），讓反思性的使用愈來愈常見，因為研究者正奮戰於在研究中如何定位自己以及如何重現研究參與者（詳見第一章）。之後，愈來愈多的質性研究者將反思性納為質性研究各個階段的核心，從研究設計階段、田野工作階段到詮釋階段（Guillemin & Gillam, 2004; Mosselson, 2010; Pillow, 2003）。根據 Mason（1996），反思性研究意味：「研究者應該持續地反思自己在研究過程中的行動和角色，並將這些反思當作是研究『資料』一樣，進行同樣的批判性審查。」（p. 6）身為敘說研究者的我們，所做的工作是對研究參與者述說的故事進行釋義，愈來愈需要投入這類的反思性研究，因而，我們需要更深入地留意這些主題。我們在第三章曾簡短觸及此主題，討論到在實務上反思性是敘說倫理的一部分。

因此，反思性不只是反思（reflection），如果反思是從所檢視現象後退一步，那麼反思性就是比反思再後退一大步。換言之，反思性是退後兩步：對反思的反思（a reflection on the reflection）（Jenkins, 1992）。反思性是一種穩定的「鏡中自我」（Foley, 2002, p. 473），透過它，研究者將自己當作凝視的客體。凝視（gaze）被界定為「持著好奇或觀察的態度」（Merleau-Ponty, 1962/2007, p. 263）看待自己的經驗，並讓視自我如「他者」成為可能。因此，反思性是建立在「呼籲將自我視為已知曉的客體以接近真理」之上（Geerinck, Masschelein, & Simons, 2010, p. 380）。

將反思性視為方法論建構的論點，最早從哲學演變而來。英國哲學家 Lawson（1985）指出，源自於希臘的反思性，從一開始就是哲學的一部分。從康德和啟蒙運動開始，哲學就參與了實證主義的「知識大業」（the great enterprise of knowledge）（p. 13），該主義追求客觀、科學知識，避免研究者涉及主觀性和反思性。Lawson 評論說哲學家如尼采、海德格和德希達開始質疑哲學在科學知識主張中的根本角色，他們挑戰其推理、實證的研究方法，以及事實和價值的區別。根據 Lawson 的說法，這

些哲學家們所宣稱科學知識大業必然失敗，而且他們羅列的一些永恆的問題，例如什麼是真理和（或）誰可以宣稱最後真理，在傳統的思維之下並沒有人可以回答。所以，Lawson 宣稱，後現代的困境是：「對我們的真理、價值和最珍視的信仰之危機……此危機起因於對其源起、必要性和力量的反思性。」（p. 9）

因此，反思性是後現代哲學的中心主題，並且反過來影響了質性研究的方法論，包括民族誌和敘說探究，因其意圖從多個角度來發現知識和真理的意義。Foley（2002）指出，例如近期民族誌的書寫已經將反思性的實踐納入其中，他評論道，藉由更具反思性的敘說實踐，（批判式）民族誌應該朝向「更吸引人的、有用的、公開的敘事類型」（p. 469）。因而，對 Foley 而言，反思性是民族誌和敘說探究這兩種研究方法的重要交匯。

主觀式、告解式反思性

Geertz（1973）評論所有的民族誌都有一部分的哲學成分，而剩下的一大部分就是告解。雖然反思性會以多種偽裝形式存在（Foley, 2002）[1]，主觀式反思性或**告解式反思性**（confessional reflexivity），是最常為質性研究者使用的反思性類型，作為一種主觀性的詢問，以挑戰所謂的價值自由的客觀主義。知名的文化人類學家 George Marcus（1998）稱此種告解類型為「主觀式反思性」（subjectivist reflexivity），其聚焦在「自我批判、自我追尋，運用主觀性、經驗性和同理的想法」（p. 193）。此類型的反思性是由女性主義書寫、傳記或自傳開啟先河（Marcus, 1998），雖然 Malinowski（1967）出版的安妮日記可能被視為告解式反思性的先驅，之後隨之出現多本的微日記與個人日誌（Foley, 2002）。如同我們在第四章的討論，自傳或自傳式民族誌是敘說探究類型的一種，作者／書寫者／研究者採用告解式、主觀式反思性來探索「生活的、矛盾的、易受傷害的、演變的多重自我，並且以部分的、主觀的與文化束縛（culture-

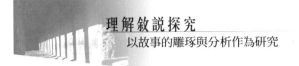
bound）的方式發聲」（Foley, 2002, p. 474）。

雖然這方面的作品很多，Ruth Behar 影響深遠的作品《傷心人類學：易受傷的觀察者》（*The Vulnerable Observer: Anthropology That Breaks Your Heart,* 1996），是其中一個很好的例子。藉著誠摯的自傳式回憶和帶著悲痛、遺憾、害怕與愧疚的心情，Behar 以扣人心弦、易感、充滿感情的方式運用主觀式反思性。她討論到探索與再述說他人的故事需要情感和易感性，如此研究者才能顯露出社會聯繫和他者性（otherness）之間所隱藏的辯證（dialectic）（Foley, 2002）。因此，對 Behar 而言，文化人類學家如果不使人心碎就沒什麼值得做了，這是「陷入泥淖」或是「穿過漫長隧道展開旅程」（Behar, 1996, p. 2），她留意到，在學校的文化人類學或其他社會科學不會教我們這些，也不是國家科學基金會（National Science Foundation）或其他國家單位機構會支持的研究計畫案。

然而，這種主觀性、告解式反思性並不是專屬於自傳式民族誌者，正如本節一開始所提到，所有的敘說探究者在研究過程的每一個階段都應該要投注一定程度的反思性，雖然不像在自傳式民族誌中，反思性成為最主要的方法。在研究中納入反思性的其中一個理由，就是要控管我們的主觀性，確保它在研究過程中明顯可見且表露出來。易言之，我們透露和質疑我們主觀的社會及文化觀點、研究興趣、研究設計選擇、理論架構、研究參與者與詮釋，因其包含著會影響研究樣貌的各種偏誤、偏見和假定。也就是，我們要運用反思性作為萬花筒，以控制羅生門效應。研究中的反思性是「一種批判式反思的過程，同時針對研究所產生的知識以及知識如何產生」（Guillemin & Gillam, 2004, p. 274）。舉例來說，Marcus（1998）注意到反思性是如何運用在民族誌並被視為「共同接受有可能但尚未被瞭解的另類方法」（p. 190）。Marcus 對反思性的重大轉向評述道：

　　對追求反思性的熱烈討論，顯示其開啟了民族誌傳統的新可能性，而這離了客觀性、保持距離和現實透明性的意識形態，並

瞭解到探索民族誌研究的倫理、政治和現象學層面之需要，是成
為產生他者的知識不可或缺的一部分。（p. 189）

很清楚地，當我們想要對他者產生知識時，反思性有其必要性。對女
性主義學者、民族誌學者、文化人類學者、社會學者、後結構主義者、現
象學家、批判理論者與批判種族主義者而言，反思性有著多重用途，如：
衡量正當性、效度、嚴謹性與政治的表徵（Pillow, 2003）。因此，我要指
出反思性不只是一種技巧，也是一種特質傾向，會在我們的工作與實踐智
慧（倫理判斷）中展現出來。我們需要在敘說研究中納入反思性，不只達
到研究的嚴謹性，同時也維持我們自己和研究參與者的統整性。

▌反思性的矛盾：這是誰的故事？

在質性研究中反思性概念具有主觀的特質，而且是個有點「狡猾」
的名詞（Guillemin & Gillam, 2004, p. 274），尚待更多的推論。事實上，
Marcus（1998）指出學校系所的研究生論文口試委員會中，對於反思性有
著熱烈的爭辯，例如在文化人類學中的主觀式反思性，已經開啟大門讓主
觀式詮釋成為文化人類學理論和研究實務的主要方法。然而，一旦主觀式
反思性的重要功能被完全吸收，「即失去了它的力量，並成為那些緊張地
摒棄所有反思性者的獵物」（p. 193）。因此，對「反思性是執照或是方
法？」（p. 189）的相關評論，讓人聯想到一個問題：「我們如何知道自
己是否過於反思性，或者反思性不足？」

如果你是研究生，可能面臨口試委員要求你摒棄反思性，因為它太過
於主觀（像是你沒有被授予這張**執照**），又或者口試委員鼓勵你要更加反
思性，因為你的自我批判不足（像是你被要求將它作為系統化的**方法**使
用）。然而，既然知道為什麼我們需要在研究中使用反思性，我們可以向
提出挑戰的口試委員自我辨證其用途。但是，我們也應該謹記在心，過多
的主觀性，也就是告解式反思性，可能被視為無望的自我沉溺或自戀，甚

至可能給讀者「自我意識過度膨脹的印象」（Lawson, 1985, p. 125）。當我們在傳記或自傳之外的敘說類型，使用過多的反思性，可能會被讀者質疑：「這是誰的故事——研究者的或研究參與者的？」我們可能得意忘形於自己的反思性，為了保持透明性，就忙著討論我們自己，而非討論我們的研究參與者。

諷刺的是，過於主觀地進行社會科學工作時被認為將導致更多的客觀性（Devereux, 1967）。也就是說，我們從事自我反思性是為了克服所有社會科學知識的主觀性特質，因此在質性研究中，反思性的真正目的是為了達到客觀性的顯著水準（在研究過程中保持透明性，包括研究者的信念和態度）。然而，對研究過程中的主觀性影響愈具反思性，我們將變得更個人化，正如 Behar（1996）的問題所反思的：「當民族誌火熱的成長和『過度個人化』，我們應該擔心煙霧警報器將會嗡嗡作響嗎？」（p. 7）在此，我們被拉扯成兩半，因為反思性似乎成為「我們既不想背負也無法丟棄的包袱」（Lawson, 1985, p. 8），這正是我們必須面對的「反思性的矛盾」（Lawson, 1985, p. 125）。

▍反思性即反思式練習：自我是關照的客體

那麼我們如何克服此項矛盾，讓它們不再矛盾？我們如何在反思性的兩種不同功能間取得平衡，也就是：「一方面是批判的方法，可作為對抗知識大業的武器，而另一方面，是正向的運動，能提出替代方案？」（Lawson, 1985, p. 15）我不敢假裝自己對這些問題有答案，但是如果可以，請你好心地讓我置身在反思性的觀點中更久一點，並試著闡明這些持續已久的問題。

目前為止，反思性的討論都集中在自我是知識的客體。然而，傅柯對於反思性提供了不同的理解，他認為反思性就是*反思式練習*（*askēsis*，希臘字為 ascesis 或 exercise），此觀點我認為正可以用來作為平衡反思性的辯證（矛盾）功能的正向另類方案。我很感謝 McGushin（2007）向

我介紹了傅柯的反思式練習，其不再視自我為「知識的客體」（object of knowledge），而是「關照的客體」（object of care）。接下來將詳加敘述。

根據 McGushin（2007）所言，傅柯理解到反思式練習這個字在希臘文的脈絡中只是簡單意味著練習，就好像是訓練、實踐或發展。但是對傅柯而言，希臘文的原意，反思式練習總意指「正向與富有成效的意義——練習意味著完美自我、發展自我能力、轉變成為自己」（McGushin, 2007, p. xiii）。因此，**反思式練習**指的是哲學的練習使自己發展得更好。

傅柯在法國大學的系列演講之後將內容集結成 *The Hermeneutics of the Subject*（2005），書中所定義的反思性概念是「思考的練習、注視自我的練習」（p. 460）。他說道：「在西方，我們已經熟知且實踐過三種主要形式的思考練習與注視自我的練習；反思性的三種主要形式。」（Foucault, 2005, p. 460）那麼傅柯所提到的這三種反思性的主要形式是什麼呢？簡要地解釋就是 3M's：**記憶、冥思和方法**。第一種反思性的形式是**記憶**（memory），它讓我們接觸到真理，並以再認的形式知曉真理。在此形式中，我們持續尋求真理的方式是透過回憶而重返「原鄉」（p. 460）與自身的存有。第二種形式是**冥思**（meditation），可以檢驗我們自己的思維為何：「檢驗作為主體的自己，是否真的能思我所思，行我所思。讓我們這樣說吧，以帶有主體轉化與組成之客體性，作為真理的倫理主體。」（p. 460）最後，第三種形式是**方法**（method），這種反思性的形式使我們固守所信奉的即為真理的想法成為可能，因為它提供了另類方法可以促進知識領域與真理。根據傅柯，此三種反思性的形式（我稱之為 3M's）已經支配了哲學的實踐與練習，也就是**反思式練習**。

然而，傅柯透過理解 3M's，想要告訴我們的是，在遠古（希臘）思想下「自我的知識」（knowledge of the self）與「自我的關照」（care of the self）兩者的恆久關係。根據他的觀點，這三種形式過去就曾被用來分析主體的問題，遠從笛卡爾，就將**自我的知識**列為優先並作為引導原則，

而不同於希臘人強調**自我的關照**，例如對柏拉圖而言，自我的關照是柏拉圖對話錄的核心。傅柯（Foucault, 1988）評論我們的哲學傳統過度強調「知曉你自己」（know yourself）原則，而忘卻了「照顧你自己」（take care of yourself）。他解釋在現代世界中，將自我的知識「作為知識理論的第一步」（p. 22），此觀點始自笛卡爾，如思維主體（笛卡爾的名言「**我思，故我在**」），目前此論點佔有愈來愈高的重要性。但傅柯認為，西方對自我知識的關注遠高於自我關照，已經阻礙了主體理論（subject theory）的進一步發展。他推論在古代，**反思式練習**所包含的自我構成或許更加精確，「到達和自我形成一種圓滿、完美、完整與自給自足的關係，能夠產生自我形變（self-transfiguration），是自己在自身上可以取得的快樂，這就是反思式練習的客觀性」（pp. 319-320）。因此，他談論到我們需要重新轉向回到盛行於遠古的思維——為了快樂而自我關照，因為如果有人必須知曉自己，就必須關照好自己。傅柯（Foucault, 2005）強調「自我關照，正確地說，不只是知識……而是複雜的實踐，即可以將反思性提升至全然不同的形式」（p. 462）。因此，在他的論文中，自我關照必須優先於現代視為最重要的「知曉你自己」，而知曉自己的出現應該是自我關照的結果。因此，透過 3M's 的記憶、冥思和方法，得以產生**反思式練習**的行動，並使自我在成為知識的客體之前，先出現關照的客體（Geerinck et al., 2010）。

所以，當我們透過反思性的三種形式以練習我們的反思性時，傅柯的概念是當實踐了自我的關照時，我們即走向了自我轉化的旅程，正如傅柯所說：「行旅至今可以確定的是，我們發現自己正由上往下俯瞰我們自己，此趟旅程活化了事物，並陳釀了與自我的關係。」（McGushin, 2007, p. xiii）對傅柯而言，持續發展反思式練習或**反思性的練習**（reflexive askēsis），皆可以幫助我們成長到足以「從上方俯瞰我們自己」，因此，這就是「自我的倫理」的構成內容，而這是一項「急迫的、基本的和政治上不可取代的任務」（引自 McGushin, 2007, p. xv）。

現在，你問道：「對於傅柯必須處理矛盾的反思性，我們理解到什麼？」是的，你正在要求我重返本節一開始所提出來的問題：我們如何尋求方法讓反思性出現正向力量，將它從敘說研究的矛盾式反思性中拯救出來？

我想傅柯的反思式練習對矛盾的反思性，提供了一種強而有力的另類方式，否則矛盾反思性會將我們置入如愛麗絲夢遊仙境的「兔子洞」當中，讓我們無法輕易找到出口逃脫。演練反思式練習——自我關照，即成為我們作為自我的倫理與他者的倫理的基本任務。如此一來，反思性將成為正向能量，讓我們克服反思性的兩難或矛盾，我們用傅柯的反思性關照自我，同樣地也在關照他者，而這是一項不可或缺、合乎倫理的任務。

▋透過跑馬場式教學進行反思式練習的實例

或許在這裡使用實例會有所幫助。如同前面所提到的，傅柯認為反思式練習對運動員而言意味著體能訓練，但它也可以是精神上的和哲學上的操練（McGushin, 2007）。我曾好奇反思性是否能夠被教導，正如 Pillow（2003）一樣：

> 我必須承認，對於如何教導學生怎麼進行反思性，我仍感到迷惑。反思性是一項技巧，是一套可以教的方法嗎？如果真是這樣，那什麼是反思性的技巧——是保留在學術期刊之中或是包含在研究者質疑的聲音之中？以及我們應該對什麼具有反思性？他人？我們自己？還是場域？（p. 177）

同樣地，對我而言，如何教導反思性是一項難題，特別是這是一種關照自我和他者的方法。我反覆思考各種方法整合出三種反思性的形式，3M's：**記憶、冥思**和**方法**。既然傅柯式的反思性是自我關照，我想我的學生應該可以從**跑馬場式教學**形式的自傳式論文開始，它指的是

課程的跑動。**跑馬場式教學**（currere）來自於 Pinar（2011），是課程（curriculum）的動詞形式，強調個人的行動、過程和經驗。事實上，跑馬場式教學強調：

> 個人的日常生活經驗和從該經驗中學習的能力；藉由思考和對話來重新建構經驗促使理解。此種理解是透過歷史和經驗達成，能幫助我們重新建構自己的主觀和社會生活。（Pinar, 2011, p. 2）

所以我希望「實驗」這個想法，讓學生「練習」自己的反思性，或進行反思式練習，作為一種同時關照自我和他人的方法。博士班「課程理論」課程的博士生，變成我實驗的無辜小白鼠。我給他們的其中一個作業，是用**跑馬場式教學**進行的，透過反思式練習，書寫個人的轉變（becoming）旅程。讓我驚訝的是，學生在報告這份作業時流露的強烈情感。想像一下，這些已成年的學生，三位女學生和五位男學生，（我猜）他們的年紀從大約快 30 歲到 60 歲出頭，他們上台報告時哽咽（雖然不是每個人都哭了），在聽他們報告自己的自傳式反思性論文時，我的喉嚨也哽咽了。我被他們在報告時體現的坦誠和脆弱所觸動。但這絕不是同情我（pity-me）的時段，反而是他們借鑑於反思性，對自己的成長和學習進行批判式的審視。他們顯現出理解自我是深深地包含在「關照」的行動中，而關照則根植於本學期所閱讀的各式課程理論文獻當中。當他們彎下腰來看待自我，面對真實的自我，而後在談到自己時（很自然地）變得充滿感情，也變得易感。透過置身反思性的練習，就像是「思維的練習，反思自我的練習，凝視自我的練習」（Foucault, 2005, p. 460）。這是個見證從已知的或未知的自我中釋放自我的時刻。

以下這個令人驚喜的成果來自 Kevin，他體貼地允許我使用其作品的片段，呈現如下：

「去啊！去殺了你自己！」

我太太的話穿過房門迴蕩著，在我把自己關到浴室之後，那是 2005 年的夏天。在生命中最黑暗的時刻，32 歲的我開始了尋找自己的漫長旅程。Arthur Bochner（1997）引用 David Carr（1986）的話，釐清了我所處的位置：

> 這是自我敘說的工作：藉由再講述和再敘事個人的事件，讓看似解體的生命再次聚攏。對生命中的某些關鍵時刻而言，敘說挑戰可能是項可怕的掙扎，而且我們不一定能成功。生命的統一和諧，是跨越時間的整體性，是簡單的——有時候是圖形，有時候就是背景。（p. 418）

Bochner（1997）標題為 It's about Time: Narrative and the Divided Self 的個人敘說是對行動的號召。這個來自研究現場的聲音，鼓勵我們採用此種方式，放慢腳步並花時間娓娓道來自己的生命，對我們自己和別人進行轉化。這個共用命題的互為主體性之本質，鼓勵他者參與對自身的主觀性分析，並且和他人分享，此即是個人敘說被要求的本質。這也是 Bochner 在處理他的個人敘說時所做的，有關於父親的死亡如何改變他的生活。這些敘說本質上具有反思性。置身反思性不僅是要求我們反思過去事件的一個過程，而且推動我們評論和主觀化自己對這些事件的思想，進而追求成長。亞里斯多德曾說：「如果你想要瞭解任何事物，就觀察他的開端和發展。」藉由解構的方式，我們內化了過去的事件，有時，我們會因為揭開傷口，企圖清潔和洗淨而感到疼痛，但也因此逐漸浮現了力量和承受力。

因著 Pinar（1974）提出的跑馬場式教學課程，1970 年代自傳式文本在課程論述中逐漸出頭。跑馬場式教學是個人生命

的描述，或者用 Pinar 與 Grumet（1976）的話來說，是個人生命的「跑動課程」（p. vii）。對 Pinar 與 Grumet 而言，個人的生命課程應該涵蓋從傳記文本到自傳文本的轉換，意味著我們必須避免只是透過傳記文本以反映個人生活的簡單行動，而是要透過自傳式過程的反思性取向，探索個人生命更加深層的意義。這可以透過跑馬場式教學——「系統性的搜尋個人內在經驗」，進而達成（Pinar, 1974, p. 3；引自 Pinar, Reynolds, Slattery, & Taubman, 2008, p. 519）。藉著這項內在經驗的分析，我們闡明過去的記憶使之成為現在不可或缺的元素，如此一來自我變得有反思性。「跑馬場式教學的分析就像是現象學的加括號（phenomenological bracketing）做法（譯註：存而不論）；當我們從過去和未來遠遠地看著自己，比較能從當下解放」（Pinar et al., 2008, p. 520）。這是自傳式敘說的核心，他們透過轉化式的傷口開啟，創造一個嶄新的未來。這種解構式過程，讓我們自己可以在其中向內、向外、向前、向後、斜向和繞圈圈似的移動，從中發現我們的存有（being）。Grumet（1981）繼續表示：「跑馬場式教學重現自我角力的個人經驗。」（引自 Pinar et al., 2008, p. 521）……

　　2005 年夏天，對我而言生命是解體的，我在浴室那天迎來生命的關鍵時刻。正如 Carr（1986）所指出的，我的生命在 2005 年正艱難地掙扎著，事實上，是四分五裂，可能有很多年不會再度聚攏。「如何將這些生命中生活時刻的複雜性涵蓋到我們的心智之中？這些你無法運用理論處理，你無法運用思維系統處理，你得運用故事才行」（Coles, 1989, p. 128；引自 Bochner, 1997, p. 418）。接下來是我的自我考古學故事。

（Kevin 的跑馬場式教學片段）

接著的片段是 Kevin 生命中深刻的個人故事「解體」，最終是他自己如何演變成為一名具有愛心教師的故事——變得更加關心學生的聲音。從他的書寫中可以看出，Kevin 明顯地在「演練」他的反思即反思式練習，將自我視為關照的課題，正如他所寫到的：「意味著我們必須避免只是透過傳記文本以反映個人生活的簡單行動，而是要透過自傳式過程的反思性取向，探索個人生命更加深層的意義。」藉由走得更深入以超越反思的簡單動作，讓自我和他人產生共鳴，包括我。在課堂上，喚起的情感連接我們所有人，對於理解作為一個人意味著什麼，彼此有著不待言喻的誠摯情誼。它再一次絕妙的提醒了我們 Ruth Behar（1996）所說的：「稱它為感性，稱它為十九世紀的維多利亞風，然而我要說的是，如果人類學不會讓你心碎，就不值得你為它投入更多。」（p. 177）雖然我們不是在從事文化人類學，但透過**跑馬場式教學**所進行的反思性練習，對我們所有人產生了意想不到的效果，可能比其他的課程閱讀教材更具啟發效果。我會持續此項反思性練習，幫助學生運用至反思即反思式練習之中，即關照自我和他人的行動。我相信這是一項不可或缺且合乎倫理的任務。

我已經花了很大的篇幅討論反思性的角色，雖然對使用反思性的程度並沒有一定的答案，我的觀點是在敘說探究我們應該使用反思性以避免「沉溺於唯我論者（solipsistic）研究的海嘯危險中」（Josselson, 2006, p. 5）。有好幾種反思性類型是我們這些敘說探究者需要使用的，我建議傅柯的反思式練習可以用來克服反思性的矛盾，同時也鼓勵我們以關照自我和他人，作為追求主觀性知識的方法。

就地拼裝和就地拼裝者

下一個段落我想要討論**就地拼裝**（bricolage）和**就地拼裝者**（bricoleur）。幾個禮拜前，我有機會在同儕評量中，觀察新進同仁的質性研究課程。我很享受這次的觀察，因為課堂中進行了很豐富的對話。學

生被要求分享作業，他們從選定的閱讀教材，就所學到的內容進行評論作業。其中一位學生舉手並說道：

> 我閱讀 Ruth Lindin 的書 *Making Stories, Making Selves*，從中獲得很多閱讀的樂趣，也學到很多。但我有一個疑問，作者談到了她的質性研究是現象學的，但也提到她的研究是符號互動論和紮根理論，這怎麼可能呢？這些不同的方法論如何能放在一起？研究者如何在研究中選用不只一種方法論？我感到很困惑，我不能瞭解，有可能她是一位糟糕的方法論學者或之類的嗎？

學生在他最後一句話爆出笑聲，很明顯的這位學生已經學到了許多不同的質性研究類型，而且其中有些方法論被認為並不適合放在同一個研究當中，除非研究者是一個「糟糕的方法論者」。其他的同學對他的問題也點頭，似乎他們也有相同的疑問。他們全部注視著臉上正帶著微笑的教授，她愉快地說道：「好問題！有些質性研究者會在他們的研究中混用不同的方法論和認識論，你們必須做的就是**辨證**你的選擇。」她強調**辨證**這個字，我由衷地同意她的說法，因為我們正生活在「辨證技術」（Kincheloe & Berry, 2004, p. 3）的世界。

對我而言，學生的問題也呈現出是討論「就地拼裝」觀點的時刻了，這是 Denzin 與 Lincoln（1994）在他們首部著作 *Handbook of Qualitative Research* 中所提出來的，他們說道：

> 質性研究的多元方法可能被視為一種拼裝，而研究者就是就地拼裝者……多元方法的結合……在一個研究當中，可以被瞭解為是增加檢視的嚴謹度、廣度和深度的一種策略。（p. 2）

所以，在質性研究中就地拼裝的觀點已經存在一段時間了。更具體而

言，Denzin 與 Lincoln（2011）指出，在模糊類型階段（1970-1986），質性研究者就已經成為就地拼裝者了，「學習如何從其他許多不同的領域借用」（p. 3）。他們指出質性研究可以被視為就地拼裝，因為質性研究者可能會在他們的研究中，使用多元方法、多元認識論和哲學架構，和（或）多元的表徵形式。作為就地拼裝者的質性研究者，會「製造出就地拼裝成品──一組由片段聚合的表徵，且能適合複雜情境的特定用途」（p. 4）。

如果你回想，我們在第一章討論過敘說探究如何跨學科，以及在其他章節提到多樣化的理論、方法、類型，以及詮釋與分析。敘說探究者應該堅持在一項研究中只使用一種大理論、一種研究方法論或方法或一種分析類型，而無須跨出自己學科的界限嗎？如果真是如此，對我們而言還有可能闡明多元交織性的議題，像是階級、種族、性別、表徵的類型模糊，以及多元真相與不同聲音嗎？或許對敘說探究者而言，有必要使用多元認識論或多元的表徵形式，而成為就地拼裝者。Kincheloe 與 Berry（2004）寫道：

> 就地拼裝者欣賞在研究過程將研究方法視為參與而非程序的複雜性。就地拼裝者在分析模式中瞭解到研究方法也是一種**辨證技術**（technology of justification），此意味著我們必須捍衛我們所主張的所知內容以及如何知曉的過程。（p. 3，粗體字為本書作者所強調）

再一次，這裡的「辨證技術」是關鍵，指我們在進行方法、組合或類型模糊的複雜選擇時，應以邏輯的、同理的和隱喻的方式做辨證，而非視此為「程序」而已。好吧，我想自己說得太快了，我應該先解釋清楚什麼是就地拼裝，以及最早的起源。

▌李維史陀對就地拼裝和就地拼裝者的運用

就地拼裝（bricolage）和就地拼裝者（bricoleur）這兩個法國字，最早是文化人類學和結構主義之父——李維史陀（Lévi-Strauss），在他的《野性的思維》（*The Savage Mind*, 1966）一書中用於學術領域的比喻。李維史陀使用這些概念來解釋神話或神話思維是如何以「智識的就地拼裝」（intellectual bricolage）的形式產生（Lévi-Strauss, 1966, p. 17）。李維史陀解釋在他那個年代的法國，就地拼裝者指的是「自己動手做的人，相較於那些使用精心設計工具的工匠而言」（p. 17）[2]，而且就地拼裝是就地拼裝者的創造，他們將隨手可得的元素擺放一起成為新樣式。這種情況下，就地拼裝者不需要擁有所有設備和所有專業知識，而是要瞭解所蒐集來的這些元素的多重功能。李維史陀運用這些名詞作為類比，幫助瞭解和分析文化人類學中的神話學架構：神話是就地拼裝者所創造的，而就地拼裝就是就地拼裝者所創建的神話世界。也就是說，就地拼裝者蒐集元素和事物所建立的神話思維，就是就地拼裝成品。根據李維史陀指出，更進一步來說「就地拼裝者擅長執行大量的多樣化工作任務」（p. 17）：

> 事實上最主要的，從他的詩趣所獲取的事實，是他並未將自己局限在成就或表現：他「談及」的不只是事物……還有透過事物的媒介：由他在有限可能性中所做的選擇，可以描繪出他的性格和生活。「就地拼裝者」也許未能完成目的，但是他總是「將部分的自己置入其中」。在此意涵下，神話思維似乎也是一種智識形式的「就地拼裝成品」。（p. 21）

採用就地拼裝的觀點，李維史陀認為神話思維（mythical thought）和科學思維（scientific thought）一樣有效，並對神話思維如何成為智識行動予以理論化，認為此行動是由就地拼裝者所形成的，他們將事件妥適放置

一起以建立結構，並使用從事件中所遺留下來的各種二手資源。

這裡有一個當代的絕佳例子──李維史陀理念下的美國版就地拼裝者。最近，我閱讀 Tyler Hays 在《華爾街日報雜誌》上的一篇文章（Haskell, 2014），Hays 是一名美國家具製造者、陶藝家、畫家、木工和高檔設計公司 BDDW 的創辦人。在他成為成功的創業家之前，是一名體力勞動者、建築工人、雜工、水電工、伐木工以及從事其他奇奇怪怪的行業。他目前正計畫設計一張可以轉變成乒乓球桌的餐桌。Hays 被形容為「有大人品味的孩子式好奇心」（p. 104），並被拿來和 Charles 與 Ray Eames 相比較，此二人是二十世紀美國最重要的設計師。讓 Hays 成為傑出匠師的原因是他對實驗嘗試的熱切渴望：用想像力和創造力以自己的方式來嘗試事物。事實上，Hays 說他的藝術過程是隨興的，而不是從頭到尾地重新創建事物。就像李維史陀的觀點，Hays 這位美國的就地拼裝者「可能不會達成他的目的」，但是他似乎總是「將部分的自己置入其中」。

因而，想像你自己，作為一名就地拼裝者的敘說探究者，渴望實驗，想要用想像力和創造力來嘗試事物，你擅於執行不同任務，且會讓部分的你置入其中，雖然你可能無法完成你的目的（就像巴赫汀所說的永不結束性）。在我們將要討論敘說探究者是就地拼裝者的概念之前，讓我們更詳細的討論此概念是如何運用在質性研究上。

▌跨學科質性研究的就地拼裝

追隨 Denzin 與 Lincoln（如之前所討論的），Kincheloe 嚴謹地採用就地拼裝的類比作為質性研究中的概念。於 2001 年 Egon Guba 講座的演說中，Kincheloe 就評論道：「沒有一個概念更能夠抓住質性研究的未來。」（Kincheloe, 2001, p. 679）在他的演說中，他指出就地拼裝和就地拼裝者的概念能將質性研究推向更高層次的概念，且超越 Denzin 與 Lincoln。他強調身為就地拼裝者的質性研究者，應如何辨識出單一方法

的限制性，並挖掘多元的探究方法，以及多樣化的理論和哲學概念下的各種研究設計元素。因此，他將就地拼裝定位為「學科領域與跨學科領域所形成的宇宙」（p. 680）。

　　無論如何，我們要意識到學科領域者和跨學科領域者之間常存的張力。Kincheloe（2001）說道：

> 學科領域者相信跨學科領域取向的分析和研究將導致表淺性，跨學科領域的支持者則批評學科領域產生的是流於天真的過度專精化。就地拼裝的視野，可提升學科領域和跨學科領域關係的辯證特性，也可召喚出兩概念間的綜效性互動。

　　Kincheloe（2001; Kincheloe & Berry, 2004）強調，除非我們嚴謹地理解自己的學科領域，例如承認其正面貢獻與避免領域教條，否則無法成功地投入就地拼裝的工作。因此，就地拼裝的跨學科領域特性既不會也不可能是表淺的。事實上，真正跨學科領域的質性研究是「橫跨領域界線，而且研究者採用了不只一個學科的分析架構」（2001, p. 685）。Kellner（1995）在文化研究也提到了多元觀點、跨學科領域特性的重要性，因為任何單一研究觀點都有著狹隘定義的假定和盲點。根據 Kellner 的觀點，為了避免單一取向的缺點，研究者在追求知識時，必須學習多元的注視和詮釋方法，才能產生跨學科領域的研究和模糊類型。

　　當質性研究者樂於採用就地拼裝的複雜觀點，並運用跨學科領域取向擴展狹隘的學門領域，自然就成為就地拼裝者。就地拼裝者會利用來自哲學、歷史、文學理論、藝術等等的知識，充實自己的學科領域，像是眾所周知的跨學科領域有女性和性別研究、非裔美洲人研究、酷兒（queer）理論和流行文化研究。因此，Kincheloe（2001）評論：「就地拼裝是深層的跨學科領域性：多元觀點的綜合體。」（p. 686）

▌敘說探究者是就地拼裝者

　　如果我鼓勵你成為就地拼裝者，似乎有點唱高調，特別是你只是敘說探究的初學者，而且隨著你的學門領域近期的發展，你尚須熟知多元觀點、方法和方法論，但是你千萬別就這樣被擊敗。事實上，我認為在成為一名敘說探究者的開始階段，我們就應該學習成為一名就地拼裝者，我不認為成為就地拼裝者是直線發展的歷程，只是從這個階段到下一個階段而已。我觀察到有些學生在研究早期就發展出狹隘、短視的研究觀點，不願意從自己所關心的領域向外跨出一步。正如同我們在這本書所學到的，敘說探究中有著多元的類型、多元的理論架構、多元的敘說分析和方法，這些是來自於文學理論、文化人類學、社會學、歷史學、哲學、教育學等。或許多元性（multiplicity）是敘說探究的獨有特性之一，它可以豐富質性研究領域，也是它和其他類型的質性方法論的區別。因為敘說是鑲嵌在我們生活的各個層面，所以敘說探究擁有跨學門領域的特性並不讓人驚訝，或許，成為一名敘說式就地拼裝者正是我們終身努力的當然目的地（Kincheloe & Berry, 2004, p. 4），為了讓我們所服務的人類生活有所不同，這項努力是我們應該投入的。

　　敘說式就地拼裝者從差異中學習，因為他們不為相同假定所桎梏，他們願意透過萬花筒觀看。因此，他們瞭解到「所有的方法都要面對質疑和分析，特別是其他許多策略都是為了相同的目的而設計」（Kincheloe, 2001, p. 686），他們將超越那些只會局限研究者的能力而不去思考超越界線的形式和規則。因此敘說式就地拼裝者不應當「只是**容忍**差異，而是**培養**差異使之成為引發研究者創造力的靈感」（Kincheloe, 2001, p. 687）。這樣的就地拼裝者會對各方面的差異更具敏感度，諸如來自本體論、哲學、知識論、歷史、詮釋學、方法論和分析方面的差異，也因為和其他可能性（未知領域）的互動，更能產生跨領域的綜效。因此在敘說探究中從事就地拼裝，結果將能提供敘說研究新的研究觀點，進而擴展敘說研究的

視野。

「小」故事

作為敘說式就地拼裝者，我們需要讓自己更加熟悉敘說探究的當代趨勢。過去幾年，在敘說探究中對於「小」故事的興趣明顯高漲（Freeman, 2006），其環繞著認同發展的主題，特別是在社會語言學和心理學領域。現在這個趨勢已經衝擊到教育領域（詳見 Olson & Craig, 2009）。「小」故事和「大」故事的用語已經浮現成為「新的敘說轉向」（Bamberg, 2006, p. 128），提供敘說探究和分析的不同取向（Bamberg, 2006; De Fina & Georgakopoulou, 2012; Georgakopoulou, 2006）。關注小故事的趨勢是伴隨著對生命故事或傳記式和自傳式研究的批評而來的，認為後者忽略立基於日常生活對話的小故事，而日常生活對話的組成並不需要大故事的部分。例如，Bamberg（2006）指出生命故事或傳記式研究（重現大故事）「似乎停留在不是促使敘說探究向前進，而是將之拉扯倒退的假設之中」，雖然其「活躍且存在得很好——甚至可能有點太好了」（p. 139）。

好吧，批評生命故事或傳記式研究像在「將敘說探究拉扯倒退」，並不太適合我或 Freeman（2006）。[3] 無論如何，小故事擁護者擁有好的論點，當他們痛苦的問道：「當資料並不適合主題或情節時，你會如何處理資料中的故事？」（Georgakopoulou, 2006），而作為「大」故事的擁護者，我承認我也曾為此感到困惑。

Georgakopoulou（2006）認為因為過去的深度訪談法，大故事已經成為生命歷史或傳記（或自傳）式敘說研究中常使用的方法[4]；而小故事是非典型、非教條與代表性不足的敘說資料，涵蓋了「進行中事件的述說、推遲述說、拒絕述說」（De Fina & Georgakopoulou, 2012, p. 116）。根據小故事擁護者的看法，因為相較於生命故事的「大」、長和連貫性，小故

事是典型的「小」、分散、不可預測和多面向，敘說探究者往往很快地跳過這些述說。

小故事（small stories）取自於日常生活的社會交換，而且大部分是非常近期（「今天早上」、「昨天晚上」）的事件，像是在今日的科技時代，突發新聞經常以電子郵件、簡訊、手機和同儕推特的方式報導（Georgakopoulou, 2006）。Georgakopoulou 提出的說法是，這類突發新聞，常會產生一些推論未來即將遭遇與發生什麼的小故事（用「我說將會」或「她／他說將會」的敘說類型），當人們透過交談彼此分享時，小故事遂轉變成為分享式故事、家庭故事，或是將故事故事化的互為文本（intertextual）的故事。因此，對小故事的興趣，已經讓敘說探究從「文本敘說之研究（the study of narrative as text）轉變成脈絡式敘說之研究（the study of narrative-in-context）」（Georgakopoulou, 2006, p. 123）。具體而言，這是種新的敘說轉向，不再從追溯既往觀點進行敘說，並將統一的、連貫的與反思的自我列為優先。

敘說移轉至研究小故事或脈絡式敘說，讓我想起幾年前和一位敘說研究者的對談，在美國教育研究學會的年會他來到我的場次，我正談到將不一致、片段的資料，按照時間序編排成一個連貫性的故事有多重要，書寫「大故事」也讓我變得偉大了。這位研究同僚問道：「那麼，當你蒐集到孩童的資料，資料的性質不一定連貫，而且是片段的，你會怎麼做？如果你設法讓這些資料變連貫了，那不是太假了嗎？我們不能就以資料本來的樣子加以運用嗎？」我們針對如何使用「小」故事，進行有趣的對談，雖然當時尚未使用這個名詞。

小故事的支持者挑戰傳統觀點的將傳記式（或自傳式）敘說列為優先，因為該敘說擅長排列個人的過去、自我、認同和生活的方法。他們評論轉向至敘說（小故事），著重的是在互動和脈絡中做了什麼與如何做到，此轉向提供了敘說研究一個新的方向，而且也提供了敘說分析與敘說探究一個必要的交會點（Bamberg, 2006; Georgakopoulou, 2006）。

Georgakopoulou（2006）特別提出小故事應被視為敘說研究的主流，因其在互動特性和投入場域（脈絡）之間建立了連繫。根據她的說法，小故事的重要性在於敘說者的社會實踐表徵，其以朋友、家人與其他人的互動式談話或日常生活對話的方式呈現。

我發現討論成為新轉向的小故事是相當重要的。事實上，我心懷感謝，因為有了它，讓我們第四章談到的敘說類型變得更加完善，之前偏重在過去和生活經驗的回溯式敘說，Georgakopoulou（2006）和 Bamberg（2006）將之稱為主流敘說研究。由於目前強調研究者和被研究者的交談或對話式訪談，此新的敘說轉向似乎很適合，也合乎時機。小故事對延伸敘說探究的軌跡有顯著的貢獻，因為它讓我們注意到不一致、支離破碎、立即卻重要的簡短日常生活交談式敘說，這些卻是以前被忽略的。敘說轉向已經成為將會談式分析（conversational analysis）、互動式分析（interactive analysis）、對話式分析（dialogic analysis）或演出式分析（performance analysis）納入敘說探究的推動力。[5]

▌生活敘說：「小」故事的起源

Georgakopoulou（2006）將小故事的開始歸功於 Ochs 與 Capps（2001），認為是他們開啟先河，因為他們強調從日常生活的敘事創建生活的敘說，並稱之為生活敘說（living narratives）。根據 Ochs 與 Capps，生活敘說是個人經驗的日常對談敘說，可以被視為「對接近述說時間的事件未經排演之表演」，其中充滿著「猶豫不決、未竟想法、中斷和常有的矛盾衝突」（p. 56）。他們指出現有的敘說研究其敘說都環繞著中心主旨，其事件具有時間連貫性，情節主線有開始、中間段落和結束，並傳遞著特有的觀點。他們評論敘說研究應該超越這些中心主題，取而代之以探索生活敘說作為「人類境遇的印記」（p. 57），雖然較不完美、較不連貫，在日常社會的接觸卻相當普遍。因此，生活敘說的範圍超越了過去並涵蓋現在的議題，甚至可能是未來會發生的。生活敘說的情節是兩位敘事

者在對話中協同建立的，所以它可能涵蓋或不涵蓋開始、中間和結束，因而生命事件不再必須具有連貫性，也不再需要立即解決。因此，生活敘說被視為「進程中的粗坯品」（p. 57），意指研究參與者進行中、尚未解決的生命經驗。

Ochs 與 Capps（2001）立基於語言學、人類學和心理學，並納入文學，以及對自我、文本和社會生活的哲學反思，使得生活敘說的概念能夠理論化。他們假定敘說探究的實踐是讓具去人格化（de-personalization）個人經驗，有機會將個人經驗擴大至社會經驗。他們寫道：

> 雖然這些經驗是獨特的，卻能轉變成社會性開創。由於表徵和詮釋皆不可避免地受到在地敘說格式、情境人物的辨識類型、共同道德框架的限制，因此個人獨特的經驗遂變成共同敘說。在此情境下個人經驗的敘說同時也成為非個人化（impersonal）經驗的敘說。（p. 55）

因此，透過生活敘說的投射，個人經驗的會談式敘說已轉變為弔詭的去人格化，原本是個人敘說所分享的獨特特徵，卻成為他人（社會）的辨識點。此論點的前提是建立在敘事者相關的經驗，變成公開論述的客體。這些經驗被參與日常社會交換者，以及敘說者和研究者之間的互動，被形塑和賦予了意義。使其具備了日常敘說的對話特質，而這將會召喚我們對於對話式和演出式敘說的注意。

敘事即演出

將小故事視為和朋友、家庭成員、鄰居或社群團體間對話或互動中的**生活敘說**，可以延伸我們對敘說到演出式敘事（performative storytelling）的理解。敘說探究目前已擴展至演出式敘事的範疇，因為學者已經將演出

視為如何理解人類現象的一種知曉方法（Pelias, 2008）。事實上，我們生活在演出的年代，「學術殿堂召喚演出的聲音幾乎無所不在」（Madison & Hamera, 2006, p. xiii）。演出式敘事成為敘說探究者的重要部分是濫觴於 Goffman「在他人面前呈現自我」的觀點（Goffman, 1972），Goffman 界定演出（performance）是「在特定情境中特定參與者的所有活動，其以任何的形式影響其他的參與者（觀眾、觀察者或共同參與者）」（p. 244）。

例如，自傳式演出的特徵是「書寫者（演出者）和讀者（觀看者）之間個人的直接溝通」（Miller & Taylor, 2006, p. 169）。Miller 與 Taylor 進一步解釋自傳式演出包含兩種形式：個人敘說式演出、自傳或傳記式演出。這兩種敘說形式皆直接向觀眾闡明，但以不同的方式：在個人敘說中，演出者表演的是自己精心打造的敘說，書寫者同時也是演出者；然而，在自傳或傳記中，演出者呈現的是「過往人物置身當代生活的多元交織性」（p. 170），首要關注的焦點是過往人物，而書寫者（演出者）的故事變成次要的。在兩種演出式敘事的形式中，演出者皆「冒著揭露和受傷害的風險，努力打破恆久沉默的僵固禁令」（Park-Fuller, 2000, p. 24）。

Langellier 與 Peterson（2004）也將敘說實踐理論化，他們奠基於符號現象學將故事文本變成敘說演出，兩位學者認為敘事實踐根植於人們的日常生活、家庭和社區，如同我們所看到的這句話：「讓我告訴你一個故事。」因此，其強調敘事演出可將敘說概念化成「行動、事件和論述——一個可以瞭解和介入有關文化如何產生、維持和轉化著認同與差異的關係之位置」（p. 3）。此種朝向演出的敘說轉向，是因為理解到敘說是無所不在的演出，當我們與其他人互動，並參與文化性對談時，透過敘事的行動，逐漸意會到自身經驗並建構認同。受到 Benjamin（1969）敘事即演出概念的強烈影響，Peterson 與 Langellier（2006），進一步詳細說明 Benjamin 如何「整合兩種描述——敘說即編造（為聆聽者編造經驗）與

敘說即行動（說話、敘說和聆聽）」（p. 174）。因此，他們提出兩種方式來理解敘說即演出：敘說即**編造**（making）和敘說即**行動**（doing）。首先理解敘說即**編造**，可由檢視構成敘說的元素、層面和結構取得支持證據，包括編造論點、編造閒聊和編造決策。第二種理解敘說的方式是敘說即**行動**，可得證自「探索在啟動、執行或從事敘說時的行為、習慣、實踐和體制」（p. 174）。因此，他們觀察到「演出在敘說研究中突然崛起，是兩種理解敘說形式的匯集：也就是說，敘說同時是編造和行動」（p. 173）。

身為敘說探究者的我們，究竟應該在敘事即演出中追尋什麼呢？既然演出轉向（performance turn）已經將敘說放置在既是編造也是行動的位置，我們應該注意「研究參與者本體，如同知識本體一般，對敘說實踐的實質性和情境性之影響」（Peterson & Langellier, 2006, p. 174）。具體而言，正如 Riessman（2008）所解釋，演出式敘事包含了主動參與的觀眾，詢問：「說話者間如何以互動（或對話）方式產生交談，並以敘說方式演出。」（p. 105）因此，我們會注意到對話或交談時的脈絡，包括地點、時間和社會與文化環境，除此之外還有溝通的非語言層面，像是姿勢、臉部表情、停頓和沉默。演出式故事會在情境脈絡下被檢視，其脈絡包括互動的、歷史的、體制的和不著邊際的，並集中闡述對誰、何時、為何，以及進行交談的目的。

我碰到的第一個也是最有趣的演出式敘事，是我上 Barone 的敘說探究課程時，我們被要求觀賞民族誌戲劇 *Guru*——Johnny Saldaña 的戲劇，作為課堂作業的一部分，此劇在當時的 ASU 戲院公演。Saldaña 的民族誌戲劇是知名民族誌學者 Harry Wolcott 的故事，關於他和生命故事參與者 Brad 之間的親密關係，Brad 是位被稱為「狡猾小子」的年輕人。當我觀賞這場演出時，對於該齣戲碼並沒有任何的背景知識，因為無知，我並不知道 Wolcott 是誰，更不用提 Saldaña。隨著演出，在這門課中我認識了 Wolcott、Saldaña 和民族誌戲劇。我看到研究者（Wolcott）如何和他

的研究參與者 Brad 產生親密關係，之後 Brad 又如何重返研究者的房子並縱火，我清楚地記得我當時的震撼。這齣民族誌戲劇教會了我，在觀眾面前，進行質性研究和從事田野工作是件很嚴肅的事，也引發許多關於研究者的潛在問題，特別是研究者和被研究者之關係的倫理議題（詳見 Wolcott, 2002，附錄中有 Saldaña 民族誌戲劇的完整劇本）。對我而言，這是我所經歷過最引人入勝的演出式敘事。

正如同我們所見，演出式敘事已經在敘說探究者中得到愈來愈多的注意，我想要留下一些重要問題給你，這是演出即研究的先驅者 Conquergood（2006），在他知名的演出作品 *Rethinking Ethnography* 中所提出來的，原版出版於 1991 年：

- 當演出遠離美學並置身於生活經驗中心，會如何影響我們對演出的想法？
- 將田野工作想像為協同演出一部虛構小說──是由觀察者和被觀察者、知曉者和被告知者間的共同合作，如此一來會產生哪些研究方法論的意涵？
- 將田野工作想像成演出，跟將田野工作想像成資料蒐集，兩者會有何不同？
- 當演出我們的經驗成為一種知曉的方式、批判探究的方法與理解的方式時，何種類型的知識應該優先，或哪些應該排除？
- 當演出被視為「發表」研究的補充或另類形式時，會有哪些修辭的疑難？
- 演出和權力之間的關係是什麼？
- 演出如何同時再製和抗拒霸權？（改編自 Conquergood, 2006, p. 361）

結語：挑戰敘說探究的極限

閱讀這個章節，你可能會覺得彷彿身在敘說探究議題永無止境的迷宮中，雖然這裡只描述其中一部分。有些議題似乎像海市蜃樓般難以理解，有些則脫離了我們的全然掌握，因為它好像會隨著你注視的角度，而向多個不同的方向擴展。但這並不是要你放棄探索，而是承認透過萬花筒，我們可能會經驗到充滿趣味、令人敬畏的時刻，因為這裡有多元的方法可以注視、理解、理論化和哲學化人類現象——就像我們喜歡對故事所做的一樣。希望本章討論的議題，能提供你思考的食糧，思考要如何衝破敘說探究的藩籬，帶領敘說探究邁向更光明的未來。我確定的是不要停滯不前，要享受敘說探究的文藝復興狀態。未來有更多複雜和全新未知的敘說領域和議題，需要新進的敘說探究者如你，一起開疆闢土，敘說探究的未來誠然需要仰賴你們。

反思

- 當使用「鄰里」作為你的研究場域時，你會如何協商？
- 如果你從研究參與者的身上得到的是矛盾的故事時，你會怎麼做？
- 你對於反思性的理解是什麼？你會運用什麼樣的反思性？
- 你會如何將自己假想成就地拼裝者？
- 你對「小」故事的想法是什麼？

活動

1. 寫下你自己的跑馬場式教學，並練習你的反思性即反思式練習。
2. 參加一場不是你所屬學科領域的座談會、展覽或是音樂會。找出一個成為敘說就地拼裝者的方法。
3. 藉由演出你所寫下的故事，經驗演出式敘事的感覺。

4. 提出任何其他本章遺漏的敘説探究重要議題，跟同學討論，並試
著以期刊文章的形式將之理論化。

建議閱讀書目

• 反思性

Mosselson, J. (2010). Subjectivity and reflexivity. Locating the self in research on dislocation. *International Journal of Qualitative Studies in Education, 23*(4), 479-494.

Pillow, W. (2003). Rethinking the uses of reflexivity as methodological power in qualitative research. *International Journal of Qualitative Studies in Education, 16*(2), 175-196.

• 就地拼裝和就地拼裝者

Kincheloe, J. L. (2001). Describing the bricolage: Conceptualizing a new rigor in qualitative research. *Qualitative Inquiry, 7*(6), 679-696.

• 小故事

Bamberg, M. (2006). Stories: Big or small. *Narrative Inquiry, 16*(1), 139-147.

Georgakopoulou, A. (2006). Thinking big with small stories in narrative and identity analysis. *Narrative Inquiry, 16*(1), 122-130.

• 演出式敘事

Madison, D. S., & Hamera, J. (2006). *The SAGE handbook of performance studies*. Thousand Oaks, CA: Sage.

Park-Fuller, L. (2000). Performing absence: The staged personal narrative as testimony. *Text and Performance Quarterly, 20*, 20-42.

Peterson, E., & Langellier, K. (2006). The performance turn in narrative studies. *Narrative Inquiry, 16*(1), 173-180.

註釋

1. 源自 Marcus（1998）的三種反思式風格：社會學的、人類學的和女性主義的，Foley（2002）勾勒出四種反思性類型：告解式、理論式、文本式和解構式。另外，關於反思性更加的詳細討論，請詳見 Pillow（2003）。

2. 翻譯者注意到 bricoleur 這個法文字，在英文裡並沒有精確相對應的字。在法文它是指「一個什麼都會或是某類專業的自己動手做的人」（p. 17）。李維史陀使用這個名詞，作為神話或神話思維創造者的比喻。

3. 關於反對 Bamberg 的批評並捍衛「大故事」或傳記式（自傳式）研究的論點，請參見 Freeman（2006）。

4. Georgakopoulou（2006）提到的關於敘說教條（教條式敘說）或是宏觀敘說（grand narratives）（Lyotard, 1984）的「大故事」，但我瞭解到的來自後現代主義的宏觀敘說或主敘說（master narratives）指的是握有權力者所散播的霸權思想。因此在本章，我將「大故事」的範圍縮小，泛指一般的自傳式或傳記式敘說研究。

5. 關於對話式與演出式敘說分析的討論，請參見 Riessman（2008）。

CHAPTER *9*

敘說探究實例：
將理論付諸實務

本章主題

思考的問題

- 前面的章節中，你覺得哪些敍說探究的議題最有趣？
- 那些議題以何種方式反映（或未反映）在本章的案例中？
- 你會怎麼運用先前獲得的知識來評論本章的案例？

前言

　　你們有些人可能正好奇著，那位我將他的研究經驗分享給大家的研究者 Bryan 後來到底怎麼了。嗯，我很遺憾地告訴你們，他決定不用敍說探究，在訪談蒐集資料之後，改用他的指導教授最熟悉的研究方法——質性個案研究。Bryan 來到我的辦公室告訴我這件事情。

Bryan：Kim 博士，我覺得很遺憾但我的研究指導教授並不希望我再繼續
　　　　進行敍說探究了。

我：　　（我瞪大眼睛）嗯？你的意思是什麼？發生了什麼事情？

Bryan：（抓抓自己的頭）嗯，妳知道，我試過的，我的意思是，我以和
　　　　我的資料調情來雕琢故事，妳懂的，就是用 Polkinghorne 的敍說
　　　　式分析。根據訪談的逐字稿，我設法虛構化（fictionalize）研究
　　　　參與者在我們地區社區諮商中心的經驗。嗯，我將一些初步故事
　　　　展現給我的指導教授看，他對此並不是很高興，他幾乎要質疑我
　　　　了。

我：　　（我的雙眼瞪得更大了）質疑你？

Bryan：他不認為虛構化是一個好主意，他非常擔憂我的分析和詮釋的
　　　　「效度」和「可信賴性」。他希望能夠看到證據，他並不認為我
　　　　虛構化的那個故事足以保證，他認為那都是來自我的偏誤和想
　　　　像。他用食指指著我的論文繼續問道：「我要如何知道這實際上

發生了什麼？我要如何知道哪一個是真的哪個不是？你們作敍說
的人就是這樣做事情嗎？」

　　唉，我的心一沉。雖然我不認為這是針對個人。（喔，真的嗎？）長
話短說，Bryan 的指導教授在最後要求 Bryan 進行「傳統的」質性研究，
也就是個案研究，即專注找出浮現的主題並從資料中提供具體例證。對
Bryan 的指導教授而言，或許，虛構化等同於沒有根據和偏誤的研究實
踐。出於對他決定的尊重，我仔細地閱讀 Bryan 的初稿，之後我真的理解
為何 Bryan 的指導教授會變得「多疑」，Bryan（重新）建構的故事尚青
澀，也並沒有那麼好理解，因為這是 Bryan 的初次嘗試。故事情節（詳見
第六章的 Labov 模型的例子）是鬆散的，也未納入 Spence 的敍說平順化
（同樣請看第六章），以讓這個故事看起來煞有其事、具吸引力與引人聯
想（詳見第三、四章故事的準則）。Bryan 的初稿裡有許多漏洞、令人瞠
目結舌的事件，以及缺乏整合的描述。雖然我對 Bryan 的努力給予高度的
肯定，但這份初稿並沒有好到可以取信那位不是敍說探究者的指導教授。
我也從這個經驗中學到很多：我們必須謹慎地設計敍說探究（包含敍說類
型的選擇、分析和詮釋），更重要的是，我們需要大量練習敍說書寫。
　　實例對於我們的敍說實踐會很有幫助。所以，這一章呈現了數個敍說
探究的案例，這些都已發表在有同儕審查機制的學術期刊中。請注意，這
些例子並不一定代表是最好的敍說文章，反倒是，它們是你可以從中學習
的各種可行性，你可以思考對你而言，它們是否堪稱好的模式或不是那麼
好的模式。我們可以利用這個機會作為練習、質疑、改造和創作敍說探究
格式的方法，使其能最適合你的研究議題。
　　由於文章篇幅的限制，我依循文章的一般資訊，讓每一個例子皆援引
節錄。這些節錄基本上跳過引言和文獻回顧的部分，在節錄之後，附有一
些問題可以協助引領討論。

現象與方法的敘說探究實例

資　料　來　源：Clandinin, D. J., & Huber, J. (2002). Narrative Inquiry: Toward Understanding Life's Artistry. *Curriculum Inquiry, 32*(2), 161-169. Reproduced with permission of Blackwell Publishing Ltd.

- **文章內容**：這是關於 Darlene 如何和作者一起參與自身生命經驗的藝術和美學結構的故事，Darlene 是一位母親，曾就讀市中心學校。這個故事闡明了譬喻式的三面向敘說探究空間，如何作為更貼近延續生活的故事藝術和美學面向之方式。

- **為何敘說探究被視為現象和方法**：作者提到他們是如何理解經驗即是敘說式的建構和敘說式的生活（現象），並引領他們以敘說的方式（方法）研究經驗。因此，敘說探究同時是現象與方法。

- **研究問題**：沒有明確的研究問題，但作者談到他們的研究意圖是學習關於各種兒童、家庭和教師—研究者的經驗。

- **理論架構**：採用譬喻式的三面向敘說探究空間，此乃援引自杜威的經驗概念：互動（個人與社會面向）、延續性（過去、現在和未來）以及情境（地點）。

- **方法**：錄音研究與 Darlene 的交談，Darlene 的孩子就讀市中心的 City Heights，而那裡也是作者進行為期一年研究的地方。Darlene 也是一位藝術家，經常參與學校活動並在家長諮詢委員會工作。

- **資料表徵**：Darlene 的故事是藝術和美學的結構，並以三維度敘說探究空間的方式呈現。

- **結論**：作者總結道，Darlene 藉由生活、述說和再述說她延續生活的故事，引領讀者對學校景觀能進行更深度的思考，使學校的質感有著多元的生命故事可能性。

▌文章摘錄（Clandinin & Huber, 2002）

關注 **Darlene** 延續生活的故事

＊　＊　＊

　　我的意思是，我是被領養的小孩，同時要學習不同的文化與不同的生活並不容易。我從兩歲到八歲之間，是住在一個法國家庭，我學會說法文。我平時說英文，但在家裡我說法文。在外面，我才說英文（然後我去到一個烏克蘭家庭）。但是在烏克蘭家庭，是「你認真學習，完成學校作業」，你的價值觀是嚴謹的……我在法國家庭裡，沒有真正有過文化生活，但在烏克蘭家庭裡有。

　　在她的述說中，Darlene 描述了親身經驗的其他文化敘說，她延續生活的其他文化故事。她對她的出生地沒有任何印象，但是努力地將自己安置在許多寄養家庭的文化中。她用這種方式過生活，直到她在學校的教科書中看到一張照片，她發現這張照片看起來跟她很像，她開始詢問關於她是誰的問題。當 Darlene 將這些早期生命經驗組合起來時，我們看到當她從一個家庭、一個文化轉換到另一個家庭、另一個文化時，努力地尋找一條一致的情節線。在這個她生命敘說的片段中，她只暗示了關於自己是誰感到相當錯亂的這個紛擾，其帶來的情緒反應有多深刻。

　　我想我學習自身文化的唯一方式是在學校，我在 16 歲或 18 歲時瞭解我是愛斯基摩人。我知道我看起來是愛斯基摩人。所以我有的選擇就只是知道我是不一樣的。我說英文，我閱讀英文，

我覺得英文沒有讓我感到壓力。（在 16 歲或 18 歲時）我有一個選擇……我不想讓這個選擇溜走，因為那是我的家……。當我發現我是愛斯基摩人時，我真的想要有小孩……你仍然能夠延續你的文化。

當 Darlene 知道她的確有生理與文化的原生地時，她掙扎於必須放棄她曾試圖宣稱擁有的其他文化敘說。如今，她精通英文，而且熟悉城市的景觀。任何生命最初時期可能有的記憶，對她而言都是空白的。如果她選擇回到出生地，沒有可以引導她往未來前進的故事。然而，她最終回到北方的家鄉，並用下列方式來描述她的返鄉經驗：

（當我 16 歲或 18 歲時，我回到我的因紐特文化。）直到我 16 歲時，我才知道我來自因紐維克（Inuvik，位於加拿大），當有人說我來自因紐維克，我說：「那是什麼地方？」他們說：「你不知道你自己的家鄉？」我說：「我不知道，我一直住在另一個地方。」然後，我在地圖上努力尋找我的家鄉所在地。所以，對我來說，我認為最重要的事情不是語言或是食物。對我來說，最重要的事情是文化。（當我回到因紐特社區時）我想我最大的恐懼，你知道的，是被淹沒而亡，因此，為了不被淹沒而亡，我最好快速地學習我所屬文化的價值觀。我的父母或阿姨與叔叔們說：「在你要進入叢林地之前，你思考事情時都要想兩次，或是多想幾次。帶著你的補給品，然後我們會檢查你的補給品。」你知道，你必須要知道你有帶著你的補給品。所以對我來說，我的學習是，我過去習慣住在一個總是有水有電的房子，所有我必須要做的只是打開電燈……

當 Darlene 分享生命中這個時刻的故事時——一個她得知自己來自何

方、自己是誰以及自己可能成為什麼樣的人的關鍵時刻，我們隱喻性地與她一起遊歷。當她分享這些經驗的記憶時，她已經知道自己是多元文化的，雖然我們感受到她仍處在一個不確定的立場。現在，她被自己另一個可能的故事喚醒，一個她是「愛斯基摩人」的故事。她瞭解當有人問她的出生地時，她不知道那個地方，反而說：「我一直住在另一個地方。」當時她沒有分享她內在的反應，對於她發現自己可能是某人，而不是這十六或十八年來她所述說故事中的自己時，她的情緒反應我們只能想像。

在這一段研究對話中，Darlene 的敘說生活結構的藝術性明顯可見。仔細地關注 Janice 學習如何成為一位教師的故事，Darlene 將 Janice 所表達在教室與學校生活中的隱微與不確定性，和她學習原生文化的記憶放在一起。當她描述這個再想像與再述說的經驗時，Darlene 帶入了這個新故事——一個與她家鄉的人們一起生活的故事——她必須學習過所有其他故事的生活。她將自己定位成一位說著英文的都市居民，開放自己向其他人、這片土地，以及仔細關注身體所延續的已知部分，以從中學習。

當她成年要離開北方時，她已經是一位母親，並且認真思考她想要延續生活的故事。用一個沒有出生地得以延續生活的故事過生活這麼久之後，她似乎喚醒了為其他人創造出生地的可能性，以釐清他們延續生活的故事。舉例來說，在下面的逐字稿片段中，她表示我們需要一個多元文化敘說，在這個敘說中，所有人都可以找到自己的根源：

> 自從（我兒子）在這裡上學之後，從他二年級開始，我看到其他學生的母親們，有越南人、中國人與原住民。因為我是愛斯基摩人、因紐特人，我被標籤歸類為是越南人、中國人與柬埔寨人。他們走向我，他們說著自己的語言，但是我因聽不懂而無法回應，所以他們的反應是：「為什麼她都不說話？為什麼她都沒反應？」他們接近我，是因為他們以為我是他們的一員。（即使 Darlene 無法瞭解他們。）我不想因害羞而走開，因為我以前

的習慣，但對其他文化來說，我們被告知不要跟特定人士交談或是不要與這些人有所連結，而這樣的觀念已經存在數千年之久。「你不要跟那個文化的人交談，你不要這樣做。」時至今日，已經不同了……加拿大已經成為歡迎每一個人的門戶。

當她述說現在如何在一個多元文化社群中生活時，Darlene 以她所熟悉的身體知識引領前進，學習像一個孩子或年輕人，體現不同文化敘說的可能性。當可以從外觀辨識的少數族群人們接近她時，她知道不要「害羞而走開」的重要性，即使語言是一個阻礙，就像她的童年經驗一樣，她仍保持開放，鼓勵多元性之間的連結。在我們研究對話的其中一部分，Darlene 描述了她試著與那些在遊樂場的母親，其中她還沒有機會與之交談者，創造連結的方法之一是在「沙子上面畫下訊息」。在跨文化之間尋找連結是 Darlene 希望這個學校裡的人們做的事。當 Janice 描述她有倫理方面的考量，考慮要自己教導三至四年級學生有關因紐特的文化知識，還是需要由具備因紐特文化的人，像是 Darlene，來教導她自己的文化。Darlene 說道：

是的，你無法取代我的位子，我也無法取代你的位子。能夠開放與發現不同文化的事實是好事，這是讓我們每一個人可以學習的唯一方法，不論你去到這個世界的什麼地方，或是你要做些什麼事，或是你聽到些什麼……在學校中會學習不同的文化，因為學生們來自不同的文化，這對你和我或其他老師，不論他們是誰，都是非常棒的。以這種方式，我們才能夠教導價值觀給其他孩子。而且你尊重其他文化，你從經驗中學習，所以他們不能說他們沒有學習與收穫。

*　　*　　*

因紐特石堆是 **Darlene** 延續生活的故事隱喻

從敘說探究空間的三面向來關注 Darlene 的生命，讓我們得以看見其延續生活的故事中的開展性（時序性）與情境性（地點）。當我們關注 Darlene 生活中的敘說性結構時，我們注意到那些發生在她的身體、個人、所處社會情境與整個社會中的事情，這些事情彼此之間是流動的。因為我們研究的目的是瞭解生活，運用三面向空間的隱喻，提供了一個方法來關注內在情緒，關注隨著時序、地點與事件推移的美學反應。隱喻允許身為研究者的我們，能夠用充滿藝術性與美學性面向的觀點來瞭解 Darlene 與其他人的生命結構。

▌問題討論

1. 現象與方法的敘說探究其特徵是什麼，以及作者是如何在文章中說明？
2. 作者是如何以隱喻式三面向空間呈現 Darlene 的故事？
3. 本文使用了何種類型的敘說分析與詮釋？
4. 這篇文章的優點和限制是什麼？
5. 這篇文章在哪些方面吸引你？
6. 作者如何呈現他們的敘說尾聲？

口述歷史的敘說探究實例

資料來源：Leavy, P., & Ross, L. (2006). The Matrix of Eating Disorder Vulnerability: Oral History and the Link between Personal and Social Problems. *The Oral History Review, 33*(1), 65-81. Reproduced with permission of Blackwell Publishing Ltd.

- **文章內容**：這是 Claire 的口述歷史，她是白人，是住在郊區的中上階層大學生，目前正苦於會威脅到生命的飲食失調症——神經性厭食症。

- **為何是口述歷史**：作者提到這個研究方法適合本計畫，是因為有興趣理解 Claire 身體意象故事背後的人際關係和經驗的脈絡，包括從兒童時期到大學。

- **研究問題**：女性身體意象的故事是如何纏繞著女性生命？各式各樣的人際關係對於她的重要性是什麼？如何從較大的社會關係、角色和壓力的環境來看待她的故事？她的故事主題是以何種方式成為女性故事的代表？

- **理論架構**：以女性主義理論為基礎，藉由個人意義和更大層面的社會正義問題，質問關於性別的社會秩序。

- **方法**：口述歷史訪談，兩次的訪談錄音是在研究參與者的家中，另外有持續兩個月的非正式討論。

- **人工資料分析歷程（三個階段）**：

1. 逐行分析：主要編碼類別的浮現。

2. 主題式分析：將逐字稿的段落放置在主題編碼之下，主題編碼是從分析歷程中歸納發展得來，這些編碼包含完美主義、控制、獨立和自主性、失望和對自我的投射。

3. 整體性分析：找出更廣泛主題以構成她的敘說「形成一個最終導致飲食失調症的網路或發展環境」，主題包括：力求完美、渴求控制、自主性為核心價值，和壓力網絡「注意看我，我正在縮小」。

- **結論**：作者總結了口述歷史對於將社會議題個人化是有助益的方法。

文章摘錄（Leavy & Ross, 2006）

Claire 的敍說：主題式分析

・力求完美

Claire 解釋她總是希望優秀，事實上，是表現得毫無缺點，因此完美主義是她敍說的重要主題。透過這個主題我們可以看到內在和外在壓力的交相運作，包括家庭的壓力和對成功的渴望。在當中的一段討論裡，Claire 描述了中學的學校生活，她說道：

> 我總是給自己施加壓力，比其他人給的壓力還要多，像是我記得在五年級，甚至在課堂上已經有一個類似的計畫，我還是參加學校的資優生計畫，而且這還是個課後計畫。

在這個例子，Claire 指出她在學校時期的完美主義，而這是她給自己的成就壓力。Claire 在其他地方也提到，她想要完美是因為她相信父母對她有高期望：

> 我記得我五年級的時候微積分還是什麼的得到了 B+，我的意思是我甚至不記得是哪一科，我打電話給我爸爸。我記得當時很慘，我很害怕告訴他這一切，而且他就像，是啊，你知道的，會給你一些力爭上游的目標之類的，要你下次更努力，但對我而言這就像，是這麼的，也就是，我不相信你能理解，就是我已經錯過了。這不是我得到了 B+ 就是好的，這比較像如果我更努力我可以做得更多，我就可以得到 A，你知道嗎？嗯，所以我就是像這種類型的。

和飲食失調症作戰是她生命中最艱困的時刻，那幾乎毀了她，她提到了相同的心態：

> 我知道我需要幫助，但是，我看到的人並不瞭解，他們，他們就是不瞭解，而我，他們想要讓我接受各式各樣的藥物治療，但我是這麼的抗拒藥物，只是因為我還有像是女超人症候群之類的，就是我可以做到，我不需要幫助，你知道吧？

學術研究提到很多女性在她們的生命中都得過飲食失調症，她們經常有必須成為「女超人」的感覺，也就是說，女性在我們的文化標準下，被迫使她們相信必須能夠同時完成多項工作，又無需尋求幫助。換句話說，女性被期待能夠實現專業生涯，同時又能夠養家糊口和完成家務，卻不需要另一半貢獻相同的時間來維繫家庭。雖然 Claire 還沒有開始家庭生活，對於所面對的多重情境，她也覺得自己應該要概括承受；她在課業上盡心力，也同樣地盡全力維持家庭的正向關係。Claire 被教導的文化觀念是女性應該要能者多勞而不需要尋求協助，口述歷史的敘說過程對她而言是一個重要的空間，讓她可以指出自己的這個問題──「女超人症候群」──這不同於別人對她的歸類。這種情況下，口述歷史的過程對我們的研究參與者是有幫助的。

• 渴求控制

Claire 口述歷史浮現的另一個普遍性主題是「控制」，根據她在口述歷史中對童年時期的生動描述，我們開始注意到她在生命中發展出控制需求的過程──所以常常，她希望能掌握自己生命的每一時刻，卻沒有辦法完全控制那些背離常規的事件。有很多的生命事件是她沒有辦法控制的，這些就變成「引爆點」（通常會誘發飲食失調症），像是她父母痛苦的離婚、在高中時期所犯的重大錯誤讓她延遲進大學、短時間內有幾位所愛的

人過世。然而，她可以控制的是自己的身體——可以控制到讓自己接近死亡的程度。談到這個議題，Claire 說道：

> 而我就是像這樣，是的，至少我可以，我可以控制我的健康。你知道嗎？像是，儘管我擁有的不多，卻可以做這個決定，而現在回頭看，我可以看見，我的確為自己發聲了。

藉著「發聲」，Claire 提到個人自主性和控制。此時在敘說過程浮現了一項矛盾：

> 而就像他說的那樣，好像每個人都要求我做點什麼，而我一點都不想要做。我像是，我不要做這個，你知道的，所以……

家庭壓力愈大似乎就讓她感到愈沒有自主性。唯一可以重新獲取對自己生命主權的方式，就是如儀式般且明顯地改變自己的身體。「失望形式」的引爆器同樣也是她故事的持續性主題，我們相信它密切地連結著自我價值，特別是完美主義和自主性，而這兩者是她自我價值的最主要製造來源。雖然她並沒有直接討論到，她的自我價值是在文化脈絡下發展的，也就是為媒體所驅使的。由於這兩項我們已經提到過的重要生活製造來源，她常常感到莫大的失望，她相當在意家人的失望，特別是她和父親間關係的問題。

＊　＊　＊

• 自主性為核心價值

    Claire 經常討論到「獨立」是和智力與成熟相關的概念，也是她認為自己所擁有的兩個重要特質。據此，她強迫自己要變得比其他同年齡的孩子更老成和更聰慧。對 Claire 而言，變得更聰慧或更成熟是她判斷自己的

價值系統之一；她相信成熟是創造力的指標，因而會產生價值。Claire 當學生時很優秀，這讓她在艱困時光中仍保有自信。雖然她知道自己的父母不快樂，她仍極度渴望他們的肯定，最終結果是在他們的婚姻破裂後，她經常要扮演他們兩人之間的協調者。因為她被放在情緒如此身心俱疲的位置，而且有著完美主義者傾向，她開始在課業和運動上都積極鍛鍊自己，同時追求身體方面和心理方面的成功。這裡我們可以看到身體如何開始變成她完美主義的關注對象，甚至是身體周邊的部分。對 Claire 而言，成熟是她人格特質的重要面向，她經常說到她有多麼享受和年長者相處：

> 我的意思是，我猜我總是想著長大可以處事更老成，因為我從來不希望被認為年輕。我總是擔心（聲音變得柔和而且音調變高）他們會認為像我這樣很傻氣（聲音變回和以前一樣）或是之類的。

她不只希望靠自己的方式變成熟，而且也希望其他人知道她是一個成熟的人。

＊　＊　＊

• 壓力網絡：注意看我，我正在縮小

注意看這位年輕女性的內在和外在壓力，是由強調完美主義、控制和自主性（通常是衝突的價值）的價值系統所組合而成的。我們開始瞭解到 Claire 透過她的身體來反映壓力和態度網絡，這項因應策略的選擇很快地扭曲了她的身體，這件事卻也是重要的，因為 Claire 深切的關心她如何將自我投射給他人。「自我的投射」和面具的比喻很類似，包括了個人以某種公開的方式出現，同時卻掩蓋掉許多內在的問題或不安全感。個人可能在某個情境選擇某種面具，將自我塑造成合適的人格而有助於處理當時的情境。同樣地，Charles Horton Cooley 的鏡中自我理論指出個人想像他

人如何看待他們自己，而這些知覺也會影響到自我的概念和行為，因為這是為了讓自己看起來更有吸引力。在 Claire 的案例中，對她而言，在別人眼中是成熟、聰慧和自我控制是重要的，她經常在取悅自我和符合別人期待的錯綜複雜平衡當中做抉擇。她提到：

> 我的意思是，我喜歡他們認為我這麼酷可以幫助我媽媽的這個事實，你知道的，但像是我總想要（短暫停頓）別人因那些我所做的、我所說的和我所想的而尊重我，不只是像是其他人生命中無關緊要的部分，你懂我的意思嗎？

Claire 經常說，對她而言，保持沉默或不被看見是如此重要，這樣就不會因她是誰而惹上麻煩。對極端渴望自主的人而言這是走高空鋼索的動作，想要被聽見又想要沉默，想要被看見又想不被看見，而以怪異的方式縮小身體的這種失調症，幾乎可說是對這種矛盾態度的合乎邏輯反應。事實上有些學者解釋儘管神經性厭食症表現怪誕但其實具邏輯性，是女性對被迫要骨瘦如柴的文化脈絡的反應。事實上，厭食讓她在變小的同時，也更為人所注意。她開始在社會世界和她的家庭中同時佔據更少和更多的空間。

> 特別是因為我總是我們家維持和平的那個人，當我衡量利弊時，打破平衡或製造不必要的麻煩，都不是我願意做的選擇。

Claire 有著許多美國女性所擁有的人格特質，在家庭結構中渴望自我沉默，同時又表現得像是維持和平者。在媒體中女性通常被描繪成緊閉嘴巴或是有著靜默表情的模樣，就好像沉默是比較吸引人似的。因此，女性雖然依舊要和其他女性競爭男性的愛慕，仍被迫要在更大的社會中維持沉默和自足。當身體變得纖瘦了，就好像真的比較不佔空間，女性給人的印

象是比較沒有存在感，而且比較少的獨立存在實體。

▌問題討論

1. 口述歷史的特徵是什麼？以及本文是如何交織出此種特徵的？

2. Claire 個人的故事如何變成社會的故事？

3. 這篇文章的優點和限制是什麼？

4. 本文以何種方式吸引你（或不吸引你）？

5. 作者如何呈現他們的敘說尾聲？

6. 什麼樣的主題適合口述歷史的類型？

生命故事的敘說探究實例

資料來源：Lieblich, A. (2013). Healing Plots: Writing and Reading in Life-Stories Groups. *Qualitative Inquiry*, *19*(1), 46-52.

- **文章內容**：這是關於一群年長者如何透過生命故事的書寫，致力於癒合和創造潛力，但是這個團體不在於治療，而在於記憶、書寫和分享他們故事。
- **為何是生命故事**：作者提到，我們所記住的生命插曲和事件可以在想像力的協助下，擴充並闡述個人的生命。與團體分享生命故事，可以滋養同理、慰藉和支持其他人。
- **研究問題**：在文章中並未明確說明研究問題。然而，作者的目的在於展現生命書寫是如何經常進入到書寫者的痛苦國度。
- **理論架構**：在本文章中並未明確說明其理論架構。
- **方法**：研究參與者是書寫團體的八位成人，他們每兩週會碰面三小時。他們反思並大聲朗讀他們的寫作樣本，全寫在私人筆記本裡。

- **資料表徵**：生命故事書寫的主題是「人們把什麼丟到街上？」
- **結論**：作者總結生命故事展現出深層的需求，其棲身在我們人類的弱點、面對失去的時刻、屈辱或無望感之上。因為研究參與者建構了自傳式敘說的好處，如此一來，就可以闡明並擴大宣洩的價值。

文章摘錄（Lieblich, 2013）

Esther，68 歲

Esther 志工是第一位朗讀的，她以下列這一段介紹開始：

> 我很高興有這個作業，因為它給我機會告訴你們一些我自己沒有跟你們分享過的事：我是一名玻璃藝術收藏者，而這是我人生中非常重要的部分。

這是她朗讀的內容：「我記不太清楚是怎麼開始的，可能是大戰之後，我們是德國難民，而我，一個八歲的孩子，喜歡在我們營外的草地上玩，那裡幾乎被碎玻璃掩蓋了，成堆的像小丘，有各式各樣的顏色——可能是炸彈碎片，但是我們這些孩子並不在乎。我喜歡陽光反射在這些玻璃碎片上的陰影，和隨著陽光出現與消失的彩虹。不管怎麼說，多年之後，我成為以色列空軍飛行員的太太，當我有能力負擔時，我開始蒐集各式各樣的玻璃器皿——彩繪花瓶、水杯和紙鎮。收藏成為我們旅行的目的，不管我們去哪裡我總會計畫著買玻璃品，然後帶著它們回家，我可以四處展示，它們讓我的生活充滿了趣味和喜悅。當我變得更專業時，我專門收藏有獨特特性的美國大蕭條時期的玻璃品，但我仍舊熱愛所有類型的玻璃，它的透明性，它隨著光線改變與反射的方式。我珍愛我的收藏品。

　　有一天我看到一則藝術品的拍賣會廣告，我決定過去看看，我的預算非常少，但是看著別人投標我覺得很有趣。當我進入藝廊，正好看到一件美得不可思議的玻璃雕塑品，一男一女互相擁抱著，大約有 40 公分高。這位藝術家用白色玻璃掌握了這對戀人的姿態──他們希望永遠在一起。它看起來就像是博物館級的傑作。

　　我知道可以購買它時，我靠近服務人員並詢問價格，這位女士說標價是 800 錫克爾（以色列幣），也就是當時的 200 美元──這個價錢我完全付得起。當她瞭解到我對定價是多麼驚訝時，她舉起這項雕塑品讓我看它的底部，它曾經打破又重新黏好了。『這是瑕疵品，前任擁有者將它丟出家門，他們不想留著它，因為已經損壞了。』

　　我興奮地顫抖著並詢問我是否可以當場買下這項雕塑品，這位女士知道我對它的鍾愛，所以在拍賣會開始之前將它賣給我。對我而言，這是奇蹟，想想，別人竟然將這樣的珍藏品扔掉！但是在我的屋子裡它有著尊榮的地位；這是我收藏品中的鑽石，我甚至因為這小小的瑕疵而更珍愛它，這是我的祕密。」

　　Esther 安靜了一下，握著她的筆記，「我應該帶一張這個雕塑品的照片給你們看的，但直到這一刻我才想到，而剛剛在朗讀時，我忽然間瞭解到另外一件事，我認為我被玻璃作品吸引的另一個原因，是因為它們是如此的脆弱，只有當我們給予完全的保護，它們才能夠保存下來──這是我在孩童時期從來沒有想過的。對我而言，它們是無常和倖存的縮影。為什麼我之前從來沒有想到過……。」

Hanna，70 歲

　　Hanna 是以色列集體農場的成員，每次花兩個小時的路程來參加我們的團體，她沒有介紹也沒有宣布她的標題是「被丟棄」（Thrown）就開始朗讀了。

　　「十年前，當我的伴侶和我 60 歲時，離開我們的家和合作農場，像

年輕小伙子一樣到南美洲展開了為期六個月的背包之旅。我們沒有足夠的錢，所以 Sammy 預先安排跟著一位在紐約的朋友當計程車司機。所以結果就是這樣：一個月在紐約存錢，四個月旅行，最後一個月再回到紐約，在回家前償還我們的債務。

從這次的旅程我帶回三段小插曲。

在紐約，有些遠方親戚讓我們睡在他們沒有使用的小型公寓，我們發現那裡只有一張沙發床，而且非常不舒服。過了兩個很糟糕的晚上，我們打算拿出珍貴的預算來買一張床墊，對我們的預算而言這是一筆很大的支出，但是我們別無選擇。

這天早晨，Sammy 出去輪班駕駛，我計畫今天一整天都待在大都會博物館，就像我每天做的一樣。出乎我意外地，Sammy 很快就回家，他滿臉通紅而且尖叫著說：『隨便穿件衣服，馬上和我下去。』

『怎麼了？為什麼？』我問道，但他拒絕回答，只是催促我快一點。

我跟著他下了四樓，就在這棟建築物的入口立即看到了讓他如此驚訝的東西。靠近垃圾堆的地方躺著一個幾乎全新的床墊，被丟棄的、不要的，一個不知名人士給我們的禮物。我們笑著並說道：『看看這些大蘋果（譯註：紐約的別稱）的有錢人丟掉了什麼！』在費盡力氣和不斷的笑聲中，我們一路拖著床墊回到我們的小房間，彷彿是世界上最快樂的人。在紐約的這一個月，我們總是能夠在街道上發現我們公寓需要的東西。

接著，在巴西，我永遠不會忘記我在里約的第一天……不管我們走到哪或開車到哪，街上都有許多孩子，生活在路邊、在巴士站，嬰孩和幼童張著飢餓的眼睛，小男生和小女生幾乎光著身體，充斥著像動物一樣的野性，他們看起來全都髒兮兮的。有些孩子看起來被餵飽了，而有些則仍在飢餓中，但他們都聚集在角落，在大型建築物的陰影下，或主要道路的旁邊。我從來沒有看過像這樣的景象，誰丟棄了他們？他們的母親不照顧他們嗎？有一些集中營倖存者的相片就像這樣，你知道嗎？就是這個，相同的景象，和未被拯救的絕望。我無法承受這樣的景象，立刻逃到山區。在

家鄉這樣的事永遠不能再發生：我的丈夫和我互相安撫對方。

我們有一趟很棒的健行，我試圖忘記巴西的小孩（事實上，我忘了他們直到上個禮拜，她注視著我們補充道），然後回到紐約，有一天早晨當我走在博物館的路上，那時 Sammy 正在值班當計程車司機，我看到一小群人，幾位警察和一輛救護車圍在一名年輕女性的旁邊，她躺在街上，路人告訴我她跌倒了；可能是生病、醉酒或嗑藥，誰知道呢。在我走向藝術的嶄新一天，但是就像在巴西，感覺不是很好，此時我覺得愧疚，在街上發現一個水壺或一張床墊是很棒的事，但當我發現一名嬰兒或年輕女性時我都做了什麼？我取走我想要的、我需要的、會取悅我的，卻丟棄剩下的……這不是生命的殘酷嗎？」

沒有人評論 Hanna 的故事，整間教室依然寂靜無聲。

最後 Esther 說道：「別折磨自己了，妳只是個人！」

* * *

最終論點

這些自傳式民族誌的故事展現出深層的需求，例如像我們必須挖掘人類的弱點、面對失去的時刻、屈辱或無望感。甚至在某些案例還包括傲氣或勇氣，就像在 Andy 和 Dalia 敘說的故事裡提供的是所謂的黑暗面——必須放棄先前的期望。

這種現象可以被歸因為底層機制，因此敘說者可藉由書寫和分享上述的故事而釋放自己（詳見 Lieblich, Josselson, & McAdams, 2004）。甚至，Esther 的故事就是一個很好的範例，他們生命事件的故事形式可以幫助敘說者建構自己的認同，和對他們的某些選擇或習慣賦予意義。團體藉由對參與者提供同理、慰藉和支持，傳遞著我們都只是人的訊息。

我經常和老人家接觸，大部分是女性，因為他們參加我們的書寫團體，花時間和金錢參加這樣的活動，對他們而言是很自然的事。前述的描

述中所流露的深度和情感程度，在這個書寫和朗讀工作任務中，絕不是罕見的。我們使用各式各樣的提詞，有的例子像是：「我生命中的門／大門」、「寫下和重要他人的交談：如果有機會你會怎麼改變自己？」「描述你的餐桌和在桌旁所發生的事件」、「孩童時期的過錯」、「手足和我」、「我失去它／我找到它」等等。自遠古時代，我們就相信宣洩的價值，換句話說——只要將疼痛表達出來就有潛在的療效。在建構自傳式的敘說時，書寫它們、分享它們，並給予回應，藉由這種共同參與的優勢，其成效會擴大無數倍。

■ 問題討論

1. 生命故事的特徵是什麼？在本文中它們是如何流露的？
2. 書寫的角色是什麼？它會如何促進敘說探究？
3. 這篇文章的優點和限制是什麼？
4. 這篇文章用什麼方式幫助你瞭解生命故事的敘說探究？
5. 這篇文章對生命故事和生命歷史的意涵是什麼？
6. 作者如何呈現他們的敘說尾聲？

自傳式民族誌的敘說探究實例

資料來源：Sparkes, A. (1996). The Fatal Flaw: A Narrative of the Fragile Body-Self. *Qualitative Inquiry*, *2*(4), 463-494.

> • **文章內容**：本文章探討如何運用自傳式民族誌來探索經歷時光歲月下，身體和自我之間的反思性關係，並以融合個人與社會的方式進行反思。

- **為何是自傳式民族誌**：作者寫到他欲從自我的敘說呈現這些時刻，並以一種引發思考、混亂、斷簡殘篇和饒富情感的方式，使讀者投入其中。目的是帶領讀者進入私人的親密世界，藉此刺激讀者反思自己的生命，並與作者產生連結。
- **研究問題**：在文章中並未明確說明研究問題。
- **理論架構**：身體化（embodiment）與身體的理論。
- **方法**：醫學報告、日記、人為飾物和其他關於身體的既有文獻。
- **結論**：作者並無給出明確結論，然而，他在討論部分呈現了副標題，像是「沒有結論」、「結語的問題」以及「留下疑問：他學到了什麼？」。

▌文章摘錄（Sparkes, 1996）

從凌亂房間獲致的想法

現在是 1994 年 5 月，我以前就曾沿著醫院的走廊走過無數次。海軍藍的地毯和兩邊擦亮的樓梯扶手都是我所熟悉的。我決定不要使用這些扶手作輔助，我沿著想像中的中心線蹣跚前行，我的身體沒有辦法站直，臀部歪向一邊，每踩出一步，我的後背腰部就猛烈地一陣疼痛，並蔓延到右大腿。醫院很熱，我滿頭大汗。我流著淚也很害怕。1988 年，我因為椎間盤突出動了腰椎手術，現在我感覺到醫院很快要再次將我吞沒了。我希望它這麼做；這樣我就可以遠離疼痛。

停下來休息了一會兒，我轉向 Kitty，我的太太，她已經有六個月的身孕。「似曾相識的感覺，」我對她說道：「它再次發生了。」她的眼中湧出淚光，我們兩人站在長廊緊緊地抱著對方，我親吻著她臉頰上的淚珠；我想要在這對眼睛的藍海裡沉溺和被拯救。她圓滾滾的肚子擠壓

著我，一陣愧疚掃過，Kitty 懷孕在身，這麼疲倦，還要照顧我們的女兒 Jessica（那時她三歲），而且現在又要擔心和處理我的壓力和我身體的潰敗。無用的感覺讓我很氣自己的身體，此刻我恨透了它！

今晚，正如同之前的晚上，從我的背部最近開始痛的那次之後，我躺在這裡專注於疼痛，沒有辦法平躺，我覺得舒服的唯一姿勢是側躺，然後在我的膝蓋和大腿之間塞幾個枕頭。儘管有止痛劑，電擊的感覺仍連續襲擊我的腰部，刺痛我的雙腿，有時還會入侵到腹股溝。躺了一小時，還是沒有睡意，所以我盡量安靜地勉強從床上起身，這樣就不會吵醒 Kitty。走進隔壁我的「辦公室」（是這房子裡唯一一間沒有裝飾的房間，裡面都是我的書和電腦），我讓自己盡可能舒服地坐在骨科專用椅上，這是 1988 年我第一次背部開刀後，社會服務部門提供給我的。我坐在這裡，閃過一些模糊的念頭，如果我可以做點什麼「事」，也許是學術寫作或閱讀之類的，那麼就可以「善加運用」我的時間。這會是一個視我的背部為無物的宣告姿態，因為疼痛沒有辦法再掌控我生活的全部；或許也可以讓我的心智遠離疼痛。像這樣的時刻裡，我反思著如何看待我的後腰部以及產生的疼痛，他們既是我的一部分又不是我的一部分、既親密又疏離、既自我又他人，但是在這麼多的多重二元論和矛盾當中，出現一個具有力量的象徵是，我處在和我身體的關係裡。（p. 468）

＊　＊　＊

沒有結論

從手術的觀點來看，我在 1988 年和 1994 年的手術是成功的，從我腰椎的第三、四節以及第四、五節之間，所取出的椎間盤突出，現在正保存在浴室架上的兩個瓶子裡。天氣好的時候，我走路或騎腳踏車從我家到工作的地方，來回大約七英里的路程。然而長期的背痛問題依然存在。就像很多 40 歲出頭的男人一樣，分量十足的身體訓練已經被正常的運動活動

取代了。然而內心深處我還是希望逼迫自己從事大量的身體活動，並感受著有時會隨之而來的歡欣之情。不過如果我對自己的身體太過逼迫，老毛病就會回頭找我，我的下背部會痙攣，然後經歷急性疼痛。有時它彷彿只是為了好玩而造訪，像是發生在最近的 1995 年 7 月，我從嬰兒車舉起我的兒子 Alexander（11 個月大）的時候。簡單地說，老毛病在我生命的運作方式，沒有韻腳或理由，沒有型態。甚至當我在 1995 年 10 月寫下這些文字時，因為長時間坐著，下背部的悶痛干擾了我的注意力。這幾天我等待骨科醫生的治療，在月底可能會有專家對我的腰部做更多的注射。我也曾想過試著用亞歷山大技巧（譯註：一種藉由自我觀察與推理方式改善身體動作的訓練方法）。最後的結果是我不太確定如何結束這個故事。就像 Ellis（1995a）一樣，我必須請求讀者：「你艱難地生存在不確定性中，在此故事情節線不斷地繞圈圈，結局是多重的且通常沒有結果，自我是分裂並常常是相互矛盾的。」（p. 162）

開始著手想要寫下這些自我的敘說，以一種混亂、斷簡殘篇和饒富情感的方式。我就像 Bloom 與 Munro（1995）一樣，刻意要以這種方式建構最後的文本，用以抵抗權威式的最終詮釋。為了達到這個目的，我已經追隨了 Plummer（1995），用模糊性浸染我的故事，以及避開那些想要將故事的斷簡殘篇變成連貫且整體的敘說結構的誘人慾望。最後，本段落後面跟隨著兩個段落「結語的問題」與「留下疑問：他學到了什麼？」其書寫方式是使用「停止—開始」、片段的、明顯未聚焦的方式，以不連接、未設定的姿態出現在讀者面前，而不是讀者所熟悉的學術性文章的連貫性結局和結尾。在這個過程裡，我已經辨識出 Richardson（1994）對書寫想法的意涵，她提到書寫是一種探究的方法，並呼籲我們將反思性延伸到書寫實踐的研究中。在這裡，我們被邀請來和其他研究者反思並分享我們的「書寫故事」，或是關於我們怎麼建構特定文本的故事。對 Richardson（1995）而言，這意味著：「不要隱藏這種掙扎，隱藏人類辛苦勞動所產生的文本，書寫的故事會透露出辛苦勞動的情感、社會、身體和政治基

礎。」（p. 191）

　　反思我的書寫故事能夠讓我避免使用結局，同時突顯我自己也是閱讀我的自我敘說的多元讀者之一。在 Iser（1978）的說法裡，我作為詮釋者／讀者的工作是要闡明意義產生的過程，而不是找出單一參考或權威的意義。採取這樣的立場，我愈來愈察覺到我述說中演出的元素，以及它提供我機會重溫、重塑和重新校準過去的事件和經驗，讓它們能與現在連結而賦予新的意義。這是「認同工作」（identity work）的一部分，和自我的反思性投射同行，我承認我投入一個虛構的過程，試圖將重新書寫自我和滿足現在需求的意識作為自我創造的一部分（Eakin, 1985; Freeman, 1993; James, 1994; Temple, 1994）。根據 Linde（1993）和 McAdams（1985），這些需求包括透過訴說故事而對人們和團體生命創造連貫性，這個過程已經被確認對（慢性）疾病患者的生命有莫大的重要性（詳見 Charmaz, 1991; Frank, 1995; Kleinman, 1988; Riessman, 1990; Robinson, 1990）。然而，正如 Good 與 Good（1994）所說明的，在土耳其癲癇的案例中，他們考量到疾病述說的主觀性特質。對這項尋求連貫性的研究而言，這並未意味著尾聲，反而是他們所聽到故事的虛擬元素顯示出，敘說維持著多重觀點以及多元閱讀和多元結局的可能性。也就是說，他們隱約傳遞的是人類的可能性而不是確定性。我開始著手辨識出我自己敘說中的這些特徵，同時也更加察覺到我故事的前一份手稿架構否定了這些特質。

▋問題討論

　　1. 自傳式民族誌的特徵是什麼？作者是如何將它們納入本文之中？

　　2. 作者是如何維持他的反思性以及反思性的角色是什麼？

　　3. 這篇文章的優點和限制是什麼？

　　4. 作者如何理論化他的個人故事？

　　5. 這篇文章以什麼樣的方式協助你瞭解自傳式民族誌的敘說探究？

6. 你對於「沒有結論」有什麼想法？

創造性非虛構小說的敘說探究實例

資料來源：Kim, J. H. (2006). For whom the school bells tolls: Conflicting voices inside an alternative high school. *International Journal of Education & the Arts*, 7(6). Retrieved from http://ijea.org/v7n6/

- **文章內容**：這篇文章是關於某所另類高中內部不同的利害關係人的衝突聲音，包含校長、警衛人員、兩名學生與一位老師。
- **為何是創作性非虛構小說**：作者寫到，創作性非虛構的文本會創造一種虛擬真實，使得讀者覺得故事是真實發生的。此類型可讓五個主角分享他們對該所另類學校的觀點、情緒和反思。以第一人稱的方式並使用表達性、脈絡化與通俗的地方語言。
- **研究問題**：在文章中並未明確說明研究問題。然而，作者寫到這篇文章的目的在於提供讀者替代式的接觸學校內部的張力，以及促成對話式交談，協助對經常感覺到教育不平等的被剝奪學生形成「最佳實踐」。
- **理論架構**：巴赫汀小說性中的複音（多重的聲音）、時空體（時間與空間）和嘉年華（同等價值的各類聲音）。
- **方法**：五個月的民族誌法。田野觀察和參與觀察、交談研究以及參與者的半結構式訪談。
- **資料分析**：Polinghorne 的敘說分析模式。
- **結論**：作者的結論是以研究者的聲音予以重現。她留下了如同嘉年華會般多重聲音的開放式結局，所以它也可以作為教育者間真誠對話的起點。

▌文章摘錄（Kim, 2006）

Hard 先生的聲音：警衛人員

　　我是另類學校的警衛，在來到這裡之前，我在警察單位工作二十年之後退休。我的太太在鳳凰城的醫院擔任主管，兩年前因為她的工作我們從匹茲堡搬到了這裡。我有兩個兒子和一個女兒，其中兩個已經高高興興的結婚了，最小的兒子現在唸大學。我的興趣是週末的時候將家裡的房子修修補補，而 Home Depot 是我最喜歡的購物地點。

　　這是我在這所學校的第二年，至今我很喜歡我的工作，我最主要的任務是確保我們學校的安全。你知道的，現在的孩子都有點危險，特別是這所學校的孩子，他們有很多的問題是常規學校所沒有辦法處理的，這也是他們為什麼會在這裡的原因。很多孩子有犯罪紀錄，有些孩子曾經坐過牢，我之前的警察經驗，對於我處理這些有犯罪可能的孩子有很大的幫助。這是為什麼我這麼快就被錄取的原因。和我工作密切的上司給我職權來處理這些孩子的紀律問題。在這裡我是強硬派，是學生必須遵守規則的最後防線，這就是我的背景。我花了很多學費完成警察學校的教育，而我現在帶著這些知識教導這些孩子紀律，我喜歡我的工作內容。我運用我的資源設法協助他們成功，你知道的，他們會在這裡是因為他們沒有辦法控制自己的態度，他們沒有辦法控制自己說什麼。他們會憤怒、發脾氣和頂嘴，有很多種方式可以處理這些，而這是教科書裡所沒有的。

　　教師可以有彈性，當他們不知道如何處理這些搗亂的學生時，可以把他送到我這裡來。我在這裡的工作就是灌輸紀律給這些孩子，當你們在星期天下午去看足球賽時，那裡如果沒有裁判，球賽會成什麼樣子？在這裡我就是裁判，我就是規則。學生如果不遵守規則，他們就必須面對我。我是讓球賽維持有條不紊，讓球賽不出亂子的人，我的責任就是維持規則。

我們正設法幫助這些孩子能夠成功地轉變為社會的新成年人。從某種意義來說，我們的工作已經非常有成效了，從我開始在這裡工作之後，我看到學生已經有了很大的不同。

孩子在學校會躲著我，沒看到就沒有衝突。我知道他們不喜歡我，這對我而言沒有什麼，我不希望被喜歡，我只要被尊重。不要誤會我的意思，我不是說我不同情他們，我替這些孩子感到難過，因為他們有很多包袱，他們來自破碎、貧窮和虐待的家庭，他們不適應主流，他們已經失去人生方向。所以，我們的工作需要讓他們回到正軌，這只能用嚴格的紀律來達成。他們需要學習如何好好表現才能夠在社會上有所用，像是收納員之類的。如果他們不遵守規則，我們會將他們趕出學校。事實上，今年我們已有多位學生被關禁閉，這是我們讓他們知道自己做錯的方式。

你可以想像，我們對學生違反學校規定採取零容忍政策。最近 Holly 成為我的重點目標，她就是做不到。我不知道她未來會變成什麼樣子，她脾氣很壞而且每隔幾天就惹麻煩，她抽菸、違反穿著規定、跟老師頂嘴，還有很多很多。我們已經警告她很多次，她很聰明，但在這裡聰明不算什麼，重要的是有沒有遵守規定。10 月的第一個禮拜，我又在休息室抓到她抽菸，我叫她跟我走，她不肯，所以我叫了警察，但 Holly 抓了一把石頭砸向我，她多暴力！我們關了她五天禁閉。

三週之後，我們學校為學生舉辦了一場萬聖節活動，教師和行政同仁出錢為學生買了漢堡餡餅、香腸這類的東西，我從家裡帶來了自己的烤肉架和工具並負責烤肉，我很高興擔任當天的主廚，也很高興看到學生放鬆心情，開心的享受我烹煮的食物。看到學生和老師在一起聊天、打籃球和玩其他遊戲是多麼棒的感覺。這是一個好的轉變。這場派對絕大時間都很棒，但就在派對結束之前，Holly 和另一個黑人女孩 Shawnee 吵了起來，Holly 對 Shawnee 發飆，並對著和其他九年級生在一起的 Shawnee 亮出光溜溜的臀部。這個事件被報告給主管，他打電話給 Holly 的媽媽請她隔天到學校來，Holly 被趕出這個快樂的萬聖節聚會，希望這次的驅逐可以教

會她一些東西。

Holly 的聲音：高飛史努比

我叫 Holly，7 月剛滿 15 歲，我出生在亞利桑那州的 Mesa，而且從未搬離亞利桑那。我是一個白人女孩，有一些來自我媽媽這邊的美洲原住民血統。我聽說我媽媽的曾祖母是美洲原住民，雖然我不知道是哪一族的。我很高，差不多有 170 公分，有著一頭長長的閃爍著紅暈的金髮。我喜歡穿緊身低腰的牛仔褲以及有著黑色「死亡玫瑰」的 T 恤。上國中時，我習慣穿歌德式風格的衣服——從頭到腳全身黑色，穿著厚厚的笨重軍靴。但是我膩了，所以現在是龐克風，我的後背部有一個刺青，我在舌頭中間穿了一個銀環。這個舌環是我 15 歲生日當天穿的，我非常喜歡。雖然我媽媽很討厭它，但我不在乎，反正無論我做什麼她都討厭，她很討人厭。她在一家車體商店工作，和她的同居男友一起擦亮和上漆中古車。我等不及要離開家，只要我一滿 18 歲我就會跟他們說再見並且離家，我已經厭倦了他們總是命令我做這做那。

總之……我的綽號是史努比，當我八年級的時候，曾在購物商場像史努比一樣地跳躍和跳舞，之後就有了這個綽號。我喜歡這樣，人們圍著我大叫：「史努比，史努比！」我跳了一小時，一點都不會覺得不好意思。從那時候起我的朋友開始叫我史努比，他們認為我是高飛（goofy），是的，我是高飛。我不在乎別人怎麼想我，只要我喜歡做的事我就去做，不用多想。但是在學校我卻因為這樣招來麻煩，老師不喜歡我的個性，他們認為我就是愛秀。事實上，有一天 Bose 老師告訴我要改變我的個性時，我覺得很難過。你知道她告訴我什麼嗎？她說：「我不喜歡妳的個性，妳需要行為檢點，妳需要改變妳的個性，這樣妳的學校生活會容易一些。」我告訴我自己：「屁話！」改變我的個性？天啊！它可是花了我 15 年時間培養出來的，我才不在乎她喜不喜歡。我是獨一無二的，我是與眾不同的。我有我自己的意見，跟其他的孩子不一樣。但是老師認為我就是愛

現、搗蛋、不羈和粗魯。我喜歡大聲說話，曾經因為這樣而被攆出教室送到另類學習中心，在那裡面有其他搗蛋的孩子被隔離起來寫自己的作業。

我的朋友喜歡跟我談他們個人的事，因為我會出主意提供他們解決的方法，可以這麼說，我認為我有領導特質。我希望成為一名律師，我喜歡跟人們爭辯：我的媽媽、我媽的男友、老師和我的同學，我每次都贏。老師真的是我最大的敵人，但我不怕他們。很多時候他們不講道理，舉個例子來說，上個禮拜我在 Bose 老師的數學課上吹口哨，因為我很高興比其他人更早完成了學習單，是啊，我們應該已經是九年級生了，但是我們所學的內容卻是我在七年級就已經學過的，這張學習單對我而言超級容易，所以我吹口哨讓其他人知道我已經寫完作業了。但是 Bose 老師走過來說：「Holly！停止吹口哨。因為搗蛋今天妳會得零分。」「什麼？我寫完作業卻得零分？這沒有道理！」「沒錯，無論如何妳都會得零分，因為妳搗蛋。」「很好！如果我今天會得零分，那我就要繼續吹口哨。搞什麼鬼！」我繼續吹著口哨，Bose 老師開始對我大聲吼：「Holly 馬上停止吹口哨！否則我要打電話給辦公室。」「隨便妳！」接著是一長串的相互對吼。最後 Bose 老師打電話給辦公室，5 分鐘後 Hard 先生到教室將我帶走，他帶我到另類學習中心。所以，這一天又成為另一個「在學校一事無成」的一天。

這個學校差勁透了，如果你問我。他們將一掛的壞孩子像垃圾一樣放在一起，這裡沒有什麼吸引人的地方，看看這些醜陋的簡易建築物甚至沒有任何窗戶，他們稱它為「教室」。我們沒有自助餐廳，所以我們必須在休息室附近的戶外餐桌上吃午餐，甚至在高達攝氏 40 度熱得像沙漠的氣溫下，享用著野餐，真是怪事。我們用的是來自鄰近學校「舊的二手」教科書，好像我們是教育的拋棄式產品，我們沒想那麼多。我們的教室有六、七位學生，我喜歡小班制，但我們並不是真的上完課本的內容，我們學簡單的東西，對此我感到很厭煩，我必須再學一次九九乘法表，因為我們的墨西哥男孩 Guillermo 不知道如何使用乘法！當我遇到困難的內容，

我就直接從教科書上抄答案到學習單上，雖然並不理解它的內容。只要我好好表現我就可以得到好成績。我希望成為律師，但是我不知道我可以怎麼樣達成我的夢想。我知道我不笨，但是沒有諮商師可以讓我和他討論。

　這裡比常規學校有更多的規定與校規。看看 Hard 先生，從警察單位退休又老又胖的警衛，我討厭這個傢伙，他有規則強迫症。他總是說：「遵守規定，遵守規定，這裡規定第一，否則你就準備面對我。」我們設法避免撞見他，因為他總是可以在我們身上找出一些錯誤，他隨機挑一、兩個學生到他的辦公室，並開始搜他們的背包。我們討厭這樣，這是一種屈辱。最近 Hard 先生像老鷹一樣盯上了我，我不知道我何時成為他的目標，總之他決定挑上了我。10 月的某天天氣霧茫茫的，我想要抽根菸，天氣很怪，而那天早上我又和媽媽大吵一架，我正經歷糟糕的一天，你知道的。我需要抽菸來釋放我的壓力，當我正在休息室抽根菸的時候，Hard 先生當場逮到了我，他要我跟他到辦公室，我說不，他再要求我一次，我又說不，然後他開始打電話給警察，我很快從地上抓起石頭擲向這個狗娘養的。他像無頭蒼蠅一樣地跑開。我完全打敗他了！昨天晚上我夢到他，我拿著一把螺絲起子刺向他的脖子，說：「少管我！」他真的怕我！

▍問題討論

1. 創作性非虛構小說的特徵是什麼？作者是如何將這些特徵納入本文之中？
2. 虛擬現實是如何被創造的？
3. 作者是以什麼樣的方式邀請讀者參與對話？
4. 作者的理論架構——巴赫汀小說性是如何達成的？
5. 為何這個理論架構適合（或不適合）這篇文章？
6. 這篇文章的優點和限制是什麼？
7. 還有其他哪些資料分析方法可以用在這篇文章之中？

虛構小說的敘說探究實例

資 料 來 源：Frank, K. (2000). "The Management of Hunger": Using Fiction in Writing Anthropology. *Qualitative Inquiry*, *6*(4), pp. 474-488.

- **文章內容**：這是一篇短篇小說，是以作者在美國脫衣舞俱樂部的田野工作為基礎的創作，並反思飢渴與慾望——對於食物、金錢、親密、承認、渴望他者，以及權力的多種表現形式。
- **為何是虛構小說**：作者寫到當事實的表徵阻礙了可能的另類詮釋時，採用虛構小說可能會適合且可引人深思。因為虛構小說能讓作者勾勒生活經驗的複雜性，而不需要總是給人像在理論解讀的印象。
- **研究問題**：本文並未提到明確的研究架構。然而，作者的目的是質疑親密、性愛和權力間的關係，並藉由隱喻、闡述權力關係和人際互動的複雜性之方式進行。
- **理論架構**：本文章並無明顯的理論架構。然而，作者寫到她轉向改用虛構小說處理問題，是因為無法找到合適的理論語言或是架構，因為有些時候要轉譯某些經驗，學術語言仍較不完整或不足。
- **方法**：民族誌、參與觀察，俱樂部男性常客的多重深度訪談 30 次、簡短訪談（如：俱樂部的非常客、舞者、經理、廣告商和其他俱樂部工作人員）。
- **資料表徵**：虛構小說。作者提到沒有一個角色是客觀存在的，他們都是綜合體與建構的。
- **結論**：作者總結這是對人類學的表徵危機的回應，虛構小說可以作為民族誌的表徵而進行實作。

文章摘錄（Frank, 2000）

飢餓感管理

當我的朋友 Maya 走進我們工作的脫衣舞俱樂部更衣室時，我正留意頭髮的髮捲小心地脫下金色針織洋裝。她還穿著街上的服裝，看起來像個年輕男孩——一頂棒球帽、鬆垮的牛仔褲和 T 恤。她斜背著軍用帆布袋，一手拿著她的假髮片——長長閃亮的黑色馬尾。

她擲東西給我，稍微撞到我的手臂。「嗨，Kenzie，」她說道，「一個給我，一個給妳。」我彎下腰，從地板上撿起一隻小小的填充娃娃。是一個袋鼠娃娃，有一隻小袋鼠裝在她的肚袋裡。

「好可愛，」我說。「醫生給的？」

「當然，」她說。「一個門房的女孩在回去的路上拿給我們，省得她麻煩。我想他早到了。」她將包包重重地放在椅子上，將馬尾假髮小心地放在上面。

我看一下時間，現在是 6 點 15 分，「謝謝，」我說，「我差不多準備好了。」

每個禮拜五晚上，醫生和我在 6 點 30 分有晚餐約會，雖然我的班要 7 點才開始，我會先打扮好，這樣他來的時候隨時可以走。他必須在 8 點 30 分前回家，否則他的太太會起疑。

我工作的俱樂部有一個四層樓的大廳，一間有著長椅的貴賓室，以及一間餐廳，客人可以帶著舞者過來用餐或喝一杯。客人要和舞者用餐，大部分的舞者收費每小時 100 美金，而我也不例外。在週五的傍晚和醫生碰面，意味著在餐廳 11 點打烊之前，我仍有機會在他離開之後再找一個客人帶我去用餐。

＊　＊　＊

「晚上妳要跟我們一起去吃晚餐嗎？」我問她。雖然醫生每週帶我去吃晚餐已經超過六個月了，但他以為 Maya 和我是室友，經常會邀請她加入我們。就像對大部分的客人一樣，我從來沒有告訴他事實上我和我的男朋友 Seth 住在一起。Maya 和我看起來很像室友，為了更具真實性，我們有時會為了髒盤子或借用衣服爭吵。好幾次醫生給我們買日常生活食品的錢，因為我們跟他描述我們冰箱的慘況——想像中的迷你胡蘿蔔棒、優格、番茄醬和瘦身代餐。我們總是將得到的錢對分。

「今晚不行，」她說，「在樓下工作我想可以每小時賺超過 100 美金。」然後她停下來。「我不應該這麼說，我可能有點中邪了，而且死於黑死病。」我笑了，我自己也曾經歷過黑死病，和其他舞者一樣頻繁。有些晚上，俱樂部裡的每一個人都認為妳美極了，而有的夜晚相同的妝容和動作卻沒有辦法引起任何注視。黑死病發作會讓舞者值了長長的班，卻在付完法定稅金、小費和房租之後，口袋空空地回家。皮包羞澀是偶爾的工作隱憂——就像腫脹的膝蓋、剃毛後的紅腫，和定期的犬儒主義。當我開始跳舞後，我很快學到在賺到錢之前永遠別花自己的錢，在特別忙碌的夜晚，我用冷凍豆的袋子冰敷我的膝蓋（效果比用冰塊敷還要好），並且在我的比基尼線擦上祕密的除味劑，可以讓剃毛後的疹子變淡。但是，我還沒有發現排除犬儒主義的方法。或許這樣就是最好的吧。

「好吧，至少過來和我跳舞，」我說，她點頭。坐在地板上，我繫好高跟鞋足踝的帶子，然後從櫃子裡拿出一個小型的亮片晚宴包，悄悄地放進一支口紅。除了口紅，包包裡都是空的，要留著裝錢。我發現這是跳舞最愉快的事之一，當我在傍晚開始帶著一個空空的皮包走進夜間俱樂部，最後離開時卻有滿滿的一疊鈔票。

俱樂部目前幾乎空盪盪的，我即刻就過去酒吧和醫生碰頭。

他正喝著琴湯尼邊和調酒師說話，他們已經認識好幾年了。當我走

近，他轉過來看著我說：「妳看起來很漂亮，Kenzie。」他叫我的真名而不是藝名。在 Maya 的建議下我已經讓他叫我 Kenzie 好幾個月了。

我擁抱他一下：「謝謝你的袋鼠。」

「不客氣，請妳喝一杯？」他問道，「或者妳想去吃晚餐了？」

「晚餐，」我說，「用餐時可以開瓶紅酒嗎？」他點頭並拿起他的玻璃酒杯，我們穿過俱樂部走到餐廳，我邊跟幾位夜班的舞者揮手。

傍晚時間只有幾對客人在用餐區，這一區奢華而幽靜──小房間大部分都擺兩張桌子或排成半圓形，桌面上擺飾著蠟燭和新摘的鮮花，這裡的桌子寬得可以在桌面上跳舞，也寬得可以在房間排出奇怪的幾何圖形。舞者雖然穿著長禮服，她們「有約會」有時會穿短裙，看起來更養眼。一名我不認識的深髮色女性白人舞者站在其中一張桌上，在麵包籃和桌飾之間擺動著，除了高跟鞋外幾乎全裸。因為我們供應食物、高跟鞋，夠奇怪了，這是衛生部門要求提供的。有兩名客人直直地注視著她，甚至沒有注意到我們進來。

女服務生認出了醫生並帶我們到角落的老位子。當我們進了包廂，我確認他坐在我的右手邊，我比較好看的那一邊。我們坐得很近，我問他這個禮拜過得如何，他告訴我工作上的事情，手指無意識地敲著桌子，他並沒有像有些客人想要將結婚戒指藏起來。女服務生過來點餐，我點了燒烤鬼頭刀，醫生點一分熟的牛排。對醫生點紅肉有著心領神會，他曾經告訴我這是唯一一個他不必擔心被批評的地方。他從酒單中選了一瓶梅洛紅酒，又點了一杯琴湯尼。醫生總是在我們的食物和飲料上花超過 100 美元，有些晚上，我希望他直接給我錢，讓我跳舞替代。但這不是我們關係維持的方式，而且這裡還有人搶著像這樣的好客人，我沒有辦法跟其他人大聲抱怨，更不用說是他。

* * *

因察覺到醫生今天晚上心情不佳，所以我話說個不停來讓他開心，並

談到如果他休假我們可以在一起做些什麼。我建議去跳搖擺舞、騎馬和海邊，我跟他說如果他可以帶我去海邊，我會讓他每天早晨五點起床然後跟我去慢跑。他大笑然後看著自己鬆垮的腹部。我告訴他下午我可以到游泳池畔為他帶一杯鳳梨可樂達，然後穿著露臀泳衣四處晃，讓游泳池畔的男人嫉妒，讓女人生氣。我秀給他看我身上穿著金色的丁字褲，是用來搭配我的鞋子。我裝傻氣和孩子氣想辦法讓他放鬆。

但今晚這些都沒有效。我擔心他已經對我失去興趣了。我曾聽說醫生一段時間就會厭倦舞者——之後他會再出現，並選一位新的舞者來花他的錢。事情就是這樣發生的，我們第一次開始坐在一起，之前坐在他旁邊的舞者非常生氣我偷了她的常客，然後她離開了俱樂部三個禮拜直到經理叫她回來。現在如果我們值同一個班，她拒絕跟我說話。

我最後說：「讓我為你跳舞。」然後他幫忙我站到桌上。

在瀰漫著廚房烹煮我們晚餐的味道裡，我脫下洋裝為他跳兩支舞。今天傍晚房間很冷，雞皮疙瘩爬上了我的大腿和手臂，讓我感覺到裸露。我從來不會覺得赤裸，除非我的身體不肯配合我的計畫。在我跳第二支舞時，Maya 揮著手走向我們的桌子，然後親吻醫生的臉頰。她完全變了個樣，穿著長及地板的藍色洋裝和黑色的紫羅蘭色手套，她的頭髮繫著華麗的馬尾假髮，當她走路的時候在背後隨之搖擺。「謝謝你的袋鼠，Tom。」她甜美的說著，「真叫人喜歡。」然後她又用戴著手套的手指擦拭他臉頰上的唇印，「永遠不要讓任何人陷入麻煩。」她充滿戲劇化的說道。醫生臉色變得有點僵硬，我從桌上不穩的站姿，狠狠瞪了她一眼。Maya 總是忘記醫生討厭被提醒我們的約會是祕密的。

他讓 Maya 也站上桌子，讓我們一起為他跳舞——黑色和金色，他喜歡的對比——隨著動作，我們的腳小心地在麵包盤和紅酒杯當中移動著。在這張小桌子上我們貼得很近，所以當她將背部轉向我時，她的假髮掃過我的胃部，然後我們轉向另一個方向，她將手放在我的臀部上固定住我，當我們前後搖擺時，桌子也跟著輕微地晃動。

「為什麼不放下你的頭髮？」醫生問她。

「它太厚重了。」她笑著騙他說：「這樣看起來比較迷人。」

她離開的時候有好幾張 20 美元鈔票塞在她的吊帶襪，我又跳了一支舞。然後他幫我從桌上下來回到椅子上，像往常一樣，他將他的蛇皮皮夾拿給我，我從中取出我跳舞的錢，一支舞 20 美元，這是我們晚餐前的花費。他知道我不會騙他，「我們需要彼此信任。」我們在俱樂部一起的第一晚，他就這麼告訴我，「這是關係可以繼續的唯一方式。」

他看起來仍舊有點嚴肅。

「我可以做什麼讓你開心嗎？」我問道，將皮夾遞回給他。

「下次我可以為妳煮晚餐，」醫生說，他忽略我的問題，依舊持續用手指慢慢敲著桌面，「或許可以在我山間的夏日小屋。」

「隨時，」我輕快的說著，心裡知道我們所有的計畫是完全不可能實現的。

雖然我很高興知道他的幻想，仍很驚訝他會提到他的房子，通常我們只會討論一起到公共場所、遙遠的國度或異國風情的旅遊景點。

畢竟醫生已經結婚，而且有兩個跟我年紀幾乎一樣大的女兒，Lisha 和 Kaila。雖然她們兩個上同一所大學而且已經不再是小孩，我知道他買給她們填充娃娃像買給我和 Maya 的一樣。每當我從他的錢包裡拿錢時，我就會閃過一個畫面，Lisha 在她的宿舍房間跟他拿錢的樣子。金褐色的頭髮，就像我一樣，她坐在她的床邊並且穿著小白花的亮紅色洋裝。他微笑著並指著床上那一堆毛茸茸的填充玩偶，有很多個和我櫃子裡的一樣——暹羅貓、蛇、鬆軟的橘色長頸鹿。我想起一個畫面，在購物中心的收銀台前，在他手上有四個一模一樣的小動物，兩個用棕色的小盒子裝著要郵寄到奧本大學，另外兩個則要快遞到罪惡之城夜總會。

醫生言談之間非常保護他的女兒，我知道很多關於 Lisha 和 Kaila 的事：我聽過她們的主修、年級、姊妹會，和她們偏好約會的男孩都是他不滿意的。有時我覺得自己就像一個偷窺狂，定期的窺視她們的生活，卻總

是隱藏在陰影中。

他很少談到他的太太，但我知道他們已經在一起 27 年了，比我活著的時間還長。我懷疑她是否知道或曾疑心他是怎麼度過星期五晚上。只有這一天有那麼多的會議要參加，有那麼多個晚上要工作到很晚。或許她不太關心他怎麼度過他的夜晚，或者不再閃過這樣的念頭，他可能會對浪漫的劇碼感到興趣，燭光晚餐，追求和被追求，又或者也許他不再讓她插手他的任何事，對她穿上絲質女性睡袍或細肩帶內衣也視而不見，除了把她當作母親、朋友或室友，就沒有了。

我瞭解到我不是不熟悉這個經驗，有好幾個夜晚我下班回到家，腦海中依然充斥著客人稱讚的哨聲與熱情的承諾，我的身體依然跟著舞蹈音樂的節拍以及金錢的興奮而激動。「妳聞起來像香菸，」Seth 從我們床上直白地說道，甚至在他看到我或嗅到我之前。他很不高興我將他從夢中吵醒，「妳應該洗個澡，否則妳會他媽的讓整個床單都是菸味。」

「我不太煮菜了，」醫生說道，打斷我的白日夢。「我不記得為什麼我不做了。沒時間，我猜。」

在等待我們的晚餐時，醫生開始告訴我食物的事，如果我到他的山間小屋他會為我烹煮的食物，並描述他在單身時期常做那幾道菜。那個時候他真的考慮過念廚藝學院而不是醫學院，但知道那賺不了多少錢。現在這樣的身分地位，對他的決定也沒有什麼好批評的，只是夢想可以自由的煮香蒜雞肉義大利寬麵、新鮮水煮龍蝦拌奶油，精心製作沙拉加哈密瓜和核桃。

「我沒辦法看著你水煮龍蝦。」我說。

「喔，牠們不會痛的，」他說。他用手比劃了一個動作，將一隻看不見的生龍活虎龍蝦放到水壺中，「牠在踢是反射。」

在他的幻想廚房裡，醫生準備的菜色是不同地區、不同民族、整個國家——北方和南方、法式和希臘式、義式和印度式、泰式和日式。他為我烘焙——編織幻想出香蕉麵包、櫛瓜麵包、橄欖和洋蔥口味的佛卡夏麵

包。他讓我在廚房工作，切菜、研磨和洗菜，並幫我拍了一張相片，綁著馬尾有著清新面孔，穿著平底涼鞋而不是細高跟鞋。他提到新鮮搗碎的香料，有大蒜和孜然、辣椒和薑——每一種都有自己的特色和姿態。他倒出奇揚地紅酒和卡本內紅酒、波爾多的甜白酒和迷你杯的波特酒。當然，還有甜點——他供應覆盆子口味起士蛋糕、清爽口味提拉米蘇、糖霜胡蘿蔔蛋糕、手工自製奶油土耳其果仁千層酥。

「你會讓我變胖的。」我說，微笑地拍著我的胃。

「肯定的，」他說，「你知道在西藏，有些媽媽用奶油擦小嬰兒的身體一天兩次？完全的享樂主義，不是嗎？」我搖著頭，我不知道，但我記得曾聽過一位舞者在後台說過，每天晚上用一條厚奶油擦胸部直到它融化，胸部就可以自然變大。她告訴我們，這些油脂分子會被皮膚吸收而變成身體的一部分。Maya 和我曾經嘗試，但試過一次之後就放棄了，因為要讓一條厚厚的奶油融化要花很久的時間。

* * *

他還沒有厭倦我。在我們用餐時，他要求我再跳四次餐桌舞蹈，他指著食物所放的位置，它們現在已經在我的胃裡。那裡，還有那裡，還有那裡。「真的嗎？」我問，用手揉著我的腹部。我們互相嘲笑，我知道他正在尋找，現代的冥界之后——普西芬妮（Persephone）。我想，就只是如此，就只是如此。

但畢竟這只是一頓晚餐，而這也不是他山上的家或者是他在城市的家，我們依然在安全的地面上，事實上是我們兩個真正想要待的地方。而且當他回到家，他的太太問：「你吃過晚餐了嗎，親愛的？」答案將只會是一塊血淋淋的牛排，上面秤著他的良心。

8 點 15 分，我和醫生走向俱樂部的前門，並給他一個簡短的擁抱道別。「如果我餓了，我會在週五見妳。」他說道。我微笑看著他，將皮包悄悄地放到我的腋下。我知道他會在這裡。

　　我回到大廳，希望在上台之前可以弄到另一頓晚餐約會或者一場餐桌舞蹈。當我準備轉換自己投入尋找下一位客人時，我提醒自己在這裡的價值是，我不是什麼，而非我是什麼。不是愛人，不是妻子，不是女兒，永遠不會是女兒。

　　沒有食物的盛宴，維生的弔詭。

▌問題討論

　　1. 虛構小說的敘說探究其特徵是什麼？以及此類型的價值是什麼？

　　2. 這篇文章是屬於藝術還是研究，抑或兩者皆是？

　　3. 這樣的類型以何種方式吸引你？

　　4. 這篇文章的優點和限制是什麼？

　　5. 這篇文章的探究面向是什麼？

結語：學習成為敘事者

　　在本章，我們已經看到了數個敘說研究的實例，我希望這些實例能夠有助於你回顧前幾章所討論的，敘說理論和概念如何「運用」到或被理解到敘說研究實踐中。正如你所看到的，各個研究所選擇的敘說研究設計和過程皆不同，端視作者的研究典範、研究主題和目的而定。你可以選擇敘說研究作為模式，但你很快會發現限制，因為你的研究構想不會和你心目中的模式研究一模一樣。因此對我們所有人而言，擁有強大的敘說探究基礎知識，以及建立我們自己的敘說研究技巧、知識和實踐智慧是非常重要的。我們必須像就地拼裝者一樣兼容並蓄，學習成為像雪赫拉莎德一樣偉大的敘事者，才能夠吸引後現代的讀者，他們要求知曉的權利以及希望透過我們的研究故事拓展他們的知識。然而，不管敘說研究過程有多麼的多元和有創意，我們共同的目的是要瞭解和探索「對人類而言其意義為

何」。敘說研究深深地根植在「作為人類的我們是誰」，因為敘說是人類瞭解自己是誰的最基本方法。這個共同目的是要引領我們一起走向敘說探究的領域，我希望我們有足夠開放的胸襟及全心全意來擁抱敘說探究中多元的整體性（the unity in the diversity），以及整體的多元性（the diversity in the unity）。再次借用托爾斯泰的話，敘說探究開始於一開始之際——也是真實生命開始之時。

活動

1. 請找出其他的敘說探究實例，並和你的同學或同儕分享。

2. 文末提供了矩陣表（表 9.1）供你回顧文章之用。請閱讀以下三篇文章，並試著將你的分析填寫至表中。

Patterson, W. (2013). Narratives of events: Labovian narrative analysis and its limitations. In M. Andrews, C. Squire, & M. Tamboukou (Eds.), *Doing narrative research* (pp. 27-46). Thousand Oaks, CA: Sage.

Sermijn, J., Devlieger, P., & Loots, G. (2008). The narrative construction of the self: Selfhood as a rhizomatic story. *Qualitative Inquiry*, *14*(4), 632-650.

Yates, L. (2010). The story they want to tell, and the visual story as evidence: Young people, research authority and research purposes in the education and health domains. *Visual Studies*, *25*(3), 280-291.

表 9.1　文章回顧活動

	Patterson（2013）	**Sermijn 等人（2008）**	**Yates（2010）**
文章內容			
敘說類型			
研究問題			
理論架構			
資料蒐集方法			
資料分析與詮釋			
結論			
你對於文章的疑問			

CHAPTER *10*

後記

親愛的讀者：

我們已經在成為敘說探究者的旅程中，共同經歷了相當長的一段時間！我希望你覺得這是有啟發性的。這一趟旅程涉及足以刺激我們心智好奇心的各種熟悉且基本的議題。無論如何，我知道這趟旅程有些崎嶇和累人，就好像探索未有人跡的地區、領域和邊界。在有限的時間和空間裡，我們試著盡可能廣泛且深入的測量勘察敘說探究的佫大領域。我衷心期盼這趟旅程提供頓悟、樂趣、啟發與動力，可以讓你成為一名敘說探究者。

我不敢說你現在就已經做好成為敘說探究者的準備了，我們可能需要一些時間，讓這趟旅程的意義沉澱下來，雖然有些人可能會為此感到不安。也許我們可以將這個歷程持續得更久一點，但我想該是時候停下腳步，暫停並回顧我們曾經旅行到過的地方，並且思索這些共處時光對我們的意義。這段經歷的時光，是成為一名有良好根基的敘說探究者不可或缺的一部分。

思索這趟旅程的意義，我希望期間的動盪起伏，已經讓你準備好接受「研究者期」的成人儀式，這是你遲早必經之路。曾在第四章介紹過的Matto，是我之前的一位訪談參與者，在訪談時他告訴我，作為一名 11 歲的蘇族印第安男孩，他是怎麼通過成長儀式。他的成人儀式需要獨自一個人在野外求生一週，只有帶著一小盒火柴、一把刀子與一條毯子。Matto告訴我他的祖父教他生存的技巧，如果沒有這些基本技巧，Matto 就沒有辦法活下來。祖父培養他的智慧、勇氣和力量，對他完成成人儀式過程是很重要的。

我希望這是一趟相似的旅程。你將通過象徵性儀式而成長到「研究者期」，希望你已經覺得獲得了技巧和工具，更重要的是，你已在滋養與支持之下發展出智慧，能夠在進行敘說探究實務時克服看不見的挑戰。我知道你最終將茁壯成長為一名敘說探究者，並傳遞引人入勝的故事給未來的世代。在此同時，以敘說探究者身分同行的這趟旅程中，你我已經建立強

烈的情誼。

　　海明威在他的諾貝爾受獎函中寫道，對一位真正的作家而言，每本書都是一個全新的開始，因為作家會嘗試書寫一些超越現在成就的東西[1]。同樣地，對我而言，作為一位真正的敘事探究者，每一次探究都是一個全新的開始，因為我們嘗試做一些超越現在成就的事。在這個意義下，我們都是永遠的初學者。作為永遠的初學者，我們要勇於嘗試敘說探究，作為連接我們跟其他人之間的橋梁。敘說探究就是關於——對人們而言其意義為何。這是一趟轉變之旅。

　　和你道別之前，這裡有一項作業要給你。請將你自己最深刻的祕密寫成一個簡短的故事，是一個你從來沒有跟任何人分享的故事。用第三人稱來寫，就好像在寫你剛剛得知的他人祕密。盡可能寫得很神祕、引人入勝與充滿趣味。寫完後，不要給任何人看，自己再讀一次後，將它撕成小小的碎片，並丟到回收桶。在這個祕密作業中，我希望你覺得自由解放，並且經驗到何謂轉變。這是對你鼓足勇氣挑戰自我與願意成為敘說探究永遠的初學者的一項獎勵，你將學到：

　　　　一沙一世界，

　　　　一花一天堂，

　　　　掌心握無限，

　　　　須臾納永恆。

　　　　　　　　　　　　——威廉·布萊克（William Blake, 1757-1827）

　　現在，請幫我一個忙。上網搜尋安德烈·波伽利（Andrea Bocelli）聆聽他的歌曲 *Con te Partiro*（與你同行）。我將會看到你就在身旁。此時，是多麼美妙，多麼美好！

　　謹致上最誠摯的友誼

　　　　　　　　　　　　　　　　　　　J. H. Kim，永遠的初學者

註釋

1. 詳見 http://www.nobelprize.org/nobel_prizes/literature/laureates/
   1954/hemingway-speech.html

詞彙表

- 美學遊戲（Aesthetic play）：是一種具有藝術意義精神的想法遊戲，同時兼具樂趣與嚴肅。是敘說研究設計的一種取向，敘說探究者在研究歷程中體現好奇心與開放的心態，允許有審思、直覺與預期的空間。

- 敘說分析（典範式分析模式）（Analysis of narratives; Paradigmatic mode of analysis）：Polkinghorne 的用詞，是一種分析的方法，依據先前的理論、所蒐集的資料或是個人研究的預定焦點來形成共同主題，並將敘說資料加以分類。

- 藝術為本的敘說探究（Arts-based narrative inquiry）：使用藝術來促進與深化研究的敘說探究，包括文學為本（文學敘事）與視覺為本（視覺敘事）敘說探究。

- 自傳（Autobiography）：敘說探究的一種類型，敘說探究者述說個人的生命故事，過程中賦予「我」（I），即自我（self）。是探究者的自我認同敘說性建構。

- 自傳式民族誌（Autoethnography）：敘說探究的一種類型，敘說探究者系統性地分析個人的經驗，以反映更大的文化、社會與政治議題。

- 鄰里型研究（Backyard research）：執行質性研究的場域是研究者日常生活的一部分，在此場域研究者與研究參與者有私交。

- 巴赫汀的小說性（Bakhtinian novelness）：故事的一種特徵，強調開放的重要性，包括複音（多元聲音）、時空體（時間與空間）以及嘉年華（讚揚開放性與被隱形的階級制度）等重要概念。

- 教化（Bildung）：一種哲學的概念，關注自我的成長或發展，以成為了不起或有所成就的人。

- **教化小說**（Bildungsroman）：一個人教化或個人成長的故事，重視個人在複雜與衝突的生活經驗中，透過智性與道德的努力而促進自我發展的歷程。

- **就地拼裝**（Bricolage）：由就地拼裝者完成的一個作品。

- **就地拼裝者**（Bricoleur）：一個什麼都會、擅長執行多種任務的人，而且在創作的過程中整合多元的資源。在質性研究，尤其是敘說探究中，就地拼裝者指的是研究者擅長於運用跨學科的多元知識與哲學架構，以及多元的方法。

- **珍奇櫃**（Cabinet of curiosities）：蒐集物品或文物的巴洛克式方法，呈現敘事者的過去、現在與未來，主要目的是要喚起更多的故事。

- **尾聲**（Coda）：敘說研究的最後一個特徵，目的是要把研究中的所有部分組合在一起以落實敘說探究的探究面向，為研究的領域提供新的瞭解。

- **告解式反思性**（Confessional reflexivity）：最常見的反思類型，用來探索與分析脆弱和不斷變化的自我，是一種自我批判與個人探索的方式，通常運用在自傳或自傳式民族誌中。

- **批判種族理論**（Critical race theory）：一種詮釋的典範，將種族放在分析的核心，解釋種族少數團體在以白人為主流的社會中，如何經驗到種族壓迫與不平等對待。

- **批判理論**（Critical theory）：一種詮釋的典範，檢視統治者與順服者之間造成社會不平等的階級關係，提升人們的批判意識以達到個人賦能與社會轉型。

- **跑馬場式教學**（Currere）：課程學的一個字彙，意指運行一生歷程的課程。在課程理論中，被當作是一種個人生命的自傳式論述，強調個人的日常經驗以及探索這些經驗如何形塑個人的生命。

- **解構（Deconstruction）**：後結構主義的一個分支，由德希達所提出，致力於瞭解文本中更深入的意義，以重新建立跟自我與他者有關的倫理性議題。

- **數位敘事（Digital storytelling）**：一種敘說探究的類型，使用多元的數位技術來記錄個人的敘說。

- **史詩般的結局（Epic closure）**：一個故事的結局呈現一種「官方觀點」，或是絕對唯一的解決方法，沒有任何改變、重新思考與重新評估的空間。

- **實務倫理（Ethics in practice）**：當執行研究時產生的在地性倫理議題，也稱為「微觀倫理」。

- **經驗理論（Experience, theory of）**：依據杜威的說法，經驗是主動（我們對那件事採取一些行動）與被動（我們承受後續的結果）的結合。經驗在情境中有持續性與互動性這兩個原則，這兩個原則密不可分。

- **女性主義理論（Feminist theory）**：一種詮釋的典範，將性別放置在分析的核心，以解釋性別不平等與性歧視如何成為社會的普遍現象。

- **調情（Flirtation）**：一種資料分析與詮釋的取向，要求研究者撤銷對已知部分的承諾，並且質疑其合理性，歡迎那些似乎是不可信與令人困惑的部分，並且開發驚奇與好奇的觀點。

- **跨學科（Interdisciplinarity）**：研究者從有別於自己專業領域的其他學科中探索知識，將新知識帶回來，並整合到自己的學科中。

- **忠實的詮釋（Interpretation of faith）**：一種資料詮釋的取向，研究者僅憑表象就相信參與者的故事，相信參與者所述說的故事是真的，對其經驗來說是充滿意義的。

- 懷疑的詮釋（Interpretation of suspicion）：一種資料詮釋的取向，研究者努力尋找隱藏的敘說意義，是參與者沒有說出來的。

- 多元交織性（Intersectionality）：瞭解性別、種族、階級與其他差異如何交互作用，以及這些交互作用如何創造一個細緻入微與複雜的研究現象。

- Labov 模式（Labov's model）：一種敘說分析模式，包含六個要素：摘要（故事的摘要）、定向（故事脈絡）、複雜的行動（一個事件引發一個問題）、評估（合理化或事件的意義）、結果（衝突的解決）以及尾聲（最後的一個段落，將敘說者與聆聽者帶回此時此刻）。

- 生命故事／生命歷史（Life story/Life history）：一種敘說探究的類型，深入地研究個人整體的生命。自從 1980 年代的傳記式風潮開始，就相當受歡迎。

- 生命故事訪談（Life story interview）：一種敘說探究的訪談方式，以非結構化與開放的形式為基礎，由受訪者分享個人的生命經驗。

- 文學為本的敘說探究（文學敘事）（Literary-based narrative inquiry; literary storytelling）：使用文學類型的敘說探究，例如創造性非虛構小說、虛構小說、短篇故事、長篇小說、戲劇或詩。

- 生活敘說（Living narratives）：對個人經驗或剛發生的事件的一種日常生活交談式敘說，聚焦在持續發生或未解決的生活經驗。此種類型的敘說可能沒有開始、中間與結束。生活敘說被認為是小故事的起源。

- 鉅觀層級理論（詮釋典範）（Macro-level theory; interpretive paradigm）：社會與人文類型中的大理論，或是研究者用來詮釋其研究的總體理論性與哲學性觀點。

- 中介層級理論（方法論典範）（Meso-level theory; methodological paradigm）：和研究者選擇方法論有關的理論。

- 微觀層級理論（學科典範）（Micro-level theory; disciplinary paradigm）：和研究者的學科或內容／主題領域有關的理論。

- 敘說（Narrative）：從語源學來說，敘說有兩個意義：「述說」（narrare）與「知曉」（gnārus），是述說與瞭解人類生活經驗的方式。

- 敘說式分析（敘說式分析模式）（Narrative analysis; Narrative mode of analysis）：Polkinghorne 所提出的一種分析方法，將資料組織成整體的故事，包含行動與事件，以維持故事隱喻性的豐厚度。

- 敘說想像（Narrative imagination）：一種思考的能力，很像是站在他人的立場，具同理心地瞭解他人的觀點，進而能夠關愛與進行想像。

- 敘說探究（Narrative inquiry）：一種敘事的方法學，對人們生活經驗的故事與敘說進行探究。

- 敘說探究類型（Narrative inquiry genres）：敘說探究的形式，包括自傳、自傳式民族誌、教化小說、生命故事／生命歷史、口述歷史、文學為本敘說探究（創造性非虛構小說、虛構小說、詩、戲劇等）與視覺為本敘說探究（攝影敘說、影像發聲、檔案照片、數位敘事等）。

- 敘說平順化（Narrative smoothing）：一種資料分析與詮釋的方法，藉由運用想像來填補裂縫，讓不連貫的原始資料變成一致性的故事。

- 敘說思維（Narrative thinking）：一種敘事的策略，包含三個元素：敘事者的敘說基模（組織必要的資訊）、先前的知識與過去的經驗，以及認知策略（用來選擇、比較與修正先前知識與過去經驗的技巧）。

- 觀察者的矛盾（Observer's paradox）：研究者在蒐集資料時可能會遭遇的一種方法學的矛盾。在自然場域蒐集資料很重要，但很矛盾的是不管觀察者對這些資料的潛在影響，他（她）應該要系統性地蒐集資料。

- **口述歷史（Oral history）**：一種敘說探究類型，透過口語來探索人們的歷史記憶，研究者可以詢問受訪者，讓其分享研究者感興趣的特定歷史時刻。

- **現象學（Phenomenology）**：一種詮釋典範，聚焦在個人生活經驗的本質，依據個人的主觀性來賦予現象意義。

- **攝影敘說（Photographic narrative）**：一種敘說探究類型（視覺為本），運用攝影來說明研究者想要述說的故事。

- **影像發聲（Photovoice）**：一種敘說探究類型（視覺為本），給予參與者攝影機以產出能反映參與者故事的影像。

- **實踐智慧（Phronesis）**：倫理判斷或實踐性智慧，可以幫助研究者在研究歷程的特定時間與空間中，做對的事情。

- **後結構主義（Poststructuralism）**：一種詮釋典範，當分析語言與論述中不同權力關係如何產生知識時，強調其中的特殊性、多元真理與差異性，這和基於理性尋找普遍真理與一致性相當不同。

- **羅生門效應（Rashomon effect）**：質性研究的概念，指同樣一個情境，但不同的人基於個人的偏見與理由，會說出不同的故事。

- **反思式練習（Reflexive *askēsis*）**：傅柯提出的反思概念，將自我視為關照的客體而非知識的客體。是運用反思的三種形式進行的一種哲學性練習：記憶（獲取真相）、冥思（檢視個人相信是真相的部分）與方法（修正個人相信是真相的部分並提供替代觀點）。

- **反思性（Reflexivity）**：研究者的主觀性，涉及對可能影響研究計畫與發現的因素，包括研究者的角色，進行批判性反思。

- **再製理論（Reproduction theory）**：批判理論的次類別，說明社會系統的功能如何維持或再製既存的社會秩序。

- 抗拒理論（Resistance theory）：批判理論的次類別，說明人們之間何以會有對立分歧，挑戰社會系統的壓迫性本質。

- 塊莖式思維（Rhizomatic thinking）：由德勒茲與伽塔利所提出的後結構主義的分支，具有連結性、異質性、多元性與多元入口原則。沒有開端，也沒有結束，總是在事物之間的中途。塊莖並不是再製，是以變動、擴展、征服、斷裂與分支的方式運作。

- 小故事（Small stories）：在日常對話中出現的敘說，不必然是生命故事或生命歷史這種大故事的一部分。小故事是非典型的、非經典的、不可預測的與片段的。關注小故事被認為是新的敘說風潮。

- 故事（Story）：事件的詳細組織，依據情節的開始、中間與結束加以安排。不像敘說，故事對生活經驗有經典的「完整」描述。故事是比敘說更高一層級的類別，亦即敘說組成了故事。

- 視覺為本的敘說探究（Visual-based narrative inquiry）：使用視覺類型的敘說探究，例如攝影敘說、影像發聲或數位敘事。它是視覺研究與敘說研究的綜合體，運用視覺資料來強化敘說探究。

參考文獻

Abbott, H. P. (2002). *The Cambridge introduction to narrative.* Cambridge, UK: Cambridge University Press.

Acker, S. (1987). Feminist theory and the study of gender and education. *International Review of Education, 33*(4), 419–435.

Adams, T. (2008). A review of narrative ethics. *Qualitative Inquiry, 14*(2), 175–194.

AERA. (2009). Standards for reporting on humanities-oriented research in AERA publications: American Educational Research Association. *Educational Researcher, 38*(6), 481–486.

Agee, J. (2009). Developing qualitative research questions: A reflective process. *International Journal of Qualitative Studies in Education, 22*(4), 431–447.

Allen, J., & Kitch, S. (1998). Disciplined by disciplines? The need for an interdisciplinary research mission in women's studies. *Feminist Studies, 24*(2), 275–299.

Alpert, B. (1991). Students' resistance in the classroom. *Anthropology and Education Quarterly, 22*(4), 350–366.

Altman, R. (2008). *A theory of narrative.* New York, NY: Columbia University Press.

American Sociological Association. (2003). *The importance of collecting data and doing social scientific research on race.* Washington, DC: Author.

Anderson, L. (2006). Analytic autoethnography. *Journal of Contemporary Ethnography, 35*(4), 373–395.

Andrews, M., Squire, C., & Tamboukou, M. (2011). Interfaces in teaching narratives. In S. Trahar (Ed.), *Learning and teaching narrative inquiry: Travelling in the Borderlands.* Amsterdam, The Netherlands: John Benjamins.

Angelou, M. (1969). *I know why the caged bird sings.* New York, NY: Random House.

Anyon, J. (1980). Social class and the hidden curriculum of Work. *Journal of Education, 162,* 67–92.

Anyon, J. (1994). The retreat of Marxism and socialist feminism: Postmodern and poststructural theories in education. *Curriculum Inquiry, 24*(2), 115–133.

Anzaldúa, G. (1990). Haciendo caras, una entrada. In G. Anzaldúa (Ed.), *Making face, making soul: Creative and critical perspectives by feminists of color* (pp. xv–xxviii). San Francisco, CA: Aunt Lute Books.

Aristotle. (1985). *Nicomachean ethics* (T. Irwin, Trans.). Indianapolis, IN: Hackett.

Atkinson, R. (1998). *The life story interview.* Thousand Oaks, CA: Sage.

Atkinson, R. (2007). The life story interview as a bridge in narrative inquiry. In D. J. Clandinin (Ed.), *Handbook of narrative inquiry: Mapping a methodology* (pp. 224–246). Thousand Oaks, CA: Sage.

Atkinson, R. (2012). The life story interview as a mutually equitable relationship. In J. Gubrium, J. Holstein, A. Marvasti, & K. McKinney (Eds.), *The SAGE handbook of interview research: The complexity of the craft* (2nd ed., pp. 115–128). Thousand Oaks: Sage.

Bach, H. (2007). Composing a visual narrative inquiry. In D. J. Clandinin (Ed.), *Handbook of narrative inquiry* (pp. 280–307). Thousand Oaks, CA: Sage.

Baez, B. (2002). Confidentiality in qualitative research: Reflections on secrets, power and agency. *Qualitative Research, 2,* 35–38.

Bakhtin, M. M. (1981). *The dialogic imagination: Four essays by M. M. Bakhtin.* Austin, TX: University of Texas Press.

Bakhtin, M. M. (1984). *Problems of Dostoevsky's poetics* (C. Emerson, Trans. & Ed.). Minneapolis: University of Minnesota Press.

Bal, M. (1997). *Narratology: Introduction to the theory of narrative* (2nd ed.). Toronto, Ontario, Canada: University of Toronto Press.

Bamberg, M. (2006). Stories: Big or small. *Narrative Inquiry, 16*(1), 139-147.

Barone, T. (1995). Persuasive writings, vigilant readings, and reconstructed characters: The paradox of trust in educational storysharing. In J. A. Hatch & R. Wisniewski (Eds.), *Life history and narrative* (pp. 63-74). London, UK: Falmer Press.

Barone, T. (2000). *Aesthetics, politics, and educational inquiry: Essays and examples*. New York, NY: Peter Lang.

Barone, T. (2001). *Touching eternity: The enduring outcomes of teaching*. New York, NY: Teachers College Press.

Barone, T. (2007). A return to the gold standard? Questioning the future of narrative construction as educational research. *Qualitative Inquiry, 13*(4), 454-470.

Barone, T. (2008). Creative nonfiction and social research. In G. Knowles & A. Cole (Eds.), *Handbook of the arts in qualitative research* (pp. 105-116). Thousand Oaks, CA: Sage.

Barone, T. (2010). Commonalities and variegations: Notes on the maturation of the field of narrative research. *Journal of Educational Research, 103*(2), 149-153.

Barone, T., & Eisner, E. (1997). Arts-based educational research. In R. M. Jaeger (Ed.), *Complementary methods for research in education* (2nd ed., pp. 75-116). Washington, DC: American Educational Research Association.

Barone, T., & Eisner, E. (2012). *Arts based research*. Thousand Oaks, CA: Sage.

Barthes, R. (1975). *The pleasure of the text* (R. Miller, Trans.). New York, NY: Hill and Wang.

Barthes, R. (1982). Introduction to the structural analysis of narratives. In S. Sontag (Ed.), *A Barthes reader* (pp. 251-295). New York, NY: Hill and Wang.

Baxter, L. A. (1992). Interpersonal communication as dialogue: A response to the "Social Approaches" forum. *Communication Theory, 2,* 230-337.

Becker, H. (1986). *Writing for social scientists: How to start and finish your thesis, book, or article*. Chicago, IL: University of Chicago Press.

Becker, H. (2004). Afterword: Photography as evidence, photographs as exposition. In C. Knowles & P. Sweetman (Eds.), *Picturing the social landscape: Visual methods and the sociological imagination* (pp. 193-197). London, UK, & New York, NY: Routledge.

Behar, R. (1996). *The vulnerable observer: Anthropology that breaks your heart*. Boston, MA: Beacon.

Behar, R. (1999). Ethnography: Cherishing our second-fiddle genre. *Journal of Contemporary Ethnography, 28*(5), 472-484.

Behar-Horenstein, L. S., & Morgan, R. R. (1995). Narrative research, teaching, and teacher thinking: Perspectives and possibilities. *Peabody Journal of Education, 70*(2), 139-161.

Beitin, B. (2012). Interview and sampling. In J. Gubrium, J. Holstein, A. Marvasti, & K. McKinney (Eds.), *The SAGE handbook of interview research: The complexity of the craft* (pp. 243-253). Thousand Oaks, CA: Sage.

Bell, D. (1987). *And we are not saved: The elusive quest for racial justice*. New York, NY: Basic Books.

Bell, S. E. (2002). Photo images: Jo Spence's narratives of living with illness. *Health: An Interdisciplinary Journal for the Social Study of Health, Illness and Medicine, 6*(1), 5-30.

Bell, S. E. (2006). Living with breast cancer in text and image: Making art to make sense. *Qualitative Research in Psychology, 3,* 31-44.

Bell, S. E. (2013). Seeing narratives. In M. Andrews, C. Squire, & M. Tamboukou (Eds.), *Doing narrative research* (pp. 142-158). Thousand Oaks, CA: Sage.

Benjamin, W. (1969). The storyteller (H. Zohn, Trans.). In H. Arendt (Ed.), *Illuminations* (pp. 83-109). New York, NY: Schocken.

Bertaux, D., & Kohli, M. (1984). The life story approach: A continental view. *Annual Review of Sociology, 10,* 215–237.

Biesta, G. (2002). *Bildung* and modernity: The future of *Bildung* in a world of difference. *Philosophy and Education, 21,* 343–351.

Biesta, G. (2009). Deconstruction, justice, and the vocation of education. In M. Peters & G. Biesta (Eds.), *Derrida, deconstruction, and the politics of pedagogy* (pp. 15–38). New York, NY: Peter Lang.

Blumenfeld-Jones, D. (1995). Fidelity as a criterion for practicing and evaluating narrative inquiry. In J. A. Hatch & R. Wisniewski (Eds.), *Life history and narrative* (pp. 25–36). Washington, DC: Falmer Press.

Bochner, A. P. (2012). On first-person narrative scholarship: Autoethnography as acts of meaning. *Narrative Inquiry, 22*(1), 155–164.

Bochner, A. P., & Ellis, C. (1992). Personal narrative as a social approach to interpersonal communication. *Communication Theory, 2*(2), 165–172.

Bochner, A. P., & Ellis, C. (2003). An introduction to the arts and narrative research. *Qualitative Inquiry, 9*(4), 506–514.

Bogdan, R., & Biklen, S. (1998). *Qualitative research for education* (3rd ed.). Boston, MA: Allyn & Bacon.

Bogdan, R. , & Biklen, S. K. (2007). *Qualitative research for education: An introduction to theories and methods* (5th ed.). Boston, MA: Pearson Education.

Boje, D. (1991). The story-telling organization: A study of story performance in an office supply firm. *Administrative Science Quarterly, 36,* 106–126.

Bondy, C. (2012). How did I get here? The social process of accessing field sites. *Qualitative Research, 13*(5), 578–590.

Boote, D., & Beile, P. (2005). Scholars before researchers: On the centrality of the dissertation literature review in research preparation. *Educational Researcher, 34*(6), 3–15.

Bowles, S., & Gintis, H. (1976). *Schooling in capitalist America: Educational reform and the contradictions of economic life.* New York, NY: Basic Books.

Bowman, W. D. (2006). Why narrative? Why now? *Research Studies in Music Education, 27,* 5–20.

Boyd, B. (2009). *On the origin of stories: Evolution, cognition, and fiction.* Cambridge, MA: The Belknap Press of Harvard University Press.

Boylorn, R., & Orbe, M. (Eds.). (2014). *Critical autoethnography: Intersecting cultural identities in everyday life.* Walnut Creek, CA: Left Coast Press.

Brady, I. (Ed.). (1991). *Anthropological poetics.* Savage, MD: Rowman & Littlefield.

Brinthaupt, T., & Lipka, R. (Eds.). (1992). *The self: Definitional and methodological issues.* Albany: State University of New York Press.

Brooks, P. (2005). Narrative in and of the law. In A. Phelan & P. Rabinowitz (Eds.), *A companion to narrative theory* (pp. 415–426). Malden, MA: Blackwell.

Brown, K. M. (1991). *Mama Lola: A Vodou priestess in Brooklyn.* Berkeley: University of California Press.

Brown, L. M., & Gilligan, C. (1992). *Meeting at the crossroads: Women's psychology and girls' development.* Cambridge, MA: Harvard University Press.

Bruner, J. (1986). *Actual minds, possible worlds.* Cambridge, MA: Harvard University Press.

Bruner, J. (1994). Life as narrative. In A. H. Dyson & C. Genishi (Eds.), *The need for story: Cultural diversity in classroom and community* (pp. 28–37). Urbana, IL: National Council of Teachers of English.

Bruner, J. (2002). *Making stories: Law, literature, life.* New York, NY: Farrar, Straus and Giroux.

Bury, M. (2001). Illness narratives: Fact or fiction? *Sociology of Health & Illness, 23*(3), 263–285.

Butler, J. (1990). *Gender trouble: Feminism and the subversion of identity.* London, UK: Routledge.

Butler, J. (1992). Contingent foundations: Feminism and the question of "postmodernism." In J. Butler & J. Scott (Eds.), *Feminists theorize the political* (pp. 3–21). New York, NY: Routledge.

Carman, T. (2008). Foreword. In M. Heidegger, *Being and time* (J. Macquarrie & E. Robinson, Trans.) (pp. xiii–xxi). New York, NY: Harper & Row.

Carr, W. (2004). Philosophy and education. *Journal of Philosophy of Education, 38*(1), 55–73.

Casey, K. (1993). *I answer with my life: Life histories of women teachers working for social change.* New York, NY: Routledge.

Casey, K. (1995). The new narrative research in education. *Review of Research in Education, 21,* 211–253.

Caswell, H. C. (2012). *Captured images: A semiotic analysis of early 20th century American schools* (Unpublished doctoral dissertation). Kansas State University, Manhattan, KS.

Caulley, C. (2008). Making qualitative research reports less boring: The techniques of writing creative nonfiction. *Qualitative Inquiry, 14*(3), 424–449.

Ceglowski, D. (1997). That's a good story, but is it really research? *Qualitative Inquiry, 3*(2), 188–205.

Chakrabarty, N., Roberts, L., & Preston, J. (2012). Critical race theory in England [Editorial]. *Race Ethnicity and Education, 15*(1), 1–3.

Chamberlayne, P., Bornat, J., & Wengraf, T. (Eds.). (2000). *The turn to biographical methods in social science.* London. UK: Routledge.

Charon, R. (2006). *Narrative medicine: Honoring the stories of illness.* New York, NY: Oxford University Press.

Charon, R., & DasGupta, S. (2011). Editors' preface: Narrative medicine, or a sense of story. *Literature and Medicine, 29*(2), vii–xiii.

Chase, S. (2003). Learning to listen: Narrative principles in a qualitative research methods course. In R. Josselson, A. Lieblich, & D. McAdams (Eds.), *Up close and personal: The teaching and learning of narrative research* (pp. 79–100). Washington, DC: American Psychological Association.

Chase, S. (2005). Narrative inquiry: Multiple lenses, approaches, voices. In N. K. Denzin & Y. S. Lincoln (Eds.), *The SAGE handbook of qualitative research* (3rd ed., pp. 651–680). Thousand Oaks, CA: Sage.

Chase, S. (2011). Narrative inquiry: Still a field in the making. In N. K. Denzin & Y. S. Lincoln (Eds.), *The SAGE handbook of qualitative research* (4th ed., pp. 421–434). Thousand Oaks, CA: Sage.

Cheney, T. (2001). *Writing creative nonfiction: Fiction techniques for crafting great nonfiction.* Berkeley, CA: Ten Speed Press.

Clandinin, D. J. (Ed.). (2007). *Handbook of narrative inquiry.* Thousand Oaks, CA: Sage.

Clandinin, D. J., & Connelly, M. (2000). *Narrative inquiry: Experience and story in qualitative research.* San Francisco, CA: Jossey-Bass.

Clandinin, D. J., & Huber, J. (2002). Narrative inquiry: Toward understanding life's artistry. *Curriculum Inquiry, 32*(2), 161–169.

Clandinin, D. J., & Murphy, M. S. (2007). Looking ahead: Conversations with Elliot Mishler, Don Polkinghorne, and Amia Lieblich. In D. J. Clandinin (Ed.), *Handbook of narrative inquiry* (pp. 632–650). Thousand Oaks, CA: Sage.

Clandinin, D. J., & Murphy, M. S. (2009). Relational ontological commitments in narrative research. *Educational Researcher, 38*(8), 598–602.

Clandinin, D. J., Pushor, D., & Orr, A. M. (2007). Navigating sites for narrative inquiry. *Journal of Teacher Education, 58*(1), 21–35.

Clark, C., & Medina, C. (2000). How reading and writing literacy narratives affect preservice teachers' understandings of literacy, pedagogy, and multiculturalism. *Journal of Teacher Education, 51*(1), 63–76.

Clinton, H. (2014, June 30). Briefing. *Time, 183*(25), 9.

Clough, P. (2002). *Narratives and fictions in educational research.* London, UK: Open University Press.

Cohan, S., & Shires, L. (1988). *Telling stories: A theoretical analysis of narrative fiction.* New York, NY: Routledge.

Cole, A., & Knowles, G. (2008). Arts-informed research. In G. Knowles & A. Cole (Eds.), *Handbook of the arts in qualitative research* (pp. 55–70). Thousand Oaks, CA: Sage.

Cole, B. (2009). Gender, narrative and intersectionality: Can personal experience approaches to research contribute to "undoing gender"? *International Review of Education, 55,* 561–578.

Cole, M., & Maisuria, A. (2007). "Shut the f***up," "you have no rights here": Critical race theory and racialisation in post-7/7 racist Britain. *Journal for Critical Education Policy Studies, 5*(1). Available at http://www.jceps.com/?pageID = article&articleID = 85

Coles, R. (1989). *The call of stories: Teaching and the moral imagination.* Boston, MA: Houghton Mifflin.

Collins, P. H. (1986). Learning from the outsider within: The sociological significance of Black feminist thought. *Social Problems, 33*(6), S14–S32.

Conle, C. (2000a). Narrative inquiry: Research tool and medium for professional development. *European Journal of Teacher Education, 23*(1), 49–63.

Conle, C. (2000b). Thesis as narrative or "What is the inquiry in narrative inquiry?" *Curriculum Inquiry, 30*(2), 190–214.

Conle, C. (2003). An anatomy of narrative curricula. *Educational Researcher, 32*(3), 3–15.

Connelly, F. M., & Clandinin, D. J. (1990). Stories of experience and narrative inquiry. *Educational Researcher, 19*(4), 2–14.

Connelly, F. M., & Clandinin, D. J. (2006). Narrative inquiry. In J. L. Green, G. Camilli, & P. Elmore (Eds.), *Handbook of complementary methods in education research* (3rd ed., pp. 477–487). Mahwah, NJ: Lawrence Erlbaum.

Conquergood, D. (2006). Rethinking ethnography: Towards a critical cultural politics. In D. S. Madison & J. Hamera (Eds.), *The SAGE handbook of performance studies* (pp. 351–365). Thousand Oaks, CA: Sage.

Corbin, J., & Morse, J. (2003). The unstructured interactive interview: Issues of reciprocity and risks when dealing with sensitive topics. *Qualitative Inquiry, 9*(3), 335–354.

Coulter, C., Michael, C., & Poynor, L. (2007). Storytelling as pedagogy: An unexpected outcome of narrative inquiry. *Curriculum Inquiry, 37*(2), 103–122.

Coulter, C., & Smith, M. L. (2009). The construction zone: Literary elements in narrative research. *Educational Researcher, 38*(8), 577–590.

Coulter, D. (1999). The epic and the novel: Dialogism and teacher research. *Educational Researcher, 28*(3), 4–13.

Coulter, C., & Smith, M. L. (2009). The construction zone: Literary elements in narrative research. *Educational Researcher, 38*(8), 577–590.

Cover, R. (1983). The Supreme Court 1982 term: Nomos and narrative. *Harvard Law Review, 97*(1), 4–68.

Craig, C. (2012). "Butterfly under a pin": An emergent teacher image amid mandated curriculum reform. *Journal of Educational Research, 105*(2), 90–101.

Crenshaw, K. (1988). Race, reform, and retrenchment: Transformation and legitimation in antidiscrimination law. *Harvard Law Review, 101*(7), 1331–1387.

Crenshaw, K. (1989). Demarginalizing the intersection of race and sex: A Black feminist critique of antidiscrimination doctrine, feminist theory and antiracist politics. *University of Chicago Legal Forum, 14,* 538–554.

Creswell, J. (2007). *Qualitative inquiry and research design: Choosing among five approaches.* Thousand Oaks, CA: Sage.

Cusick, P. (1973). *Inside high school: The student's world.* New York, NY: Holt, Rinehart and Winston.

Czarniawska, B. (1997). *Narrating the organization: Dramas of institutional identity.* Chicago, IL: University of Chicago Press.

Czarniawska, B. (2007). Narrative inquiry in and about organizations. In D. J. Clandinin (Ed.), *Handbook of narrative inquiry* (pp. 383–404). Thousand Oaks, CA: Sage.

Daiute, C., & Fine, M. (2003). Researchers as protagonists in teaching and learning qualitative research. In R. Josselson, A. Lieblich, & D. McAdams (Eds.), *Up close and personal: The teaching and learning of narrative research* (pp. 61–77). Washington, DC: American Psychological Association.

Dall'Alba, G. (2009). Phenomenology and education: An introduction. *Educational Philosophy and Theory, 41*(1), 7–9.

Darlington, Y., & Scott, D. (2002). *Qualitative research in practice: Stories from the field.* Buckingham, UK: Open University Press.

Davey, N. (2006). *Unquiet understanding: Gadamer's philosophical hermeneutics.* Albany: State University of New York Press.

Davis, K. (2008). Intersectionality as buzzword: A sociology of science perspective on what makes a feminist theory successful. *Feminist Theory, 9*(1), 67–85.

De Fina, A., & Georgakopoulou, A. (2012). *Analyzing narrative: Discourse and sociolinguistic perspectives.* Cambridge, UK: Cambridge University Press.

Deleuze, G., & Guattari, F. (1987). *A thousand plateaus: Capitalism and schizophrenia* (B. Massumi, Trans.). Minneapolis: University of Minnesota Press.

Delgado, R. (1989). Storytelling for oppositionists and others: A plea for narrative. *Michigan Law Review, 87*(8), 2411–2441.

Delgado, R. (Ed.). (1995). *Critical race theory: The cutting edge.* Philadelphia, PA: Temple University Press.

Delgado, R. (2003). Crossroads and blind alleys: A critical examination of recent writing about race. *Texas Law Review, 82*(1), 121–152.

Dennings, S. (2005). *The leader's guide to story telling: Mastering the art of business narrative.* New York, NY: John Wiley.

Denzin, N. K. (1989). *Interpretive biography.* Newbury Park, CA: Sage.

Denzin, N. K. (2005). Emancipatory discourses and the ethics and politics of interpretation. In N. K. Denzin & Y. S. Lincoln (Eds.), *The Sage handbook of qualitative research* (3 ed., pp. 933–958). Thousand Oaks, CA: Sage.

Denzin, N. K. (2014). *Interpretive autoethnography* (2nd ed.). Thousand Oaks, CA: Sage.

Denzin, N. K., & Lincoln, Y. S. (1994). Introduction: Entering the field of qualitative research. In N. Denzin & Y. Lincoln (Eds.), *Handbook of qualitative research* (pp. 1–17). Thousand Oaks, CA: Sage.

Denzin, N. K., & Lincoln, Y. S. (2000). *Handbook of qualitative research.* Thousand Oaks, CA: Sage.

Denzin, N. K., & Lincoln, Y. S. (2011). Introduction: The discipline and practice of qualitative research. In N. K. Denzin & Y. S. Lincoln (Eds.), *The SAGE handbook of qualitative research* (4th ed., pp. 1–20). Thousand Oaks, CA: Sage.

Derrida, J. (1972). Discussion: Structure, sign, and play in the discourse of the human sciences. In R. Macksey & E. Donato (Eds.), *The structuralist controversy* (pp. 247–272). Baltimore, MD: Johns Hopkins University Press.

Devereux, G. (1967). *From anxiety to method in the behavioral sciences.* The Hague, The Netherlands: Mouton.

Dewey, J. (1980). *Art as experience.* New York, NY: Perigee Books. (Original work published 1934)

Dewey, J. (1997). *Experience and education.* New York, NY: Touchstone. (Original work published 1938)

Dewey, J. (2011). *Democracy and education.* LaVergne, TN: Simon & Brown. (Original work published 1916)

Diversi, M. (1998). Glimpses of street life: Representing lived experience through short stories. *Qualitative Inquiry, 4*(2), 131–147.

Dixson, A., & Rousseau, C. (2005). And we are still not saved: Critical race theory in education ten years later. *Race Ethnicity and Education, 8*(1), 7–27.

Drummond, K. (2012). "I feel like his dealer": Narratives underlying a case discussion in a palliative medicine rotation. *Literature and Medicine, 30*(1), 124–143.

DuBois, J., Iltis, A., & Anderson, E. (2011). Introducing *Narrative Inquiry in Bioethics: A Journal of Qualitative Research. Narrative Inquiry in Bioethics: A Journal of Qualitative Research, 1*(1), v–viii.

DuBois, W. E. B. (1990). *The souls of Black folks*. New York, NY: Vintage Books. (Original work published 1906)

Dunlop, R. (1999). *Boundary Bay: A novel as educational research* (Doctoral dissertation). The University of British Columbia, Vancouver, British Columbia, Canada.

Dunlop, R. (2001). *Boundary Bay:* A novel as educational research. In A. Cole, G. Knowles, & L. Neilsen (Eds.), *The art of writing inquiry*. Halifax, Nova Scotia, Canada: Backalong Books.

Dunlop, R. (2002). A story of her own: Female Bildungsroman as arts-based educational research. *The Alberta Journal of Educational Research, 48*(3), 215–228.

Dunne, J. (2003). Arguing for teaching as a practice: A reply to Alasdair MacIntyre. *Journal of Philosophy of Education, 37*(2), 353–369.

Dunne, J. (2005). An intricate fabric: Understanding the rationality of practice. *Pedagogy, Culture and Society, 13*(3), 367–389.

Eagleton, T. (1983). *Literary theory: An introduction*. Oxford, UK: Basil Blackwell.

Eagleton, T. (2008). *Literary theory: An introduction*. Minneapolis: University of Minnesota Press.

Eisner, E. (1991). *The enlightened eye: Qualitative inquiry and the enhancement of educational practice*. New York, NY: Macmillan.

Eisner, E. (1995). What artistically crafted research can help us to understand about schools. *Educational Theory, 45*(1), 1–7.

Eisner, E. (2008). Art and knowledge. In G. Knowles & A. Cole (Eds.), *Handbook of the arts in qualitative research* (pp. 3–12). Thousand Oaks, CA: Sage.

Eisner, E., & Powell, K. (2002). Art in science? *Curriculum Inquiry, 32*(2), 131–159.

Elbaz-Luwisch, F. (2007). Studying teachers' lives and experience: Narrative inquiry into K-12 teaching. In D. J. Clandinin (Ed.), *Handbook of narrative inquiry: Mapping a methodology* (pp. 357–382). Thousand Oaks, CA: Sage.

Ellis, C. (2004). *The ethnographic-I: A methodological novel about autoethnography*. Walnut Creek, CA: AltaMira Press.

Ellis, C. (2007). Telling secrets, revealing lives: Relational ethics in research with intimate others. *Qualitative Inquiry, 13*(1), 3–29.

Ellis, C., Adams, T., & Bochner, A. P. (2011). *Autoethnography: An overview*. Retrieved from http://www .qualitative-research.net/index.php/fqs/rt/printerFriendly/1589/3095-gcit

Ellis, C., & Bochner, A. P. (Eds.). (1996). *Composing ethnography: Alternative forms of qualitative writing*. Walnut Creek, CA: AltaMira Press.

Ellis, C., & Bochner, A. P. (2000). Autoethnography, personal narrative, reflexivity. In N. Denzin & Y. Lincoln (Eds.), *Handbook of qualitative research* (2nd ed., pp. 733–768). Thousand Oaks, CA: Sage.

Ellsworth, E. (1989). Why doesn't this feel empowering? Working through the repressive myths of critical pedagogy. *Harvard Educational Review, 59*(3), 297–324.

Faulkner, S. (2009). *Poetry as method: Reporting research through verse*. Walnut Creek, CA: Left Coast Press.

Ferrarotti, F. (1981). On the autonomy of the biographical method. In D. Bertaux (Ed.), *Biography and society: The life-history approach in the social sciences* (pp. 19–27). Beverly Hills, CA: Sage

Finn, H. (2012, June 1). How to end the age of inattention. *The Wall Street Journal*. http://online.wsj.com/ news/articles/SB10001424052702303640104577436323276530002?mg = reno64-wsj

Fludernik, M. (2005). Histories of narrative theory (II): From structuralism to the present. In J. Phelan & P. Rabinowitz (Eds.), *A companion to narrative theory* (pp. 36–59). Malden, MA: Blackwell.

Foley, D. (2002). Critical ethnography: The reflexive turn. *International Journal of Qualitative Studies in Education, 15*(4), 469–490.

Fontana, A., & Frey, J. (1998). Interviewing: The art of science. In N. K. Denzin & Y. S. Lincoln (Eds.), *Collecting and interpreting qualitative materials* (pp. 47–78). Thousand Oaks, CA: Sage.

Foster, J. (2012). *Storytellers: A photographer's guide to developing themes and creating stories with pictures.* Berkeley, CA: New Riders.

Foucault, M. (1970). *The order of things: An archaelogy of the human sciences.* New York, NY: Pantheon Books. (Original work published 1966)

Foucault, M. (1979). *Discipline and punish: The birth of the prison* (A. Sheridan, Trans.). New York, NY: Vintage Books.

Foucault, M. (1983). Structuralism and poststructuralism: An interview with Michel Foucault by G. Raulet, Trans. J. Harding. *Telos, 55,* 195–211.

Foucault, M. (1984). Polemics, politics and problematization. In P. Rabinow (Ed.), *The Foucault reader* (pp. 381–393). New York, NY: Pantheon.

Foucault, M. (1988). *Technologies of the self: A seminar with Michel Foucault* (L. Martin, H. Gutman, & P. Hutton, Eds.). Amherst: University of Massachusetts Press.

Foucault, M. (2005). *The hermeneutics of the subject: Lectures at the College de France, 1981–1984* (G. Burchell, Trans.). New York, NY: Palgrave Macmillan.

Foucault, M., & Deleuze, G. (1977). Intellectuals and power. In D. Bouchard (Ed.), *Language, counter-memory, practice: Selected essays and interviews* (pp. 205–217). Ithaca, NY: Cornell University Press.

Frank, K. (2000). The management of hunger: Using fiction in writing anthropology. *Qualitative Inquiry, 6*(4), 474–488.

Freeman, M. (2006). Life "on holiday"? In defense of big stories. *Narrative Inquiry, 16*(1), 131–138.

Freire, P. (1997). *Pedagogy of the oppressed.* New York, NY: Continuum. (Original work published 1970)

Friedman, S. (1998). (Inter)disciplinarity and the question of the women's studies PhD. *Feminist Studies, 24*(2), 301–325.

Frisch, M. (2006). Oral history and the digital revolution: Toward a post-documentary sensibility. In R. Perks & A. Thomson (Eds.), *The oral history reader* (pp. 102–114). New York, NY: Routledge.

Frye, N. (1990). Culture and society in Ontario 1784–1984. In *On education* (pp. 168–182). Markham, Ontario, Canada: Fitzhenry & Whiteside.

Gadamer, H.-G. (2008). *Philosophical hermeneutics* (D. E. Linge, Trans.). Berkeley: University of California Press.

Gadamer, H.-G. (1975/2006). *Truth and method* (J. Weinsheimer & D. Marshall, Trans., 2nd ed.). New York, NY: Continuum.

Gauch, S. (2007). *Liberating Shahrazad: Feminism, postcolonialism, and Islam.* Minneapolis: University of Minnesota Press.

Gee, P. (2011). *An introduction to discourse analysis: Theory and method* (3rd ed.). New York, NY: Routledge.

Geerinck, I., Masschelein, J., & Simons, M. (2010). Teaching and knowledge: A necessary combination? An elaboration of forms of teachers' reflexivity. *Studies in Philosophy and Education, 29,* 379–393.

Geertz, C. (1973). *The interpretation of cultures.* New York, NY: Basic Books.

Geertz, C. (1980). Blurred genres: The refiguration of social thought. *The American Scholar, 49*(2), 165–179.

Geertz, C. (1983). *Local knowledge: Further essays in interpretive ethnography.* New York, NY: Basic Books.

Geertz, C. (1988). *Works and lives: The anthropologist as author.* Stanford, CA: Stanford University Press.

Gemignani, M. (2014). Memory, remembering, and oblivion in active narrative interviewing. *Qualitative Inquiry, 20*(2), 127–135.

Georgakopoulou, A. (2006). Thinking big with small stories in narrative and identity analysis. *Narrative Inquiry, 16*(1), 122–130.

Gergen, K. J., & Gergen, M. M. (1986). Narrative form and the construction of psychological science. In T. R. Sarbin (Ed.), *Narrative psychology: The storied nature of human conduct* (pp. 22–44). New York, NY: Praeger.

Gillborn, D. (2011). Once upon a time in the UK: Race, class, hope and Whiteness in the academy: Personal reflections on the birth of "Britcrit." In K. Hylton, A. Pilkington, P. Warmington, & S. Housee (Eds.), *Atlantic crossings: International dialogues on critical race theory* (pp. 21–38). Birmingham, UK: CSAP.

Gillespie, R. (1991). *Manufacturing knowledge: A history of the Hawthorne experiments.* Cambridge. UK: Cambridge University Press.

Giroux, H. (1983a). Theories of reproduction and resistance in the new sociology of education: A critical analysis. *Harvard Educational Review, 53*(3), 257–293.

Giroux, H. (1983b). *Theory and resistance in education: A pedagogy for the opposition.* New York, NY: Bergin & Garvey.

Giroux, H. (2001). *Theory and resistance in education: Towards a pedagogy for the opposition.* Westport, CT: Bergin & Garvey.

Glaser, B. G., & Strauss, A. (1967). *The discovery of grounded theory: Strategies for qualitative research.* Chicago, IL: Aldine.

Glesne, C., & Peshkin, A. (1991). *Becoming qualitative researchers.* White Plains, NY: Longman.

Goethe, J. W. (1824). *Wilhelm Meister's apprenticeship and travels* (T. Carlyle, Trans.). London: Chapman & Hall. (Original work published 1795)

Goffman, E. (1972). The presentation of self to others. In J. Manis & B. Meltzer (Eds.), *Symbolic interaction: A reader in social psychology* (2nd ed., pp. 234–244). Boston, MA: Allyn and Bacon.

Goodson, I. (Ed.). (1992). *Studying teachers' lives.* New York, NY: Teachers College Press.

Goodson, I. (1995). The story so far: Personal knowledge and the political. In J. A. Hatch & R. Wisniewski (Eds.), *Life history and narrative* (pp. 86–97). London, UK: Falmer Press.

Goodson, I. (2000). Professional knowledge and the teacher's life and work. In C. Day, A. Fernandez, T. Hauge, & J. Møller (Eds.), *The life and work of teachers: International perspectives in changing times* (pp. 13–25). London, UK: Falmer Press.

Goodson, I., & Gill, S. (2011). *Narrative pedagogy: Life history and learning.* New York, NY: Peter Lang.

Gordon, C. (2012). Beyond the observer's paradox: The audio-recorder as a resource for the display of identity. *Qualitative Research, 13*(3), 299–317.

Gotham, K., & Staples, W. (1996). Narrative analysis and the new historical sociology. *The Sociological Quarterly, 37*(3), 481–501.

Goudy, W. J., & Potter, H. R. (1975). Interview rapport: Demise of a concept. *Public Opinion Quarterly, 39,* 529–543.

Gracia, J. (2012). *Painting Borges: Philosophy interpreting art interpreting literature.* Albany: State University of New York Press.

Grinberg, J. G. A. (2002). "I had never been exposed to teaching like that": Progressive teacher education at Bank Street during the 1930's. *Teachers College Record, 104*(7), 1422–1460.

Grinyer, A., & Thomas, C. (2012). The value of interviewing on multiple occasions or longitudinally. In J. Gubrium, J. Holstein, A. Marvasti, & K. McKinney (Eds.), *The SAGE handbook of interview research: The complexity of the craft* (pp. 219–230). Thousand Oaks, CA: Sage.

Gubrium, A. (2009). Digital storytelling: An emergent method for health promotion research and practice. *Health Promotion Practice, 10*(2), 186–191.

Gubrium, J., & Holstein, J. (1995). Biographical work and new ethnography. In R. Josselson & A. Lieblich (Eds.), *Interpreting experience* (pp. 45–58). Thousand Oaks, CA: Sage.

Gubrium, J., Holstein, J., Marvasti, A., & McKinney, K. (Eds.). (2012). *The SAGE handbook of interview research: The complexity of the craft* (2 ed.). Thousand Oaks, CA: Sage.

Guest, G., Bunce, A., & Johnson, L. (2006). How many interviews are enough? An experiment with data saturation. *Field Methods, 18,* 58–82.

Guillemin, M., & Gillam, L. (2004). Ethics, reflexivity, and "ethically important moments" in research. *Qualitative Inquiry, 10*(2), 261–280.

Gur-Ze'ev, I. (2005). Critical theory, critical pedagogy and diaspora today: Toward a new critical language in education [Introduction]. In I. Gur-Ze'ev (Ed.), *Critical theory and critical pedagogy today: Toward a new critical language in education* (pp. 7–34). Haifa, Israel: University of Haifa.

Gutkind, L. (2008). Private and public: The range and scope of creative nonfiction. In L. Gutkind (Ed.), *Keep it real: Everything you need to know about researching and writing creative nonfiction* (pp. 11–25). New York, NY: W. W. Norton.

Gutman, H. (1988). Rousseau's *Confessions:* A technology of the self. In L. Martin, H. Gutman, & P. Hutton (Eds.), *Technologies of the self: A seminar with Michel Foucault* (pp. 99–120). Amherst: University of Massachusetts Press.

Halliday, M. (1973). *Explorations in the functions of language.* London, UK: Edward Arnold.

Hardin, J. (Ed.). (1991). *Reflection and action: Essays on the bildungsroman.* Columbia: University of South Carolina Pres.

Hart, C. (1999). *Doing a literature review: Releasing the social science research imagination.* London, UK: Sage.

Harvey, D. (1989). *The condition of postmodernity.* Oxford, UK: Basil Blackwell.

Haskell, R. (2014, May). The tinkerer. *Wall Street Journal Magazine,* pp. 100–105.

Hatch, J. A., & Wisniewski, R. (1995). Life history and narrative: questions, issues, and exemplary works. In A. Hatch & R. Wisniewski (Eds.), *Life history and narrative* (pp. 113–136). Washington, DC: Falmer Press.

Heggen, K., & Guillemin, M. (2012). Protecting participants' confidentiality using a situated research ethics approach. In J. Gubrium, J. Holstein, A. Marvasti, & K. McKinney (Eds.), *The SAGE handbook of interview research: The complexity of the craft* (pp. 465–476). Thousand Oaks, CA: Sage.

Heidegger, M. (2008). *Being and time* (J. Macquarrie & E. Robinson, Trans.). New York, NY: Harper & Row. (Original work published 1962)

Heider, K. (1988). The Rashomon effect: When ethnographers disagree. *American Anthropologist, 90*(1), 73–81.

Hendry, P. M. (2010). Narrative as inquiry. *The Journal of Educational Research, 103*(2), 72–80.

Herman, D. (2005). Histories of narrative theory (I): A genealogy of early developments. In J. Phelan & P. Rabinowitz (Eds.), *A companion to narrative theory* (pp. 19–35). Malden, MA: Blackwell.

Herrnstein Smith, B. (1981). Narrative versions, narrative theories. In W. J. T. Mitchell (Ed.), *On narrative* (pp. 209–232). Chicago, IL: University of Chicago Press.

Hertz, R. (1997). Introduction: Reflexivity and voice. In R. Hertz (Ed.), *Reflexivity and voice* (pp. vi–xviii). Thousand Oaks, CA: Sage.

Hollingsworth, S., & Dybdahl, M. (2007). Talking to learn: The critical role of conversation in narrative inquiry. In D. J. Clandinin (Ed.), *Handbook of narrative inquiry* (pp. 146–176). Thousand Oaks, CA: Sage.

Holman Jones, S. (2005). Autoethnography: Making the personal political. In N. K. Denzin & Y. S. Lincoln (Eds.), *Handbook of qualitative research.* Thousand Oaks, CA: Sage.

Holquist, M. (1994). *Dialogism: Bakhtin and his world.* New York, NY: Routledge.

Holquist, M. (2011). Narrative reflections—After *"After Virtue." Narrative Inquiry, 21*(2), 358–366.

Holstein, J., & Gubrium, J. (2012). Introduction. In J. Holstein & J. Gubrium (Eds.), *Varieties of narrative analysis* (pp. 1–11). Thousand Oaks, CA: Sage.

hooks, b. (1994). *Teaching to transgress: Education as the practice of freedom.* New York, NY: Routledge.

hooks, b. (2000). *Feminism is for everybody: Passionate politics.* Cambridge, MA: South End Press.

Housman, L. (1981). *Arabian Nights: Stories told by Scheherazade.* New York, NY: Abaris Books.

Hughes, S., Pennington, J., & Markris, S. (2012). Translating autoethnography across the AERA standards: Toward understanding autoethnographic scholarship as empirical research. *Educational Researcher, 41*(6), 209–219.

Hunter, K. M. (1986). "There was this one guy . . . ": The uses of anecdotes in medicine. *Perspectives in Biology & Medicine, 29,* 619–630.

Hunter, K. M. (1989). A science of individuals: Medicine and casuistry. *Journal of Medicine & Philosophy, 14,* 193–212.

Hylton, K. (2012). Talk the talk, walk the walk: Defining critical race theory in research. *Race Ethnicity and Education, 15*(1), 23–41.

Ingram, D., & Simon-Ingram, J. (Eds.). (1992). *Critical theory: The essential readings.* St. Paul, MN: Paragon House.

Iser, W. (1974). *The implied reader.* Baltimore, MD: Johns Hopkins University Press.

Iser, W. (2006). *How to do theory.* Malden, MA: Blackwell.

Jackson, B. (2007). *The story is true: The art and meaning of telling stories.* Philadelphia, PA: Temple University Press.

Jacobs, D. (2008). *The authentic dissertation: Alternative ways of knowing, research and representation.* London, UK, and New York, NY: Routledge.

Jardine, D. (1992). *Speaking with a boneless tongue.* Bragg Creek, Alberta, Canada: Makyo Press.

Jenkins, R. (1992). *Pierre Bourdieu.* London, UK: Routledge & Kegan Paul.

Johnson, G. (2004). Reconceptualising the visual in narrative inquiry into teaching. *Teaching and Teacher Education, 20*(5), 423–234.

Johnson, J., & Rowlands, T. (2012). The interpersonal dynamics of in-depth interviewing. In J. Gubrium, J. Holstein, A. Marvasti, & K. McKinney (Eds.), *The SAGE handbook of interview research: The complexity of the craft* (pp. 99–113). Thousand Oaks, CA: Sage.

Josselson, R. (2004). The hermeneutics of faith and the hermeneutics of suspicion. *Narrative Inquiry, 14*(1), 1–28.

Josselson, R. (2006). Narrative research and the challenge of accumulating knowledge. *Narrative Inquiry, 16*(1), 3–10.

Josselson, R. (2007). The ethical attitude in narrative research: Principles and practicalities. In D. J. Clandinin (Ed.), *Handbook of narrative inquiry: Mapping a methodology* (pp. 537–566). Thousand Oaks, CA: Sage.

Josselson, R., & Lieblich, A. (2003). A framework for narrative research proposals in psychology. In R. Josselson, A. Lieblich, & D. McAdams (Eds.), *Up close and personal: The teaching and learning of narrative research* (pp. 259–274). Washington, DC: American Psychological Association.

Joyce, J. (1956). *A portrait of the artist as a young man.* New York, NY: Viking.

Juzwik, M. (2010). Over-stating claims for story and for narrative inquiry: A cautionary note. *Narrative Inquiry, 20*(2), 375–380.

Kaiser, K. (2012). Protecting confidentiality. In J. Gubrium, J. Holstein, A. Marvasti, & K. McKinney (Eds.), *The SAGE handbook of interview research: The complexity of the craft* (pp. 457–476). Thousand Oaks, CA: Sage.

Kearney, R. (1993). Derrida's ethical re-turn. In G. Madison (Ed.), *Working through Derrida* (pp. 28–50). Evanston, IL: Northwestern University Press.

Kearney, R. (2002). *On stories.* London, UK, and New York, NY: Routledge.

Kellner, D. (1995). *Media culture: Cultural studies, identity and politics between the modern and postmodern.* New York, NY: Routledge.

Kemmis, S., & Smith, T. (2008). Praxis and praxis development. In S. Kemmis & T. Smith (Eds.), *Enabling praxis: Challenges for education* (pp. 3–14). Rotterdam, The Netherlands: Sense Publishers.

Kermode, F. (1981). Secrets and narrative sequence. In W. J. T. Mitchell (Ed.), *On narrative* (pp. 79–97). Chicago, IL: University of Chicago Press.

Kessels, J. P. A. M., & Korthagen, F. A. J. (1996). The relationship between theory and practice: Back to the classics. *Educational Researcher, 25*(3), 17–22.

Kiesinger, C. (1998). From interview to story: Writing Abbie's life. *Qualitative Inquiry, 4*(1), 71–95.

Kilbourn, B. (1999). Fictional theses. *Educational Researcher, 28*(9), 27–32.

Kim, J. H. (2005). *A narrative inquiry into the lives of at-risk students at an alternative high school: The experienced curriculum and the hidden curriculum* (Unpublished doctoral dissertation). Arizona State University, Tempe.

Kim, J. H. (2006). For whom the school bell tolls: Conflicting voices inside an alternative high school. *International Journal of Education & the Arts, 7*(6), 1–18.

Kim, J. H. (2008). A romance with narrative inquiry: Toward an act of narrative theorizing. *Curriculum and Teaching Dialogue, 10*(1 & 2), 251–267.

Kim, J. H. (2010a). Understanding student resistance as a communicative act. *Ethnography and Education, 5*(3), 261–276.

Kim, J. H. (2010b). Walking in the "swampy lowlands": What it means to be a middle level narrative inquirer. In K. Malu (Ed.), *Voices from the middle: Narrative inquiry by, for, and about the middle level community* (pp. 1–17). Charlotte, NC: Information Age.

Kim, J. H. (2011). Teacher inquiry as a phenomenological *Bildungsroman*. In I. M. Saleh & M. S. Khine (Eds.), *Practitioner research in teacher education: Theory and best practices* (pp. 221–238). Frankfurt, Germany: Peter Lang.

Kim, J. H. (2012). Understanding the lived experience of a Sioux Indian adolescent boy: Toward a pedagogy of hermeneutical phenomenology in education. *Educational Philosophy and Theory, 44*(6), 630–648.

Kim, J. H. (2013). Teacher action research as *Bildung*: An application of Gadamer's philosophical hermeneutics to teacher professional development. *Journal of Curriculum Studies, 45*(3), 379–393.

Kim, J. H., & Macintyre Latta, M. (2010). Narrative inquiry: Seeking relations as modes of interactions. *Journal of Educational Research, 103,* 69–71.

Kincaid, J. (1996). *The autobiography of my mother.* New York, NY: Farrar, Straus and Giroux.

Kincheloe, J. L. (2001). Describing the bricolage: Conceptualizing a new rigor in qualitative research. *Qualitative Inquiry, 7*(6), 679–696.

Kincheloe, J. L., & Berry, K. (2004). *Rigour and complexity in educational research: Conceptualizing the bricolage.* New York, NY: Open University Press.

Kincheloe, J. L., & McLaren, P. (2011). Rethinking critical theory and qualitative research. In K. Hayes, S. R. Steinberg, & K. Tobin (Eds.), *Key works in critical pedagogy* (pp. 285–326). Rotterdam, The Netherlands: Sense Publishers.

Klein, J. (1990). *Interdisciplinarity: Histories, theories, and methods.* Detroit, MI: Wayne State University Press.

Kleinman, A. (1988). *The illness narratives: Suffering, healing, and the human condition.* New York, NY: Basic Books.

Knight Abowitz, K. (2000). A pragmatist revisioning of resistance theory. *American Educational Research Journal, 37*(4), 877–907.

Knowles, C., & Sweetman, P. (Eds.). (2004). *Picturing the social landscape: Visual methods and the sociological imagination* London, UK, & New York, NY: Routledge.

Kohl, H. (1967). *36 children.* New York, NY: Signet.

Komesaroff, P. (1995). From bioethics to microethics: Ethical debate and clinical medicine. In P. Komesaroff (Ed.), *Troubled bodies: Critical perspectives on postmodernism, medical ethics and the body* (pp. 62–86). Melbourne, Australia: Melbourne University Press.

Kontje, T. (1993). *The German Bildungsroman: History of a national genre.* Columbia, SC: Camden House.

Korthagen, F. A. J., & Kessels, J. P. A. M. (1999). Linking theory and practice: Changing the pedagogy of teacher education. *Educational Researcher, 28*(4), 4–17.

Kozol, J. (1991). *Savage inequalities: Children in America's schools.* New York, NY: HarperPerennial.

Kristjansson, K. (2005). Smoothing it: Some Aristotelian misgivings about the *phronesis-praxis* perspective on education. *Educational Philosophy and Theory, 37*(4), 455–473.

Kuhn, T. S. (1962). *The structure of scientific revolutions* (2 ed.). Chicago, IL: University of Chicago Press.

Kuhn, T. S. (1970). *The structure of scientific revolutions* (2nd enlarged ed.). Chicago, IL, & London, UK: University of Chicago Press.

Kvale, S. (1996). *InterViews.* Thousand Oaks, CA: Sage.

Labov, W. (1972). *Sociolinguistic patterns.* Philadelphia: University of Pennsylvania Press.

Lakoff, G., & Johnson, M. (1980). *Metaphors we live by.* Chicago, IL: University of Chicago Press.

Ladson-Billings, G. (1998). Just what is critical race theory and what's it doing in a nice field like education? *International Journal of Qualitative Studies in Education, 11*(1), 7–24.

Ladson-Billings, G. (2012). Through a glass darkly: The persistence of race in education research & scholarship. *Educational Researcher, 41*(4), 115–120.

Ladson-Billings, G., & Tate, W. F., IV. (1995). Toward a critical race theory of education. *Teachers College Record, 97,* 47–68.

Lambert, G. (2004). *The return of the baroque in modern culture.* London, UK: Continuum.

Lambert, J. (2006). *Digital storytelling: Capturing lives, creating community.* Berkeley, CA: Digital Diner Press.

Langellier, K., & Peterson, E. (2004). *Storytelling in daily life: Performing narrative.* Philadelphia, PA: Temple University Press.

Lareau, A. (1989). *Home advantage: Social class and parental intervention in elementary education.* London, UK: Falmer Press.

Lather, P. (1997). Creating a multilayered text: Women, AIDS, and angels. In W. Tierney & Y. Lincoln (Eds.), *Representation and the text: Re-framing the narrative voice* (pp. 233–258). Albany: State University of New York Press

Lather, P. (1999). To be of use: The work of reviewing. *Review of Educational Research, 69*(1), 2–7.

Lather, P. (2008). New wave utilization research: (Re)Imagining the research/policy nexus. *Educational Researcher, 37*(6), 361–364.

Lawson, H. (1985). *Reflexivity: The post-modern predicament.* London, UK: Hutchinson.

Leach, M., & Boler, M. (1998). Gilles Deleuze: Practicing education through flight and gossip. In M. Peters (Ed.), *Naming the multiple: Poststructuralism and education* (pp. 149–172). Westport, CT: Bergin & Garvey.

Leavy, P. (2009). *Method meets art: Arts-based research practice.* New York, NY: Guilford.

Leavy, P. (2013). *Fiction as research practice: Short stories, novellas, and novels.* Walnut Creek, CA: Left Coast Press.

Leavy, P., & Ross, L. (2006). The matrix of eating disorder vulnerability: Oral history and the link between personal and social problems. *The Oral History Review, 33*(1), 65–81.

LeCompte, M. D., Klingner, J. K., Campbell, S. A., & Menk, D. W. (2003). Editor's introduction. *Review of Educational Research, 73*(2), 123–124.

Levering, B. (2006). Epistemological issues in phenomenological research: How authoritative are people's accounts of their own perceptions? *Journal of Philosophy of Education, 40*(4), 451–462.

Lévi-Strauss, C. (1966). *The savage mind.* Chicago, IL: University of Chicago Press.

Lieblich, A. (2013). Healing plots: Writing and reading in life-stories groups. *Qualitative Inquiry, 19*(1), 46–52.

Lieblich, A., Tuval-Mashiach, R., & Zilber, T. (1998). *Narrative research: Reading, analysis and interpretation.* Thousand Oaks, CA: Sage.

Linde, C. (1993). *Life stories: The creation of coherence.* New York, NY: Oxford University Press.

Lindquist, B. (1994). Beyond student resistance: A pedagogy of possibility. *Teaching Education, 6*(2), 1–8.

Loots, G., Coppens, K., & Sermijn, J. (2013). Practicing a rhizomatic perspective in narrative research. In M. Andrews, C. Squire, & M. Tamboukou (Eds.), *Doing narrative research* (2nd ed., pp. 108–125). Thousand Oaks, CA: Sage.

Luttrell, W. (2010). "A camera is a big responsibility": A lens for analyzing children's visual voices. *Visual Studies, 25*(3), 224–237.

Lyon, A. (1992). Interdisciplinarity: Giving up territory. *College English, 54,* 681–694.

Lyons, N., & LaBoskey, V. K. (2002). Why narrative inquiry or exemplars for a scholarship of teaching? In N. Lyons & V. K. LaBoskey (Eds.), *Narrative inquiry in practice: Advancing the knowledge of teaching* (pp. 11–30). New York, NY: Teachers College Press.

Lyotard, J.-F. (1979/1984). *The postmodern condition: A report on knowledge* (G. M. Bennington & B. Massumi Trans.). Minneapolis: University of Minnesota Press.

MacIntyre, A. (2007). *After virtue* (3rd ed.). Notre Dame, IN: University of Notre Dame Press.

MacIntyre, A., & Dunne, J. (2002). Alasdair MacIntyre on education: In dialogue with Joseph Dunne. *Journal of Philosophy of Education, 36*(1), 1–19.

Macintyre Latta, M. (2013). *Curricular conversations: Play is the (missing) thing.* New York, NY: Routledge.

MacLure, M. (2006). The bone in the throat: Some uncertain thoughts on Baroque method. *International Journal of Qualitative Studies in Education, 19*(6), 729–745.

Madison, D. S., & Hamera, J. (2006). *The SAGE handbook of performance studies.* Thousand Oaks, CA: Sage.

Mahon, M. (1992). *Foucault's Nietzschean genealogy: Truth, power, and the subject.* New York: State University of New York Press.

Mahoney, D. (2007). Constructing reflexive fieldwork relationships: Narrating my collaborative storytelling methodology. *Qualitative Inquiry, 13*(4), 573–594.

Malinowski, B. (1967). *A diary in the strict sense of the term.* London, UK: Routledge & Kegan Paul.

Marable, M. (1992). *Black America.* Westfield, NJ: Open Media.

Marcus, G. E. (1998). On ideologies of reflexivity in contemporary efforts to remake the human sciences. In G. E. Marcus (Ed.), *Ethnography through thick and thin* (pp. 181–202). Princeton, NJ: Princeton University Press.

Margolis, E., & Pauwels, L. (Eds.). (2011). *The SAGE handbook of visual research methods.* Thousand Oaks, CA: Sage.

Marshall, J. (1998). Michel Foucault: Philosophy, education, and freedom as an exercise upon the self. In M. Peters (Ed.), *Naming the multiple: Poststructuralism and education* (pp. 65–83). Westport, CT: Bergin & Garvey.

Marshall, J. (2005). Michel Foucault: From critical "theory" to critical pedagogy. In I. Gur-Ze'ev (Ed.), *Critical theory and critical pedagogy today: Toward a new critical language in education* (pp. 289–299). Haifa, Israel: University of Haifa.

Martin, W. (1986). *Recent theories of narrative.* Ithaca, NY: Cornell University Press.

Marzano, M. (2012). Informed consent. In J. Gubrium, J. Holstein, A. Marvasti, & K. McKinney (Eds.), *The SAGE handbook of interview research: The complexity of the craft* (pp. 443–456). Thousand Oaks, CA: Sage.

Mason, J. (1996). *Qualitative researching.* London, UK: Sage.

Mason, M. (2010). Sample size and saturation in PhD studies using qualitative interviews. *Forum: Qualitative Social Research. 11*(3). Available from http://www.qualitative-research.net/index.php/fqs/article/view/1428/3027

Matsuda, M., Lawrence, C., Delgado, R., & Crenshaw, K. (Eds.). (1993). *Words that wound: Critical race theory, assaultive speech and the First Amendment*. Boulder, CO: Westview Press.

Mattingly, C. (1998a). *Healing dramas and clinical plots: The narrative construction of experience*. Cambridge, UK: Cambridge University Press.

Mattingly, C. (1998b). In search of the good: Narrative reasoning in clinical practice. *Medical Anthropology Quarterly, 12*(3), 273–297.

Mattingly, C. (2007). Acted narratives: From storytelling to emergent dramas. In D. J. Clandinin (Ed.), *Handbook of narrative inquiry: Mapping a methodology* (pp. 405–425). Thousand Oaks, CA: Sage.

Mauriès, P. (2002). *Cabinets of curiosities*. London, UK: Thames & Hudson.

Maxwell, J. (2004). Causal explanation, qualitative research, and scientific inquiry in education. *Educational Researcher, 33*(2), 3–11.

Maxwell, J. (2005). *Qualitative research: An interactive design* (2nd ed.). Thousand Oaks, CA: Sage.

Maxwell, J. (2006). Literature reviews of, and for, educational research: A commentary on Boote and Beile's "Scholars before researchers." *Educational Researcher, 35*(9), 28–31.

Maynes, M. J., Pierce, J. L., & Laslett, B. (2008). *Telling stories: The use of personal narratives in the social sciences and history*. Ithaca, NY: Cornell University Press.

McCall, L. (2005). The complexity of intersectionality. *Signs, 30*(3), 1771–1800.

McCarthy, T. (2001). Critical theory today: An interview with Thomas McCarthy by Shane O'Neill & Nicholas Smith. In W. Rehg & J. Bohman (Eds.), *Pluralism and the pragmatic turn: The transformation of critical theory: Essays in honor of Thomas McCarthy* (pp. 413–429). Cambridge, MA: MIT Press.

McCormack, C. (2004). Storying stories: A narrative approach to in-depth interview conversations. *International Journal of Social Research Methodology, 7*(3), 219–236.

McGraw, L., Zvonkovic, A., & Walker, A. (2000). Studying postmodern families: A feminist analysis of ethical tensions in work and family research. *Journal of Marriage and Family, 62*(1), 68–77.

McGushin, E. (2007). *Foucault's askēsis: An introduction to the philosophical life*. Evanston, IL: Northwestern University Press.

McHale, B. (2005). Ghosts and monsters: On the (im)possibility of narrating the history of narrative theory. In A. Phelan & P. Rabinowitz (Eds.), *A companion to narrative theory* (pp. 60–71). Malden, MA: Blackwell.

McQuillan, M. (Ed.). (2000). *The narrative reader*. London, UK, & New York, NY: Routledge.

Mello, D. M. (2007). The language of arts in a narrative inquiry landscape. In D. J. Clandinin (Ed.), *Handbook of narrative inquiry: Mapping a methodology* (pp. 203–223). Thousand Oaks, CA: Sage.

Merleau-Ponty, M. (1962/2007). *Phenomenology of perception* (C. Smith, Trans.). New York, NY: Routledge.

Merrill, B., & West, L. (2009). *Using biographical methods in social research*. Thousand Oaks, CA: Sage.

Miller, D. (2010). *Stuff*. Cambridge, UK: Polity Press.

Miller, L., & Taylor, J. (2006). The constructed self: Strategic and aesthetic choices in autobiographical performance. In D. S. Madison & J. Hamera (Eds.), *The SAGE handbook of performance studies* (pp. 169–187). Thousand Oaks, CA: Sage.

Mills, C. W. (1959). *The sociological imagination*. New York, NY: Oxford University Press.

Miron, L. F., & Lauria, M. (1995). Identity politics and student resistance to inner-city public schooling. *Youth and Society, 27*(1), 29–53.

Mishler, E. G. (1986a). The analysis of interview-narratives. In T. R. Sarbin (Ed.), *Narrative psychology: The storied nature of human conduct* (pp. 233–255). New York, NY: Praeger.

Mishler, E. G. (1986b). *Research interviewing: Context and narrative.* Cambridge, MA: Harvard University Press.

Mishler, E. G. (1995). Models of narrative analysis: A typology. *Journal of Narrative and Life History, 5,* 87–123.

Mitchell, J. (1971). *Woman's estate.* New York, NY: Pantheon Books.

Mitchell, W. J. T. (Ed.). (1981). *On narrative.* Chicago, IL: University of Chicago Press.

Moran, D. (2000). *Introduction to phenomenology.* London, UK: Routledge.

Morgan-Fleming, B., Riegle, S., & Fryer, W. (2007). Narrative inquiry in archival work. In D. J. Clandinin (Ed.), *Handbook of narrative inquiry: Mapping a methodology* (pp. 81–98). Thousand Oaks, CA: Sage.

Morrissey, C. (1987). The two-sentence format as an interviewing technique in oral history fieldwork. *Oral History Review, 15*(1), 43–53.

Morse, J. (2012). The implications of interview type and structure in mixed-method designs. In J. Gubrium, J. Holstein, A. Marvasti, & K. McKinney (Eds.), *The SAGE handbook of interview research: The complexity of the craft* (pp. 193–204). Thousand Oaks, CA: Sage.

Morson, G. S., & Emerson, C. (1990). *Mikhail Bakhtin: Creation of a prosaics.* Stanford, CA: Stanford University Press.

Mortensen, K. P. (2002). The double call: On *Bildung* in a literary and reflective perspective. *Journal of Philosophy of Education, 36*(3), 437–456.

Mosselson, J. (2010). Subjectivity and reflexivity: Locating the self in research on dislocation. *International Journal of Qualitative Studies in Education, 23*(4), 479–494.

Moustakas, C. (1994). *Phenomenological research methods.* Thousand Oaks, CA: Sage.

Munro Hendry, P. (2007). The future of narrative. *Qualitative Inquiry, 13*(4), 487–498.

Munro, P. (1998). *Subject to fiction: Women teachers' life history narratives and the cultural politics of resistance.* Philadelphia, PA: Open University Press.

Narayan, K., & George, K. (2012). Stories about getting stories. In J. Gubrium, J. Holstein, A. Marvasti, & K. McKinney (Eds.), *The SAGE handbook of interview research: The complexity of the craft* (pp. 511–524). Thousand Oaks, CA: Sage.

National Research Council. (2002). *Scientific research in education.* Washington, DC: National Academy Press.

Nussbaum, M. C. (1998). *Cultivating humanity: A classical defense of reform in liberal education.* Cambridge, MA: Harvard University Press.

O'Reilly, M., & Parker, N. (2012). "Unsatisfactory saturation": A critical exploration of the notion of saturated sample sizes in qualitative research. *Qualitative Research, 13*(2), 190–197.

Ochs, E., & Capps, L. (2001). *Living narrative.* Cambridge, MA: Harvard University Press.

Olson, M., & Craig, C. (2009). "Small" stories and meganarratives: Accountability in balance. *Teachers College Record, 111*(2), 547–572.

Paget, M. (1983). Experience and knowledge. *Human Studies, 6*(2), 67–90.

Paley, V. G. (1986). On listening to what the children say. *Harvard Educational Review, 56*(2), 122–131.

Park-Fuller, L. (2000). Performing absence: The staged personal narrative as testimony. *Text and Performance Quarterly, 20,* 20–42.

Parsons, T. (1959). The school class as a social system: Some of its functions in American society. *Harvard Educational Review, 29,* 297–313.

Patterson, W. (2013). Narratives of events: Labovian narrative analysis and its limitations. In M. Andrews, C. Squire, & M. Tamboukou (Eds.), *Doing narrative research* (pp. 27–46). Thousand Oaks, CA: Sage.

Pauwels, L. (2011). An integrated conceptual framework for visual social research. In E. Margolis & L. Pauwels (Eds.), *The SAGE handbook of visual research methods* (pp. 3–23). Thousand Oaks, CA: Sage.

Pederson, S. (2013). To be welcome: A call for narrative interviewing methods in illness contexts. *Qualitative Inquiry, 19*(6), 411–418.

Pelias, R. (2008). Performative inquiry: Embodiment and its challenges. In C. Knowles & A. Cole (Eds.), *Handbook of the arts in qualitative research* (pp. 185–194). Thousand Oaks, CA: Sage.

Personal Narratives Group. (Ed.). (1989). *Interpreting women's lives: Feminist theory and personal narratives.* Bloomington and Indianapolis: Indiana University Press.

Peterkin, A. (2011). Primum non nocere: On accountability in narrative-based medicine. *Literature and Medicine, 29*(2), 396–411.

Peters, M. A. (1998). Introduction—Naming the multiple: Poststructuralism and education. In M. A. Peters (Ed.), *Naming the multiple: Poststructuralism and education* (pp. 1–24). Westport, CT: Bergin & Garvey.

Peters, M. A. (2005). Critical pedagogy and the futures of critical theory. In I. Gur-Ze'ev (Ed.), *Critical theory and critical pedagogy today: Toward a new critical language in education* (pp. 35–48). Haifa, Israel: University of Haifa.

Peters, M. A. (2009a). Derrida, Nietzsche, and the return to the subject. In M. A. Peters & G. Biesta (Eds.), *Derrida, deconstruction, and the politics of pedagogy* (pp. 59–79). New York, NY: Peter Lang.

Peters, M. A. (2009b). Heidegger, phenomenology, education [Editorial]. *Educational Philosophy and Theory, 41*(1), 1–6.

Peterson, E., & Langellier, K. (2006). The performance turn in narrative studies. *Narrative Inquiry, 16*(1), 173–180.

Phillion, J., He, M. F., & Connelly, F. M. (Eds.). (2005). *Narrative & experience in multicultural education.* Thousand Oaks, CA: Sage.

Phillips, A. (1994). *On flirtation.* Cambridge, MA: Harvard University Press.

Phillips, D. C. (1995). Art as research, research as art. *Educational Theory, 45*(1), 1–7.

Pillow, W. (2003). Rethinking the uses of reflexivity as methodological power in qualitative research. *International Journal of Qualitative Studies in Education, 16*(2), 175–196.

Pinar, W. F. (1997). Regimes of reason and the male narrative voice. In W. Tierney & Y. Lincoln (Eds.), *Representation and the text: Re-framing the narrative voice* (pp. 81–114). Albany: State University of New York Press

Pinar, W. F., Reynolds, W. M., Slattery, P., & Taubman, P. (2008). *Understanding curriculum: An introduction to the study of historical and contemporary curriculum discourses.* New York, NY: Peter Lang.

Pinar, W. F. (2011). *The character of curriculum studies: Bildung, currere, and the recurring question of the subject.* New York, NY: Palgrave Macmillan.

Pinar, W. F., & Reynolds, W. M. (Eds.). (1991). *Understanding curriculum as phenomenological and deconstructed text.* New York, NY: Teachers College Press.

Pink, S. (2004). Visual methods. In C. Seale, G. Gobo, J. Gubrium, & D. Silverman (Eds.), *Qualitative research practice* (pp. 361–378). London, UK: Sage.

Pinnegar, S., & Daynes, J. G. (2007). Locating narrative inquiry historically. In D. J. Clandinin (Ed.), *Handbook of narrative inquiry: Mapping a methodology* (pp. 3–34). Thousand Oaks, CA: Sage.

Polkinghorne, D. E. (1988). *Narrative knowing and the human sciences.* Albany: State University of New York Press.

Polkinghorne, D. E. (1995). Narrative configuration as qualitative analysis. In J. A. Hatch & R. Wisniewski (Eds.), *Life history and narrative* (pp. 5–25). London, UK: Falmer Press.

Polkinghorne, D. E. (2010). The practice of narrative. *Narrative Inquiry, 20*(2), 392–396. Poster, M. (1989). *Critical theory and poststructuralism: In search of a context.* Ithaca, NY: Cornell University Press.

Poster, M. (1989). *Critical theory and poststructuralism: In search of a context.* Ithaca, NY: Cornell University Press.

Prosser, J. (2011). Visual methodology: Toward a more seeing research. In N. K. Denzin & Y. S. Lincoln (Eds.), *The SAGE handbook of qualitative research* (pp. 479–496). Thousand Oaks, CA: Sage.

Purcell, R. (2004). A room revisited. *Natural History, 113*(7), 46–48.

Rabaté, J.-M. (2003). Introduction 2003: Are you history? In J. Sturrock (Ed.), *Structuralism* (pp. 1–16). Oxford, UK: Blackwell.

Rabinow, P. (1984). Introduction. In P. Rabinow (Ed.), *The Foucault reader* (pp. 3–29). New York, NY: Pantheon.

Rajagopalan, K. (1998). On the theoretical trappings of the thesis of anti-theory; or, why the idea of theory may not, after all, be all that bad: A response to Gary Thomas. *Harvard Educational Review, 68*(3), 335–352.

Rajchman, J. (1985). *Michel Foucault: The freedom of philosophy.* New York, NY: Columbia University Press.

Rallis, S., & Rossman, G. (2010). Caring reflexivity. *International Journal of Qualitative Studies in Education, 23*(4), 495–499.

Rawls, J. (1999). *A theory of justice* (Rev. ed.). Cambridge, MA: The Belknap Press of Harvard University Press.

Reed-Danahay, D. (1997). *Auto/ethnography: Rewriting the self and the social.* Oxford, UK: Berg.

Reeves, C. (2010). A difficult negotiation: Fieldwork relations with gatekeepers. *Qualitative Research, 10*(3), 315–331.

Reilly, J. M., Ring, J., & Duke, L. (2005). Visual thinking strategies: A new role for art in medical education. *Literature and the Arts in Medical Education, 37*(4), 250–252.

Richardson, L. (1990). *Writing strategies: Reaching diverse audiences.* Newbury Park, CA: Sage.

Richardson, L. (1994). Writing: A method of inquiry. In N. K. Denzin & Y. S. Lincoln (Eds.), *Handbook of qualitative research* (pp. 516–529). Thousand Oaks, CA: Sage.

Richardson, L., & St. Pierre, E. (2005). Writing: A method of inquiry. In N. K. Denzin & Y. S. Lincoln (Eds.), *Handbook of qualitative research* (3rd ed., pp. 959–978). Thousand Oaks, CA: Sage

Ricoeur, P. (1970). *Freud and philosophy: An essay on interpretation* (D. Savage, Trans.). New Haven, CT: Yale University Press.

Ricoeur, P. (1991). *From text to action: Essays on hermeneutics.* Evanston, IL: Northwestern University Press.

Ricoeur, P. (2007). *The conflict of interpretations: Essays in hermeneutics.* Evanston, IL: Northwestern University Press.

Riessman, C. K. (2008). *Narrative methods for the human sciences.* Thousand Oaks, CA: Sage.

Riessman, C. K. (2012). Analysis of personal narratives. In J. Gubrium, J. Holstein, A. Marvasti, & K. McKinney (Eds.), *The SAGE handbook of interview research: The complexity of the craft* (pp. 367–380). Thousand Oaks, CA: Sage.

Riessman, C. K. (2013). Concluding comments. In M. Andrews, C. Squire, & M. Tamboukou (Eds.), *Doing narrative research* (pp. 255–260). Thousand Oaks, CA: Sage.

Rinehart, R. E. (1998). Fictional methods in ethnography: Believability, specks of glass, and Chekhov. *Qualitative Inquiry, 4*(2), 200–224.

Roberts, P. (2008). From west to east and back again: Faith, doubt and education in Hermann Hesse's later work. *Journal of Philosophy of Education, 42*(2), 249–268.

Robinson, J. A., & Hawpe, L. (1986). Narrative thinking as a heuristic process. In T. R. Sarbin (Ed.), *Narrative psychology: The storied nature of human conduct* (pp. 111–125). New York, NY: Praeger.

Robinson, T. L., & Kennington, P. D. (2002). Holding up half the sky: Women and psychological resistance. *Journal of Humanistic Counseling, Education and Development, 41*(2), 164–177.

Robinson, T. L., & Ward, J. V. (1991). "A belief in self far greater than anyone's disbelief": Cultivating resistance among African American female adolescents. *Women & Therapy, 11,* 87–103.

Rodrik, D. (Ed.). (2011). *In search of prosperity: Analytic narratives on economic growth.* Princeton, NJ: Princeton University Press.

Rogers, A. (2003). Qualitative research in psychology: Teaching an interpretive process. In R. Josselson, A. Lieblich, & D. McAdams (Eds.), *Up close and personal: The teaching and learning of narrative research* (pp. 49–60). Washington, DC: American Psychological Association.

Romer, C., & Romer, D. (2010). The macroeconomic effects of tax changes: Estimates based on a new measure of fiscal shocks. *American Economic Review, 100,* 763–801.

Ronai, C. R. (1995). Multiple reflections of child sex abuse: An argument for a layered account. *Journal of Contemporary Ethnography, 23,* 395–426.

Rorty, R. (1991). *Essays on Heidegger and others: Philosophical papers* (Vol. 2). Cambridge, UK, & New York, NY: Cambridge University Press.

Rosenthal, G. (1993). Reconstruction of life stories. *The Narrative Study of Lives, 1*(1), 59–91.

Rosiek, J., & Atkinson, B. (2007). The inevitability and importance of genres in narrative research on teaching practice. *Qualitative Inquiry, 13*(4), 499–521.

Rossman, G., & Rallis, S. (2010). Everyday ethics: Reflections on practice. *International Journal of Qualitative Studies in Education, 23*(4), 379–391.

Rousseau, J. (1762/1979). *Emile or on education* (A. Bloom, Trans.). New York, NY: Basic Books.

Rudestam, K. E., & Newton, R. R. (2001). *Surviving your dissertation* (2nd ed.). Thousand Oaks, CA: Sage.

Saks, A. L. (1996). Viewpoints: Should novels count as dissertations in education? *Research in the Teaching of English, 30*(4), 403–427.

Saldaña, J. (2009). *The coding manual for qualitative researchers*. Thousand Oaks, CA: Sage.

Saldaña, J. (Ed.). (2005). *Ethnodrama: An anthology of reality theatre*. Walnut Creek, CA: AltaMira Press.

Santostefano, S. (1985). Metaphor: Integrating action, fantasy, and language in development. *Imagination, Cognition and Personality, 4,* 127–146.

Sarbin, T. R. (1986). The narrative as a root metaphor for psychology. In T. R. Sarbin (Ed.), *Narrative psychology: The storied nature of human conduct* (pp. 3–21). New York, NY: Praeger.

Schafer, R. (1981). Narration in the psychoanalytic dialogue. In W. J. T. Mitchell (Ed.), *On narrative* (pp. 25–49). Chicago, IL: University of Chicago Press.

Schafer, R. (1992). *Retelling a life*. New York, NY: Basic Books.

Scheppele, K. (1989). Foreword: Telling stories. *Michigan Law Review, 87*(8), 2073–2098.

Schneider, A. (November, 1997). As "creative nonfiction" programs proliferate, their critics warn of trendy solipsism. *The Chronicle of Higher Education,* pp. A12–A14.

Schneider, K. (2010). The subject-object transformations and "Bildung." *Educational Philosophy and Theory.* doi: 10.1111/j.1469-5812.2010.00696.x

Schön, D. A. (1983). *The reflective practitioner: How professionals think in action*. New York, NY: Basic Books.

Schrift, A. (1995). *Nietzsche's French legacy: A genealogy of poststructuralism*. New York, NY: Routledge.

Sermijn, J., Devlieger, P., & Loots, G. (2008). The narrative construction of the self: Selfhood as a rhizomatic story. *Qualitative Inquiry, 14*(4), 632–650.

Shea, C. (2000). Don't talk to humans: The crackdown on social science research. *Lingua Franca, 10*(6), 27–34.

Shipman, P. (2001). Missing links: A scientist reconstructs biography. *The American Scholar, 70*(1), 81–86.

Shuman, A. (2005). *Other people's stories: Entitlement claims and the critique of empathy*. Urbana and Chicago: University of Illinois Press.

Smith, D. (2007, January 23). A career in letters, 50 years and counting. *The New York Times.* Retrieved from http://www.nytimes.com/2007/01/23/books/23loom.html?_r = 0

Smith, D., & Thomasson, A. (2005). Introduction. In D. Smith & A. Thomasson (Eds.), *Phenomenology and philosophy of mind* (pp. 1–15). New York, NY: Oxford University Press.

Smith, S., & Watson, J. (2005). The trouble with autobiography: Cautionary notes for narrative theorists. In A. Phelan & P. Rabinowitz (Eds.), *A companion to narrative theory* (pp. 356–371). Malden, MA: Blackwell.

Smith, T. (2008). Fostering a praxis stance in pre-service teacher education. In S. Kemmis & T. Smith (Eds.), *Enabling praxis: Challenges for education* (pp. 65–84). Rotterdam, The Netherlands: Sense Publishers.

Solórzano, D. (1997). Images and words that wound: Critical race theory, racial stereotyping and teacher education. *Teacher Education Quarterly, 24,* 5–19.

Solórzano, D., & Yosso, T. (2009). Counter-storytelling as an analytical framework for educational research. In E. Taylor, D. Gillborn, & G. Ladson-Billings (Eds.), *Foundations of critical race theory in education* (pp. 131–147). New York, NY: Routledge.

Solórzano, D., & Yosso, T. J. (2001). Critical race and LatCrit theory and method: Counter-storytelling. *International Journal of Qualitative Studies in Education, 14*(4), 471–495.

Sontag, S. (1977). *On photography.* New York, NY: Delta.

Soutter, L. (1999). The photographic idea: Reconsidering conceptual photography. *Afterimage, 26*(5), 8–10.

Soutter, L. (2000). Dial "P" for panties: Narrative photography in the 1990s. *Afterimage, 27*(4), 9–12.

Sparkes, A. C. (1994). Self, silence and invisibility as a beginning teacher: A life history of lesbian experience. *British Journal of Sociology of Education, 15*(1), 93–118.

Sparkes, A. C. (1996). The fatal flaw: A narrative of the fragile body-self. *Qualitative Inquiry, 2*(4), 463–494.

Speer, S. (2008). Natural and contrived data. In A. Bickman & J. Brannen (Eds.), *The SAGE handbook of social research methods* (pp. 290–312). London, UK: Sage

Spence, D. P. (1982). *Narrative truth and historical truth.* New York, NY: W. W. Norton.

Spence, D. P. (1986). Narrative smoothing and clinical wisdom. In T. R. Sarbin (Ed.), *Narrative psychology: The storied nature of human conduct* (pp. 211–232). New York, NY: Praeger.

Spradley, J. P. (1979). *The ethnographic interview.* New York, NY: Holt, Rinehart & Winston.

Spring, J. (1989). *The sorting machine revisited: National educational policy since 1945.* New York, NY, & London, UK: Longman.

Spry, T. (2001). Performing autoethnography: An embodied methodological praxis. *Qualitative Inquiry, 7,* 706–732.

Squire, C. (2013). From experience-centred to socioculturally-oriented approaches to narrative. In M. Andrews, C. Squire, & M. Tamboukou (Eds.), *Doing narrative research* (pp. 47–71). Thousand Oaks, CA: Sage.

Steele, R. S. (1986). Deconstructing histories: Toward a systematic criticism of psychological narratives. In T. R. Sarbin (Ed.), *Narrative psychology: The storied nature of human conduct* (pp. 256–275). New York, NY: Praeger.

Sturrock, J. (1986). *Structuralism.* London, UK: Paladin.

Sturrock, J. (2003). *Structuralism* (2nd ed.). Oxford, UK: Blackwell.

Suárez-Ortega, M. (2013). Performance, reflexivity, and learning through biographical-narrative research. *Qualitative Inquiry, 19*(3), 189–200.

Sullivan, A. M. (2000). Notes from a marine biologist's daughter: On the art and science of attention. *Harvard Educational Review, 70*(2), 221–227.

Swales, M. (1978). *The German bildungsroman from Wieland to Hesse.* Princeton, NJ: Princeton University Press.

Sword, H. (2012). *Stylish academic writing.* Cambridge, MA: Harvard University Press.

Talese, G. (1992). *Honor thy father.* New York, NY: Ivy Books.

Tamboukou, M. (2003). *Women, education and the self: A Foucauldian perspective.* Basingstoke, UK: Palgrave Macmillan.

Tamboukou, M. (2013). A Foucauldian approach to narratives. In M. Andrews, C. Squire, & M. Tamboukou (Eds.), *Doing narrative research* (pp. 88–107). Thousand Oaks, CA: Sage.

Tanaka, G. (1997). Pico College. In W. Tierney & Y. Lincoln (Eds.), *Representation and the text* (pp. 259–299). Albany: State University of New York Press

Tate, W. (1997). Critical race theory and education: History, theory, and implications. *Review of Research in Education, 22,* 195–247.

Taylor, E. (2009). The foundations of critical race theory in education: An introduction. In E. Taylor, D. Gillborn, & G. Ladson-Billings (Eds.), *Foundations of critical race theory in education* (pp. 1–16). New York, NY: Routledge.

Tedlock, B. (1991). From participant observation to the observation of participation: The emergence of narrative ethnography. *Journal of Anthropological Research, 47*(1), 69–74.

Thomas, G. (1997). What's the use of theory? *Harvard Educational Review, 67*(1), 75–104.

Thomasson, A. (2005). First-person knowledge in phenomenology. In D. Smith & A. Thomasson (Eds.), *Phenomenology and philosophy of mind* (pp. 115–139). Oxford, UK: Oxford University Press.

Thompson, A. (1998). Not *The Color Purple:* Black feminist lessons for educational caring. *Harvard Educational Review, 68*(4), 522–554.

Thompson, P. (2006). The voice of the past: Oral history. In R. Perks & A. Thomson (Eds.), *The oral history reader* (pp. 25–31). New York, NY: Routledge.

Thomson, A. (2007). Four paradigm transformations in oral history. *The Oral History Review, 34*(1), 49–70.

Tierney, W. (1998). Life history's history: Subjects foretold. *Qualitative Inquiry, 4*(1), 49.

Tolstoy, L. (1998). Why do people stupefy themselves? *New England Review, 19*(1), 142–154.

Tonkin, E. (1992). *Narrating our pasts: The social construction of oral history.* Cambridge, UK: Cambridge University Press.

Tubbs, N. (2005). The philosophy of critical pedagogy. In I. Gur-Ze'ev (Ed.), *Critical theory and critical pedagogy today: Toward a new critical language in education* (pp. 226–240). Haifa, Israel: University of Haifa.

Tyack, D., & Hansot, E. (1990). *Learning together: A history of coeducation in American schools.* New Haven, CT: Yale University Press.

Valencia, R. (1997). *The evolution of deficit thinking: Educational thought and practice.* Washington, DC: Falmer Press.

van Manen, M. (1990). *Researching lived experience: Human science for an action sensitive pedagogy.* Albany: State University of New York Press.

Verhesschen, P. (2003). "The poem's invitation": Ricoeur's concept of mimesis and its consequences for narrative educational research. *Journal of Philosophy of Education, 37*(3), 449–465.

Villenas, S., & Deyhle, D. (1999). Critical race theory and ethnographies challenging the stereotypes: Latino families, schooling, resilience and resistance. *Curriculum Inquiry, 29*(4), 413–445.

von Wright, M. (2002). Narrative imagination and taking the perspective of others. *Studies in Philosophy and Education, 21,* 407–416.

Vryan, K. (2006). Expanding analytic autoethnography and enhancing its potential. *Journal of Contemporary Ethnography, 35*(4), 405–409.

Wahlström, N. (2010). Do we need to talk to each other? How the concept of experience can contribute to an understanding of Bildung and democracy. *Educational Philosophy and Theory, 42*(3), 293–309.

Weber, S. (2008). Visual images in research. In G. Knowles & A. Cole (Eds.), *Handbook of the arts in qualitative research* (pp. 41–53). Thousand Oaks, CA: Sage.

Webster, L., & Mertova, P. (2007). *Using narrative inquiry as a research method: An introduction to using critical event narrative analysis in research on learning and teaching.* New York, NY: Routledge.

Weiler, K. (1988). *Women teaching for change: Gender, class, and power.* South Hadley, MA: Bergin & Garvey.

Weiler, K. (2001). Introduction. In K. Weiler (Ed.), *Feminist engagements: Reading, resisting, and revisioning male theorists in education and cultural studies* (pp. 1–12). New York, NY: Routledge.

Weis, L., & Fine, M. (2000). *Speed bumps: A student-friendly guide to qualitative research*. New York, NY: Teachers College Press.

Willox, A. C., Harper, S. L., & Edge, V. L. (2012). Storytelling in a digital age: Digital storytelling as an emerging narrative method for preserving and promoting indigenous oral wisdom. *Qualitative Research, 13*(2), 127–147.

Winant, H. (2000). Race and race theory. *Annual Review of Sociology, 26,* 169–185.

Winant, H. (2007). The dark side of The Force: One hundred years of the sociology of race. In C. Calhoun (Ed.), *Sociology in America: A history* (pp. 535–571). Chicago, IL: University of Chicago Press.

Winter, S. (1989). The cognitive dimension of the *Agon* between legal power and narrative meaning. *Michigan Law Review, 87*(8), 2225–2279.

Wolcott, H. (1994). *Transforming qualitative research: Description, analysis and interpretation*. Thousand Oaks, CA: Sage.

Wolcott, H. (2002). *Sneaky kid and its aftermath: Ethics and intimacy in fieldwork*. Walnut Creek, CA: AltaMira Press.

Woodson, C. G. (1990). *The mis-education of the Negro*. Trenton, NJ: Africa World Press. (Original work published 1933)

Wragg, E. C. (2012). *An introduction to classroom observation*. New York, NY: Routledge.

Xu, S., & Connelly, F. M. (2010). Narrative inquiry for school-based research. *Narrative Inquiry, 20*(2), 349–370.

Yates, L. (2010). The story they want to tell, and the visual story as evidence: Young people, research authority and research purposes in the education and health domains. *Visual Studies, 25*(3), 280–291.

Yenawine, P., & Miller, A. (2014). Visual thinking, images, and learning in college. *About Campus, 19*(4), 2–8.

Yosso, T. (2005). Whose culture has capital? A critical race theory discussion of community cultural wealth. *Race Ethnicity and Education, 8*(1), 69–91.

Yow, V. (1997). "Do I like them too much?" Effects of the oral history interview on the interviewer and vice-versa. *Oral History Review, 24*(1), 55–79.

Zaner, R. M. (2004). *Conversations on the edge: Narratives of ethics and illness*. Washington, DC: Georgetown University Press.

Žižek, S. (2000). Class struggle or postmodernism? Yes please! In J. Butler & E. Laclau (Eds.), *Contingency, hegemony, universality—Contemporary dialogues on the left* (pp. 90–135). London, NY: Verso.

Zylinska, J. (2005). *The ethics of cultural studies*. New York, NY: Continuum.

國家圖書館出版品預行編目（CIP）資料

理解敘說探究：以故事的雕琢與分析作為研究／
Jeong-Hee Kim 著；張曉佩，卓秀足譯.
--初版. -- 新北市：心理，2018.12
　　面；　公分. --（社會科學研究系列；81234）
　　譯自：Understanding narrative inquiry: the crafting and
analysis of stories as research
　　ISBN 978-986-191-844-0（平裝）

1. 社會科學 2. 研究方法 3. 質性研究

501.2　　　　　　　　　　　　　　　　　107018380

社會科學研究系列 81234

理解敘說探究：以故事的雕琢與分析作為研究

作　　者：Jeong-Hee Kim
譯　　者：張曉佩、卓秀足
執行編輯：林汝穎
總 編 輯：林敬堯
發 行 人：洪有義
出 版 者：心理出版社股份有限公司
地　　址：231026 新北市新店區光明街 288 號 7 樓
電　　話：(02) 29150566
傳　　真：(02) 29152928
郵撥帳號：19293172 心理出版社股份有限公司
網　　址：https://www.psy.com.tw
電子信箱：psychoco@ms15.hinet.net
排 版 者：龍虎電腦排版股份有限公司
印 刷 者：龍虎電腦排版股份有限公司
初版一刷：2018 年 12 月
初版二刷：2022 年 6 月
I S B N：978-986-191-844-0
定　　價：新台幣 520 元